ÉCOLES DE FILLES

LA PREMIÈRE ANNÉE
D'ÉCONOMIE DOMESTIQUE

PAR

R. El. CHALAMET

LIVRE DU MAITRE

A gauche : { Texte de l'élève.

A droite : { Questionnaires,
Leçons à développer,
Lectures variées,
Développements des devoirs de rédaction.

Armand COLIN & Cie
ÉDITEURS

5, RUE DE MÉZIÈRES, PARIS

Madame MARIE DELORME. — Les Petits Cahiers de madame Brunet.
1 vol. in-12, cartonné.. 1 60
P. LALOI. — La Première année d'Instruction morale et civique.
1 vol. in-12, cartonné.. » 90
COUDRET et CUIR. — Mémento pratique du Certificat d'études primaires (Élève). 1 vol. in-12, cartonné................................... » 90
— Mémento théorique (Certificat d'études primaires). 1 vol. in-12,
cartonné.. 1 40

LA PREMIÈRE ANNÉE
D'ÉCONOMIE DOMESTIQUE

MORALE — SOINS DU MÉNAGE
HYGIÈNE — JARDINAGE — TRAVAUX MANUELS

Suivie de notions d'instruction civique et de droit usuel

OUVRAGE CONTENANT

des Préceptes — des Récits — des Résumés — 100 Gravures
70 Devoirs de rédaction — Lexique

A L'USAGE DES ÉCOLES DE FILLES

PAR

R. El. CHALAMET

« Ne pas faire un *cours régulier* d'économie domestique, mais inspirer aux jeunes filles l'amour de *l'ordre*, leur faire acquérir les qualités sérieuses de la *femme de ménage* et les mettre *en garde* contre les goûts frivoles et dangereux. »

PROGRAMME DE 1887.

LIVRE DU MAITRE

CONTENANT :

à gauche, le Texte de l'élève ; à droite des Questionnaires,
des Leçons à développer, des Lectures variées et le Développement
des devoirs de rédaction.

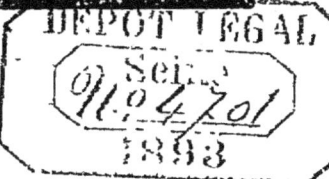

PARIS
LIBRAIRIE CLASSIQUE ARMAND COLIN ET Cie
5, RUE DE MÉZIÈRES, 5

Tous droits réservés.

AUX ÉLÈVES

CE QU'EST CE LIVRE

> Ce que le livre de PIERE LALOI est pour les garçons, on voudrait que la *Première année d'Économie domestique* le fût pour leurs sœurs.

En entrant aujourd'hui en classe, vous avez remarqué sur le bureau de la maîtresse une pile de livres neufs. Cela ne vous a pas été désagréable : les écolières aiment à voir du nouveau. Mais vous auriez bien voulu savoir tout de suite ce que pouvait être ce nouveau livre. « Serait-ce une grammaire? Un abrégé de géographie ou d'histoire? Un recueil de problèmes? » Vous vous poussiez le coude les unes aux autres en vous posant ces questions.

De plus curieuses ont ajouté : « Faudra-t-il l'apprendre par cœur, ce livre-là ? » — D'autres enfin se sont écriées : « Pourvu au moins qu'il soit amusant ! »

Vous avez maintenant le livre entre les mains et, pour commencer, ce livre va répondre à vos questions.

D'abord, il ne vous entretiendra ni de grammaire, ni de géographie, ni d'histoire, ni d'arithmétique.

Il vous parlera de vous-mêmes, de vos camarades, de vos maîtres et maîtresses, de vos parents; de ce que vous faites chaque jour à l'école et à la maison, et de ce que vous ferez plus tard lorsque vous serez grandes.

Vous n'aurez pas à l'apprendre par cœur : rassurez-vous. Mais ce petit livre vous demande de le lire avec *beaucoup d'attention* et de *réfléchir* ensuite sur les choses que vous y aurez lues.

Amusant : un livre d'école n'est pas obligé de l'être; on ne vient pas à l'école pour s'amuser. Seulement, vous avez peut-être déjà remarqué ceci : quand on y travaille bien, les heures de leçon passent aussi vite que les heures de jeu. Après la classe, on est même moins fatigué et plus content que si l'on avait joué toute la journée et surtout que si l'on avait perdu son temps à l'école à faire la paresseuse. Sans doute, si vous lisez ce livre avec application, vous y prendrez plaisir, et c'est en ce sens que vous pourrez le trouver intéressant, sinon amusant.

Et puis, à côté d'une partie très sérieuse, il y a dans ce

AUX ÉLÈVES

livre une chose que vous aimez beaucoup : *des histoires*. On vous permettra de les lire à la suite des divers chapitres.

Ces histoires sont, les unes gaies, les autres tristes, car on y raconte la vie de gens comme vous et moi, et nous avons dans notre vie des joies et des peines; vous l'avez déjà remarqué sans doute, quoique vous soyez bien jeunes.

C'est précisément de la vie de tous les jours, avec ses peines et ses joies, que ce petit livre vous entretiendra d'un bout à l'autre de ses pages.

Il voudrait vous apprendre à *bien vivre;* vous aider, s'il le pouvait, à devenir de bonnes écolières, de bonnes filles, de bonnes sœurs, plus tard de bonnes femmes et de bonnes mères, et enfin de bonnes Françaises.

Il voudrait vous rendre *heureuses* en vous donnant le désir et la volonté d'*accomplir tous vos devoirs*.

Voilà un livre qui vous veut beaucoup de bien, n'est-il pas vrai? Faites-lui donc un bon accueil; traitez-le comme un ami : il veut être le vôtre.

R. El. CHALAMET.

Programme de 1887.

COURS ÉLÉMENTAIRE DE 7 A 9 ANS	COURS MOYEN DE 9 A 11 ANS	COURS SUPÉRIEUR DE 11 A 13 ANS
1° Extraits du programme de morale.		
Entretiens familiers. Exercices pratiques tendant à mettre la morale en action : 1° Par l'observation individuelle des caractères. 2° Par l'application intelligente de la discipline scolaire. 3° Par l'appel incessant au sentiment et au jugement moral. 4° Par le redressement des notions grossières. 5° Par l'enseignement à tirer des faits.	L'enfant dans la famille. Devoirs envers les parents et les grands-parents. Devoirs des frères et sœurs. Devoirs envers les serviteurs. L'enfant dans l'école. La patrie. Devoirs envers soi-même. L'âme. Devoirs envers les hommes. Devoirs envers Dieu.	1° *La famille.* 2° *La société.* Justice, solidarité, fraternité. Respect de la vie et de la liberté humaine; respect de la propriété; respect de la parole donnée; respect de l'honneur et de la réputation d'autrui; respect des opinions et des croyances; probité, équité, délicatesse. Bienveillance, reconnaissance, tolérance, clémence. 3° *La patrie.* Obéissance aux lois. Impôts. Le vote.

COURS ÉLÉMENTAIRE DE 7 A 9 ANS	COURS MOYEN DE 9 A 11 ANS	COURS SUPÉRIEUR DE 11 A 13 ANS
\multicolumn{3}{c}{2° **Travaux manuels (pour les filles.)**}		
Tricot et étude du point; mailles a l'endroit, a l'envers, côtes, augmentations, diminutions. Point de marques sur canevas. Éléments de couture : ourlets et surjets. Exercices manuels, destinés à développer la dextérité de la main, découpage et application de pièces de papier de couleur. — Petits essais de modelage.	Tricot et remaillage. Marque sur canevas. Éléments de la couture : Point de devant, point de côté, point arrière, point de surjet. — Couture simple, ourlet, couture double, surjets sur lisières, sur plis rentrés. Confection d'ouvrages de couture simples et faciles (essuie-mains, serviettes, mouchoirs, tabliers, chemises, rapiéçage).	Tricot de jupons, gilets, gants. Marque sur la toile. Piqûres, froncés, boutonnières, raccommodage des vêtements, reprises. Notions de coupe et confection des vêtements les plus faciles. Notions très simples d'économie domestique et application à la cuisine, — au blanchissage et à l'entretien du linge, à la toilette, aux soins du ménage, du jardin, de la basse-cour. — Exercices pratiques à l'école et à domicile.
\multicolumn{3}{c}{3° **Instruction civique, droit usuel, notions d'économie politique.**}		
Explications très familières, à propos de la lecture, des mots pouvant éveiller une idée nationale, tels que : citoyen, soldat, armée, patrie ; — commune, canton, département, nation ; — loi, justice, force publique, etc.	Notions très sommaires sur l'organisation de la France. Le citoyen, ses obligations et ses droits ; l'obligation scolaire, le service militaire, l'impôt, le suffrage universel. La commune, le maire et le conseil municipal. Le département, le préfet et le conseil général. L'État, le pouvoir législatif, le pouvoir exécutif, la justice.	Notions plus approfondies sur l'organisation politique, administrative et judiciaire de la France : La Constitution, le Président de la République, le Sénat, la Chambre des députés, la loi ; — l'administration centrale, départementale et communale, les diverses autorités ; — la justice civile et pénale ; — l'enseignement, ses

divers degrés ; — la force publique, l'armée.
Notions très élémentaires de droit pratique :
L'état civil, la protection des mineurs ; — la propriété, les successions ; — les contrats les plus usuels: vente, louage, etc.
Entretiens préparatoires a l'intelligence des notions les plus élémentaires d'économie politique : l'homme et ses besoins ; la société et ses avantages ; les matières premières, le capital, le travail et l'association. La production et l'échange : l'épargne ; les sociétés de prévoyance, de secours mutuels, de retraite.

AUX MAITRES

QUELQUES MOTS SUR L'EMPLOI DE CE LIVRE

I. — Que seront nos élèves?

La classe est commencée.

Penchées sur leurs pupitres, les jeunes filles écrivent une dictée émaillée de participes. Tout en dictant, la maîtresse a le temps de penser. Et comme c'est une bonne maîtresse, dévouée à sa tâche, elle pense à ces enfants qui travaillent là sous ses yeux. Elle se demande quel sera pour elles cet avenir auquel sa mission est de les préparer.

— « Que seront mes élèves? » se dit-elle.

— « Dans quelque temps, elles seront des aspirantes au certificat d'études primaires. »

C'est vrai; et, le jour de l'examen, la dictée de ce matin sera d'un grand secours sans doute à toutes ces fillettes. L'institutrice s'acquitte donc bien de son rôle en donnant ses soins à l'étude de l'orthographe.

— « Et après l'examen du certificat? Oui, après? »

Et la voilà maintenant qui songe à un avenir plus lointain.

— « Dans huit ans, dix ans que seront mes élèves? »

La réponse ne se fait pas attendre.

— « Dans huit ans, dans dix ans et puis toute leur vie, ces jeunes filles seront des ménagères, des femmes de travailleurs, des mères de famille.

« Ce sera leur destinée commune.

« Dans le nombre, quelques-unes, beaucoup peut-être, feront choix d'un état. Mais elles n'en auront pas moins un intérieur à entretenir. Quelles que soient au dehors leurs occupations, elles ne renonceront pas — il faut le souhaiter — à être femmes et mères.

« Diriger la maison, élever les enfants sera leur principal métier.

« Est-ce que ce métier-là ne vaut pas qu'on s'y prépare comme on se prépare à l'examen?

« Les lacunes dans le savoir seraient fâcheuses pour mes élèves quand elles se présenteront devant la commission qui décerne les brevets; combien plus graves encore l'ignorance et l'incapacité en face des obligations de leur vie de femme! »

Notre maîtresse fait toutes ces réflexions et il lui semble à présent que rien n'est plus important que d'apprendre à ces fillettes ce qui leur servira, non en un jour d'examen seulement, mais durant toute l'existence.

Cependant, un doute lui reste.

L'école doit-elle prendre à sa charge l'éducation pratique des jeunes filles? N'est-ce pas plutôt à la mère qu'il incombe de montrer à sa fille comment une femme d'intérieur remplit ses devoirs?

II. — L'éducation de la jeune fille à l'école.

Certes, la jeune fille ne saurait faire mieux qu'à la maison son éducation pratique.

Mais, pour diverses raisons, *elle ne l'y fera pas toujours d'une façon assez complète.*

Aux mères très occupées, le temps manquera; à d'autres, ce sera la patience; pour une qui possédera le talent de démontrer clairement, il y en aura neuf qui seront malhabiles à faire faire les choses même dont elles savent parfaitement s'acquitter pour leur propre compte; enfin, beaucoup seront dépourvues d'une foule de notions utiles dont elles seraient enchantées de voir leurs filles faire ailleurs l'acquisition.

Joignez à cela qu'il faudrait profiter, pour tout apprendre à la maison, d'instants vraiment bien courts. L'enfant passe beaucoup de temps à l'école. Grâce à l'obligation, on ne peut l'en retirer de bonne heure pour l'initier comme autrefois aux occupations des parents.

Du caractère obligatoire de l'enseignement résulte expressément pour les maîtres la charge de ne négliger aucune des parties de l'éducation. Les programmes n'ont pas manqué d'en tenir compte et l'économie domestique a pris sa place parmi les autres études.

L'institutrice n'a pas à se substituer à la mère; mais elle doit lui prêter sa collaboration dans une large mesure et de la façon la plus sérieuse. Il ne faut pas que la famille puisse reprocher à l'école de lui rendre ses enfants, à la fin des études, moins aptes à l'action, moins bien préparés à remplir les devoirs de la vie que s'ils fussent demeurés à la maison.

Il ne faut pas que l'instruction fasse prendre en dégoût à nos jeunes filles le terre à terre journalier.

Pour qu'un aussi déplorable résultat ne soit jamais à redouter, il importe qu'il n'y ait pas divorce entre la culture intellectuelle reçue à l'école et l'existence ordinaire.

Par cela même qu'elle préside à leurs autres études, la maîtresse est très bien placée pour mettre en honneur, dans l'esprit de ses élèves, les occupations féminines ; elle peut beaucoup pour entretenir chez elles le sens des choses pratiques, et l'entrain pour les travaux de la vie courante.

Il est moins sûr qu'elle obtienne une grande habileté ; l'habileté ne va point sans un long exercice et le temps fait défaut.

Mais là n'est pas le point le plus important.

L'essentiel, en attendant le vrai talent que donnera plus tard la pratique constante, est de faire contracter à nos filles le *goût* de leur tâche de femmes et de développer en elles l'*aptitude* à s'en acquitter.

Le goût est un mot faible. Ce qu'il faudrait inspirer à nos jeunes filles, c'est la passion du *foyer*, de ce foyer domestique où leur activité trouvera toujours son emploi le plus heureux.

Est-ce bien difficile après tout, si on s'applique à leur montrer comment les humbles travaux d'une ménagère se relient aux affections de la famille, qui seront le meilleur de leur lot dans la vie ?

Les entretenir de leurs devoirs en même temps qu'on leur donnera les connaissances spéciales réclamées par leur vocation future, tel est, semble-t-il, le plus sûr moyen de faire œuvre d'éducation véritable.

Ainsi comprise, l'économie domestique comporte des directions morales à côté des leçons techniques.

C'est de l'idée de ce double enseignement qu'est né le présent livre. On s'est efforcé, en l'appropriant étroitement par sa division et par sa forme aux besoins de la classe, d'en faire pour l'institutrice une sorte de manuel complet de l'éducation de la jeune fille à l'école.

III. — La leçon d'économie domestique.

Cette leçon n'exige que peu de temps. Elle retient généralement, dès son début, l'attention de la classe.

Les enfants, peu rêveurs, aiment tous ce qui a rapport à la vie réelle.

Les livres, la plupart des leçons les entretiennent le plus souvent de choses abstraites, lointaines, dont leur esprit positif ne saisit pas l'utilité. Ils éprouvent une surprise agréable quand ils sont ramenés devant un sujet plus familier. Qu'on le traite avec eux d'une manière attrayante, animée, et les voilà tout à fait conquis. Il est aisé de se servir adroitement de cette disposition pour intéresser les jeunes filles aux faits pratiques.

La marche de la leçon est fort simple. La partie de l'élève sera lue par les écolières, précepte après précepte, puis commentée.

Le livre du maître dégage pas à pas d'un chapitre ou d'une portion de chapitre le point qui offre le plus d'importance. Il le signale à l'institutrice et lui fournit, quand il y a lieu, des éléments pour traiter le sujet.

Ces indications sont forcément brèves et très générales. C'est à la maîtresse de leur donner la vie en y ajoutant ce que lui suggère son expérience propre et ce qu'elle sait de ses élèves, de leur caractère, de leurs habitudes, du milieu où elles vivent. A elle aussi de les revêtir de la forme qui peut rendre ses conseils persuasifs.

En dépit de leur titre, les *lectures* qui suivent les sommaires de leçons ne sont pas destinées à être toujours lues.

Là aussi on a voulu donner les matériaux de la leçon et non la leçon toute faite; beaucoup de ces lectures gagneront infiniment à être « racontées », procédé bien plus vivant; d'autres fourniront le point de départ d'une leçon dialoguée qui ne sera pas la moins féconde, car elle fera un appel direct à l'activité d'esprit des élèves.

Toutefois, il faut prévoir la fatigue, le manque de temps qui font parfois rechercher au maître la leçon préparée. On a donc donné aux « lectures » une forme qui permet de les utiliser au besoin telles qu'elles ont été écrites. Mais on souhaite qu'elles soient rarement employées dans ces conditions.

Le rôle du livre du maître n'est pas de se substituer de toutes pièces à celui-ci, mais de lui fournir des données précises, de lui suggérer des idées, de l'exciter à penser pour faire penser à leur tour les jeunes esprits qu'il guide. Quelques paroles ayant un accent personnel, fussent-elles d'ailleurs médiocrement dites, valent mieux et ont plus d'action que des pages entières du meilleur des livres lues sans conviction, sans chaleur par un maître qui n'a pas pris la peine de se les assimiler.

IV. — L'exercice pratique.

Toutes les leçons de la *Première année d'Économie domestique* ne comportent pas d'exercice pratique. Celles, par exemple, qui touchent surtout à la morale n'en demandent évidemment pas.

Sauf ce cas, il y aura profit à multiplier le plus possible les exercices pratiques; ils apporteront un contingent utile au développement des forces physiques, à la culture des sens et aux progrès de l'adresse manuelle. En agissant sous la direction de leur maîtresse, les jeunes filles acquièrent de la promptitude et de la précision dans les mouvements, de la justesse dans le coup d'œil, de la rapidité de jugement, de la décision. Ces qualités feront d'elles de bonnes travailleuses, quel que soit l'ouvrage qu'elles entreprennent par la suite. Dès l'école, une activité bien réglée et suffisamment variée a d'heureux effets sur tout l'organisme. L'esprit gagne à être laissé, pendant que la main s'exerce, dans un repos relatif : il a ensuite plus de fraîcheur, plus de ressort.

On oublie trop dans nos classes que le but final de toute espèce d'éducation est de rendre propre à agir, à déployer ses forces individuelles. Malgré bien des progrès accomplis, l'enfant reste encore beaucoup trop passif entre nos mains. Je le crois bien! Son besoin d'activité, sévèrement contenu, s'échappe en sottises, et force est bien de les réprimer. L'enfant, qui ne veut pas être puni, se tire alors d'affaire par un compromis ingénieux : il dépense au jeu toute son activité et, rentré en classe, il reste parfaitement inerte. Nous lui donnons alors des bons points pour sa sagesse.

Les choses devraient se passer autrement. L'activité des enfants, leur activité physique comme celle de l'esprit, doit se dépenser, pour une part, en classe. C'est une force dont il faut savoir nous emparer. La chose est d'autant plus facile que les enfants aiment passionnément à s'occuper de *quelque chose d'utile*, à l'imitation des grandes personnes. Il n'est besogne si fastidieuse qu'on ne puisse leur faire trouver désirable en s'y prenant bien. Balayer la classe, frotter les tables, nettoyer les encriers peut être pour des fillettes une réjouissance enviée.

Il n'y a pas un intérêt des plus vifs à lire dans un livre d'économie domestique comment on s'y prend pour laver les vitres; mais, en revanche, grimper sur une chaise et barbouiller de blanc les carreaux des fenêtres est infiniment attrayant. Peu d'écolières hésiteront à considérer comme une récompense la permission de le faire, si cette tâche leur a été bien présentée. Les enfants ont un tel plaisir à agir qu'on peut être assuré de leur bonne volonté et de leur empressement, dès qu'on leur propose un travail de ce genre. Qu'on utilise cette disposition, qu'on dirige les élèves dans ce travail volontairement entrepris, et l'on aura un enseignement tout organisé des occupations de ménage.

Les quelques minutes qu'on lui consacrera à la sortie de chaque classe suffiront pour le rendre fructueux.

Nous entendons dire que l'exercice pratique est *difficile* dans les classes nombreuses.

L'objection a sa valeur, qu'il faut se garder de méconnaître.

Se pourrait-il cependant qu'une directrice ingénieuse et active fût impuissante à triompher de cet obstacle? En d'autres branches des études, on arrive bien à le vaincre journellement.

Il est aisé de diviser les classes par escouades, d'avoir des membres actifs et des membres assistants, d'établir un *roulement* et de faire ainsi, de la difficulté même résultant du nombre, la source d'une émulation salutaire.

Que l'on charge, à tour de rôle, de petites divisions de quatre, six, huit élèves ou davantage de l'entretien de la classe; il y aura lutte, croyez-le, pour surpasser tel ou tel bataillon.

Et s'il en est autrement?

Alors, c'est que la maîtresse aura oublié quelque chose. Quoi?

Un rien peut-être, mais un rien qui a son prix: par exemple la bonne humeur, l'infatigable entrain qui sème l'ardeur dans les rangs; il les faut ici, ainsi que la petite pointe de gaieté contagieuse, utile condiment des exercices scolaires.

L'intérêt sera plus facile encore à exciter quand on abordera la cuisine. Des *démonstrations* suffiront dans la plupart des cas... et en attendant mieux. Ces démonstrations n'exigent pas d'installation compliquée; chaque élève pourra ensuite les répéter chez elle.

Il n'est nullement nécessaire de passer des journées entières devant des fourneaux (qui manquent à l'école) pour donner aux jeunes filles un grand nombre de notions utiles qu'elles appliqueront plus tard avec profit dans leur ménage.

Il en est de même pour l'hygiène et les soins aux malades. Quant à la couture et à la coupe, elles comportent une série méthodique d'exercices très nombreux sur la pratique desquels on reviendra plus loin.

V. — La jeune fille.

(Livre de l'élève, chap. Ier, p. 5.)

Les sujets traités dans ce livre ont été répartis en six chapitres.

Le premier prend la jeune fille dans le milieu où elle se trouve, dans le cercle de l'école et de la famille.

Il est naturel de lui parler d'abord de ses devoirs immédiats, de lui indiquer les ressources que lui offre son existence actuelle pour l'apprentissage de son état futur. La tenue de la maison, dans laquelle la jeune fille peut seconder sa mère, figure déjà dans ce premier chapitre.

Les habitudes d'ordre, les soins personnels de propreté y tiennent une place importante.

L'institutrice ne saurait trop insister sur ce point, qui n'est insignifiant qu'en apparence, auprès des petites filles qu'elle dirige.

S'il convient de combattre l'amour exagéré de la parure, le goût des dépenses de luxe, la coquetterie, la vanité, il faut, d'autre part, encourager, chez nos filles, la recherche de la propreté dans leur ajustement, du goût et même d'une certaine élégance conciliable avec la simplicité et l'économie.

En pareille matière, les bons conseils de la maîtresse et son exemple peuvent avoir à côté de leur utilité pratique, une sérieuse portée morale, car ils contribuent à éveiller et à fortifier chez la jeune fille le respect de soi, le sentiment de la dignité.

Cette œuvre demande du tact et une grande légèreté de main; rop d'insistance, des observations blessantes pourraient aller à l'encontre de l'effet même qu'on veut produire.

Du reste, il y a là surtout une question d'influence personnelle et là *tenue* des élèves d'une école sera toujours ce que la fera celle de la personne placée à leur tête.

Dans une fête des écoles, quelqu'un s'étonnait de l'air de bon ton qui distinguait certaines fillettes au milieu de leurs camarades.

— Ah! c'est tout simple, répondit-on; ce sont les élèves de l'école de ***.

L'école de *** est dirigée par une jeune institutrice d'une correction parfaite dans l'arrangement de sa personne, dans ses manières, dans son langage; les fillettes tenaient d'elle ce petit air de distinction qui avait frappé l'observateur.

On peut dire la même chose d'une foule de menues qualités, très futiles en apparence, et desquelles il dépend cependant presque entièrement qu'une jeune fille ait ou n'ait pas de charme.

Voici, l'une à côté de l'autre, deux enfants à peu près du même âge, deux fillettes de douze ans, si vous voulez.

Toutes deux sont de bonnes filles, d'intelligence moyenne et de moyen agrément aussi comme figure.

Mais tandis que l'une nous plaît, l'autre nous fait une impression plutôt défavorable.

Pourquoi?

L'une a une physionomie ouverte, facilement égayée d'un sourire.

L'autre a dans les traits une rigidité qui s'accentue pendant le travail scolaire; sans y songer et parce que personne ne l'en avertit, elle fronce le sourcil, pince les lèvres en écrivant.

L'une a les yeux caressants, de ces yeux qui vous font bon accueil avant même que la bouche ait parlé.

L'autre a le regard fixe ou distraitement absent.

L'une a la voix bien nette, mais douce et l'on pourrait dire *conciliante*.

L'autre a l'articulation molle, et pourtant le ton rude et maussade.

Laquelle de ces deux fillettes, lorsqu'elles seront devenues des femmes, aura le plus d'action sur ceux qui l'entoureront? Laquelle saura mieux, par sa seule présence, mettre de l'agrément dans l'intérieur de ses parents ou au foyer de son mari? Laquelle apaisera le plus facilement d'un mot la discussion de famille qui prend l'allure d'une querelle? Laquelle aura le pouvoir de tempérer par un sourire et par un ton de voix aimable le reproche qu'elle devra adresser à une servante, à un employé, à... à son mari peut-être?

La réponse est aisée à trouver. Qu'on ne dise pas que ce sont là choses de pur agrément et de superfluité bonnes pour des femmes du monde. Pour la femme du travailleur, ce sont choses nécessaires. Bien souvent la paix du ménage, le bon accord avec la famille du mari, le succès d'un petit commerce sont dus à la bonne grâce de la femme.

Pendant la jeunesse, où tout est si souple, il est aisé à une maîtresse attentive de développer la grâce, capital précieux dont il est désirable de pourvoir toutes nos filles.

Mais ce capital se compose de mille riens insaisissables; le livre ne peut pas les définir, ces riens; il alourdirait ce qui est, par nature, la légèreté même.

Les très petites qualités dont nous parlons ne sont si charmantes que parce qu'elles sont indéfinissables. Par bonheur, elles sont en même temps si féminines qu'une femme, une Française surtout, réussira toujours, quand elle voudra, à les cultiver chez ses élèves.

Est-il besoin d'insister ici sur les *devoirs envers la famille*? Leur importance ne peut pas échapper à l'institutrice qui saura donner toute leur autorité aux préceptes sur *l'obéissance, la docilité, la déférence*. Qu'elle parle peu des sentiments : ils ne se commandent pas, et il serait presque choquant d'exhorter des enfants à aimer leurs parents; mais qu'elle rappelle avec force à ses élèves ce qu'elles sont plus tentées d'oublier, à savoir que *sans esprit de subordination il n'y a plus de famille* et que leur devoir strict est d'*obéir*.

VI. — Le métier.

(Livre de l'élève, ch. II, p. 34.)

Ce chapitre, où il faut bien prévoir que la jeune fille, au sortir de l'école, se vouera à l'apprentissage d'un métier, amène à effleurer des sujets bien délicats : situation de l'apprentie ou de l'ouvrière séparée de sa famille, conduite avec les étrangers, etc.

Il y a, dans cette vie forcément indépendante, des écueils qu'il est impossible de signaler à une réunion de jeunes filles, mais contre lesquels l'institutrice doit prémunir, pour ainsi dire à leur insu, et par la seule action de l'atmosphère morale dont elle les entourera, les enfants qui lui sont confiées. Elle manquerait à la partie la plus importante de sa tâche si elle se dérobait à cette obligation.

En s'efforçant de développer les sentiments qui feront plus tard de ses élèves des femmes qui se respectent et qu'on respecte, elle s'étudiera aussi à cultiver en elles les qualités qui constituent *l'honnête homme* : la probité scrupuleuse, la sincérité, la fidélité à sa parole, le sentiment du devoir professionnel et, si l'on nous permet le mot, du devoir social. Nos filles méritent d'être traitées aussi virilement que nos fils quant à l'éducation de leur être moral. Chez elles, comme chez eux, il faut faire éclore le sentiment de la responsabilité. Mises à ce régime fortifiant, elles pourront entendre bien des vérités salutaires; elles seront assez courageuses pour regarder en face les difficultés que peut leur réserver l'avenir.

Parmi les épreuves qui les attendent peut-être, il a semblé qu'on devait leur en signaler une qui est trop commune pour qu'on puisse la considérer autrement que comme la condition inévitable de beaucoup d'entre nous : c'est la pauvreté. Ce serait une grande force que d'avoir appris à ne la point craindre, à ne pas faire de la richesse le but principal de la vie, à placer son bonheur en lieu sûr, à l'abri de la tyrannie des choses extérieures; on éviterait les maux sans nombre qui résultent du mécontentement, de l'envie, des désirs inassouvis et les petites bassesses, les compromis de conscience qu'arrache trop souvent à la faiblesse du caractère la soif de jouir.

Il est utile à coup sûr de dire à la jeunesse : « Visez à conquérir l'aisance par le travail et l'épargne. » Il l'est peut-être plus encore d'ajouter : « Si vous n'y réussissez pas, ne vous laissez ni aigrir ni désespérer; amassez-vous un trésor dans cette région supérieure dont parle l'Ecriture. » Les préoccupations de la vie matérielle pèsent lourdement sur la femme. Seule, gagner sa vie est pour elle un problème redoutable. Mère de famille, elle est en proie à mille soucis cuisants; elle est souvent dans la nécessité de compter strictement, d'avoir égard aux plus infimes dépenses.

A la ville, c'est la question des fournisseurs à satisfaire.
— Comment payerai-je le boulanger, le boucher?
A la campagne, ce sont les enfants à vêtir...

Pour qu'elles ne soient pas écrasées plus tard par ce perpétuel souci, apprenons à nos filles la modération des désirs; qu'elles ne s'effrayent pas de quelques privations à endurer et que leur vaillance soit prête à tout. On pourrait presque dire que rien n'indique mieux que l'aptitude à supporter bravement la pauvreté, l'état de la santé mentale et le niveau de la moralité chez un individu.

VII. — Le ménage
(Livre de l'élève, chap. III, p. 50.)

Aucun chapitre n'a de droits mieux établis que celui-ci à figurer dans un cours d'économie domestique. Il y occupe pourtant une place relativement restreinte : c'est qu'en réalité ce qu'il y a de plus important dans ce chapitre, c'est ce qu'il ne contient pas; nous voulons dire les exercices pratiques dont la partie du maître donne p. 180 a une liste graduée.

C'était le cas ou jamais d'être positif.

On a tâché de l'être et encore craint-on de n'y avoir pas suffisamment réussi.

Un livre scolaire redoute d'exciter la moquerie, presque la défiance, en prenant les allures d'un livre de cuisine. L'auteur s'est peut-être trop souvenu des railleries à l'endroit des « recettes ». La maîtresse devra être moins timide. Après tout, on vit toujours de « bonne soupe » dans le pays de Molière et l'institutrice qui « apprend à bien faire un potage » ne déroge point. Qui sait combien de ménages devront plus tard à ses leçons leur bien-être et leur tranquillité?

L'inhabileté de la femme à diriger sa maison est toujours chose déplorable; dans les positions modestes, elle est désastreuse. Plus les ressources sont limitées, plus le *savoir-faire* dans leur emploi prend d'importance.

Or, il semble que notre savoir-faire ne soit pas en progrès. Nos jeunes femmes poussent certainement moins loin que leurs devancières les talents de la ménagère. Les femmes de la petite bourgeoisie savaient toutes autrefois faire la cuisine; aujourd'hui elles s'en remettent de ce soin à des domestiques qu'elles ne se donnent même pas toujours la peine de bien dresser. La tenue du ménage, abandonnée à ces domestiques inexpérimentées et bien souvent *de passage*, laisse naturellement beaucoup à désirer. Les maîtresses de maison ne tarissent pas en plaintes sur les imperfections du service. Il serait plus simple de mettre soi-même la main à la pâte! Le laisser-aller est plus grand encore chez les femmes d'ouvriers, dans les grandes villes Là, on va souvent acheter le dîner tout cuit dans la boutique à côté; à l'heure du souper, on prend en hâte chez le boucher un litre de bouillon bon ou mauvais; la bonne soupe du matin est remplacée par le café au lait frelaté qui se vend sous les portes cochères.

Tout cela coûte plus cher, tout cela est moins sain que la cuisine faite à la maison. La bourse et la santé s'en trouvent mal : la vie de famille s'en ressent davantage encore. Ce logis où la mère de famille n'a rien préparé à l'avance pour le retour des siens perd l'aspect d'un *intérieur*; on n'a pas la sensation du chez soi en voyant sur la table le mets principal enveloppé dans une feuille de papier qu'on déploie au moment de manger, comme des voyageurs dans un wagon de chemin de fer. Ce repas, qui ne diffère en rien de celui du cabaret, autant aurait valu pour le mari l'aller prendre au cabaret même. Point d'occasion de se dire, les jours de belle humeur, quelque chose d'agréable, de laisser échapper un mot d'approbation à l'adresse de la ménagère. « Ce n'est pas pour te flatter, femme, mais voilà une fameuse soupe! » Ou bien : « Tu as des défauts, mais, vrai, tu n'as pas ta pareille pour les omelettes. »

Eh bien! qu'on ne croie pas ces petits riens-là inutiles au maintien de la paix du ménage. Ils servent souvent à effacer le souvenir d'une querelle, à renouer la conversation dans un moment où les rapports sont tendus. A propos de détails terre à terre, ils mettent en jeu les sentiments affectueux qui lient les uns aux autres les membres de la famille.

S'il était donc nécessaire d'agrandir le sujet du *ménage* pour qu'il paraisse digne d'être abordé dans nos écoles, on trouverait dans son rapport avec l'union et le bonheur de la famille la justification de l'importance qu'on propose ici de lui accorder.

Quant à nous, nous avons la conviction qu'on ne saurait rendre un plus grand service à nos filles que de leur montrer quelle tâche intéressante leur incombera quand elles seront à la tête d'une maison.

Et l'institutrice aura fait œuvre utile qui, en donnant à ses élèves la science du foyer, aura su leur faire pressentir le charme et l'humble poésie de la vie domestique.

VIII. — La mère de famille. — L'éducation des enfants.

(Livre de l'élève, chap. IV, p. 92.)

Il peut paraître prématuré de parler à des fillettes encore sur les bancs de l'école des devoirs qui seront les leurs dans l'avenir comme femmes mariées et mères de famille. Eh! sans doute; mieux vaudrait les en entretenir huit ou dix ans plus tard. Mais les retrouverons-nous à cette époque décisive de leur vie? Avons-nous la certitude que, dans l'intervalle qui sépare nos écolières de leur mariage, une influence sérieuse tournera leur esprit et leur cœur vers ces devoirs?

Nos garçons ne porteront pas le fusil en quittant l'école. Cela nous empêche-t-il de leur dire qu'un homme doit défendre sa patrie? Pourquoi ne dirions-nous pas aussi à nos filles, puisque « la maternité, c'est le patriotisme des femmes (1) » qu'elles doivent se préparer à être de bonnes mères.

La seule chose vraiment à redouter avec les enfants quand on leur parle de l'avenir, c'est de n'être pas compris. Mais il peut en être des conseils entendus longtemps d'avance comme de ces détails ramassés au passage dont on a dit finement qu' « ils réapparaissent plus tard au contact de la vie comme certaines encres invisibles se montrent sur le papier à l'approche du feu (2). »

Il serait puéril de s'arrêter à d'autres objections. Nos maîtresses, pour la plupart mères de famille elles-mêmes, sauront bien trouver le tour convenable à des instructions de ce genre.

Nul doute que la fillette n'y soit attentive. Quoi de plus intéressant pour elle que d'apprendre avec quels soins délicats il faut cultiver cette frêle petite plante humaine qu'elle voit croître autour d'elle sous la forme d'un petit frère, d'une petite sœur ou d'un petit voisin qu'on lui confie quelquefois? Quelle bonne occasion de l'habituer à l'idée que nous vivons en ce monde pour d'autres êtres que

---

(1) Alexandre Dumas fils.
(2) Paul Bourget.

nous-mêmes ! Et comme cette partie de l'hygiène, qui s'adresse à sa tendresse en même temps qu'à sa raison, aura plus que toute autre le don de la toucher !

N'épargnons donc pas les détails sur les soins et l'éducation à donner aux petits enfants. Il y a fort à faire en ce sens ; l'ignorance des choses les plus simples est encore trop générale. Que l'on parcoure un de nos cimetières ; on sera effrayé de la proportion de petites tombes qu'ils contiennent. Dans certains, aux environs de Paris, par exemple, où l'on entoure les tombes de barrières en bois rappelant les montants d'une couchette, on se croirait dans le dortoir d'une immense crèche où de temps en temps seulement apparaît, comme le lit d'une gardienne de tous ces berceaux, une grande tombe.

Mais les pauvres bébés ne s'éveillent plus, malgré le désespoir des mères qui couvrent de couronnes et d'inscriptions où déborde leur tendresse, les petites croix marquant l'étroite place où on les a couchés.

Laquelle d'entre ces mères ne donnerait beaucoup pour avoir su soigner son enfant avec autant d'intelligence que d'amour ?

Nos filles ne pourraient guère emporter de l'école un savoir plus précieux que celui qui leur permettra d'écarter quelques-unes des chances de mort si nombreuses pour les petits êtres qu'elles aimeront un jour.

Les pourvoir des connaissances les plus indispensables à la mère de famille, c'est travailler à leur épargner dans l'avenir le plus cruel des chagrins ; c'est en même temps enrichir notre société en diminuant le ruineux tribut qu'elle paye à la mort, par la disparition de tant d'individus jeunes, dont la courte existence ne représente pour elle que des dépenses et aucun gain.

Les leçons sur l'éducation de l'enfance doivent avoir un caractère tout pratique. La maîtresse aura à tenir compte des habitudes du pays, du genre de vie et des ressources de la moyenne des familles. Inutile de donner des conseils qu'on ne serait pas en mesure de suivre, il faut les adapter au milieu.

Le livre, qui ne vise aucune région déterminée, reste forcément dans les généralités un peu vagues ; mais la leçon doit en sortir. Sans heurter de front les idées reçues autour d'elle, l'institutrice s'attachera à combattre la routine.

Les idées justes qu'elle répandra parmi ses élèves en ce

qui touche la *direction* des petits enfants pourront avoir presque toujours une application immédiate. Quelle est la fillette qui n'est pas bonne d'enfants dans les ménages modestes? La petite maman sera enchantée d'apprendre comment elle peut rendre plus tranquille, *en l'occupant*, le petit frère qu'elle soigne. Elle sera flattée qu'on l'exhorte à établir solidement son autorité sur lui en l'habituant de bonne heure à obéir. Nul doute que ses petites expériences d'éducatrice ne la rendent elle-même moins capricieuse et plus obéissante et que la leçon ne fasse ainsi coup double.

IX. — Hygiène et soins aux malades.
(Livre de l'élève, ch. v, p. 120.)

Les enfants voient appliquer sous leurs yeux, dans l'école même, quelques-unes des règles de l'hygiène.

Un bon moyen de les graver dans leur mémoire, c'est de mettre les élèves de moitié dans l'observation de ces règles, de les charger, par exemple, de l'aération régulière des classes, de réclamer leur concours pour y maintenir une méticuleuse propreté.

La gymnastique, les promenades, les récréations, le goûter fournissent aussi mille occasions d'enseigner pratiquement les précautions à prendre pour prévenir quelques indispositions.

On entend quelquefois exprimer la crainte que l'importance donnée à l'hygiène n'accoutume les enfants à être trop ménagers de leur personne, trop craintifs, tranchons le mot: trop douillets. C'est là une inquiétude que nous ne partageons pas du tout. Pour qu'un si fâcheux résultat vînt à se produire, il faudrait que l'hygiène fût bien mal présentée. L'hygiène ne pousse point à la mollesse: elle est au contraire essentiellement un ensemble de règles dont l'observation suppose une sévère discipline de tout l'individu, un grand empire sur soi, partant une bonne dose d'énergie.

Le commencement de la sagesse en hygiène consiste à savoir sacrifier le présent à l'avenir, à se priver de choses agréables dans le moment parce que les conséquences pourraient être nuisibles. Or, cela paraît fort difficile quand on est jeune, et même souvent plus tard.

L'enfant veut la satisfaction immédiate de ses besoins, réels ou factices : il veut boire ayant très chaud, manger au delà de sa faim ce qui flatte sa gourmandise, se précipiter sur tout ce qui le tente, rejeter une précaution nécessaire parce qu'elle le gêne. Faire le contraire de tous ces actes instinctifs exige de sa part un grand effort.

En l'accoutumant à exercer une contrainte volontaire sur ses impulsions, on ne travaille certes pas à l'amollir, mais au contraire à tremper son caractère en même temps qu'à préserver sa santé. Une sage administration de nos forces est le vrai moyen de dépendre moins de nos organes et de les plier à nous servir sans défaillance : il y a profit à traiter le corps comme un maître intéressé traite ses serviteurs, qu'il soigne bien pour en obtenir le maximum d'effort dont ils sont capables.

Ainsi comprise, l'hygiène bien observée apporte son contingent à la morale.

Il n'y a aucun mérite à risquer sa santé par d'inutiles imprudences; mais l'insouciance en pareille matière prend un caractère décidément blâmable quand il s'agit des autres. Or, nous n'enseignons pas un peu d'hygiène à nos filles pour leur usage personnel seulement, mais aussi pour le compte de tous ceux qu'elles auront charge de soigner. Aucun rôle ne leur est mieux approprié que celui de veiller sur la santé des autres membres de la famille.

On a dû prévoir le cas, trop certain, où elles auraient à devenir leur garde-malade et l'on n'a pas craint de s'étendre quelque peu sur le sujet si particulièrement utile des soins à donner aux malades, aux blessés.

Mais, pour que les courtes leçons du livre atteignent leur but, il est de toute nécessité qu'elles soient accompagnées de leçons pratiques. C'est d'une heure à l'autre, tout à coup, qu'une maladie imprévue, un accident arrivant à un des nôtres, nous force à nous improviser garde-malade ; on n'a pas le temps de se préparer à son rôle et pourtant les méprises, la maladresse, la lenteur ont ici des conséquences graves. Il est donc bon d'exercer les élèves aux manipulations les plus simples, à la préparation des médicaments les plus usités.

Qu'on ne croie pas ces démonstrations inutiles. Beaucoup de jeunes filles et de jeunes femmes sont fort incapables de faire lestement une infusion, de préparer avec le soin voulu une tisane par décoction, de délayer et d'étendre un cataplasme, de faire solidement tenir une compresse sur un œil malade ou sur une main blessée...

Rien de plus facile, rien de moins coûteux que de le leur apprendre à l'école; nous ajouterons, d'après l'expérience, rien de plus intéressant. Ces exercices demandent à être répétés souvent; il importe non seulement de savoir *comment on fait*, mais d'avoir dressé ses mains à faire vite et bien. Il serait excellent d'avoir une petite pharmacie très restreinte, comprenant les médicaments les plus indispensables.

En apprenant aux élèves les propriétés de ces médicaments, on les prémunirait contre le danger qu'offre le maniement ou l'usage inconsidéré de certains d'entre eux.

Vous montrez de l'éther, par exemple : expliquez qu'il est très volatil et que ses vapeurs s'enflamment aisément; conclusion pratique : n'approchez pas de la lumière un flacon d'éther.

Voici de la teinture d'iode souvent employée en badigeonnages; certaines peaux la supportent parfaitement à l'état pur; sur d'autres, elle produit l'effet d'un vésicatoire; conclusion pratique : au début d'un traitement, étendez votre teinture d'une certaine quantité d'eau ou d'huile, etc., etc. Il faut avoir pratiqué les malades pour savoir combien la connaissance de ces petites choses, que le médecin ne songe pas toujours à dire, rend de services à la garde-malade et épargne de menues souffrances à ceux qu'elle soigne.

Les institutrices qui ne posséderaient pas des notions assez complètes ou assez précises trouveront d'excellents matériaux pour cette partie de leur enseignement dans quelques manuels parus en ces dernières années. On peut recommander tout particulièrement les trois petits volumes à l'usage de « l'Infirmière et de la garde-malade (1) » publiés par le docteur Bourneville et plusieurs de ses collègues et le *Manuel de l'infirmière* (2) édité sous les auspices de l'Union des femmes de France.

En méditant ces bons ouvrages, l'institutrice se livrera à un travail qui ne sera pas inutile pour elle-même et pour les siens et dont les familles de ses élèves auront sujet de lui savoir gré. La partie de ces manuels qui concerne les soins à donner aux blessés, les pansements, le service des femmes dans les ambulances, ne devra pas échapper à son attention; aucun de nous ne doit oublier quel rôle peut échoir à nos filles quand sonnera pour notre pays l'heure de ces événe-

---

(1) Librairie du *Progrès médical*, rue des Carmes, Paris.
(2) Masson, éditeur, Paris.

ments auxquels il faut « penser toujours sans en parler jamais. »

X. — La couture et la coupe.
(Livre de l'élève, ch. VI, p.158.)

La couture et la coupe demandent une série de leçons bien enchaînées.

Cet enseignement, comme tout autre, n'est fructueux qu'à la condition d'être conduit avec méthode.

Les principes devront être exposés avec soin. A l'école, où l'on dispose de peu de temps, on ne peut se flatter de faire acquérir une grande adresse manuelle; on doit s'attacher surtout à enseigner ce qui demande de l'observation, de la réflexion. On exposera aux élèves la marche à suivre, les quelques règles générales indispensables. On leur montrera la manière de tenir l'aiguille, de préparer les diverses coutures, de faire les principaux points.

La maîtresse se contentera-t-elle, pendant la couture, de surveiller le travail individuel de chaque élève en passant dans les rangs?

Non; ce ne serait ni rapide, ni intéressant. La leçon doit être autant que possible une leçon collective.

Pour les premières, la chose est facile et tout indiquée, puisqu'il s'agit de démonstrations surtout. Ce sera gagner du temps que d'en faire, pour commencer, sur les sujets même les plus faciles en apparence. Prenons un exemple : enfiler l'aiguille. C'est un de ces actes que nous faisons machinalement, presque les yeux fermés, tant nous en avons l'habitude. Mais la fillette qui tient pour la première fois une aiguille le trouve beaucoup plus ardu. Voyez combien de temps perdent les petites filles à enfiler leur aiguille pendant les séances de couture! Il est bien plus simple de leur apprendre dès le début à s'en tirer lestement.

Que la maîtresse prenne une très grosse aiguille et un bout de cordonnet. Debout devant les élèves, munies chacune d'une aiguille et d'une aiguillée de fil, qu'elle pose les mains comme il le faut pour enfiler; tout le monde l'imite.

— « Enfilez! » dit la maîtresse.

Beaucoup de bouts de fil passent dans le trou et un plus grand nombre à côté.

— « En l'air toutes les aiguilles enfilées, » reprend la maîtresse.

C'est un triomphe, on le pense bien, pour celles qui ont la main sûre.

— « Aux autres maintenant, »

Et l'on répète le mouvement pour les maladroites. Leurs rangs s'éclaircissent — espérons-le! — à chaque essai nouveau.

Répétition générale pour toute la classe deux fois, quatre fois, dix fois s'il le faut, car enfin le hasard aurait pu entrer pour quelque chose dans les premiers succès et, l'exercice fini, il doit être bien acquis que tout le monde, dans cette classe, sait enfiler promptement une aiguille.

Comme les aiguilles des petites filles ont une disposition très connue à se débarrasser de leur fil au beau milieu du travail, la maîtresse ne manquera pas d'ajouter une indication sur la longueur qu'il convient de donner au bout de fil libre pour qu'il ne s'échappe pas du chas.

Voilà bien des affaires, dira-t-on, pour une misère : enfiler une aiguille!

Et bien! cette démonstration n'absorbera peut-être pas plus de temps qu'il n'en est consacré couramment à des dialogues dans le genre de ceux-ci :

— « Comment, Sidonie, vous n'avez pas encore fini votre ourlet?

— Madame, c'est que je ne pouvais pas enfiler mon aiguille.

Ou encore :

— Madame je ne sais pas ce qu'à mon aiguille : elle se *défile* toujours.

— C'est que vous êtes une maladroite.

Ou encore :

— Pourquoi n'êtes-vous pas plus avancée dans votre surjet, Jeanne, vous, une des grandes?

— Madame, c'est qu'*elles* me donnent toutes leur aiguille à *renfiler!*

En vérité, il est beaucoup plus simple qu'*elles* apprennent toutes à la fois à enfiler l'aiguille et ne fassent plus perdre leur temps à la malheureuse Jeanne et à la maîtresse qui se dépense à des observations de détail propres à distraire toute la classe.

Les choses apprises *une fois pour toutes* feront toujours réaliser une économie de temps et de peine.

Et puis savez-vous pourquoi il vaut mieux apprendre de cette manière?

C'est que c'est amusant, c'est que cela met de l'entrain dans la classe, c'est que cela en fait une réunion de gens actifs qui *s'efforcent* de *réussir*, qui rivalisent d'application pour atteindre un but, fût-il d'ailleurs infime, et non une collection d'élèves ennuyés, indifférents, qui travaillent mollement sans se soucier des résultats. Tout ce qui crée un courant d'émulation, — de saine émulation s'entend — est chose excellente.

Les démonstrations collectives prendront naturellement une importance plus grande encore dans les leçons **de coupe**.

Mais, d'une façon générale, il est bon, pour soutenir l'intérêt, de diviser chaque leçon en deux parties : la première consacrée à une démonstration *qui apprendra chaque fois aux élèves quelque chose de nouveau*; la seconde employée au travail proprement dit de la couture.

On peut et on doit aller assez vite ; il est inutile d'attendre, pour montrer à faire le surjet, que l'on excelle dans l'ourlet.

Il y a quelque avantage à faire exécuter avec du fil de couleur sur étoffe blanche un point que l'on montre à faire pour la première fois. L'enfant voit mieux le point en couleur; il est donc plus aisé de lui en faire constater les défectuosités; ce point est aussi moins fatigant pour la vue.

De petits morceaux de toile de coton, lâche et sans apprêt, conviennent bien pour les premiers exercices. Mieux vaut faire procéder d'abord à des essais sur ces morceaux et ne donner à coudre un vêtement que lorsque l'élève connait déjà bien le point. La petite fille qui n'a encore que le carré de toile en mains sera très impatiente d'en arriver au mouchoir, à la serviette ou à la chemise. Si on lui donne une de ces pièces dès le début, elle s'en lassera bien avant la fin, parce qu'elle aura trop de peine et mettra trop de temps à la terminer. L'ouvrage sera terni, malpropre, fatigué, et l'on n'aura pas fait contracter l'habitude du *bien faire*. Faire peu, mais faire bien, là doit se borner l'ambition au début d'un apprentissage.

Les principaux points étudiés, le moment est venu d'entreprendre un ouvrage qui les réunisse à peu près tous, par exemple une chemise. On commencera, s'il est possible, par des vêtements d'enfants, afin que les coutures ne soient pas d'une longueur excessive pour la constance des petites ou-

Armand COLIN & Cⁱᵉ, Éditeurs, 5, rue de Mézières, Paris.

P. 2503.

LE
Petit Français illustré

JOURNAL DES ÉCOLIERS ET DES ÉCOLIÈRES

Paraît le samedi. — 10 centimes le numéro

CHEZ TOUS LES LIBRAIRES ET MARCHANDS DE JOURNAUX

Abonnements : **Un an**, FRANCE, 6 fr.; ÉTRANGER, 7 fr.

Contes. — Histoires. — Voyages.	Biographies d'hommes illustres.
Aventures extraordinaires.	Histoire des inventions utiles.
Récits et Légendes historiques.	Histoire naturelle.
Poésies.	Phénomènes de la nature.
Beaux-Arts.	Horticulture, Agriculture.
Charades et Jeux divers, etc.	Sciences vulgarisées.
Biographies d'enfants célèbres.	Questions amusantes.

Belles et nombreuses **gravures**. — Dessin, coloriage, découpage, etc.

Abonnement d'essai : Un mois, 15 centimes.

« Le Volume »

JOURNAL in-12

DES INSTITUTEURS, DES INSTITUTRICES
ET DE LEUR FAMILLE

Abonnements : **Un an**, FRANCE, 6 fr.; ÉTRANGER, 7 fr.

Les abonnements partent du 1ᵉʳ de chaque mois.

Abonnement d'essai : Un mois, 30 centimes.

Le **Volume** est le journal du MAITRE. Il se distingue des publications similaires : 1° par son format, qui est in-12; 2° par sa disposition.

Chaque numéro se compose de quatre cahiers : un cahier de *Variétés*, un cahier d'*Études pédagogiques et pratiques*, un cahier de *Travaux scolaires* et un cahier d'*Œuvres littéraires*.

A la fin de l'année, ces divers groupes de cahiers forment autant de *volumes*.

Envoi sur demande d'un numéro spécimen du Petit Français et du Volume.

Paris. — Imp. E. CAPIOMONT et Cie, rue des Poitevins, 4.

Armand COLIN & Cie, Éditeurs, 5, rue de Mézières, Paris.

Coudert et Cuir

Mémento pratique du Certificat

d'études primaires, par MM. COUDERT, licencié ès lettres, professeur au lycée de Saint-Étienne, et CUIR, inspecteur de l'enseignement primaire à Lille.

3500 Épreuves écrites et orales.
Rédactions.

1 volume in-12, cartonné. . . . . » 90
Le même, Livre du Maître. 2 80

Mémento théorique du Certificat

d'études primaires, par MM. COUDERT et CUIR.

Revision rapide.
714 Questions d'examen.

1 volume in-12, cartonné. . . . 1 40

Mémento pratique du Brevet

élémentaire de l'Enseignement primaire, par MM. COUDERT et CUIR.

100 Épreuves écrites.
50 Épreuves orales.

1 volume in-12, cartonné. . . . 1 50
Le même, Livre du Maître. . . . . . . 4 »

vrières. **Voir,** sans trop attendre, le résultat de son travail est un encouragement nécessaire.

La *préparation* des coutures doit être confiée dès le début aux élèves. Il est moins difficile de *tracer* un ourlet que d'en faire le point.

Pour les toutes petites filles, on peut faire faire un exercice préalable sur du papier qui se plie aisément (1), puis sur des morceaux d'étoffe avec apprêt, de la lustrine gommée légère, par exemple. La toile un peu forte qui prend difficilement le pli, les étoffes de laine qui ne le gardent pas du tout, ne devront être employées qu'ensuite.

Au reste, pour la laine, il faut s'habituer à retenir le premier pli de l'ourlet par un point très lâche.

S'il s'agit d'un ourlet large, il n'y a pas d'inconvénient à permettre aux élèves de se servir d'une bande de papier pour le faire bien égal dans toute sa longueur. Quand l'œil sera suffisamment exercé, on se passera de ce guide; mais, dès que la largeur de l'ourlet dépasse 15 à 20 millimètres, il est bon de l'avoir pour s'en servir au besoin.

Un procédé plus expéditif consiste à mesurer l'ourlet avec lui-même, en ayant soin de mesurer toujours au *commencement de l'ourlet;* mais ce moyen est d'un emploi assez difficile pour les enfants et leur fait perdre plus de temps que la petite bande de papier ou de carton qu'elles appliquent à mesure sur l'ourlet pour en vérifier la largeur.

Par ces moyens, on accoutume les jeunes filles à ne pas se contenter d'un à peu près, à travailler avec précision, à donner un aspect régulier à leur ouvrage et l'on forme simultanément chez elles la justesse du coup d'œil et le goût pour un travail bien net.

La préparation des autres coutures fournit matière à des exercices analogues dont les résultats concourent au même but.

La coupe, comme la couture et plus encore, a besoin d'être précédée d'exercices préliminaires.

Le mouvement des ciseaux peut s'apprendre avec du papier.

---

(1) Le parti qu'on peut tirer du papier est bien indiqué par le programme de 1882, qui classe le découpage et d'autres exercices parmi les travaux manuels destinés a développer la dextérité de la main. (Cours élémentaire, Travaux manuels.)

On s'exerce d'abord à couper d'après une ligne droite tracée au crayon, puis d'après une droite non tracée.

Des bandes de papier longues de 40 ou 50 centimètres et larges de 20 étant distribuées, il s'agira, par exemple, de les diviser en bandes de dix centimètres de longueur.

La bande sera posée à plat sur la table, comme on ferait d'une étoffe, les ciseaux tenus bien droits, le bout arrondi en dessus.

On s'exercera ensuite à couper d'après une ligne courbe, à creuser un demi-cercle dans une feuille de papier, etc.

Il sera facile après cela de suivre les contours d'un patron quelconque. C'est à vrai dire un résultat déjà satisfaisant pour des fillettes et presque suffisant comme utilité pratique, car beaucoup de personnes se bornent à tailler d'après de bons patrons.

Savoir bien poser un patron sur l'étoffe dans le sens voulu et de façon à épargner le plus d'étoffe possible, puis couper proprement les pièces et les bien assembler, voilà ce qui est vraiment indispensable à tout le monde.

Quant à la construction même des patrons d'après des mesures, elle est bien longue à étudier pour des écolières qui n'auront peut-être guère à s'en servir plus tard.

Il est plus sage de se borner, au moins pour les commençantes, et de n'exiger le dessin des patrons, leur agrandissement etc., que dans la limite où ces exercices sont nécessaires pour former le coup d'œil.

Une chose fort utile est de savoir *présenter* un patron sur la personne qu'on veut habiller et faire à ce patron les modifications requises ; on pourra y exercer les élèves avec fruit.

Que la maîtresse prenne un des patrons de la première année d'économie domestique, qu'elle le grandisse, le découpe et le fasse relever par toutes les élèves ; ce sera, par exemple, le patron de corsage (p. 172[*] et 173[*]). Les pièces ayant été assemblées avec des épingles, chaque élève *essayera* le patron à sa voisine et fera les changements nécessaires pour qu'il s'applique bien à sa taille : reprise des coutures si le corsage est trop large — on coupera plutôt à *l'avantage* — rallongement ou raccourcissement de la taille, remontage des coutures d'épaules si le haut du corsage n'est pas assez juste, etc.

La jeune fille sur laquelle on aura retouché le patron

pourra le garder; chaque élève aura ainsi un patron exactement adapté à sa taille.

On pourra faire de même pour le corsage à épaulettes.

Les patrons plus simples de tablier à bavette, de béguin et de chemisette d'enfant se prêteront à être grandis par les élèves.

Il est sans intérêt de relever la patron de chemise. Il suffit de le consulter pour tailler d'après lui l'encolure et l'entournure des bras.

XI. — Les récits.
(Livre de l'élève, p. 21, 44, 76, 110, 148, 176.)

A quel titre des récits figurent-ils dans un livre d'économie domestique ?

Leur lecture est destinée à apporter dans les leçons un élément d'intérêt et de variété.

De plus, ces récits présentent une seconde fois, sous une forme différente, les idées que les préceptes ont déjà formulées; ils font pénétrer ces idées plus avant dans l'esprit des enfants; ils s'adressent au sentiment.

Toutefois il serait maladroit de chercher à dégager d'une façon trop précise la leçon, ou pratique, ou morale, contenue dans le récit. L'enfant aime les histoires; il faut lui laisser le plaisir de les lire sans arrière-pensée. L'avertir qu'un conseil, un reproche peut-être se cache sous ce qu'on lui conte, c'est le mettre en défiance. Le récit ne doit agir que par l'impression saine, la sensation de bien-être moral qu'il laisse après lui.

Si la maîtresse intervient pendant la lecture, que ce soit donc discrètement; que par une courte réflexion, par une question posée avec à-propos, elle désigne à ses élèves le point important, la chose à retenir, l'application à entrevoir. Qu'elle n'aille pas au delà et se garde de prêcher.

C'est tirer un excellent parti des récits que d'en demander aux élèves la reproduction de vive voix. Cette reproduction constitue un exercice utile d'élocution, mais elle a surtout l'avantage d'indiquer à l'institutrice *comment* les jeunes filles ont compris ce qu'elles viennent de lire et de lui signaler ce qui les a particulièrement frappées. Rien ne peut lui dévoiler plus sûrement l'état d'esprit de son jeune auditoire.

Il n'est pas mauvais non plus de prendre texte d'un récit pour discuter très simplement avec les élèves un sujet sur lequel elles puissent avoir une opinion personnelle. — « Qu'auriez-vous fait à la place de tel personnage? Pourquoi auriez-vous agi ainsi? Qu'aurait-il pu en résulter? »

Les avis seront souvent partagés. Tant mieux s'il se produit des divergences d'opinions! Cela prouvera que les élèves réfléchissent. Laissez les idées, même les plus fausses, s'exprimer sans détour. Si l'on redoute par avance votre blâme, on se taira, ou, ce qui est plus grave, on dira autre chose que sa pensée.

Plus d'une fois l'égoïsme, la tendance à tout expliquer par des motifs intéressés se feront jour avec une naïveté qui vous offusquera un peu tout d'abord. Ne vous exclamez pas, ne prenez pas un air austèrement scandalisé! Faites appel à des élèves chez lesquelles le développement moral est plus avancé : les raisons nouvelles qu'elles donneront rallieront celles qui en ont proposé de moins bonnes.

Tout doucement, vous amènerez votre auditoire à voir sous un aspect plus élevé la question tranchée tout à l'heure en vertu de considérations peu avouables.

Il y a un fonds de droiture chez presque tous les enfants et, chez beaucoup, une aptitude à comprendre les sentiments nobles et généreux qui ne demande qu'à être cultivée. Elle doit l'être à l'école.

Il va sans dire qu'il importe d'éviter la subtilité. Il s'agit, non de faire discuter aux enfants des cas de conscience, mais simplement d'exercer leur sens moral comme on exerce les autres.

Bien conduites, de pareilles leçons ont un grand attrait. Cet attrait, il faut le rendre aussi vif que possible; la leçon de morale doit être intéressante ou n'être pas. Ennuyeuse, elle trahirait la cause du bien qu'elle veut servir. Celui ou celle qui parle à des enfants, de devoir, d'honneur, d'abnégation aura parlé dans le désert s'il n'a donné que de froids conseils; il faut faire plus, il faut, suivant le mot de Vauvenargues « inspirer une conduite » en éveillant dans l'âme des enfants des sentiments qui deviendront avec le temps d'assez puissants mobiles pour les faire marcher bravement toute leur vie dans la voie droite.

Les pages qui suivent offrent :

A gauche, le texte même du livre de l'élève;

A droite,

1° Un *questionnaire* qui porte exclusivement sur les notions données dans la page de gauche, avec numéros de repère;

2° Le *canevas* d'une leçon à développer;

3° Des *lectures* variées.

A la suite des chapitres, on a placé le *développement* des devoirs de rédaction.

LA PREMIÈRE ANNÉE
D'ÉCONOMIE DOMESTIQUE

PREMIÈRE PARTIE

MORALE — SOINS DU MÉNAGE — HYGIÈNE
JARDINAGE — TRAVAUX MANUELS

I

LA JEUNE FILLE

I. — L'Écolière.

1. Pourquoi êtes-vous réunies dans cette école ? Pour nous instruire, allez-vous dire, pour **travailler**.

On ne peut répondre mieux.

2. L'essentiel, à présent, est de ne plus l'oublier, si nous voulons être de *bonnes écolières*.

3. La bonne écolière est **attentive** ; elle ne se fait pas répéter deux fois la même chose ; *elle n'a pas de distractions*.

4. Ce matin la Maîtresse donnait une explication : Deux élèves *causaient* entre elles.

Est-ce pour faire la conversation avec vos camarades que vos parents vous envoient ici ?

Non, puisque c'est pour vous instruire.

5. *Vous ne vous instruirez qu'en bien écoutant.*

6. La bonne écolière **écoute** toujours ce que dit la Maîtresse ; elle ne l'interrompt jamais ; *elle ne cause pas avec ses voisines*.

7. Une élève est arrivée en retard ; elle a fait du

LIVRE DU MAITRE. 5*

QUESTIONNAIRE

1. Pourquoi venez-vous à l'école?
2. Qu'est-ce que la bonne écolière ne doit pas perdre de vue?
3. Que fait une écolière attentive?
4. Que diriez-vous d'élèves qui causeraient entre elles pendant les leçons?
5. Qu'arrive-t-il à qui n'écoute pas?
6. Que fera l'enfant qui veut profiter de son séjour à l'école?

LEÇON A DÉVELOPPER

Importance de **l'attention** ; inconvénients de l'inattention pour les écoliers.

S'habituer à être attentif *dès le début* d'une leçon. Prêter une attention *complète* à ce que l'on fait ; ne penser pendant ce temps à nulle autre chose.

L'attention est particulièrement nécessaire dans les occupations minutieuses des femmes.

Grands résultats dus à l'attention. Exemples.

1re LECTURE. **L'attention.**

On recommande l'attention aux écoliers. On a bien raison. C'est une précieuse habitude. On ne saurait dire toutes les grandes choses qu'elle peut produire.

Les découvertes dans les sciences sont dues à l'attention.

Dans la vie pratique, les services rendus par l'attention ne sont pas moindres. Une jeune femme était employée comme surveillante dans une filature de soie qui occupait trois cents ouvrières. Son oreille attentive remarque un jour quelque chose d'inusité dans les mille bruits assourdissants de la filature. A sa prière, un contremaître court examiner les machines ; il était temps ; la fabrique n'était rien moins qu'en danger de sauter. L'attention vigilante de la surveillante avait sauvé la vie aux ouvrières et épargné d'immenses pertes au patron.

L'attention joue son rôle aussi dans notre vie morale, dans l'accomplissement de nos devoirs. C'est faute d'être attentifs à ce qui peine ou réjouit autrui que, trop souvent, nous passons, sans la soulager, auprès d'une souffrance, que nous blessons involontairement les autres par nos paroles, que nous les privons d'une joie que nous aurions pu leur donner, d'un plaisir que nous aurions pu leur faire. Aussi a-t-on pu dire avec justesse que « bien des fois nos fautes aussi bien que nos erreurs naissent de l'inattention et pour-

bruit en s'installant à son banc ; ses cahiers et ses livres sont pêle-mêle sur son pupitre ; ils sont sales, tachés d'encre ; elle se penche sur la table et s'assied de côté sur son banc.

Dites, est-ce là une bonne écolière ?

Pas trop, n'est-ce pas ?

8. Alors que doit faire, au contraire, une bonne écolière ?

La bonne écolière arrive à l'*heure exacte*.

FIG. 1. — La bonne écolière écoute toujours ce que dit la Maîtresse.

FIG. 2. — La mauvaise écolière se tient mal.

Elle gagne sa place *sans bruit*.

Elle tient ses livres et ses cahiers *en ordre*.

Elle ne fait pas de *taches* en écrivant.

Elle ne se *penche* pas sur la table. Elle a **une bonne tenue** (fig. 1).

Aussi ne se fait-elle pas souvent réprimander.

9. La mauvaise élève, au contraire (fig. 2), force la Maîtresse à la **reprendre** sans cesse.

C'est fâcheux pour la Maîtresse, que cela fatigue beaucoup.

C'est fâcheux pour les autres élèves, qui perdent leur temps en attendant.

10. Irène n'est pas souvent grondée pour sa tenue ;

QUESTIONNAIRE

7. Racontez l'entrée en classe et décrivez la tenue d'une mauvaise écolière.
8. Comment se comporte, au contraire, une bonne écolière? — Est-elle exacte? — Comment tient-elle ses livres et ses cahiers? Qu'évite-t-elle en écrivant? — Quelle est sa tenue?
9. Qu'arrive-t-il à la mauvaise écolière?

raient être appelées une distraction de l'âme » (de Gérando).

Mes enfants, n'ayez pas l'esprit distrait quand vous êtes à l'étude.

N'ayez jamais le cœur distrait quand il s'agit d'aider les autres.

LEÇON A DÉVELOPPER

L'effort est *nécessaire* : on n'a rien sans peine. Exemples.

L'effort est *salutaire* : il fortifie celui qui le fait.

Pas de progrès pour l'écolier, pour l'écolière, sans un effort personnel.

Pas de succès dans les entreprises de la vie pour qui n'aura pas pris dès sa jeunesse l'habitude du ferme vouloir, de la ténacité, de la persévérance.

2ᵉ LECTURE. « Tout sans peine! »

« Que je voudrais, s'écriait un enfant, oh! que je voudrais savoir ma leçon sans avoir la peine de l'apprendre! »

Son père l'entendit et, souriant : « Voilà bien, en effet, dit-il, le vœu d'un enfant ignorant de tout. Retiens ceci, qui va t'étonner sans doute : Apprendre *vaut mieux* que savoir. Ce n'est pas seulement la leçon que tu étudies, c'est la peine que tu te donnes en gémissant pour l'étudier qui fera de toi un homme.

« Vois l'apprenti forgeron entré ce matin dans la forge. Le marteau est bien lourd aujourd'hui à son bras novice! Mais dans un mois l'apprenti en soulèvera déjà plus allègrement la charge. Attends deux ans, trois ans... et, par l'effort répété, l'apprenti débile sera devenu le robuste ouvrier qui frappe le fer sans relâche de l'aube jusqu'au soir. La force vient après la peine. Ainsi en sera-t-il pour toi.

« Loin de le maudire, bénis donc l'effort par lequel nous devons acheter toutes choses. »

2.

elle est sage à son banc, mais elle travaille *mollement**, sans ardeur.

Une chose un peu difficile la rebute.

Elle n'est pas **persévérante***; elle se décourage vite.

Aussi fait-elle *peu de progrès*.

11. Pour réussir, à l'école comme ailleurs, il faut de la **ténacité*** et de l'**énergie**.

La bonne écolière *se donne de la peine*.

Elle apprend ses leçons à fond.

Elle fait chaque devoir *aussi bien qu'elle en est capable*.

12. Elle est contente quand elle voit sur ses cahiers la note : *très bien*, mise par la Maîtresse.

13. La Maîtresse aussi est contente.

Les progrès de ses élèves la récompensent de la peine qu'elle prend pour elles.

14. **Respectez** et **aimez** vos Maîtresses. Montrez-leur que vous êtes **reconnaissantes** de leurs soins.

15. Aimez aussi vos camarades et faites-vous aimer d'elles.

Parlez-vous **poliment** les unes aux autres.

Prenez soin des plus petites.

Aidez celles qui sont retardées à comprendre leurs leçons.

Soyez **complaisantes** avec toutes.

RÉSUMÉ (à réciter).

1. Je travaillerai avec application à l'école ; je serai attentive.

2. J'arriverai à l'heure exacte.

3. Je tiendrai mes livres et mes cahiers en ordre ; j'aurai une bonne tenue.

4. J'obéirai à ma Maîtresse ; je serai polie et complaisante avec mes camarades.

QUESTIONNAIRE

10. Peut-on faire des progrès en travaillant avec mollesse et sans persévérance ?
11. Quelles sont les qualités qui assurent le succès à l'école comme ailleurs ? — La bonne écolière craint-elle de se donner de la peine ?
12. Quelle est la note qu'ambitionne la bonne écolière ?
13. Pensez-vous que vos maîtres aient du plaisir à vous donner une bonne note ?
14. Comment devez-vous vous comporter à l'égard de vos maîtres ?
15. Avez-vous des devoirs envers vos camarades et en quoi consistent-ils ?

LEÇON A DÉVELOPPER

Bon accord, rapports affectueux des élèves entre elles. Esprit de solidarité ; la famille scolaire.

Politesse dans le langage et les manières ; égards.

Empressement à s'aider les unes les autres.

Complaisance ; bonne grâce dans la complaisance. Le manque de complaisance, indice d'égoïsme.

3ᵉ LECTURE. **La complaisance.**

Un enfant qui a du cœur est toujours *bon camarade*; pendant le travail ou à la récréation, il ne pense pas constamment à lui seul ; il est disposé à rendre de petits services aux autres, tout simplement, sans se faire prier, sans attendre de grands remerciements ; il prête volontiers ce qui lui appartient ; il est de bonne et joyeuse humeur et ne « boude » pas si on ne veut pas jouer précisément au jeu qu'il préfère ; il raconte avec plaisir ce que les autres ont fait de bien ; il se réjouit de les voir réussir : il n'est pas jaloux. Un de ses camarades est-il accusé sans raison de quelque sottise ? Il s'empresse de le justifier s'il en a les moyens.

C'est là de la *bonne* complaisance. Il y en a une *mauvaise*.

On ne doit point, par exemple, faire le devoir d'une autre élève et la laisser tromper la maîtresse en le donnant comme fait par elle. Ce serait prendre sa part d'un mensonge.

Et les fautes des autres ? Devons-nous les dévoiler ?

Non. Dénoncer quelqu'un, c'est commettre une action vile et basse.

Il y a un cas, cependant, où nous devons dire ce que nous savons : c'est celui où les personnes chargées de nous diriger nous interrogent sur la faute qui a été commise ; il faut alors *dire toute la vérité*, même au risque de nous attirer la rancune de ceux qui font mal.

INSTRUCTION CIVIQUE. — **Lire** la *loi sur l'obligation de l'Instruction primaire* (page 207).

II. — La jeune fille à la maison. — Son apprentissage de ménagère.

16. Dans peu de temps, la classe sera finie et vous retournerez chez vous.

Qu'allez-vous y faire ?

Il y a loin de quatre heures du soir au moment où l'on se couche, et vous seriez des filles paresseuses si vous donniez tout ce temps au jeu.

L'ouvrage ne manque pas à la maison et votre mère a grand besoin d'aide.

17. Une fille **active** n'attend même pas que sa mère lui donne du travail ; *elle lui en demande.*

Qu'y a-t-il à préparer pour le repas du soir. « Faut-il peler des pommes de terre ? Éplucher des légumes pour la soupe ? »

Vite on retrousse ses manches, on *change de tablier* et l'on se dépêche de faire aller le couteau.

Car ce n'est pas tout de bien faire, *il faut aussi faire vite.*

18. Qu'arrive-t-il lorsque vous vous montrez *lentes* et *maladroites* dans les travaux qu'on vous confie à la maison ?

Votre mère, qui est souvent trop occupée pour attendre, vous enlève le couteau, le balai ou le reste, et fait à votre place la chose dont vous étiez chargée.

C'est grand dommage. D'abord, votre mère a ainsi toute la peine ; vous ne la soulagez pas du tout.

Puis, de cette façon, *vous n'apprenez pas à faire les travaux du ménage.*

Or, retenez bien ceci : rien n'est plus **indispensable** pour vous que de savoir faire ces travaux.

LIVRE DU MAITRE.

QUESTIONNAIRE

16. Que peut faire une jeune fille en rentrant à la maison?

17. Une fille active met-elle de l'empressement à seconder ou à remplacer sa mère?

18. Est-il utile de s'exercer aux travaux du ménage?

LEÇON A DÉVELOPPER

Nécessité pour une jeune fille, quelle que soit sa condition, de savoir faire *vite* et *bien* les **travaux du ménage**. Les plus petits détails d'intérieur importent au bien-être de la famille et à la prospérité de la maison.

Expériences que font plus tard à leurs dépens les jeunes filles qui ont négligé leur apprentissage de ménagère.

On ne s'abaisse pas en s'occupant du ménage.

Il serait absurde et ridicule de dédaigner des travaux qui sont naturellement notre lot, et dans lesquels nous pouvons exceller.

4ᵉ LECTURE. **L'aide-cuisinière.**

Mélanie, toute jeune qu'elle est, aide déjà beaucoup sa mère à la cuisine.

On lui donne souvent des légumes à éplucher. Elle a soin de préparer une terrine pleine d'eau pour y jeter les légumes à mesure; elle se munit aussi d'un plat, petit panier ou tout autre objet — fût-ce un morceau de papier — pour y laisser tomber les débris et n'en pas joncher la table ou le sol : Mélanie sait qu'il faut travailler proprement.

Elle pèle les pommes de terre en leur enlevant adroitement une *fine pelure* en spirale, d'une seule pièce; elle enlève les *yeux* avec la pointe du couteau. Puis, suivant ce que sa mère en veut faire, elle coupe les pommes de terre en *filets* (friture), en *tranches* plates plus au moins minces (soupes, fritures, ragoûts, gratins, etc.), mais toujours bien égales. Elle n'oublie pas de laver les pommes de terre une fois pelées, surtout si elles sont un peu vieilles.

Elle ratisse les carottes avec le tranchant du couteau.

Mélanie s'habitue à tout faire vite et bien dans le ménage.

19. Balayer, faire la soupe, laver la vaisselle, entretenir le linge, ce seront là *les occupations de toute votre vie.*

Si les petites filles savaient combien on est aise plus tard de ne pas ignorer tout cela !

Rien n'est fâcheux pour une femme comme d'être incapable de *bien s'acquitter des soins du ménage.*

20. Il est excellent de connaître l'orthographe, mais il est nécessaire aussi de savoir **faire un lit et laver des vitres.**

La géographie est une chose fort intéressante, mais au moment du dîner, on ne rassasie pas son mari et ses enfants en énumérant* les cinq parties du monde ou les principales lignes de chemins de fer de la France.

Une bonne omelette bien dorée fait mieux l'affaire du père ou du mari qui rentre avec la faim.

21. Apprenez tout ce que vous pourrez à l'école : vous n'en saurez jamais trop ; mais *apprenez aussi à la maison :* là, vous n'en saurez jamais assez.

22. Au reste, travail de l'école, travail du ménage, ce n'est pas si différent que vous le croyez, peut-être. Pour l'un comme pour l'autre, il faut de **l'intelligence** et de **l'application;** il en faut pour *diriger le fourneau et surveiller le pot-au-feu,* comme pour bien faire une analyse ou une rédaction.

23. Soyez bonne *apprentie ménagère,* vous n'en deviendrez pas plus mauvaise écolière, au contraire.

24. De plus, vous aurez le plaisir de vous dire que vous faites, en aidant votre mère, une chose *utile à toute la famille.*

RÉSUMÉ (à réciter).

1. J'aiderai ma mère à faire le ménage ; je balayerai ; je

QUESTIONNAIRE

19. Énumérez les principales occupations du ménage.
20. Ces occupations tiendront-elles par la suite une place dans votre vie ?
21. S'il en est ainsi, que devez-vous faire pour vous préparer à vos occupations futures ?
22. Ce qu'on fait à l'école pour développer votre intelligence vous sera-t-il inutile pour vous bien acquitter des travaux du ménage ?
23. Serez-vous moins bonne écolière si vous devenez bonne apprentie ménagère ?
24. A qui vous rendez-vous utile quand vous aidez votre mère à tout tenir en bon état dans la maison ?

LEÇON A DÉVELOPPER

Rôle des jeunes filles dans l'entretien de la maison. Que l'on reconnaisse leur présence dans la demeure de la famille au bon ordre de toutes choses, au goût des moindres arrangements, à une propreté recherchée. Pas de vitres sales, de rideaux jaunis, de cuivres mal frottés, de meubles couverts de taches.

Que les filles de la maison tiennent à honneur de l'entretenir et de l'orner pour l'agrément de tous.

5ᵉ LECTURE. Entretien de la maison.

On lave les planchers et les meubles de cuisine en bois blanc avec de l'eau de savon noir ou de carbonate de potasse et une brosse de chiendent. Il faut avoir soin de rincer ensuite à l'eau froide et de bien éponger l'eau. Ne pas laisser les tables sécher au soleil de peur que le bois ne se voile.

Les meubles en bois dur ciré seront frottés avec un chiffon de laine ; on enlève les taches avec un peu d'alcool.

Les vitres et les glaces se lavent au blanc d'Espagne. On laisse sécher à moitié la couche de blanc, puis on l'enlève au linge sec, en ayant bien soin de ne rien laisser dans les angles. Le linge doit être souple, mais non trop usé pour ne pas *pelucher*.

On nettoie les carrelages de cuisine avec une grosse éponge et de l'eau chaude, dans laquelle on a fait dissoudre du carbonate de soude. On peut, après le lavage, passer sur les carreaux un peu d'huile de lin cuite et frotter ensuite au chiffon de laine. Les escaliers, les pierres d'évier, etc., se nettoient à la pierre ponce.

laverai les planchers ; j'épousseterai les meubles ; je laverai les vitres.

2. J'éplucherai les légumes ; je préparerai la soupe ; je laverai la vaisselle.

3. Je ferai tout cela proprement et lestement.

III. — L'ordre et la propreté. — La toilette.

25. Qu'avez-vous fait ce matin avant de venir à l'école ?

— Vous êtes-vous levées tard ou de bon matin ?

26. La bonne écolière **est matinale.**

— Pourquoi ?

— Parce qu'elle a beaucoup à faire avant l'heure de la classe.

27. Aussi ne perd-elle pas une demi-heure à s'étirer nonchalamment* sur son oreiller.

Dès qu'elle a les yeux ouverts, elle quitte son lit et commence sa toilette.

Rien n'achève de vous réveiller comme un bon lavage à l'eau fraîche. On se trouve toute renouvelée quand on se sent propre.

28. Claire est tout à fait de cet avis. Aussi se lave-t-elle à **grande eau.**

29. Elle secoue et brosse ses jupons et sa robe avant de les remettre.

30. Elle *examine un à un ses vêtements*, pour voir s'ils n'ont pas besoin d'être réparés. S'il manque à son corsage un bouton, elle le remet en ayant soin de le coudre solidement.

31. Aperçoit-elle une tache ? elle s'empresse de l'ôter, car rien n'est laid comme des habits tachés.

32. Claire a des vêtements **très simples**, mais ils lui vont bien et ils durent longtemps *parce qu'elle les entretient.*

QUESTIONNAIRE

25. La bonne écolière se lève-t-elle tard ou tôt?
26. Pourquoi a-t-elle besoin d'être matinale?
27. S'étire-t-elle longuement? — Que fait-elle aussitôt qu'elle a les yeux ouverts et par quoi commence-t-elle sa toilette?
28. Comment se lave Claire?
29. Que fait-elle avant de remettre ses vêtements?
30. Se contente-t-elle de les brosser?
31. Laisse-t-elle des taches sur ses habits?
32. Pourquoi les vêtements de Claire durent-ils longtemps?

LEÇON A DÉVELOPPER

Il n'y a pas lieu ici à de longs développements. Les habitudes d'ordre et de soin se formeront plus sûrement sous l'influence de conseils journaliers, de remarques, souvent individuelles, que l'institutrice ne doit pas se lasser d'adresser à ses élèves.

6ᵉ LECTURE. **Guerre aux taches !**

On enlève une tache de bougie en présentant devant la tache un charbon ardent qui fond la couche graisseuse. On peut aussi appliquer sur la tache un morceau de papier fin et passer un fer chaud par-dessus.

On fait disparaître une tache sucrée en laissant tomber de l'eau pure sur l'étoffe et en frottant doucement.

Diverses essences, presque toutes extraites de la houille, sont employées pour enlever les taches grasses ; telles sont la benzine, l'eau écarlate, la naphtaline, etc. Sur le noir, quelques gouttes d'ammoniaque étendu d'eau réussissent très bien. Il faut avoir soin de placer un linge sous l'étoffe pour pomper la substance grasse ; on frotte ensuite avec une brosse ou un tampon d'ouate. A défaut d'autre chose, l'esprit de vin peut être essayé. Toutes ces substances agissent en dissolvant la matière qui a fait tache.

Pour le nettoyage complet d'une étoffe de laine, plonger dans une décoction de bois de Panama (200 grammes pour 4 à 5 litres d'eau), y frotter l'étoffe et, au besoin, si elle est très sale, ajouter du savon noir. Rouler dans un linge, laisser sécher à moitié, repasser à l'envers.

Laver les rubans noirs, les dentelles noires, la soie, dans du thé additionné de quelques gouttes d'alcool.

Taches d'encre sur le linge : sel d'oseille (se vend chez le pharmacien). En faire tomber une pincée sur la tache, mouiller, exposer au soleil.

33. Elle cire ses chaussures ; elle aurait honte de sortir, traînant à ses pieds, la boue de la veille.

34. Claire a de jolis cheveux ; ils sont souples et brillants, car elle les peigne et les brosse chaque jour ; elle les relève et les arrange de façon à bien encadrer son visage. Elle est beaucoup plus jolie que si elle était mal coiffée.

35. Claire n'est pas fâchée d'être agréable à voir. Elle est un peu coquette ; il faut, pense-t-elle, qu'une jeune fille plaise, par sa bonne tenue, à ceux qui l'entourent.

36. Elle soigne ses dents, qui sont toujours propres et blanches.

Elle nettoie ses ongles.

37. Elle fait tout cela **lestement.**

Il le faut bien, car avant d'aller à l'école, elle doit encore **ranger** sa chambre.

Fig. 3. — Claire ouvre la fenêtre.   Fig. 4. — Claire balaye sous les meubles.   Fig. 5. — Claire s'en va joyeuse à l'école.

38. Elle commence par bien *ouvrir les fenêtres* pour **renouveler** l'air (fig. 3).

Elle fait son lit auquel elle donne bonne tournure.

Elle balaye, sans oublier de *passer sous les meubles* (fig. 4).

QUESTIONNAIRE

33. Claire oublie-t-elle de nettoyer ses chaussures ?
34. Claire soigne-t-elle ses cheveux ?
35. Est-elle désireuse d'être agréable à voir et trouvez-vous qu'elle ait raison ?
36. Claire soigne-t-elle ses dents, ses ongles ?
37. Passe-t-elle beaucoup de temps à sa toilette ? — Lui en reste-t-il pour ranger sa chambre ?
38. Quel est son premier soin en la faisant ? — Comment fait-elle son lit ? — Comment balaye-t-elle ?

LEÇON A DÉVELOPPER

Le désir **d'être agréable** à voir n'est pas blâmable.

Un grand homme d'église a dit avec justesse qu'il y a une *coquetterie-devoir*.

Le **soin de sa personne** fait partie chez une femme du respect de soi.

La **propreté** est en même temps une des formes des égards que nous devons à autrui.

7ᵉ LECTURE. **La sœur bien mise.**

Une jeune fille qui ne se soucie nullement d'être agréable ou désagréable à voir montre peu d'égards pour ceux qui l'entourent. Il n'est pas de père qui ne soit heureux de voir sa fille gentiment arrangée. Quand un frère mène sa sœur à la promenade, il n'est pas fâché qu'elle soit bien coiffée et que sa robe lui aille bien ; si des camarades lui demandent : « Quelle est donc cette gentille personne à laquelle tu donnais le bras ? » il est fier de répondre : « C'est ma sœur. »

Soigner sa personne, c'est penser *au plaisir des siens*.

8ᵉ LECTURE. **Soin des dents.**

Les dents sont des outils précieux ; précieux pour la santé : qui mâche mal, digère mal ; précieux pour l'agrément du visage : rien de joli comme une rangée bien complète de dents blanches et saines. Un peu de soin suffit à les conserver en bon état. Se rincer la bouche à l'eau claire après les repas ; frotter les dents une fois par jour à la brosse ou au linge avec un peu de savon blanc ; ajouter à l'eau, si les gencives sont molles, quelques gouttes de teinture d'arnica, voilà qui n'est ni bien long — deux minutes par jour à peine — ni bien coûteux — 30 à 40 centimes par an. Ajoutez à ces

On lui a dit en classe que la poussière contenait toutes sortes de choses nuisibles* : avec son balai et son torchon, elle fait la guerre à la poussière ; on n'en voit plus un grain là où elle a passé.

39. Claire ne laisse pas traîner sur les meubles et dans tous les coins ses vêtements, son linge, ses livres.

Elle suspend ses habits à un portemanteau.

Elle serre le linge dans son armoire, dont l'ordre parfait réjouit les yeux.

Ses livres sont rangés sur une petite étagère de bois que son père lui a faite, avec quatre planchettes et quelques clous.

40. Sur le rebord de la fenêtre, il y a deux pots de fleurs. Claire n'oublie pas de les arroser avant de partir.

La jolie chambrette que celle de Claire !

41. Notre jeune fille, ayant mis de l'**ordre** et de la **propreté** sur elle et dans sa chambre, s'en va toute contente à l'école (fig. 5).

Elle est gracieuse et souriante, ce qui la rend encore plus gentille aux yeux de ceux qui la rencontrent.

Elle marche vivement et légèrement, sans avoir l'air de se presser.

42. Peut-être y a-t-il ici beaucoup de filles qui ressemblent à Claire. Tant mieux ! qu'elles continuent à faire comme elle.

Quant à celles d'entre vous qui auraient moins d'ordre, de diligence * et de propreté, veulent-elles un bon conseil ?

Qu'elles s'efforcent d'imiter Claire.

RÉSUMÉ (à réciter.)

1. Je me lèverai matin.
2. Je me laverai et je me coifferai dès mon lever. Je net-

QUESTIONNAIRE

39. Comment Claire range-t-elle ses vêtements, son linge, ses livres ?
40. Claire se plaît-elle à orner sa chambre ?
41. Dans quelle disposition part-elle pour l'école ? — A-t-elle une physionomie sombre et maussade ? — Marche-t-elle avec nonchalance et lourdeur ?
42. Claire est-elle un bon modèle à suivre ?

précautions si simples celle de n'employer ses dents ni à couper du fil, ni à casser des objets durs. Ne vous placez pas imprudemment et sans nécessité dans les courants d'air et vos dents dureront vraisemblablement autant que vous.

9ᵉ LECTURE. Vieux conseils.

C'est bien à propos des recommandations sur l'ordre qu'il serait juste de dire : « Le conseil en est bon, mais il n'est pas nouveau. »

Il y a près de vingt-cinq siècles, l'historien grec Xénophon, écrivant son livre des *Economiques*, met les paroles suivantes dans la bouche d'un de ses personnages qui cause avec sa jeune femme et l'instruit de ses devoirs de maîtresse de maison : « Il n'est rien de plus beau, femme, rien de plus utile que l'ordre... » Et il raconte comment, en visitant un vaisseau phénicien, il a été émerveillé de voir tant d'objets divers tenir, sans l'embarrasser, dans un si petit espace. Combien n'est-il pas plus facile de maintenir l'ordre dans une maison, toujours plus vaste qu'un étroit navire ! Y manquer serait « une extrême indolence », et après avoir insisté encore, il s'écrie : « La belle chose à voir que des chaussures bien rangées de suite et selon leur espèce; la belle chose que des vêtements séparés suivant leur usage; la belle chose que des couvertures; la belle chose que des vases d'airain; la belle chose que des ustensiles de table; la belle chose enfin, malgré le ridicule qu'y trouverait un écervelé et non point un homme grave, la belle chose, dis-je, que de voir des marmites rangées avec intelligence et symétrie ! Oui, tous les objets sans exception, grâce à la symétrie, paraissent plus beaux encore quand ils sont disposés avec ordre. »

Dans son ouvrage sur l'*Education des filles*, Fénelon consacre aussi un chapitre à l'ordre, et le grand évêque ne craint pas d'entrer à ce sujet dans des détails tout pratiques :

« Accoutumez les filles, écrit-il, à ne souffrir rien de sale ni de dérangé; qu'elles remarquent le moindre désordre

toierai mes ongles et mes dents; je brosserai mes vêtements; je cirerai mes chaussures.

3. J'ouvrirai ma fenêtre.

4. Je ferai mon lit; je balayerai ma chambre; je la mettrai en ordre, et je la rangerai avec goût.

IV. — L'amour de la parure et du plaisir. — La réputation d'une jeune fille.

43. Nous avons loué Claire d'être un peu coquette et d'aimer à être bien mise.

Mais si elle était **vaine** et si elle *aimait trop* la parure, nous la blâmerions.

44. La parure ne donne que de bien petites satisfactions et elle a beaucoup d'inconvénients.

45. Voyez Valérie se promener tout empanachée, couverte de volants, d'écharpes, de rubans. Elle est raide comme un piquet; c'est qu'*elle craint de froisser ses beaux habits*. Ses camarades la regardent passer en riant (fig. 6) et l'appellent d'un air un peu

Fig. 6. — A quoi bon, je vous prie, tout ce bel attirail?.

Fig. 7. — On est bien plus à l'aise avec une toilette toute simple.

moqueur pour faire avec eux une partie de colin-maillard; Valérie sourit dédaigneusement[3] et refuse

LIVRE DU MAITRE.

QUESTIONNAIRE

43. Le goût de la toilette peut-il devenir un défaut?
44. La parure est-elle sans inconvénients?
45. Décrivez, d'après la figure 6, la toilette de Valérie et dites ce que vous en pensez.

dans une maison. Faites-leur observer que rien ne contribue plus à l'économie et à la propreté que de tenir toujours chaque chose à sa place. Cette règle ne paraît presque rien; cependant, elle irait loin si elle était exactement gardée. Avez-vous besoin d'une chose? Vous ne perdez jamais un moment à la chercher; il n'y a ni trouble, ni dispute, ni embarras quand on en a besoin; vous mettez d'abord la main dessus... D'ailleurs, la place qu'on donne à chaque chose étant celle qui lui convient davantage, non seulement pour la bonne grâce et le plaisir des yeux, mais encore pour sa conservation, elle s'y use moins qu'ailleurs... »

LEÇON A DÉVELOPPER

Fâcheux résultats de la **frivolité** : perte de temps, dégoût des occupations sérieuses, dépenses, etc.

Mauvaises satisfactions que donne la parure : plaisir de briller, de faire envie aux autres.

Ridicule qu'il y a à tirer vanité de choses qui n'ajoutent rien à notre valeur propre.

Il faut être mise suivant sa condition, ses ressources, la nature de ses occupations. Exemples.

La simplicité va toujours bien à une jeune fille.

10ᵉ LECTURE. **Franklin et la toilette.**

Pendant son séjour en France, Franklin écrivait souvent à sa famille et à ses amis d'Amérique. Dans une lettre à sa fille, il s'élève avec une plaisante vivacité contre le luxe dans les ajustements.

« Passy, 3 juin 1779.

« Chère Sally,

« ..... J'ai été charmé du récit que vous me faites de votre industrie : nappes filées par vous, etc., mais la dernière partie de votre lettre, hélas! a dissipé le charme. C'est celle où vous me dites que vous demandez de la toile en France

Cependant rien ne lui paraît amusant comme le colin-maillard ; mais quoi ? une demoiselle, ornée de si jolies fanfreluches, ne doit pas s'exposer à les gâter.

46. Ah ! qu'on est bien plus à l'aise avec une toilette toute simple comme celle de Fanchette !

Sa jupe sans garniture, ses chaussures à talons bas ne gênent pas Fanchette pour courir avec ses petits frères (fig. 7). Elle s'amuse de bon cœur ; ses joues roses et ses yeux brillants font plaisir à voir plus que les superbes atours de Valérie.

47. Autre chose : regardez d'un peu plus près les gravures que vous avez sous les yeux. Voyez-vous le porte-monnaie de Valérie ouvert et vide ? Où s'en est allée la monnaie qui le garnissait ? Vous le devinez : la belle toilette a tout absorbé ; *elle coûte très cher.*

Valérie a mis sur elle toute sa petite fortune. Vienne la fête d'une de ses amies, de son frère ou de sa sœur, elle ne pourra pas s'accorder le plaisir de leur faire un cadeau. Si un pauvre lui demande un sou, force lui sera de refuser.

48. Au contraire, Fanchette a peu dépensé pour sa toilette. Aussi reste-t-il dans sa bourse rondelette et gonflée assez d'argent pour acheter beaucoup de choses utiles et agréables.

49. Ce n'est pas tout encore. La bonne Fanchette s'amuse franchement et simplement ; elle ne pense qu'à bien jouir de sa récréation avec ses petits frères ; elle ne s'inquiète guère de savoir si on la remarque.

50. Valérie, elle, regarde de côté et d'autre si on la voit et si on l'admire. Elle ne serait pas fâchée de faire envie à ses compagnes. Elle se figure qu'elle leur est supérieure parce que sa robe n'est pas en cotonnade comme les leurs et elle jouit du dépit

QUESTIONNAIRE

46. Parlez de la toilette de Fanchette et dites si vous la préférez à celle de Valérie et pourquoi.
47. Pourquoi le porte-monnaie de Valérie est-il vide?
48. D'où vient que la bourse de Fanchette est au contraire bien garnie?
49. Fanchette pense-t-elle à se faire remarquer?
50. A quoi songe Valérie en se promenant dans ses beaux atours?

parce que le tissage et le lin sont devenus trop chers. Et votre demande d'épingles noires, de dentelles et de plumes? Elle m'a fait tourner le cœur comme si vous aviez mis du sel sur mes fraises. Adieu le rouet, il faut nous habiller pour le bal..... Quand j'ai commencé à lire ce que vous me dites sur le prix élevé de toutes choses, je m'attendais à vous entendre dire, comme conclusion, que tout le monde et vous-même, vous étiez devenus économes et laborieux; je ne pouvais en croire mes yeux quand j'ai lu ensuite : « Il n'y a jamais eu tant de fêtes et tant de toilettes. » Et vous-même il vous faut des épingles noires et des plumes de France, pour être à la mode, je suppose..... Les fortes taxes qui sont indispensables pour soutenir la guerre, doivent nous rendre l'économie nécessaire; et comme je suis toujours à prêcher cette doctrine, je ne puis en conscience, ni décemment, encourager la doctrine contraire par mon exemple, en fournissant mes enfants de modes insensées et d'un luxe coûteux. Parmi les articles que vous me demandez, je vous envoie donc ceux qui sont utiles, j'oublie le reste; comme vous dites que « vous serez fière de porter tout ce que je vous enverrai et de montrer le goût de votre père, » je dois vous éviter l'occasion de le faire avec des dentelles et des plumes. Si vous portez vos manchettes de batiste aussi longtemps que je le fais et que vous n'en répariez pas les trous, elles finiront avec le temps par être en dentelle, et quant aux plumes, ma chère fille, vous en trouverez en Amérique à la queue de tous les coqs. »

Franklin prêchait d'exemple en fait de simplicité. Son costume étonna beaucoup les belles dames de la cour de France. « Je me mets le plus simplement du monde, dit-il dans une autre lettre; je porte mes cheveux (c'était alors une rareté de porter ses propres cheveux) qui sont gris, longs et clairsemés; ils sortent d'un beau bonnet fourré qui compose toute ma coiffure et descend sur le front presque jusqu'à mes lunettes. Concevez quelle figure je dois faire parmi les têtes poudrées de Paris! »

qu'elle leur suppose. Oh! la fâcheuse idée et le mauvais sentiment.

51. Valérie est **vaniteuse**. Ce défaut, si elle ne s'en corrige pas au plus vite, ne tardera pas à en amener d'autres à sa suite.

Valérie voudra sortir souvent pour montrer ses belles toilettes et recevoir des compliments qui la flattent. Que de temps elle perdra! Son travail en souffrira et peut-être aussi sa santé, car trop de distraction fatigue et énerve.

52. De plus, qui nous dit qu'en allant dans les réunions où sa vanité trouvera satisfaction, notre jeune fille ne rencontrera pas des gens qu'il vaut mieux ne pas fréquenter, des personnes qui pourront lui donner de mauvais conseils et l'entraîner à mal faire?

53. Si elle ne fuit pas ces personnes-là, c'est sa réputation qui souffrira; on nous juge, en effet, d'après ceux dont la société paraît nous plaire. Rappelez-vous le proverbe: « Dis-moi qui tu fréquentes, je te dirai qui tu es; » et cet autre : « Qui se ressemble s'assemble. »

54. N'imitez pas Valérie. *Gardez-vous de la vanité.* Évitez de vous faire remarquer.

55. Soyez **modeste**, non seulement dans votre parure, mais dans toute votre manière d'être.

56. Sachez vous amuser de peu et tout simplement, sans rechercher constamment des distractions au dehors.

57. Partout où vous allez, montrez-vous **prudente** et **réservée** dans votre langage, dans vos manières et dans toute votre conduite.

58. En agissant ainsi, vous serez **respectée** de chacun et vous aurez la réputation d'une jeune fille sage.

QUESTIONNAIRE

51. Quel défaut a Valérie ?
52. Citez un résultat fâcheux que peut avoir la vanité.
53. Qu'arrive-t-il lorsqu'on fréquente sans choix les personnes qui flattent notre vanité ?
54. Agiriez-vous sagement en vous laissant aller à la vanité ? —
55. Quelle est la qualité que vous rechercherez ?
56. Faut-il pouvoir se passer des distractions du dehors ?
57. Par quoi se manifeste la modestie ?
58. Que gagnerez-vous à la réserve que vous dictera votre modestie ?

LEÇON A DÉVELOPPER

En quoi consiste la **modestie**. N'avoir pas une haute opinion de soi ; reconnaître ce qui vous fait défaut ; se défier de son propre jugement et consulter volontiers celui des autres.

Ne pas se figurer qu'on fasse grande attention à vous.

Ne pas croire important tout ce qui vous concerne, etc.

11ᵉ LECTURE. Modestie et réserve.

La **modestie** a toujours été louée comme une grande vertu ; c'est qu'elle est une des formes du respect de la vérité ; on pourrait la définir : de la *sincérité envers nous-mêmes*. Les vaniteux, les présomptueux, les arrogants cherchent à se tromper eux-mêmes, en trompant les autres, sur leur propre valeur. L'enfant modeste cherche à se voir tel qu'il est et toujours il se trouve au-dessous de ce qu'il voudrait être. La modestie, disposition de l'âme, se montre au dehors par la **réserve** dans le langage et les manières. La jeune fille qui a de la réserve sait se taire à propos, surtout devant les personnes âgées ; elle parle peu d'elle-même, de ce qu'elle fait, de ce qu'elle sait ; elle ne se *vante* pas ; elle n'exprime pas son opinion avec assurance et d'un ton arrogant ; si elle combat celle d'autrui, elle le fait avec modération ; elle ne donne jamais de démentis ; elle se garde des paroles indiscrètes ou d'une raillerie blessante ; elle évite la grossièreté dans les expressions. Ses manières sont mesurées comme son langage ; elle se tient bien ; elle ne s'adjuge pas la meilleure place et les meilleures choses ; elle fuit l'effronterie ; elle ne poursuit personne d'un regard indiscret à force d'être fixe et prolongé.

RÉSUMÉ (à réciter).

1. Je me garderai de la vanité.
2. J'aurai des vêtements simples ; je ne chercherai pas à me faire remarquer par le luxe de ma toilette.
3. Je prendrai soin de ma bonne réputation ; je fuirai les mauvaises compagnies.
4. Je serai modeste et réservée.

V. — Vos devoirs envers votre famille.

59. Vous savez toutes que vous devez obéir à vos parents ; l'*obéissance est le premier devoir des enfants.*

60. Comment obéirez-vous ?
Sans discuter, avec empressement et bonne humeur.

On dit avec raison que la *bonne grâce* double le prix de l'obéissance.

61. *Obéir* à un ordre donné ou ne pas enfreindre une défense n'est pas suffisant : des enfants, s'ils comprennent bien leur propre intérêt, doivent encore se montrer **dociles**.

62. Laissez-vous diriger par vos parents. Ayez **confiance** en eux ; racontez-leur tout ce qui vous arrive ; demandez-leur conseil sur ce qui vous embarrasse. En toute occasion, vous vous trouverez bien de prendre et de suivre leurs avis : ils savent mieux que vous ce qui vous convient.

63. Les enfants trouvent souvent fort difficile de recevoir sans impatience les réprimandes ; certaines jeunes filles éclatent en pleurs à la moindre observation ; il semble qu'on leur fasse une injustice en s'apercevant de leurs défauts.

Se croient-elles donc parfaites, ou tiennent-elles à conserver leurs défauts, comme on ferait d'une chose précieuse ?

QUESTIONNAIRE

59. Quel est votre premier devoir envers vos parents ?
60. Dites de quelle façon il faut obéir.
61. Convient-il à des enfants de se montrer dociles ?
62. Comment prouverez-vous à vos parents que vous avez confiance en eux ?
63. Est-ce faire preuve de confiance en ses parents et leur montrer de la déférence que d'éclater en pleurs au moindre reproche ?

LEÇON A DÉVELOPPER

Les enfants **doivent obéir**. Leur incapacité à discerner ce qu'il convient de faire ou de ne pas faire ; se soumettre absolument à leurs parents est pour eux la meilleure règle de conduite.

Comparer l'avenir de deux enfants, l'un habitué, par la bonne direction à laquelle ses parents l'ont soumis, à se diriger lui-même ; l'autre esclave de ses penchants et de ses vices. Exemples.

12e LECTURE. **Les deux arbres.**

Imité de l'allemand.

Le vieux fermier Christophe se promenait à travers champs avec son voisin Hermann. Ils arrivèrent à une prairie au milieu de laquelle se trouvaient deux arbres.

L'un élevait vers le ciel un tronc droit et vigoureux, et ses larges rameaux étalaient de toutes parts un feuillage touffu. L'autre, tordu et courbé, projetait çà et là quelques branches rares, auxquelles pendait un maigre feuillage.

— Oh ! oh ! dit en riant Hermann, voilà pour le coup deux arbres qui ne sont point frères !

— Tu te trompes, voisin Hermann, dit le vieux fermier. Ces deux arbres furent, par moi, plantés le même jour ; mais à l'un je mis un robuste tuteur qui le maintint droit et ferme jusqu'au moment où il eut assez de force pour lutter seul contre le vent qui vient de la montagne. A l'autre, je ne donnai pas de soutien, et, battu par la tempête, tordu en tous sens, souvent dépouillé de ses jeunes rameaux, il a crû chétif et difforme comme tu le vois.

Comme au jeune arbre, il faut à l'enfant ignorant et faible un appui et une direction jusqu'au jour où il peut affronter avec ses propres forces les difficultés de la vie.

64. Le meilleur moyen de s'en corriger est d'**écouter** les réprimandes des parents : *mieux vaut en profiter à présent, que de recevoir plus tard celles des étrangers.*

65. Eh! sans doute, personne n'*aime à être grondé*. Personne n'avale non plus par goût une médecine bien amère ; mais quand il faut la prendre pour guérir, les gens raisonnables l'acceptent sans faire la grimace.

Faites devant les réprimandes, *qui vous guériront de vos défauts,* comme les gens raisonnables devant la drogue amère qui les débarrassera de leur mal.

66. *Tant mieux* pour vous si vos parents *sont sévères*; vous serez plus vite corrigées.

67. Ne cachez jamais vos fautes; même quand vous devriez vous attirer une punition rigoureuse, *avouez-les courageusement*

On peut pardonner une faute. Mais le mensonge **avilit** * et rend méprisable.

68. Respecter ses parents en leur obéissant et en leur montrant de la **déférence** *, ce n'est point encore assez.

Vous **aimez** votre père et votre mère; vous savez de quels soins ils vous entourent depuis que vous êtes au monde et quels sacrifices ils font sans cesse pour vous. Vous êtes reconnaissantes de leurs soins.

Il faut *leur prouver* votre tendresse et votre **reconnaissance.**

69. Soyez affectueuses et caressantes avec eux. Montrez-leur votre désir de les **satisfaire** dans les petites choses comme dans les grandes. Que de braves jeunes filles auxquelles il ne manque, pour être

QUESTIONNAIRE

64. Les parents rendent-ils service à leurs enfants en les réprimandant ?
65. A quoi pouvez-vous comparer les réprimandes et comment devez-vous les prendre ?
66. Pensez-vous qu'il soit malheureux pour un enfant d'avoir des parents sévères ?
67. Peut-on cacher ses fautes ?
68. Le respect, l'obéissance, la déférence sont-ils les seuls devoirs des enfants envers leurs parents, ou bien doivent-ils encore autre chose à leur père et à leur mère pour les soins dont ceux-ci les entourent ?
69. Est-ce dans les grandes choses seulement que notre affection doit se manifester ?

LEÇON A DÉVELOPPER

Véracité ; sincérité. Horreur du mensonge.

Nous nous bornons cette fois à indiquer ici le sujet de la leçon et nous en donnons le sommaire sous forme de dialogue, parce qu'aucune forme n'est mieux appropriée à une leçon où il s'agit moins d'enseigner que de faire formuler aux enfants ce qu'ils savent et sentent déjà. Nous plaçons ce sommaire dialogué après la lecture suivante :

13ᵉ LECTURE. « J'ai fait cela avec ma petite hache. »

En 1876 eut lieu à Philadelphie une Exposition universelle. On distribuait aux enfants qui venaient la visiter une sorte de petit bijou d'aspect bizarre : c'était une hache en miniature sur laquelle étaient gravés ces mots : « J'ai fait cela avec ma petite hache. » Ces mots ne disent rien sans doute à la plupart des enfants français ; mais ils rappellent aux enfants américains un trait de l'enfance d'un grand citoyen de leur pays, Washington.

Georges Washington avait huit ou neuf ans quand on lui fit un jour présent d'une petite hache. Ravi d'avoir en sa possession un pareil outil, l'enfant se mit à l'essayer sur tous les morceaux de bois qui lui tombaient sous la main. Bientôt, non content de mettre en morceaux bâtons et planchettes, il voulut jouer tout à fait au bûcheron, descendit au jardin et tailla le tronc de quelques arbres.

Parmi eux était un cerisier auquel le père de Georges attachait, à l'insu de son fils, un prix tout particulier.

Ce père, qui était sévère et rigide, ne tarda pas à s'apercevoir du dommage souffert par ses arbres. Grande fut sa colère, surtout quand il découvrit que son cerisier favori

charmantes, que d'être plus attentives aux *petites choses !*

70. Vous voulez un exemple ?

Voici deux sœurs, Jeanne et Lucie. Toutes deux, au fond, aiment également leur père. Mais voyez comme elles se comportent différemment quand il rentre à la maison : Jeanne attend qu'il arrive dans la chambre où elle travaille pour lui tendre son front à baiser et retourner aussitôt à ce qui l'occupait.

71. Lucie court au-devant de son père dès qu'elle entend son pas sur l'escalier — et elle est toujours la première à l'entendre ! — elle lui saute au cou, elle veut savoir comment il va, elle a mille choses à lui dire ; elle a préparé d'avance, près du feu, la place où il lira son journal en attendant le souper. Le père est tout égayé par le joyeux accueil de sa petite Lucie; en la voyant fêter si gentiment son retour au logis, il oublie les fatigues de la journée.

Laquelle des deux sœurs prouve le mieux à son père l'affection qu'elle a pour lui ?

72. Sans doute vous avez lu plus d'une fois avec émotion des traits de dévoûment sublime*; vous avez entendu raconter l'admirable histoire d'êtres qui ont *donné leur vie* pour sauver ceux qu'ils aimaient.

73. Il n'y a pas, dans ce monde, beaucoup de cas où l'on ait ainsi à se sacrifier d'un seul coup et tout entier ; mais il y a mille occasions dans la vie de chaque jour de *se dévouer en détail* aux siens.

74. Les grands actes de dévoûment sont comme une pièce d'or avec laquelle on payerait en une fois ce que l'on doit; il n'est pas donné à tous de s'acquitter ainsi : la plupart d'entre nous ont à *payer leur dette en petite monnaie,* en sous et en centimes.

Ces sous et ces centimes, ce sont les petites preuves d'amour et de dévoûment que nous devons

QUESTIONNAIRE

70 et 71. Donnez un exemple des *petites choses* par lesquelles on peut prouver sa tendresse.
72. Citez un des exemples de dévoûment dont vous avez pu être témoin ou entendre le récit.
73. Ces occasions de sacrifice sont-elles fréquentes?
74. Y a-t-il une autre manière de se dévouer aux siens?

n'avait pas été épargné. Il voulut absolument connaître l'auteur du méfait. Tous les gens de la maison, enfants, domestiques, furent mandés au jardin, et là, devant l'arbre mutilé, le coupable fut sommé de se nommer. Pas une voix ne s'éleva; on se regardait en silence les uns les autres, on regardait à la dérobée le maître courroucé et chacun se demandait quel châtiment exemplaire attendait le coupable si on venait à le découvrir. Alors le petit Georges, qui était resté un peu à l'écart, s'avançant de quelques pas : « Père, dit-il d'une voix basse mais ferme, j'ai fait cela avec ma petite hache. »

Nous ne savons pas quelle fut la punition infligée à Georges Washington, mais ce que nous savons, c'est qu'il allait avec courage, par son aveu, au-devant de cette punition, et que son exemple était bon à donner aux enfants de son pays pour leur inspirer l'horreur du mensonge.

Sommaire dialogué.

Quelles sont les qualités dont Washington fit preuve à propos de sa petite hache? (Sincérité et courage.)

Pourquoi y avait-il du courage à avouer sa faute? (Georges Washington s'exposait à un châtiment sévère.)

N'y avait-il pas encore autre chose qui rendait l'aveu difficile? (Il était dur de s'avouer coupable devant tout le monde.)

Quand un enfant cache ses fautes, est-ce toujours par crainte de la punition seulement? (C'est souvent par crainte d'être simplement blâmé.)

Redoute-t-il encore autre chose que le châtiment et le blâme? (Oui, les moqueries des camarades.)

Que fait un enfant courageux? (Il ne se laisse arrêter par aucune de ces craintes et il dit toujours la vérité.)

Connaissez-vous un proverbe qui exprime l'idée que voici : Quand on sait qu'il serait mal de ne pas faire une chose, faut-il s'inquiéter de ce qui en peut résulter pour nous? (Oui : « Fais ce que dois, advienne que pourra ».)

donner **constamment** à ceux qui nous entourent.

75. Cette manière de se dévouer est **moins brillante** que l'autre, mais elle est **bonne** aussi, croyez-le.

76. Ne dédaignez pas les petits dévoûments, et ne vous lassez pas de les pratiquer, car ce seront peut-être les seuls à votre portée.

77. Si l'un des vôtres courait sous vos yeux un grand danger, vous vous exposeriez vous-mêmes pour le sauver, n'est-il pas vrai ?

78. Dans la vie de famille, nous avons à faire sans cesse une chose beaucoup plus simple ; il ne s'agit pas de préserver les nôtres de la mort, mais de rendre leur existence **heureuse** par la *douceur et l'agrément de notre caractère*, notre *égalité d'humeur**, notre *tendresse prévenante**.

79. Voilà les qualités que vous devez surtout chercher à acquérir.

Elles vous feront vivre **en bon accord** avec vos frères et sœurs.

80. Si vous étiez taquines, entêtées, égoïstes* et d'humeur chagrine, la maison retentirait bientôt de vos querelles.

81. Lorsque vous avez avec vos frères et sœurs de petites discussions, sachez **céder** à propos. Soyez complaisantes. Ne soyez pas jaloux les uns des autres.

Parlez-vous avec **politesse**, avec douceur et sans **brusquerie**.

82. **Aidez-vous** les uns les autres.

83. Quand vous serez tous devenus grands, vous resterez **unis**. Vous ne vous laisserez jamais diviser par des questions d'intérêt. Vous vous soutiendrez mutuellement dans la vie, surtout si vos parents viennent à vous manquer.

QUESTIONNAIRE

75. Que pensez-vous des petits actes de dévoûment journalier?
76. Donnez-en des exemples.
77. Que feriez-vous si l'un des vôtres courait un grand danger?
78. Quelles sont les principales qualités par lesquelles nous pouvons rendre heureux ceux qui vivent avec nous?
79. Comment devez-vous vivre entre frères et sœurs?
80. Quels défauts devez-vous éviter dans vos rapports mutuels?
81. Est-il nécessaire d'être poli avec ses frères et sœurs?
82. Vous devez-vous aide mutuelle?
83. Que pensez-vous de frères et sœurs jaloux les uns des autres? — Les aînés ont-ils des devoirs particuliers à remplir?

LEÇON A DÉVELOPPER

Les frères et sœurs. **Affection mutuelle. Protection** des plus âgés à l'égard des plus jeunes. Rôle de la sœur ainée, *bras droit de la mère*, sa remplaçante au besoin. Ce qu'elle doit être pour remplir sa tâche : raisonnable, laborieuse, affectueuse avec les autres enfants, prompte à les aider, à les consoler de leurs petits chagrins, à excuser leurs fautes auprès du père.

14ᵉ LECTURE. **La jalousie.**

« On l'aime plus que moi! » disent quelquefois certains enfants à propos d'un frère ou d'une sœur qui leur semble l'objet de soins particuliers. Et ces enfants sont jaloux. C'est triste, car la jalousie rend de moins en moins aimable celui qui se plaint de n'être pas assez aimé. Et puis, est-ce vraiment bien sûr qu'il ne soit pas aimé autant que les autres? Reine se plaint que Juliette soit plus choyée par tous qu'elle-même. Quoi d'étonnant à cela? Juliette est la dernière venue de la famille et plus jeune que Reine de quatre ou cinq ans. Bien loin de la jalouser, Reine doit être la première à protéger, à soigner tendrement sa petite sœur.

Jean a une santé délicate et sa mère l'entoure d'un redoublement d'affection et de mille précautions. Ces précautions seraient bien inutiles pour Aurélie, forte et robuste fillette.

Votre mère vous aime tous également, Reine, Aurélie, Jean, Juliette, mais elle traite chacun de vous suivant son âge et les circonstances. Soyez assez intelligents pour le reconnaître, et que jamais la jalousie ne vienne vous faire oublier que frères et sœurs doivent « s'aimer les uns les autres. »

« Les aînés aideront les plus jeunes ; à leur tour, ils feront des sacrifices pour leurs frères et sœurs, comme les parents en ont fait pour eux afin de les mettre en état de gagner leur vie.

84. Il y a des maisons où l'on semble croire qu'il suffit, pour vivre en famille, de dormir sous le même toit et de s'asseoir à la même table ; chacun pense à ce qui le préoccupe, sans en faire part aux autres.

85. Dans une vraie famille, *ce qui intéresse l'un intéresse tous les autres;* aussi a-t-on toujours quelque chose à se dire ; on cause ; on se donne la

Fig. 8. — Dans une vraie famille, on est aimable les uns envers les autres.

peine de raconter des choses intéressantes, de distraire et d'amuser les siens, d'être *aimable avec eux* (fig. 8), comme on s'applique à l'être avec des étrangers.

86. Ce sont de tristes intérieurs* que ceux où il n'y a pas de conversation, où l'on ne trouve rien à se dire, *où l'on ne rit jamais ensemble.*

Tâchez que le vôtre ne ressemble pas à ceux-là.

RÉSUMÉ (à réciter).

1. J'obéirai à mes parents ; je les respecterai.

2. J'aurai confiance en eux ; je leur avouerai toujours mes fautes.

LIVRE DU MAITRE.

QUESTIONNAIRE

84. Suffit-il, pour vivre en famille, d'habiter sous le même toit ?
85. Décrivez une vraie famille.

86. Décrivez un intérieur auquel vous ne voudriez pas que le vôtre ressemblât.

LEÇON A DÉVELOPPER

L'amabilité dans la famille. **Douceur et agrément** du caractère : éviter la brusquerie dans les manières et le langage ; ton conciliant ; savoir détourner à propos une conversation qui menace de devenir une discussion ; se prêter à la plaisanterie au lieu de s'en formaliser ; n'être pas susceptible ; prendre gaiement les petites contrariétés.

Égalité d'humeur : être toujours bien disposé, garder sa sérénité au milieu des ennuis, ne pas se montrer agacé, irrité des moindres choses.

15ᵉ LECTURE. **La maison heureuse.**

C'est le soir. Les bâtiments de la ferme du Tilois sont dans l'ombre. Seules les deux grandes fenêtres de la cuisine sont éclairées, de la cuisine où la famille se réunit après la journée de travail. Il y a fête ces jours-ci autour du foyer. Raymond, le fils cadet, de retour de son tour de France, y vient reprendre sa place. Avant ses voyages, il ne la quittait guère pendant les veillées ; mais il a pris en ville l'habitude de passer ses soirées au café.

Ce soir, il hésite ; il a bonne envie de s'échapper pour aller au cabaret du village, qui est tout proche ; mais le père lit tout haut et Raymond n'ose l'interrompre. Le père a vu dans son journal la nouvelle de la mort de Dupont des Loges, évêque de Metz, un vaillant évêque qui fut un grand patriote ; le père lit l'article du journal d'une voix émue. Puis cela lui rappelle les souvenirs de la guerre de 1870, et après avoir lu, il raconte. Le père a vu la guerre de près, il a fait le coup de feu dans les rangs de notre armée, bien qu'il fût marié déjà et père. « Tu te rappelles, femme, dit-il à la mère, notre aîné, Siméon, avait six mois alors ; nous étions heureux. Mais n'importe : un homme ne peut pas rester les pieds sur les chenets à savourer son bonheur domestique quand la patrie a besoin d'être défendue. » La mère approuve

3. J'écouterai avec déférence leurs réprimandes; je suivrai docilement leurs conseils.

4. Je leur prouverai ma reconnaissance et mon affection par ma conduite.

5. Je ne me querellerai pas avec mes frères et sœurs; je serai bonne et complaisante pour eux.

6. Je leur parlerai poliment et avec douceur comme je le fais avec les étrangers.

7. Nous nous aimerons, nous nous aiderons les uns les autres.

8. Je m'efforcerai à contribuer, par ma bonne humeur, à rendre agréable la vie de famille.

DEVOIRS DE RÉDACTION. — 1. Dites quelles sont les principales qualités d'une bonne écolière. (*Dév.* p. 33 a.)
2. Racontez ce que fait une fille active en rentrant de l'école (P.33b.)
3. Expliquez : 1° comment on balaye un appartement; 2° comment on fait un lit; 3° comment on lave les vitres. (*Dév.* p. 33 b.)
4. Racontez ce que fait, avant d'aller le matin à l'école, une jeune fille qui est le contraire de Claire. (*Dév.* p. 33 c.)
5. Y a-t-il des inconvénients à avoir une toilette très élégante? Quels sont ces inconvénients? (*Dév.* p. 33 d.)
6. Quels sont vos devoirs envers vos parents? (*Dév.* p. 33 e)
7. Composez une petite histoire où vous ferez se quereller un frère et une sœur : Jules brusque et taquin, Louise maussade et entêtée. La mère survient, leur montre qu'ils ont tort tous deux et les met d'accord. (*Dév.* p. 33 f)
8. Décrivez la gravure de la page 20 (Une vraie famille). (P. 33 g.)

RÉCIT I. — **Comment Jeannette apprit son métier.**

I. LA MARRAINE.

A l'entrée du village de Sérignan est une petite maison habitée par une famille de braves cultivateurs, les Mygairou.

En revenant un soir de piocher sa terre, le père Mygairou aperçut devant sa porte un groupe de voisines.

— Arrivez donc, Mygairou, lui cria-t-on (fig. 9); pendant que vous étiez au travail, votre famille s'est augmentée; vous allez trouver un poupon * à la maison.

d'un beau sourire ; les enfants écoutent. L'un d'eux, Marcel, raconte à son tour : il a lu le matin l'histoire de Daumesnil, et il est ravi de la redire, cette belle histoire. « En voilà un brave général, dit le frère Jean, et qui avait de l'esprit par-dessus le marché. Oh! la jolie réponse que la sienne! C'est gentil, ça, d'être si gai sous la pluie des boulets. »

Et sur ce mot, des choses graves on passe aux gaies ; on rit. Car dans cette famille de braves gens, tous travailleurs, tous bien unis, la joie, après la rude besogne de la journée, est de toutes les réunions du soir.

Raymond cherche le moment de partir pour le cabaret et ne le trouve pas.

Il vient s'asseoir près de sa sœur Jeanne, qui tire l'aiguille avec hâte ; déjà devant elle s'élève sur la table une pile de mouchoirs bien ourlés.

— Tu fais ton trousseau, sœurette, dit Raymond en pressant la pile de mouchoirs de sa robuste main.

— Voyez-vous l'ingrat ! c'est pour vous que l'on travaille, monsieur, pour vous, grand prodigue, qui avez essuyé vos pinceaux d'ébéniste dans vos propres mouchoirs ; pas un n'est revenu blanc de son tour de France !

— Et moi, dit à son tour Suzanne qui tricote avec ardeur, est-ce pour mon pied mignon que je fais cette chaussette ou pour celui de mon grand frère, qui a fait des fenêtres à toutes les siennes?

Raymond ne regarde plus la porte.

Qu'est-ce qui le retient donc ?

Ce n'est pas seulement la douce chaleur du foyer, les mouchoirs et les bas que ses petites sœurs lui préparent, les gâteries de la vieille tante qui fait rôtir sous la cendre les châtaignes dont il aura sa part tout à l'heure... c'est encore la bonne gaité partagée, les mots affectueux échangés à chaque instant ; c'est encore, c'est surtout quelque chose qui a vibré en lui tout à l'heure quand la voix grave du père parlait à ses enfants de la patrie et que la mère disait oui à ses paroles par un sourire.

Après ces paroles, après ce sourire, Raymond n'a plus envie d'entendre les propos insignifiants, les rires sans cause qui retentissent autour des tables de cabaret.

Il restera. A la salle enfumée où il comptait achever sa soirée, il préfère la maison heureuse.

— Un garçon? dit le brave homme avec un empressement joyeux.

— Ah! pour cela, non! c'est une fille

FIG. 9. — « Arrivez donc, Mygairou, » lui dia-t-on.

Le père Mygairou fit la grimace.

Il avait déjà trois filles : Miette, Nanette et Lisette. Quatre, c'était vraiment beaucoup. Si au moins ç'avait été un fils, cette fois!

Tout désappointé, Mygairou entra dans la maison.

Il y trouva, entre autres femmes, une de ses anciennes amies d'enfance et camarades d'école, Marthe Soubirade. Elle était mariée à Marseille, avec un homme du pays, qui tenait un magasin d'épicerie en gros.

Les Soubirade étaient des gens intelligents et laborieux, tant la femme que le mari, et ils faisaient de bonnes affaires.

— Vous voilà bien attrapé, mon pauvre Mygairou, dit Marthe en riant de l'air déconfit[3] du pauvre homme. Allons! il ne faut pas lui faire grise mine, à cette petite.

— Vous en parlez à votre aise, madame Soubirade. Vous êtes riche, vous. Mais quatre enfants sur les bras, et des filles encore! lorsque l'on n'a que sa pioche pour vivre, c'est dur tout de même!

— Bah! dit gaiement Mme Soubirade, est-ce que votre père et le mien étaient des millionnaires? Cela n'empêche qu'ils ont élevé, l'un cinq enfants et l'autre six. Au surplus, tenez, faisons un arrangement. Je veux être la marraine de cette petite. Quand elle aura douze ou treize ans, envoyez-la moi à Marseille ; je me chargerai d'elle. Je vous promets de la traiter comme mon enfant ; elle sera la sœur cadette de ma fille Antoinette, et vous pouvez être sûr qu'elle apprendra chez nous à bien travailler.

On pense que le père Mygairou se garda de refuser l'offre de la bonne Mme Soubirade. Sa femme et lui remercièrent de tout leur cœur cette excellente femme.

— Ce n'est pas tout, dit celle-ci ; les marraines ont le droit de choisir le nom qu'on donne au nouveau-né. Ma filleule s'appellera Jeannette.

Les jeunes femmes et les jeunes filles qui étaient réunies sur le seuil se récrièrent. Jeannette était un nom trop simple, trop campagnard, surtout pour la filleule de Mme Soubirade, qui était destinée à aller habiter la ville. Mieux aurait valu baptiser la jeune Mygairou, Sophie, Irène ou Valérie.

— Du tout, du tout, répliqua Marthe Soubirade. Moi, j'aime bien que les gens de la campagne soient campagnards et tout ce que je souhaite, c'est que la petite soit simple comme son nom : elle s'appellera Jeannette.

Ainsi fut fait.

II. Mauvais tours joués par les fées.

La marraine de la petite Jeannette repartit pour Marseille peu de jours après le baptême, et passa de longues années sans revenir à Sérignan.

Mais deux fois par an, au 1er janvier et à la Saint-Jean, qui est, comme chacun sait, au mois de juin, elle envoyait régulièrement un cadeau à sa filleule. Une fois, c'était une robe, une autre fois, de la cotonnade pour un sarrau* ou deux, trois ou quatre bonnes chemises de toile, ou bien encore une paire de souliers ou un joli chapeau de paille garni tout uniment d'un petit ruban bleu. Jamais de fanfreluches* ni de colifichets* inutiles, par exemple ; Mme Soubirade était une femme pratique*.

Jeannette était bien joyeuse quand arrivait un paquet de Marseille. Ses sœurs étaient un peu jalouses, et elles auraient bien voulu avoir chacune une marraine comme celle de Jeannette.

— Tu es heureuse, toi ! lui disaient-elles. On te fait de beaux présents, et quand tu seras grande, tu iras faire la dame à la ville. Tu es comme ces enfants, dont on parle dans les contes, qu'une fée* a reçus à leur naissance.

Jeannette, qui n'avait jamais vu sa marraine, se la figurait en effet comme une fée, et il lui tardait beaucoup d'avoir quatorze ans pour aller la retrouver à Marseille.

En attendant cet agréable moment, elle travaillait assez bien à l'école; mais à la maison, c'était la petite fille la plus paresseuse que l'on pût voir. Jamais on ne la voyait laver la vaisselle, éplucher les légumes pour la soupe, ou prendre le balai pour nettoyer la cuisine. Ses sœurs faisaient tout dans le ménage (fig. 10). Quand Jeannette s'asseyait à table et mangeait, de grand appétit, une friture de pommes de terre ou une purée* de potiron, on l'aurait fort embarrassée en lui demandant de quelle façon se préparaient les bonnes choses dont elle se régalait. Trouver la cuisine à son goût, c'était son affaire; mais y mettre la main, oh! non pas. Cela regardait Miette, la sœur aînée, qui s'y entendait si bien.

FIG. 10 — Les sœurs faisaient tout dans le ménage. Jeannette se reposait ou lisait.

Les parents de la fillette la gâtaient parce qu'elle était la dernière venue. Quelquefois, le père disait bien que la petite ne savait rien faire dans le ménage et qu'il serait temps de l'y exercer. « Bah ! répondait la mère, est-ce que nous ne sommes pas déjà assez de femmes à nous en occuper dans la maison ? Laisse-la donc étudier tranquillement ses leçons pour l'école. Voilà bientôt le moment de l'examen et il faut que notre Jeannette se hâte d'obtenir le certificat d'études pour aller rejoindre sa marraine. »

Mademoiselle Jeannette profitait de la faiblesse de ses parents à son égard pour se faire une vie très douce. Elle se levait tard. Pour un peu, elle aurait souffert qu'on lui apportât son déjeuner au lit.

— Jeannette, viens donc surveiller le dîner pendant que je vais traire les chèvres, lui disait quelquefois sa sœur Miette.

Jeannette répondait qu'elle n'entendait rien aux marmites et se sauvait d'un autre côté.

Au fond, elle pensait que la cuisine était une chose malpropre à laquelle il ne lui convenait pas du tout de mettre la main. Du reste, elle avait un certain dédain pour tous les travaux manuels*. Cette fillette, qui voyait tout le monde faire œuvre de ses doigts autour d'elle, se figurait qu'une jeune fille instruite se rabaisse en s'occupant des détails du ménage. Des camarades l'encourageaient dans cette idée fausse et absurde en lui parlant sans cesse de cette existence de jeune demoiselle de la ville qu'elle mènerait à Marseille. Cela troublait sa pauvre petite cervelle, et elle en était venue à se glorifier d'être maladroite et incapable. De temps en temps, il se trouvait quelque ménagère de bon sens dans le village pour faire honte à Jeannette de son ignorance et de sa paresse. Mais elle recevait les observations en haussant les épaules. Si l'on se moquait d'elle, ce qui arrivait plus d'une fois, elle se consolait en pensant qu'elle serait bientôt auprès de sa bonne fée de marraine.

III. Arrivée de Jeannette a Marseille.

Dans un grand magasin d'épicerie, des garçons affairés* allaient et venaient, roulant des ballots, écrivant des adresses, cherchant des marchandises sur les rayons et inscrivant à mesure sur leurs carnets* les quantités demandées par les clients*.

Depuis un moment, sans qu'ils y eussent pris garde, une grande fillette de treize à quatorze ans, un panier au bras, se tenait tout ébahie* sur le seuil de la porte.

A la fin, voyant que personne ne faisait attention à elle, elle avança de quelques pas et dit timidement :

— Madame Soubirade, s'il vous plaît ?

— La patronne ? dit très vite le commis auquel elle s'adressait. Porte à droite, au fond des magasins et dans la cour, porte à gauche, de côté.

Puis, il se remit à énumérer* tout haut les articles qu'il inscrivait.

Jeannette se fraya un chemin à travers les pains de sucre, les boîtes de sardines empilées par terre en grands tas, les sacs de riz, de café, etc.

Arrivée à la porte du fond, le cœur lui battit un peu. Cependant elle souleva bravement le loquet et se trouva dans la cour.

Près d'une pompe, une femme grande et robuste, les

jupes retroussées sur un jupon court, les bras nus, de l'écume de savon jusqu'au coude, frottait du linge dans un baquet à pieds. Toute sa personne avait un air de force, de vaillance et de bonne humeur.

— C'est sans doute la cuisinière, se dit Jeannette ; et s'approchant un peu (fig. 11) :

— Pardon, Madame ! Pourrais-je parler à Mme Soubirade, s'il vous plaît ?

La femme releva vivement la tête.

— Tiens ! mais c'est ma filleule ! s'écria-t-elle joyeusement. C'est tout le portrait de sa sœur aînée.

FIG. 11. — Pourrais-je parler à Mme Soubirade, s'il vous plaît ?

Et, rejetant un peu en arrière ses bras étendus, pour ne pas mouiller la voyageuse, elle se pencha et mit deux gros baisers retentissants sur les joues de Jeannette.

Malgré ce bon accueil, celle-ci paraissait toute déconcertée*.

C'est donc là Mme Soubirade ! se disait-elle à elle-même avec consternation*.

Il est de fait que cette grosse femme, qui savonnait si vigoureusement le linge, ne ressemblait pas du tout à la fée de ses rêves.

Madame Soubirade remarqua très bien l'air ahuri* de la jeune fille, mais elle le mit sur le compte de la timidité.

Du reste, elle ne lui laissa pas le temps de faire de longues réflexions, et pensant que le mieux pour la mettre à l'aise était de l'occuper, elle l'emmena dans la cuisine ; là elle coupa deux larges tranches de pain sur lesquelles elle étendit une couche de raisiné*.

— Tu vas goûter, dit-elle. A ton âge, il n'est rien de tel qu'une bonne tartine pour remettre des fatigues du voyage. Après cela, tu seras alerte* à la besogne, n'est-il pas vrai ? Or, tu ne pouvais arriver plus à point pour m'aider. Notre

Antoinette était un peu malade; je l'ai envoyée se reposer quelques jours chez son oncle, et j'ai tout le ménage sur les bras.

Jeannette allait de surprise en surprise. Sa marraine faisait donc elle-même son ménage !

Quand les tartines furent mangées, Mme Soubirade passa un grand tablier autour de la taille de Jeannette et la conduisit dans une petite laverie* fort propre.

— Tiens, petite, pour commencer, tu vas laver la vaisselle pendant que j'achèverai mon savonnage. Aie bien soin de ne rien casser.

Sur cette recommandation, Mme Soubirade disparut en fermant la porte.

IV. Les mésaventures de Jeannette.

Jeannette croyait rêver. De plus, elle était fort embarrassée, n'ayant jamais lavé une assiette. A la maison, c'était l'affaire de Miette !

Il fallait pourtant s'exécuter*; elle se mit à l'œuvre avec la maladresse et la lenteur de quelqu'un qui fait un métier dont il ne sait pas le premier mot.

Laver la vaisselle, ce n'est certes pas bien difficile ; encore est-il bon, pour cela comme pour tout, de savoir un peu la manière de s'y prendre. Il faut rassembler à sa portée les objets à laver, pour ne point avoir à chercher les uns et les autres de tous côtés une fois qu'on a les doigts dans l'eau, faire tourner vivement et légèrement de la main gauche le plat ou l'assiette que frotte avec vigueur la main droite, rincer prestement les pièces à mesure, et ne pas les heurter en les posant dans la planche à égoutter. Faute de tous ces petits talents, très modestes, mais utiles, on s'éclabousse, on fait beaucoup de bruit, on ébrèche pas mal de pièces contre le plat à laver, on en met d'autres, à moitié propres seulement, dans l'égouttoir*, et, même en faisant de mauvaise besogne, on n'avance pas.

C'est ce qui arriva à Jeannette.

Aussi y avait-il bien longtemps déjà qu'elle était devant l'évier, quand la bonne tête rieuse de Mme Soubirade se montra dans l'entrebâillement de la porte.

— Eh bien ! fillette, cria-t-elle plaisamment, est-ce que tu décores mes assiettes de peintures artistiques* ? Voilà une heure et plus que je t'attends. Allons ! c'est ma faute ; je t'ai trop recommandé de ne rien casser ; c'est pour cela que tu es allée si lentement. Mes assiettes sont solides, quoiqu'elles soient moins épaisses que celles de Sérignan, et demain tu pourras laver aussi vite que tu le fais chez toi.

Jeannette n'osa pas dire qu'elle lavait la vaisselle pour la première fois ; mais ses vêtements, qu'elle avait mouillés à cause de sa maladresse, auraient pu le dire pour elle. Au contraire, Mme Soubirade, ses manches rabattues et sa jupe de robe remise en place, ne portait aucune trace du travail qu'elle venait de faire. Elle mit un chapeau de paille noire garnie d'une jolie touffe de violettes, jeta sur ses épaules un châle et proposa à Jeannette de lui faire faire un tour du côté du port. Quand elles passèrent dans le magasin, tous les commis saluèrent respectueusement la patronne, et Jeannette remarqua qu'elle avait tout à fait l'air d'une « vraie dame » (fig. 12).

FIG. 12. — Jeannette remarqua que sa marraine avait l'air d'une « vraie dame. »

Elle en était fort étonnée, car elle avait niaisement* pensé jusqu'alors que, pour être une dame, il fallait ne rien faire de ses mains et laisser à d'autres le soin du ménage.

Au retour de la promenade, Mme Soubirade dit qu'il fallait songer au dîner.

Elle fit passer à sa filleule un petit interrogatoire* sur ce qu'elle savait en fait de cuisine. Les réponses embarrassées de Jeannette, qui continuait à ne point oser avouer franchement son ignorance, ne lui donnèrent pas une haute idée de sa capacité.

— Allons, petite, je vois que tu n'es pas encore bien au courant. C'est dommage, car la cuisine est une chose qu'il faut absolument savoir. Quand je me suis mariée, si je n'avais pas su diriger le ménage, j'aurais été bien embarrassée. Nos magasins n'étaient pas alors organisés comme aujourd'hui ; nous avions des garçons épiciers qu'il fallait nourrir ; c'était une grosse affaire que de préparer les repas de tout ce monde ; si je m'en étais rapportée à une domestique pour les achats et pour le reste, nous aurions fait plus de frais que de bénéfices ; ce n'est qu'à force d'ordre et d'économie que nous avons pu joindre les deux bouts, les premières années. La servante la plus honnête et la plus laborieuse ne se serait jamais astreinte* aux calculs et au travail que je devais faire.

Tout en parlant, Mme Soubirade allait et venait dans la cuisine et Jeannette ne pouvait pas s'empêcher d'admirer la façon adroite et leste dont elle tournait un morceau de viande dans la casserole, faisait sauter les légumes dans un poêlon, remuait la soupe qui bouillait dans l'âtre*. Une chose ne lui faisait pas négliger l'autre, chacune était faite à point. Mme Soubirade replaçait aussi, à mesure, les ustensiles dont elle n'avait plus besoin ; on ne se serait pas douté qu'un dîner se faisait dans cette cuisine si bien en ordre, sans la bonne odeur qui s'échappait de la marmite et le grésillement* du morceau de veau qui mijotait* dans son jus. Au-dessus de la table (fig. 13), la batterie de cuisine bien frottée étincelait au dressoir ; plus haut, une rangée de petits pots s'alignait sur une étagère, par ordre de taille, comme

FIG. 13. — « Comme votre cuisine est jolie, marraine ! »

une famille de nombreux enfants, dont le plus petit ouvre la marche, tandis que l'aîné est à l'arrière-garde.

— Comme votre cuisine est jolie, marraine ! dit enfin Jeannette, et en ordre ! j'avais toujours pensé que faire la cuisine était une chose fort sale...

Mme Soubirade se mit à rire.

— Petite niaise ! est-il rien de sale quand on le fait proprement ?

Jeannette, presque réconciliée avec la cuisine, voulut dès le lendemain aider à sa marraine ; celle-ci semblait se donner si peu de peine quand elle préparait un repas, que la remplacer devait être, pensait la petite, la chose du monde la plus facile. Jeannette offrit donc de surveiller le dîner pendant que Mme Soubirade irait au marché. Son début ne fut pas heureux : elle laissa brûler un ragoût de pommes de terre et assaisonna une salade de haricots avec de l'huile de pétrole.

— Misère de moi ! s'écria Mme Soubirade en rentrant, quelle odeur ! Vite, petite, cherche une autre casserole pour y verser les pommes de terre, s'il est encore temps d'en sauver une partie.

Prestement, la marraine fit le changement d'ustensile * en ayant bien soin de ne pas toucher à la croûte noirâtre qui s'était formée au fond de la casserole.

Puis elle goûta le ragoût.

— Ce n'est pas délicieux, fit-elle avec une légère grimace, mais enfin c'est mangeable et il faut bien payer son apprentissage.

Toujours de bonne humeur, cette marraine ! Cependant ses sourcils se froncèrent quand elle examina la salade ; il était impossible de songer à l'utiliser : odeur insupportable, goût amer, rien ne manquait pour en faire un mets détestable, et pour cause.

— Allons ! il n'y a qu'à jeter cela, dit-elle ; décidément ma petite, la cuisine n'est pas ton affaire ; n'en parlons plus pour aujourd'hui. Pendant que je fais une omelette au lard pour remplacer ta salade au pétrole, prends ce balai et va nettoyer la salle à manger.

FIG. 14. — « Je vois bien que je ne suis bonne à rien, » s'écria Jeannette, qui éclata en sanglots.

Hélas ! la pauvre Jeannette n'était guère plus habile à balayer qu'à laver la vaisselle ou à faire un dîner. Elle oubliait de passer dans les coins, promenait son balai sans suite de ci, de là, donnait des coups aux meubles et soulevait des flots de poussière. Mme Soubirade, entr'ouvrant la porte, l'aperçut dans un épais nuage.

La patience faillit lui échapper.

— Mais, ma fille, dit-elle vivement, crois-tu vraiment nettoyer en t'y prenant de la sorte ? Tu déplaces la poussière, tu ne l'enlèves pas. Tout à l'heure, quand tu auras mis le couvert, elle viendra se poser dans les verres, sur les assiettes. Ce sera propre, en vérité, et mes hommes vont être contents ! Un dîner manqué et une table sale, voilà ce que nous aurons à leur offrir ! »

— Ah ! marraine, que je suis malheureuse ! s'écria Jeannette, qui éclata en sanglots (fig. 14). Je vois bien que je ne suis bonne à rien.

Ce désespoir radoucit Mme Soubirade.

— Allons ! Jeannette, ne te désole pas. Tu ne sais rien, c'est vrai ; mais il est encore temps d'apprendre, quoique, à vrai dire, je m'étonne qu'on t'ait laissée venir jusqu'à quatorze ans sans t'enseigner l'A B C des choses les plus indispensables. Tu m'arrives ignorante comme l'enfant qui vient de naître.

— Mais, marraine, qui aurait jamais pensé que vous vous occupiez du ménage, vous qui êtes riche...

— Et voilà les sottises que l'on débite dans ton village ! Parce qu'on est riche il faut ne pas travailler, et il est inutile de savoir diriger un ménage ! D'abord nous ne sommes pas riches, comme tu dis ; nous gagnons largement notre vie, voilà tout. Mais pourquoi ? Précisément parce que tout le monde travaille ici, moi toute la première.

« Même si j'étais assez riche pour me faire servir par des domestiques, crois-tu donc qu'il ne me serait pas utile encore, pour les commander, de connaître moi-même l'ouvrage ? Une maîtresse de maison doit toujours savoir conduire un ménage et pouvoir au besoin mettre la main à la pâte pour donner l'exemple.

« Mais pour une femme qui a des domestiques, il y en a à la douzaine qui sont obligées de tout faire par elles-mêmes ; il y a donc de grandes chances pour qu'on soit dans une de ces douzaines-là. D'ailleurs, le malheur n'est pas grand en vérité ; quel meilleur métier peut-il y avoir pour nous et plus agréable que de bien entretenir notre maison ?... »

Mme Soubirade ne détestait pas faire un petit sermon; il serait trop long de répéter celui qu'elle continua d'adresser sur ce sujet à sa filleule; contentons-nous de dire qu'elle le conclut* par ces mots.

— Pour moi, quand je vois une femme qui ne sait pas balayer, frotter une marmite, laver un plancher ou faire un dîner, je la prends en pitié comme je ferais d'un homme qui ne serait pas capable de planter un clou, de donner un coup de bêche dans un jardin ou de seller et de brider un cheval. Sur ce, petite, viens que je t'apprenne à faire l'omelette au lard. »

V. La bonne fée.

Il y avait deux ans que Jeannette était à Marseille, quand sa marraine, un soir du mois de septembre, lui mit dans la poche une bonne petite somme, dans sa malle des cadeaux pour toute sa famille et l'embarqua pour Sérignan, où elle devait passer un mois.

Le lendemain, la fillette arrivait chez ses parents.

On eut peine à la reconnaître.

Au départ, elle était maigrelette et un peu voûtée par le travail de l'école; sa démarche était lente et traînante, son regard indifférent.

Maintenant, c'était une robuste petite personne, aux épaules larges, aux bons bras arrondis, fortifiés et assouplis par les travaux du ménage; rien qu'à son pas léger et rapide, à ses yeux vifs et brillants, on voyait qu'elle avait l'habitude de ne pas perdre son temps et d'être attentive à tout ce qui l'entourait. Sa mère, qu'elle trouva seule à la maison, fut ravie de son air de gentillesse.

Le père ne tarda pas à rentrer.

Après les premières embrassades, il alla fouiller mystérieusement* dans son havre-sac* et en tira une belle poule d'eau; c'était un présent du garde champêtre dont il avait bêché le jardin par complaisance.

« Voilà, dit le père Mygairou en la balançant d'un air satisfait devant sa fille, on a été à la chasse pour fêter le retour de notre demoiselle. »

Mais qui allait se charger de préparer la poule d'eau? La mère Mygairou n'avait fait rôtir de gibier de sa vie et Miette était en service depuis un an chez une fermière des environs.

Jeannette retroussa ses manches, prit dans sa malle un beau tablier de cuisine et eut bientôt fait de plumer, de vider et de trousser* la bête. Celle-ci était cuite à point quand les sœurs arrivèrent de la filature de soie où elles étaient occupées. Grand fut l'étonnement de Nane et de Lise en voyant la Jeannette d'autrefois transformée en bonne ménagère.

— Tiens ! tiens ! tu sais donc faire la cuisine à présent ?

— Un peu, dit Jeannette. Marraine a bien voulu m'apprendre beaucoup de choses *que je ne savais pas*. On dîna joyeusement (fig. 15).

Fig. 15. — On dîna joyeusement.

— Dis donc, Jeannette, demanda malicieusement Lise à la fin du repas, est-ce que tu as trouvé ta marraine habillée ainsi que tu t'y attendais quand tu es arrivée à Marseille ? Avait-elle une longue robe de brocart* comme les fées et une baguette à la main ?

— Pas précisément, répondit Jeannette en riant ; la première fois que je l'ai vue, elle portait un tablier de toile rousse pareil à celui-ci, et elle avait à la main un gros morceau de savon.

— C'est égal, dit le père, moi je tiens Mme Soubirade pour une bonne fée, puisqu'elle a fait une ménagère active d'une certaine petite fille propre à rien que je lui ai envoyée, il y a tantôt deux ans.

« Je commence à croire que l'on peut fort bien se résigner à n'avoir que des filles, pourvu, ajouta-t-il en riant à son tour, pourvu qu'elles sachent leur métier de ménagère. »

DÉVELOPPEMENTS DES DEVOIRS DE RÉDACTION

La bonne écolière.

1. *Dites quelles sont les principales qualités d'une bonne écolière.*
(Élève, p. 21.)

Développement. — On nous demande quelles sont les qualités d'une bonne écolière. Je crois que si je dis comment se comporte ma cousine Lucie, j'aurai très bien répondu à la question, car Lucie est certainement une excellente élève, la meilleure de notre école.

Lucie n'est jamais en retard. Même cet hiver, où les chemins étaient si mauvais, je ne crois pas qu'elle soit arrivée une seule fois après neuf heures.

Dès son arrivée, elle prépare ses livres, ses cahiers, sa plume. Aussi quand la maîtresse dit : « La page d'écriture! » ou bien « La dictée! mesdemoiselles, » elle n'a rien à chercher dans son pupitre et elle ne perd pas la première phrase de la dictée, comme certaines écolières que je connais.

Je ne sais pas comment fait Lucie pour ne jamais tacher d'encre ni ses livres, ni ses habits, ni même ses doigts. La maîtresse dit que c'est parce qu'elle a des mouvements mesurés et parce qu'elle tient bien sa plume.

C'est un plaisir pour nous d'entendre Lucie réciter ses leçons. Ah! elle n'a pas besoin de lever les yeux au plafond, de froncer les sourcils pour retrouver ses mots. Elle sait si bien le texte que l'on dirait qu'elle parle, tout simplement, au lieu de réciter. Et puis, elle ne bredouille pas; elle prononce bien nettement, sans se presser; elle met le ton. L'autre jour, elle disait la fable *le Loup et le Chien*, et, dans le dialogue, on aurait vraiment cru entendre deux personnages différents. C'est même très amusant, une fable récitée comme cela.

Mais c'est surtout quand la maîtresse interroge que l'on voit combien Lucie est bonne écolière. Il faut croire qu'elle n'est jamais distraite pendant les leçons, car il est bien rare qu'elle n'ait pas réponse à tout. La semaine dernière, M. l'Inspecteur est venu, et pendant que Lucie répondait aux questions, il a dit plusieurs fois : « Très bien! très bien! Voilà une élève qui réfléchit. Elle ne répond pas au hasard, on voit que son esprit travaille. »

Lucie a constamment le maximum des bonnes notes; mais

nous ne sommes pas jalouses de ses succès, car nous voyons qu'elle les mérite.

Non, je n'envie pas Lucie, mais je voudrais bien lui ressembler.

Au retour de l'école.

2. *Racontez ce que fait une fille active en rentrant de l'école.* (Élève, p. 21.)

Développement. — Au retour de l'école, une fille active ne se croise pas les bras en regardant travailler sa mère.

« Chère maman, dit-elle, tu as bien trotté dans toute la maison pendant la journée, tandis que j'étais tranquillement assise à l'école. Assieds-toi à ton tour, je t'en prie, et laisse-moi faire un peu d'ouvrage à ta place. »

La maman ne dit pas non et elle explique à sa fille ce qu'il faut préparer pour le souper.

La fille va chercher la cruche à la fontaine. Elle remplit à moitié la marmite et la met sur le feu. Pendant que l'eau chauffe, elle épluche les légumes. Elle fait encore les autres préparatifs nécessaires pour le souper.

Elle met le couvert. Elle peut aussi balayer, mettre en ordre, faire un savonnage, aller promener le petit frère.

S'il n'y a rien à faire dans le ménage, elle coud ou tricote pendant une bonne heure.

Une fille active trouve toujours à s'occuper en rentrant à la maison. Aussi épargne-t-elle beaucoup de peine à sa mère.

De plus, elle devient elle-même chaque jour plus habile à s'acquitter des soins du ménage.

Occupations de ménage.

3. *Expliquez : 1° comment on balaye un appartement; 2° comment on fait un lit; 3° comment on lave les vitres.* (Élève, p. 21.)

Développement. — 1° Pour bien balayer, il ne faut pas donner de grands coups de balai d'ici, de là, sans regarder ce que l'on fait. On commence à un bout de l'appartement et, tout doucement, on balaye avec suite jusqu'à l'autre bout.

On n'oublie pas de passer dans les coins et sous les meubles, car c'est là que s'assemble le plus de poussière; on soulève le balai le moins possible, afin de ne pas faire voler la poussière en l'air. Si de petits débris de fil, de chiffons, de coton s'accrochent aux planches, on les enlève à la main. Quand on croit avoir passé partout, on jette un dernier coup d'œil pour voir si le plancher est bien net et l'on repasse aux endroits qui ne seraient pas encore suffisamment propres.

2° On place deux chaises devant le lit pour y déposer les objets de literie.

On enlève un à un, avec soin, sans les froisser, les couvre-pieds, les draps, les coussins.

On retourne le matelas.

Si le lit a une paillasse, on remue la paille, puis on l'égalise avant de remettre le matelas. On bat et on reforme le traversin.

Les draps sont ensuite posés bien droits et parfaitement étirés.

On borde le matelas avec le drap de dessous.

Celui de dessus est rentré avec les couvertures entre les côtés du lit et la literie de façon à tout envelopper.

Un lit bien fait est uni; on n'y voit ni bosses, ni trous.

3° Avec un chiffon un peu mouillé on prend du blanc d'Espagne et on en enduit chaque carreau des deux côtés.

Au bout de quelques minutes, on essuie avec un linge sec.

Il faut avoir soin de passer le linge dans les angles pour n'y rien laisser de malpropre.

Une vitre bien lavée a les coins aussi clairs que le reste et ne montre pas une seule ombre.

Une fille qui n'est pas diligente.

4. *Racontez ce que fait, avant d'aller le matin à l'école, une jeune fille qui est le contraire de Claire.* (Élève, p. 21.)

Développement. — Emma s'éveille tard; souvent sa mère l'appelle bien des fois sans réussir à la faire mettre debout. Quand elle a enfin ouvert les yeux, elle s'étire longtemps avant de se décider à quitter son lit. Elle se lave à peine; on dirait qu'elle a peur de l'eau froide.

Elle remet ses vêtements sans les avoir brossés et réparés.

Elle relève ses cheveux négligemment, sans les avoir peignés à fond.

Aussi n'est-elle pas belle à voir, je vous assure, avec sa chevelure ébouriffée, ses dents et ses ongles mal soignés.

Et pourtant, Emma est si lente et si molle que cette toilette bien incomplète a exigé beaucoup de temps.

L'heure de l'entrée en classe sonne, et la chambre d'Emma n'est pas rangée. Le lit n'est pas fait.

Le plancher, les meubles sont couverts d'une épaisse couche de poussière; des vêtements jetés en désordre sur toutes les chaises; des livres pêle-mêle sur la table avec un tricot commencé; une croûte de pain, des ciseaux, un encrier, un savon, que sais-je encore? le dé et une pelote de fil sous le lit; suspendu bien en vue, à la fenêtre, un tablier déchiré; enfin, — on aura peine à le croire et j'ose à peine l'écrire! — au beau milieu de la chambre, là, bien en face de la porte, une paire de bas sales!

Fi! la vilaine chambre que celle d'Emma, et comme cette jeune fille-là sera honteuse si l'on entre chez elle en son absence! C'est peut-être cette idée qui donne à Emma l'air maussade et ennuyé tandis qu'elle se rend précipitamment à l'école. Elle a beau faire, même en laissant tout en désordre derrière elle, elle arrive en retard et sera punie pour son inexactitude.

Si cela pouvait au moins la rendre plus diligente à l'avenir!

Les réflexions de Miette Sylvestre sur les inconvénients de la parure.

5. *Y a-t-il des inconvénients à avoir une toilette très élégante? Quels sont ces inconvénients?* (Élève, p. 21.)

Développement. — Je ne sais pas si une toilette trop élégante aurait des inconvénients pour tout le monde; mais je sais qu'elle en aurait à coup sûr pour moi.

Pour venir à l'école, je fais chaque jour une course de trois quarts d'heure; je passe par de petits sentiers charmants; mais si vous pouviez voir ce que j'y rencontre de pierres et de ronces, vous comprendriez que ma bonne robe de cotonnade, qui résiste quand je l'accroche aux buissons, vaut mieux pour moi qu'un beau costume tout garni.

Le soir, quand j'aide maman à ranger la litière de la vache ou à laver le carreau de la cuisine, je vous assure que des bas à jour et de fines chaussures me gêneraient beaucoup. Pour travailler, rien n'est aussi commode que des vêtements tout simples et bien solides.

Il faut vous dire encore que nous sommes six enfants et que mon père n'est pas riche.

Comment nous donnerait-il le nécessaire s'il fallait mettre beaucoup d'argent à acheter, à mes sœurs et à moi, de belles robes et des chapeaux bien ornés? Et puis que diraient, en nous voyant si parées, les gens qui nous savent pauvres?

L'hiver passé, nous devions une grosse somme au marchand de farine, et un jour je l'ai entendu dire à mon père : « Ne vous tourmentez pas, monsieur Sylvestre ; j'attendrai que vous ayez des fonds. Je vois bien, parbleu! que chez vous l'on n'achète rien d'inutile et que l'argent que vous ne me donnez pas ne passe pas à des fanfreluches. » Cela m'a donné à réfléchir, et j'ai compris ce jour-là qu'il doit y avoir mille bonnes raisons pour conformer sa toilette à sa situation.

Aussi, je me promets bien de rester simple ainsi qu'il convient à une petite paysanne comme moi, qui veux être à l'aise pour travailler et qui ne possède rien.

Devoirs envers les parents.

6. *Quels sont vos devoirs envers vos parents?* (Élève, p. 21.)

Lettre d'une sœur aînée à sa petite sœur.

Développement. — J'apprends avec bien du regret, ma chère petite Andrée, que tu n'es pas toujours aussi gentille avec nos parents que je le désirerais. Tu es pourtant une bonne petite fille et tu aimes bien ton père et ta mère. Pourquoi n'es-tu donc pas obéissante? C'est si facile d'obéir et on est si content plus tard d'avoir appris à le faire sans murmurer étant jeune! Je puis t'en parler, moi qui suis maintenant en service chez des étrangers; il faut bien que j'exécute ponctuellement tout ce qu'on me commande. J'aurais beaucoup d'occasions d'être réprimandée et peut-être de perdre mon gagne-pain si nos parents ne m'avaient, heureusement pour moi, habituée à obéir vite et gaiement.

Prends donc cette bonne habitude à ton tour, ma chère petite sœur. Sois sûre que nos parents savent bien mieux que nous ce qu'il nous convient de faire, et que c'est à la fois ton devoir et ton intérêt de suivre docilement leurs avis.

Je te recommande aussi d'être respectueuse avec eux; il ne faut pas parler à ses parents sur le ton que l'on prend pour s'adresser à des camarades; n'oublie jamais la déférence que tu leur dois. Mais que cela ne t'empêche pas, ma petite Andrée, de leur montrer ta tendresse.

Sois affectueuse et caressante. Le soir, quand je rentre, mon travail fini, dans ma petite chambre de domestique, bien des fois je pense, le cœur un peu serré, au bon baiser que j'allais donner à maman avant de me coucher; et j'envie ma petite sœur qui peut lui mettre ses deux bras autour du cou avant de s'endormir et lui dire tout bas : Chère maman, combien je t'aime !

Il y a bien des choses, va, que l'on regrette quand on est grande et loin de la maison; tiens, jusqu'aux gronderies des parents qui nous sont si utiles quand nous savons les écouter. Autrefois, je pleurais ou je boudais au moindre reproche; c'était absurde, et cela faisait une peine bien inutile à notre pauvre maman. Aujourd'hui, je ferais mieux : je profiterais de tous ses conseils et j'aurais plus d'envie de la remercier que de me plaindre de ses réprimandes.

Fais comme je voudrais avoir fait, ma chère petite Andrée, et deviens pour nos parents une bonne, une très bonne fille, si tu veux faire plaisir à
    Ta sœur qui t'aime,
      Cécile ARVERS.

La partie manquée.

7. *Composez une petite histoire où vous ferez se quereller un frère et une sœur : Jules brusque et taquin, Louise maussade et entêtée. La mère survient, et leur montre qu'ils ont tort tous les deux.* (Élève, p. 21.)

Développement. — Jules et Louise avaient formé le projet d'aller ensemble à la pêche. Un petit ruisseau assez poissonneux coulait à peu de distance de la maison; on se promettait d'en rapporter pour le souper une excellente friture.

Mais il fallait remailler le filet, raccommoder une ligne. Le frère et la sœur allèrent s'installer sous un arbre pour procéder à ces préparatifs. Malheureusement, Jules était brusque et taquin; il ne tarda pas à trouver que Louise s'y prenait mal pour réparer le filet; il chercha à le lui démontrer sur un ton de moins en moins aimable et finalement lui arracha la navette des mains dans un accès d'impatience.

— Maladroite! s'écria-t-il. Il y a une heure que nous devrions être au bord du ruisseau. Ah! certes, ce sera bien, je te le déclare, la dernière fois que je te mènerai à la pêche.

— Pardon! fit Louise piquée, en prenant son air le plus revêche, tu n'auras pas l'ennui de m'y conduire aujourd'hui. J'en ai assez rien que des préparatifs et de tes sottes taquineries. Va chercher d'autres camarades que tu puisses brusquer tout à ton aise.

Et, tirant un livre de sa poche, Louise tourna le dos à Jules et se mit à lire avec dignité.

Ce n'était point l'affaire de maître Jules, qui grillait d'envie d'avoir un filet bien réparé à aller jeter dans la rivière. Au bout d'un moment, il revint tourner autour de la retraite de sa sœur, espérant bien faire la paix avec elle. Même, comme il avait commencé, il finit par lui proposer timidement une réconciliation... précédée d'excuses. Mais Louise, s'entêtant dans sa maussaderie, ne daigna pas l'entendre. Et pourtant, comme elle avait bonne envie, elle aussi, d'aller à la rivière!

Tout à coup, une bonne odeur de beurre que l'on fait chauffer se répandit autour de la maison. La mère, voyant s'approcher l'heure du souper, avait jeté un coup d'œil par la fenêtre et, apercevant ses enfants à peu de distance, elle avait mis la poêle sur le feu pour faire frire les poissons.

— Allons! allons! s'écria-t-elle gaiement du fond de la cuisine, apportez vite votre pêche, car le beurre va noircir si vous tardez.

Jules et Louise accoururent, la mine longue et les mains vides. Il fallut raconter comment l'après-midi s'était écoulée en vaines disputes et en bouderie, écouter la réprimande de la mère donnant tort à chacun, et convenir avec elle qu'aux querelles entre frères et sœurs personne n'a rien à gagner... si ce n'est toutefois les poissons, qui nagent encore dans la rivière!

Description d'une gravure.

8. *Décrivez la gravure de la page 2) (Une vraie famille.)* (Élève p. 21.)

Développement. — Je vois, dans cette gravure, sept personnages qui composent une famille : le père et la mère, la grand'mère et quatre enfants.

Au milieu, le père, debout, tient un journal à la main et cause avec la mère; celle-ci est assise près de la table; elle a sur les genoux un ouvrage de couture, qu'elle a laissé un moment pour répondre à son mari; on voit qu'elle l'écoute avec plaisir.

Près du feu, la grand'mère est installée dans un fauteuil et regarde un de ses petits-fils garnir de braise sa chaufferette.

A l'extrémité opposée est assise une petite fille qui paraît avoir douze ou treize ans; elle a un livre ouvert sur les genoux et fait réciter son frère, un garçon d'une dizaine d'années, qui se tient devant elle debout et les mains au dos. La sœur ainée pose la main sur le bras de sa petite sœur qui vient lui demander quelque chose et, sans doute, elle lui dit d'attendre que la leçon soit récitée; mais elle a l'air de lui dire cela doucement, sans la renvoyer avec brusquerie.

Tous ces personnages paraissent heureux d'être ensemble et de s'occuper les uns des autres.

II

LE MÉTIER

I. — Le choix d'un métier.

87. Lorsque vous quitterez l'école, vous devrez apprendre un métier qui vous permette de gagner votre vie.

88. Une fille, aussi bien qu'un garçon, doit être capable de **se suffire** à elle-même par son travail, afin de n'être à la charge de personne. Pour vous, comme pour vos frères, il n'y a *pas de vie honorable en dehors du travail.*

89. Choisissez de préférence le métier qui ne vous éloignera pas de vos parents.

Recherchez le travail qui peut se faire à *la maison.*

90. *L'état le plus brillant n'est pas toujours le meilleur.* Celui où l'on gagne **le plus**, n'est pas toujours le plus avantageux.

91. Quand on vous parle d'une position, ne demandez pas seulement : quel est le salaire ? mais : quelle est la **dépense** à laquelle cette position oblige ?

Jeanne, qui gagne 18 fr. par semaine, sans sortir de chez elle, est plus riche que Marie qui en gagne 25 dans un magasin où on exige de la toilette.

92. Ne visez pas **trop haut**.

Mieux vaut *très bien réussir* dans une profession modeste que *réussir à moitié* seulement dans une position plus relevée. Telle aurait fait une excellente servante de ferme, qui fera une médiocre femme de chambre à la ville. Telle serait devenue une habile modiste qui ne sera jamais qu'une mauvaise institutrice.

QUESTIONNAIRE

87. Qu'apprendrez-vous après votre sortie de l'école?
88. Est-il bon pour une jeune fille d'être capable de se suffire à elle-même?
89. Quels sont les métiers qu'il vous faut préférer?
90. Le métier le plus payé est-il toujours le meilleur?
91. Y a-t-il, au point de vue du bénéfice, autre chose à considérer que le taux du salaire?
92. Pourquoi vaut-il mieux ne pas viser trop haut?

LEÇON A DÉVELOPPER

Métiers exercés par les femmes dans le pays où se trouve l'école. Aptitudes qu'ils exigent. Indications précises sur les conditions de l'apprentissage, sa durée, la moyenne des salaires, etc.

Comme indication générale, insister sur ce fait : le meilleur métier pour une femme est celui qu'elle peut exercer à la maison.

16ᵉ LECTURE. Le métier à la maison.

Les professions qu'une femme peut exercer à la maison ne sont malheureusement pas très nombreuses ; il y en a cependant. On peut citer, dans la grande industrie, le **tissage des soieries** auquel il n'est pas rare que le mari et la femme puissent travailler ensemble. Les ouvriers lyonnais ont chez eux leur métier à tisser ; beaucoup échappent ainsi à la nécessité de vivre dans les ateliers. Ailleurs, c'est le **métier à bas** que l'on installe dans la chambre où se tient la famille (Jura).

La **broderie**, la confection de la **dentelle** occupent aussi à domicile un assez grand nombre de femmes, surtout dans certaines régions (Lorraine, nord de la France, départements montagneux du centre). Dans d'autres, les femmes garnissent de crin les **brosses** dont on leur livre le bois tout préparé. Les *passementières*, les *plumassières*, les *fleuristes*, les *fourreuses*, les *ouvrières en perles*, celles qui préparent la paille des chapeaux peuvent également travailler chez elles la plupart du temps.

La confection du linge, des vêtements, des chaussures, etc., occupe une légion de femmes sous le nom de *lingères*, *giletières*, *couturières en robes*, *ravaudeuses*, *piqueuses de bottines*, *de gants*... Quelques-uns de ces travaux sont

93. Ayez toutefois l'ambition **d'améliorer** sans cesse votre position au moyen de votre **travail**.

94. Commencer modestement et s'élever peu à peu par ses efforts, voilà la **sagesse**.

RÉSUMÉ (à réciter).

1. J'apprendrai un métier pour être capable de gagner ma vie.

2. Je préférerai au travail dans les grands ateliers celui qui peut se faire à la maison.

3. Je n'aurai pas trop d'ambition, je choisirai un état en rapport avec mes moyens.

4. Je viserai à améliorer de jour en jour ma position par le travail.

II. — L'apprentie.

95. Vous faites l'apprentissage de votre métier dans un atelier ; il se peut qu'il y ait dans cet atelier des filles peu honnêtes, menteuses, paresseuses, effrontées, bavardes

Ne recherchez pas la société de celles-là.

96. N'écoutez pas les **mauvais conseils :** *qui les écoute aujourd'hui, pourrait bien les suivre demain.*

Ne vous laissez pas entraîner par les mauvais exemples.

Ayez des amies parmi vos camarades, mais **choisissez**-les bien.

97. En sortant de son atelier, une fille sage se rend **directement** chez ses parents.

Est-elle chargée de faire des courses pour la maison où on l'emploie ? Elle se garde bien de se lier avec les premières venues qu'elle trouve sur son chemin.

98. Elle ne dit et ne fait rien qu'elle ne puisse raconter à ses parents, sans s'attirer leurs reproches.

LIVRE DU MAITRE.

QUESTIONNAIRE

93. Doit-on chercher à améliorer sa position ?
94. Donnez une règle de conduite sage.
95. Quelles sont les personnes dont vous devrez fuir la société ?
96. Comment vous comporterez-vous à l'égard des mauvais conseils et des mauvais exemples ?
97. Que fait une jeune fille raisonnable à la sortie de l'atelier ?
98. Peut-elle raconter à ses parents tout ce qu'elle a fait hors de la maison ?

souvent donnés à des ouvrières éloignées du centre de fabrication. Aussi une femme ingénieuse pourra-t-elle toujours trouver à gagner, sans abandonner son foyer, quelque chose avec son aiguille. Plus lucratifs, mais aussi plus difficiles à apprendre, sont les métiers qui se rattachent au dessin : **dessin industriel** pour étoffes, broderies, etc., **gravure sur bois, peinture sur faïence et sur porcelaine, décoration d'éventails** et de menus objets de fantaisie. Comme les travaux à l'aiguille, ces occupations permettent à la jeune fille ou à la femme qui s'y livre de continuer quand même à s'acquitter de tous ses devoirs dans son intérieur.

LEÇON A DÉVELOPPER

L'entrée en **apprentissage** : moment important pour la jeune fille. Vie nouvelle au milieu d'étrangers, loin de la surveillance de ses parents. L'apprentie devient responsable de ses actes, doit se gouverner elle-même. Dangers à éviter : conseils et exemples pernicieux. Nécessité de savoir résister, de ne pas se laisser entraîner ; ne jamais faire, parce que « d'autres le font bien », ce que l'on reconnaît être mal. « Garde ton cœur, dit l'Écriture sainte, garde ton cœur, c'est-à-dire la délicatesse de ta conscience, plus que toute autre chose qu'on garde. »

17ᵉ LECTURE. **Le départ des apprentis.**

Un frère et une sœur, Georges et Paulette, sont partis ce matin pour la petite ville de D..., où ils vont faire leur apprentissage, l'un de serrurier, l'autre de repasseuse.

Leur mère, seule au logis, est songeuse et triste. Elle soupire tout en tirant son aiguille. Ce n'est pas seulement

99. Prenez ces bonnes habitudes pendant votre apprentissage; vous mériterez de passer pour une jeune fille réservée, prudente, *attachée à ses devoirs* et soucieuse de sa **dignité**.

LOI. — Le patron doit se conduire envers l'apprenti *en bon père de famille*, surveiller sa conduite, soit dans la maison, soit au dehors, et avertir ses parents ou leurs représentants des fautes graves qu'il pourrait commettre.

Il doit aussi les prévenir, sans retard, en cas de maladie.

Il ne doit pas l'employer à des travaux qui seraient *au-dessus de ses forces*.

Le *travail de nuit* (de neuf heures du soir à cinq heures du matin) et le travail des *dimanches*, ne peuvent être imposés à l'apprenti.

L'apprenti doit à son patron *fidélité, obéissance* et *respect*; il doit l'aider par son travail dans la mesure de son aptitude et de ses forces.

Le patron *doit enseigner* à l'apprenti progressivement et complètement le métier qui fait l'objet du contrat.

Les *contrats d'apprentissage* peuvent être faits verbalement, par actes sous seing privé ou par actes devant notaires (honoraires 2 fr., enregistrement 1 fr.).

RÉSUMÉ (à réciter).

1. Je ne me lierai pas sans choix avec toutes mes compagnes de travail.

2. Je prendrai mes amies parmi celles qui sont bonnes et honnêtes.

3. Je n'écouterai pas les mauvais conseils; je ne suivrai pas les mauvais exemples.

4. Je rentrerai directement chez mes parents en revenant du travail.

INSTRUCTION CIVIQUE. — **Lire :** Travail des enfants et des filles mineures dans les manufactures (p. 207). — Travail de nuit. — Travail des dimanches (p. 208).

III. — **Le travail.**

100. Quel que soit le métier dont vous ferez choix, apprenez-le **à fond** ; Prenez pour devise la sage

QUESTIONNAIRE

99. Quel avantage retirez-vous des bonnes habitudes de conduite qu'on vous engage à prendre ? —

Quels sont les devoirs d'un patron envers ses apprentis ?

100. Comment devez-vous savoir votre métier ?

parce que la maison est bien morne sans ses chers enfants. Non ; une mère qui les envoie loin d'elle a d'autres soucis encore. A quoi songe-t-elle ? Je vais vous le dire : « Pourvu qu'ils soient bien soignés ! se dit-elle. S'ils allaient l'un ou l'autre tomber malades ! Un accident est vite arrivé ; ils sont sans expérience ; ils ne seront pas toujours prudents.... et je ne suis plus là. »

Mais ce n'est pas tout ; la mère vient à penser maintenant à d'autres dangers. « Ils peuvent rencontrer de mauvais camarades, recevoir de funestes conseils. Je tremble en y pensant. Abandonnés à eux-mêmes, sans leur père ou moi pour les guider, sauront-ils résister à la tentation ? Quel chagrin si ces petites âmes, sur lesquelles je veillais avec tant d'amour, allaient me revenir moins droites et moins pures ! »

Et la mère est bien près de pleurer. Mais le père est revenu du travail et, de sa voix grave et ferme, il la rassure : « Femme, aie confiance. Tu veux de ton fils et de ta fille faire un homme et une femme dignes de ce nom ? Crois-moi, quoi qu'il t'en coûte, il faut pour cela les livrer à eux-mêmes, les exposer à rencontrer la tentation ; ce n'est qu'en luttant contre elle qu'on devient fort. Tu as donné à tes enfants un cœur bon et pur ; à eux maintenant de se faire un cœur vaillant. Cela, mère, tu ne peux le faire à leur place ; ton œuvre est presque finie, la leur commence. Mais tu as semé le bon grain, il germera ; crois et espère. »

Georges et Paulette sont loin. Que ne peuvent-ils entendre ! Il semble qu'après rien ne serait capable de les détourner du bien.

LEÇON A DÉVELOPPER

Ne rien faire à moitié ; appliquer toutes ses forces à ce que l'on fait. Ne pas se résigner à rester médiocre ; chercher à progresser toujours.

A se perfectionner sans cesse dans son métier, on trouve à la fois avantage matériel et satisfaction.

parole de Salomon : « Quoi que tu fasses, fais-le de ton mieux. » Ne vous contentez pas de le savoir à moitié.

101. Ne vous dissimulez pas d'ailleurs qu'il faut **exceller** dans votre métier si vous voulez qu'il vous fasse vivre.

Si vous êtes une mauvaise ouvrière, l'ouvrage vous manquera, car *il va à qui le fait bien*.

102. Ne vous plaignez pas de la concurrence ; luttez contre elle, en *faisant mieux que les autres*.

103. Ayez de la **constance**. Ne quittez pas un état pour un autre sans de bonnes et sérieuses raisons.

104. Mais soyez néanmoins capables de faire au besoin autre chose que votre travail habituel. *Ayez, comme on dit, plusieurs cordes à votre arc*.

105. Votre ouvrage ordinaire vient-il à vous manquer ? N'en refusez pas un autre sous prétexte que ce n'est pas votre métier.

Acceptez même un travail inférieur plutôt que de *rester sans rien faire*.

106. *On ne s'abaisse jamais en travaillant*. Ce qui est **humiliant**, c'est de vivre, lorsqu'on doit gagner son pain de chaque jour, dans la paresse qui mène droit à la mauvaise conduite et à la **mendicité**.

107. On ne mendie pas seulement en allant demander de porte en porte du pain ou un sou ; c'est une façon de mendier que de chercher à obtenir une place avantageuse à *force de protections* et non par son propre *mérite*.

108. Demandez le moins possible aux autres ; *ne réclamez pas de faveurs*. Pour réussir dans la vie, *comptez sur vous-même*, sur votre bonne conduite, qui vous donnera la bonne réputation, sur un travail **patient** et **énergique**. C'est là le vrai moyen de succès : « Le monde est aux vaillants. »

QUESTIONNAIRE

101. Pourquoi est-il nécessaire d'exceller dans son métier?
102. Quel est le meilleur moyen de lutter contre la concurrence?
103. Y a-t-il profit à changer de métier?
104. Est-il utile de pouvoir au besoin changer de genre de travail?
105. Que faut-il éviter par-dessus tout?
106. Quel serait le seul parti humiliant?
107. Existe-t-il plus d'une manière de mendier?
108. Sur quoi doit-on compter pour réussir dans la vie?

18ᵉ LECTURE. Une poignée de conseils.

« Celui-là fait plus que tout autre qui ne fait qu'une chose à la fois et qui la fait bien. » (Ignace de Loyola.)

Mais pour bien faire, il ne faut pas redouter la peine.

« L'excellence n'est jamais accordée à personne que comme récompense du travail. » (Josuah Reynolds.)

Pour exceller, il faut être attentif à tout, aux petites choses comme aux grandes. On demandait à Nicolas Poussin comment il était parvenu à faire des œuvres aussi parfaites : « En ne négligeant rien, » dit-il. Bien long est l'apprentissage complet d'un métier, d'un art quelconque. Les premiers pas faits, l'attrait du nouveau disparu, les difficultés se montrent. « Semer est moins pénible que récolter. » (Gœthe.) Il ne faut pas s'endormir sur un premier succès, sur une facilité vite acquise, mais être prêt à combattre sans cesse de nouveaux obstacles. Ces obstacles ne doivent jamais décourager le travailleur.

« Allez en avant ; la force et la foi vous viendront. » (D'Alembert.)

LEÇON A DÉVELOPPER

Qui veut vivre **doit travailler**. *Mendier est une honte.* Celui ou celle qui peut gagner son pain ne doit pas tendre la main. On trouve toujours du travail quand on est décidé à tout faire pour éviter de demander l'aumône.

(Cette leçon, si importante, doit être développée devant les enfants avec beaucoup de netteté et de vigueur et en même temps de délicatesse. D'une part, il faut éveiller chez eux un vif sentiment de la dignité personnelle. De l'autre, on doit éviter de tarir la source de la compassion pour ceux que la vieillesse ou les infirmités réduisent à la mendicité.)

109. Ce n'est pas seulement dans votre intérêt, en vue de votre succès personnel que vous devez faire votre métier aussi bien que vous en êtes capable. L'intérêt de tout le monde exige aussi que vous vous en acquittiez **consciencieusement.**

110. Chaque travailleur, chaque travailleuse est, dans la société, comme un rouage dans une immense montre. Si le plus petit rouage vient à mal jouer son rôle, à faire sa besogne de travers, la marche de tout le mécanisme s'en ressent. De même, dans une société où chacun travaille, *la faute d'un seul peut jeter le désordre partout.*

111. « Certes, dit peut-être tout bas une petite lectrice, on nous donne là de bons conseils ; mais le moyen de les suivre tous ? Dire qu'il faut exceller dans son métier, qu'on doit très bien travailler, c'est bel et bon. Mais si cela m'ennuie de travailler, moi ? »

112. Ah ! voilà ! *si cela vous ennuie, vous serez toujours mauvaise ouvrière.*

Savez-vous le secret pour être bonne travailleuse et pour réussir ?

C'est d'**aimer le travail.**

113. Berthe n'aime pas le travail.

Elle va à l'ouvrage en rechignant.

Elle se donne *le moins de peine possible.*

Elle fait de mauvaise besogne, qu'elle n'a aucun plaisir à regarder.

Le soir, elle se couche fatiguée quand même, et mécontente. Elle se dit : « Quel ennui de penser qu'il faudra recommencer demain, et que tous les jours de la vie ce sera la même chose ! »

114. Lydie va au travail comme au jeu, de tout son cœur.

Elle n'épargne pas sa peine.

QUESTIONNAIRE

109. Notre intérêt personnel est-il de travailler consciencieusement?
110. A quoi peut-on comparer la société?
111. Quelle objection peut-on faire aux préceptes qui précèdent?
112. Quel est le secret du bon travail?
113. Tracez le portrait de la mauvaise travailleuse.
114. De la bonne travailleuse.

19ᵉ LECTURE. La légende du travailleur.

Parmi les belles histoires que les Grecs aimaient à raconter, une des plus belles est la légende d'Hercule.

Écoutez-la, cette légende merveilleuse, qu'ont écoutée, il y a des milliers d'années, les enfants de la Grèce.

Hercule fut un grand travailleur. Il était fort, il avait des bras puissants; il les employa à d'étonnants travaux.

Un lion ravageait les plaines de Némée : il le tue. Un monstre à plusieurs têtes était la terreur du pays : d'un seul coup vigoureux il abat ses têtes. Des oiseaux gigantesques, un taureau redouté de l'île de Crète tombent à leur tour. Il débarrasse la terre, le bon Hercule, de tous les monstres destructeurs. Il terrasse aussi parmi les hommes ceux qui font souffrir les autres, les injustes et les cruels.

Ce n'est pas tout : il dessèche les marais, crée à la place des champs fertiles; il ouvre aux eaux un chemin; il perce des routes à travers les montagnes; il nettoie des étables infectes.

« Il ne s'agit pas seulement de travaux élégants, nobles, tout héroïques. Il s'agit des grossiers, des vils, des immondes. Mais la magnanime bonté de ce héros ne connaît rien de bas en ce qui sert le genre humain. » (Michelet.)

Enfin, pour que rien ne manque à la grandeur d'Hercule, il lutte aussi contre la douleur, contre un mal terrible qui le dévore. C'est la dernière épreuve après laquelle il monte au ciel.

Cette histoire est bien vieille, mais elle méritera toujours d'être racontée parce qu'elle glorifie le travail, qui est de tous les temps. « Ce qui fait survivre Hercule à la Grèce elle-même, c'est son humble et sublime rôle de travailleur, d'ouvrier héroïque. Il n'a rien redouté, il n'a rien dédaigné. Il est l'artisan courageux, le bras fort, le grand cœur patient. » (Michelet.)

La vue de l'ouvrage qui avance et qui a bon air la réjouit.

Le soir, elle se couche bien fatiguée aussi, mais contente.

Elle se dit : « J'ai tâché de bien faire ; demain je ferai mieux encore et ainsi tous les jours de la vie. »

115. Lydie n'était pas née parfaite. Elle a été bien près un jour de suivre les mauvais conseils d'une camarade peu honnête.

Mais elle aimait le travail, et *le travail a chassé les mauvaises pensées.*

116. Lydie a eu des chagrins. Elle a perdu ses parents. Elle vit seule.

Le travail ne lui fait pas oublier ses chers morts. Mais, grâce à lui, *elle ne s'ennuie jamais*, même quand elle est seule.

Oh ! le bon compagnon que le travail, pour qui sait l'aimer !

Que vous le vouliez ou non, il sera le maître de votre vie ; faites-vous de ce maître un ami.

RÉSUMÉ (à réciter).

1. Je tâcherai d'exceller dans mon métier.
2. Je serai persévérante. Je ne changerai pas de position sans des raisons sérieuses.
3. Je ne refuserai jamais de travail.
4. Je compterai sur moi-même.
5. Je ferai mon métier consciencieusement ; j'aimerai le travail.

IV. — La prévoyance. — L'économie.

117. Quand vous serez devenue une bonne ouvrière et que votre travail sera bien payé, emploierez-vous à vos dépenses personnelles tout l'argent que vous gagnerez ?

QUESTIONNAIRE

115. Quels services le travail a-t-il rendus à Lydie?

116. Que devient le travail pour qui sait l'aimer?

LEÇON A DÉVELOPPER

Demander aux enfants ce qu'ils pensent du **travail**. Est-ce une peine? est-ce un plaisir? Que feraient-ils s'ils étaient riches et libres de choisir? Voudraient-ils « se croiser les bras » ou se faire une vie occupée?

Laisser les opinions, même les plus fausses, s'exprimer librement; puis amener peu à peu les enfants à les rectifier eux-mêmes. Convenir avec eux que le travail n'est pas un plaisir, surtout au début, qu'il y a des tâches fatigantes, pénibles, désagréables. Ne pas dissimuler qu'aucun travail, même attrayant, ne se fait sans effort.

Montrer que le travail est cependant suivi d'un plaisir : plaisir de voir son ouvrage fait et d'en profiter, contentement de soi. Les enfants ont-ils déjà éprouvé cela? Exemples familiers. Applications personnelles aux élèves.

L'effort, condition de progrès. Faire voir que tout ce qui s'est fait de grand depuis le commencement du monde s'est fait par l'effort, la peine, la lutte contre les difficultés.

Conclusion : se soumettre *virilement* et *joyeusement* à la grande loi du travail.

20ᵉ LECTURE. **La chanson de la lampe.**

Sous l'abat-jour de la lampe, la blonde petite tête d'Ida se penchait sur son ouvrage. Bien dur semblait son travail à la fillette; elle étouffait plus d'un soupir. « Était-il donc si nécessaire de travailler? » Pour réfléchir à cette grave question, Ida leva son petit nez distrait et son regard vague vers la flamme de la lampe. Alors elle entendit le murmure léger que fait la lampe en brûlant, et pour la première fois

Non, vous viendrez en aide à vos parents s'ils en ont besoin. Pendant de longues années, ils ont été seuls à travailler pour vous élever, vous et leurs autres enfants. Comme vous serez fière, n'est-ce pas? le jour où vous pourrez contribuer pour votre petite part à payer les dépenses de la famille!

118. *Aidez à élever vos jeunes frères et sœurs, à leur faire apprendre un métier.*

119. Quand votre salaire augmentera, ne vous croyez pas obligée d'augmenter votre dépense dans la même proportion. Améliorez votre tenue, ne la changez pas.

120. Une fois que vous êtes pourvue du nécessaire, ne consacrez pas le reste de votre argent au superflu². Mettez de côté le surplus de votre gain.

Fig. 16. — L'argent placé à la caisse d'épargne *travaille*.

121. *Ayez un livret de caisse d'épargne* (fig. 16).

Il y a deux avantages à placer son argent : 1° Cet argent **travaille** ; il produit un intérêt qui vient s'ajouter à vos économies. 2° On est *moins tenté de le dépenser mal à propos* quand on ne l'a pas dans son tiroir.

122. L'économie nous est commandée par la **prévoyance**. Tandis qu'on a la santé, alors qu'on est dans toute la force de la jeunesse, *il faut prévoir la maladie, il faut songer à la vieillesse.*

123. Sachez vous imposer quelques privations dans le présent pour ne pas manquer du nécessaire dans l'avenir.

QUESTIONNAIRE

117. Quel emploi ferez-vous de votre salaire?
118. Pouvez-vous contribuer à élever vos frères et sœurs?
119. Est-il prudent, quand votre salaire augmente, d'augmenter vos dépenses dans la même proportion?
120. Que ferez-vous de ce qui vous restera, les dépenses indispensables payées?
121. Quels avantages présente le placement des économies à la Caisse d'épargne?
122. Par quoi nous est commandée l'économie?
123. Comment peut-on assurer son avenir?

elle s'aperçut que ce murmure était une chanson; la voici :

    Je suis la lampe, la lampe fidèle
    Qui éclaire le travail des veillées.

« Le premier jour qu'on m'emplit d'huile et qu'on m'alluma, j'éclairai une espèce de galetas, à la fois chambre et atelier. Un homme, vieux déjà, y faisait au tour des pieds de chaise, tandis que sa femme allait et venait, vaquant aux soins du ménage. Que de fois, bien avant dans la nuit, ils peinaient ainsi à ma clarté! Il le fallait, disaient-ils, pour élever leurs enfants. Et l'homme se frottait les mains avec joie quand un grand tas de pieds de chaise s'empilaient dans un coin. Mais, lorsqu'ils m'éteignaient, je pensais joyeusement aussi que ces braves gens allaient enfin dormir.

    Je suis la lampe, la lampe fidèle
    Qui éclaire le travail des veillées.

« Plus tard, posée sur l'établi de leur fils, je jetai ma lueur sur des plans, des dessins, des outils, des échantillons de métaux. Mon nouveau maître était mécanicien. Et bien souvent, durant des nuits entières, le front soucieux et le compas dans la main, il cherchait le plan d'une nouvelle machine qui devait fabriquer des choses utiles pour des milliers d'hommes. Quelle figure rayonnante quand il avait enfin trouvé et qu'il tournait ma clé pour aller prendre le repos si bien gagné!

    Je suis la lampe, la lampe fidèle
    Qui éclaire le travail des veillées.

« Le moment vint où j'éclairai l'alphabet du petit garçon de mon maître. Assis sur les genoux de sa mère, le doigt sur les lettres, il répétait a, i, o, ba, bi, bo. Il se donnait beaucoup de peine. Quelle joie le jour où il lut sans faute une ligne entière! Le petit travailleur la goûtait pour la première fois, cette mâle joie qui suit l'effort; il se coucha bien content ce soir-là.

124. Ne faites pas comme les petits enfants qui ont envie de tout ce qu'ils voient. Ayez assez de fermeté pour vous refuser à vous-même les choses trop coûteuses pour votre position.

125. Alice a quelques économies, si elle les garde et si elle y ajoute celles de l'année prochaine, elle pourra acheter une belle douzaine de chemises. Mais, en se rendant chaque jour à l'atelier, elle voit à l'étalage d'un magasin un joli manteau qui remplacerait avantageusement le châle un peu démodé qu'elle porte.

Alice est bien tentée de l'acheter. Tous les matins, elle jette un regard sur la devanture où il s'étale. Une fois, elle a posé la main sur la poignée de porte de la boutique... « Non pourtant, s'est-elle dit, ce ne serait pas raisonnable. J'ai envie de ce manteau, *mais je n'en ai pas besoin.* »

Depuis ce jour, Alice n'a plus regardé le manteau.

126. Qu'a-t-elle gagné à cette petite victoire remportée sur elle-même?

Deux choses : elle n'a pas diminué sa petite provision d'argent et elle a augmenté sa force de volonté. Une autre fois, elle résistera encore plus facilement à la tentation.

127. Faites comme Alice : ayez du **caractère**. C'est pour avoir cédé trop souvent que tant de gens sont misérables par leur faute.

128. Il dépend en grande partie de vous d'arriver, non à la richesse, mais à l'*aisance*.

129. Et si vous n'y arrivez pas? Si, malgré tous vos efforts, toute votre sévérité pour vous-même, vous restez pauvre? Si vous devez, pendant toute votre existence, vivre au jour le jour?

Eh bien, vous prendrez vaillamment votre parti.

QUESTIONNAIRE

124. A qui pourrait-on vous comparer si vous aviez la faiblesse de satisfaire toutes vos fantaisies?
125. Racontez l'histoire du manteau d'Alice.
126. Que gagne Alice à agir de la sorte?
127. Comment appelez-vous la qualité dont Alice a fait preuve?
128. Dépend-il de vous d'arriver à l'aisance?

> Je suis la lampe, la lampe fidèle
> Qui éclaire le travail des veillées.

« Le petit lecteur grandit, et comme il avait beaucoup étudié à ma clarté, il devint un savant. Il écrivait des livres. Il en écrit encore; et bien souvent, petite Ida, alors que depuis longtemps tu dors dans ta couchette, ton père et moi nous veillons. De temps à autre il lève la tête, ses yeux s'arrêtent sur le portrait d'une femme — ta mère! — et parfois je vois une larme y briller, car la chère femme de mon maître dort dans le cimetière. Mais bientôt son regard se raffermit; courageusement il reprend sa plume pour écrire une page qui rendra courage à d'autres aussi et il ne se lasse pas plus de faire courir cette plume que moi de jeter ma blanche lumière sur son papier.

> Je suis la lampe, la lampe fidèle
> Qui éclaire le travail des veillées.

La chanson était finie. Mais Ida prêtait encore l'oreille et tout bas la lampe fidèle lui dit :

« Travaille, petite Ida, comme travaille ton père et ont travaillé tes grands-parents. Apprends à demander au travail ton pain et celui des tiens, des œuvres utiles à tous et le courage dans la tristesse. »

LEÇON A DÉVELOPPER

La sagesse dans la dépense, l'économie aussi indispensable que le travail. Pas d'indépendance sans épargne. Se faire des habitudes simples, des goûts modestes; leur prix incalculable dans la vie d'une femme. Résister à ses fantaisies; se refuser ce qui ne satisfait que l'amour-propre. Ne pas se trouver humiliée d'être plus simple, moins élégante que d'autres personnes. Il serait bien plus humiliant de dépasser ses ressources; pourquoi....

On peut être pauvre et heureux. Vous supporterez gaiement la pauvreté si vous avez appris à borner vos désirs et à restreindre vos besoins.

« Ce n'est point d'avoir peu, c'est de désirer plus qu'on n'a, qui fait qu'on se sent pauvre. »

RÉSUMÉ (à réciter).

1. Je ne ferai pas de dépenses inutiles.

2. Je penserai à l'avenir ; j'aurai un livret de caisse d'épargne.

3. Je viserai à restreindre mes besoins plutôt qu'à les multiplier en satisfaisant toutes mes fantaisies.

4. Si je ne parviens pas à l'aisance, je supporterai vaillamment la pauvreté.

INSTRUCTION CIVIQUE. — Lire : Prévoyance. — Assistance. — Caisses d'épargne. — Monts-de-piété. — Sociétés de secours mutuels. — Hôpitaux et hospices (p. 209).

V. — La conduite de l'ouvrière.

130. Dans les maisons où vous pourriez être occupée comme employée, comme ouvrière ou comme domestique, conduisez-vous toujours **honnêtement**.

Ne touchez jamais à ce qui ne vous appartient pas, fût-ce pour vous approprier* la chose la plus insignifiante.

Le vol domestique* est celui que la loi punit **le plus sévèrement,** parce qu'on trahit*, en le commettant, la confiance de ceux qui vous ont donné entrée dans leur maison.

Prouvez par votre **probité*** **scrupuleuse** que vous méritez la confiance que l'on vous témoigne.

Si vous êtes domestique, ne **trompez** pas vos maîtres sur le prix des denrées.

QUESTIONNAIRE

129. Que ferez-vous si vous restez pauvre? — Peut-on être heureux, même dans la pauvreté? — Quelle est l'habitude qui vous fera bravement supporter la pauvreté? — Récitez la maxime qui termine ce chapitre.

130. Quelle sera votre règle de conduite dans les maisons où vous travaillerez? — Prendre un objet insignifiant, sans grande valeur, serait-ce manquer à l'honnêteté? — Pourquoi le vol domestique est-il sévèrement puni? — Une domestique qui a de la probité trompe-t-elle sur le prix des denrées?

Pauvreté : n'est ni méritoire, ni déshonorante.

Hommes de grand cœur et de haute intelligence qui ont connu la pauvreté. Nombreux exemples.

Rester pauvre plutôt que d'arriver à la fortune par des bassesses.

Savoir être pauvre ; ne pas rougir de la pauvreté. Jouissances compatibles avec la pauvreté. Contentement.

21ᵉ LECTURE. Le nouvel an de trois petites filles.

Dans une rue, il y avait un bel hôtel habité par des gens très riches. En face de l'hôtel était une haute, haute maison où logeaient bien des familles. Au dernier étage, sous les toits, vivait avec ses parents la petite Lina, et tout à côté il y avait une autre petite fille qui s'appelait Madeleine et dont la mère était veuve.

Les gens riches qui habitaient le bel hôtel avaient aussi une petite fille, Yvonne, à peu près de l'âge de Lina et de Madeleine.

On était à la veille du nouvel an et tous les enfants ne pensaient plus qu'à leurs étrennes. Le soir, en s'endormant, les trois petites voisines rêvaient aux cadeaux qu'elles voudraient bien recevoir.

Le grand jour vint. Lina reçut une corde à sauter, deux livres dorés sur tranche, une boîte à ouvrage et un beau châle de laine. Quel enfant n'aurait été bien content à sa place? Mais Lina voyait de sa fenêtre Yvonne ranger ses cadeaux, beaucoup plus nombreux encore. Et Lina se disait : « Est-elle heureuse, cette petite Yvonne ! quel magasin à joujoux que sa chambre ! Que de choses et quelles belles choses on lui donne! Ah ! il ne lui reste rien à désirer, à celle-là ! »

131. Soyez également scrupuleuse* sur **l'emploi du temps.** Maîtres ou patrons *achètent* votre temps en échange du salaire qu'ils vous donnent. Si vous gaspillez* ce temps, ou si vous l'employez à travailler pour votre propre compte, vous disposez donc d'une chose qui ne vous **appartient** plus.

132. Prenez les **intérêts** de la maison où vous travaillez, comme si c'étaient les vôtres.

133. Ne **racontez** point ce qui se passe chez vos patrons ou chez vos maîtres, ou dans l'administration qui vous occupe.

134. Ayez de la **déférence*** et du **respect** pour vos supérieurs.

Ayez aussi **confiance** en eux.

135. Ne vous figurez pas qu'on **s'abaisse** en obéissant. Rien ne serait possible dans la société sans l'obéissance. Regardez autour de vous : les êtres les plus intelligents et les plus honnêtes sont aussi *ceux qui savent le mieux obéir*.

136. Exécutez **ponctuellement*** ce qu'on vous ordonne, *que vous soyez surveillée ou non.*

137. Faites-vous aimer des personnes qui travaillent dans la même maison que vous, montrez-vous *loyale* et *bienveillante* dans vos rapports avec elles ; faites preuve en toute occasion de *bonne humeur* et de *politesse.* « La politesse, a-t-on dit avec esprit, ne coûte rien et achète tout. » Soyez *bonne camarade.* Ayez horreur de la dénonciation* ; fuyez les discussions, les bavardages et les moqueries. *Soyez bonne et serviable.*

138. Si vous vous efforcez ainsi d'accomplir vos obligations et de vivre en bon accord avec ceux qui vous entourent, votre vie de travail vous donnera la **tranquillité** de la conscience et le **contentement** de l'esprit.

QUESTIONNAIRE

131. Parlez de l'emploi du temps.
132. Que ferez-vous à l'égard des intérêts de la maison qui vous occupe ?
133. Doit-on savoir par vous, au dehors, ce qui se passe dans cette maison ?
134. Que devez-vous témoigner à vos supérieurs ?
135. Est-il honorable d'obéir ?
136. Comment travaillerez-vous quand vous ne serez pas surveillée ?
137. Parlez des rapports et des devoirs entre camarades.
138. Quelle récompense une vie de travail apporte-t-elle à celui ou à celle qui la mène vaillamment ?

Au même instant, Yvonne regardant d'un air distrait ses cadeaux disait à sa gouvernante : « Que c'est bête de se réjouir à l'avance de ses étrennes ! On ne m'a rien donné de joli cette année ; toujours les mêmes choses ! j'en suis fatiguée. Je suis sûre que ma cousine Sybille a été bien plus gâtée que moi... »

Et la petite Madeleine ? Oh ! la petite Madeleine n'avait pas une nombreuse famille et beaucoup d'amis pour lui souhaiter la bonne année. Mais la concierge, pour laquelle la petite faisait quelquefois des commissions, lui donna une poignée de papillottes, et son parrain, qui était menuisier, lui fit un cadeau : c'était une toute petite table bien simple en bois blanc sur laquelle elle pourrait le soir faire ses devoirs à côté de la machine à coudre de sa mère. Madeleine sauta de joie en voyant la table, en fit le tour en gambadant et vint se jeter au cou de sa mère : « Oh ! maman, cria-t-elle, que je suis contente ! les belles étrennes ! »

Des trois petites voisines, la plus heureuse était ce jour-là Madeleine. « Ce n'est pas d'avoir peu, c'est de désirer plus, qui fait qu'on est pauvre. »

LEÇON A DÉVELOPPER

Prix d'une réputation de **probité** irréprochable pour l'ouvrière appelée à travailler chez les autres. Honnêteté jusque dans les plus petites choses. Délicatesse.

Nécessité de savoir obéir à ceux qui nous commandent ; obéissance intelligente ; obéissance volontaire. Aucune œuvre possible sans subordination.

Obéir en tout ce qui concerne votre travail ; garder votre indépendance pour tout le reste.

LE MÉTIER.

RÉSUMÉ (à réciter).

1. Si je suis employée, ouvrière ou domestique, je serai probe, laborieuse, discrète, soumise à mes supérieurs.
2. Je me montrerai bonne et serviable pour mes compagnes de travail.

DROIT USUEL. — **Lire** : Désobéissance à la loi. — Contraventions. — Délits. — Crimes. — Complicité. — Recel. — Abus de confiance. — Vol domestique. — Discernement. — Jeunes détenues (p. 188).

DEVOIRS DE RÉDACTION. — 1. Dites quel métier vous voulez apprendre et pourquoi. (*Dév.* p. 49 a.)
2. Énumérez tous les métiers que peuvent exercer les femmes.(49 a.)
3. Composez une petite histoire qui prouve la vérité du proverbe : « Pierre qui roule n'amasse pas mousse. » (*Dév.* p. 49 c.)
4. Quels sont les devoirs d'une domestique consciencieuse? (49 d.)
5. Un commerçant donne un certificat à une jeune fille qu'il a employée dans ses magasins. Rédigez ce certificat où le patron énumère les qualités de sa jeune employée. (*Dév.* p. 49 e.)
6. Deux jeunes filles, Marthe et Léontine, entrent à quinze ans dans le même atelier. Marthe est laborieuse et économe, Léontine paresseuse et dépensière. Dire ce qu'elles sont devenues l'une et l'autre au bout de dix ans. (*Dév.* p. 49 f.)

RÉCIT II. — **La promenade du nain Mautravail.**

CONTE DE FÉE.

Il y avait une fois un petit nain de fort méchante espèce, appelé Mautravail*.

Personne ne l'avait jamais vu, car il ne sortait qu'à la nuit noire ; il rasait les murailles en s'aidant, pour avancer, d'une paire d'ailes qui le rendaient plus leste que ses courtes jambes. Mais là où il avait passé, il laissait trace : il suffisait qu'il soufflât sur la porte d'une maison, pour que les gens qui l'habitaient se réveillassent le lendemain mal disposés à faire leur travail.

Le nain Mautravail arriva un soir dans la grande ville de Vidoudéroum.

« Cette fois, dit-il, il faut que je me paye une journée de bon rire. Je vais si bien souffler sur quelques portes que demain toute la ville sera sens dessus dessous. »

22ᵉ LECTURE. — Petites vertus.

Ponctualité : Arrivez au travail à l'heure juste. Le grand amiral anglais Nelson aimait à répéter : « J'ai dû presque tous mes succès dans la vie à ce que j'ai toujours été d'un quart d'heure en avance. » Ne vous absentez jamais sans prévenir.

Exactitude à tenir les engagements pris. Rendez toujours l'ouvrage au jour et à l'heure indiqués. Il faut qu'on puisse *compter sur vous*.

Complaisance : Ne vous refusez pas à modifier un travail déjà fait ; suivez patiemment les indications qu'on vous donne. Cherchez à *satisfaire* ceux pour lesquels vous travaillez.

Politesse, bonne grâce, facilité d'humeur : Soyez prévenante et gracieuse. Si vous travaillez à la journée dans une maison, sachez vous accommoder aux habitudes de la famille, ne vous montrez pas exigeante, soyez prête à rendre même les petits services qui ne seraient pas obligatoires.

Enfin, voulez-vous vous faire non seulement apprécier, mais aimer ? Dans vos rapports avec tous, mettez de la **bonté**.

23ᵉ LECTURE. La lutte.

« Je ne changerais pas, quand je le pourrais, notre assujettissement aux lois physiques, à la faim, au froid, ni la nécessité de lutter continuellement avec le monde matériel. Quand je le pourrais, je ne tempérerais pas les éléments de manière qu'ils ne produisent plus en nous que des sensations agréables ; je ne rendrais pas la végétation si riche qu'elle prévînt tous nos besoins, et les métaux si ductiles qu'ils n'offrissent plus de résistance à nos forces ou à notre habileté. Un tel monde ne ferait qu'une race méprisable. L'homme doit son développement, son énergie surtout, à cette tension de la volonté, à cette lutte contre la difficulté que nous appelons effort. Un travail facile, agréable, ne fait pas de robustes esprits, ne donne pas à l'homme le sentiment de sa puissance, ne le forme pas à la patience, à la persévérance, à la constance de la volonté, cette force sans laquelle tout le reste n'est rien. Le travail manuel est une école où les hommes sont placés pour acquérir l'énergie d'intention et de caractère, conquête bien autrement importante que tout le savoir des écoles. » (CHANNING.)

A nuit close, Mautravail commença sa promenade. Il souffla sur la porte de cinq ou six boulangers, de plusieurs laitières, d'une petite apprentie repasseuse, de trois garçons de pharmacie, d'un employé de chemin de fer, d'une couseuse de bottines, du gardien des réservoirs d'eau de la ville, des deux cochers des docteurs X. et Z. En passant devant un

FIG. 17. — La promenade du nain Mautravail.

ministère, il hésita : « Bah! dit-il, laissons le ministre tranquille ; il suffira bien de s'en prendre au cuisinier. » Et il souffla sur la porte de service.

LE MÉTIER.

« Ouf ! dit le nain Mautravail, je commence à être fatigué ! Mais je crois qu'en voilà assez et que je puis me reposer. Il suffira que les quelques braves gens que je viens de visiter fassent mal leur besogne pour que tout aille de travers en ville, et que je puisse m'amuser. »

Ce disant, il se mit à voleter* et alla se percher sur le clocher le plus élevé de la ville pour attendre le résultat de sa promenade (fig. 17). En sa qualité de génie*, Mautravail avait l'ouïe si fine et la vue si perçante qu'il pouvait, de là, se rendre compte de tout ce qui se passait chez les habitants.

Le jour parut et les volets commencèrent à s'ouvrir. Quelques ménagères sortirent dans les rues pour voir si les laitières n'arrivaient pas. Mais les laitières étaient en retard ce jour-là ; plusieurs de celles sur la porte desquelles Mautravail avait soufflé s'étaient dit en se réveillant et en s'étirant dans leur lit : « Après tout, pourquoi ne pas dormir encore une heure ? Les gens de la ville peuvent bien attendre leur lait ; ce serait stupide de se donner la peine d'être vaillante pour l'amour de ces paresseux-là.

D'autres allèrent traire en bâillant et ne rincèrent pas leurs cruches où était resté un peu de lait aigri de la veille.

Le lait tourna aussitôt qu'on le mit sur le feu. Les ménagères levaient les bras au ciel ! Comment faire déjeuner leur mari et leurs enfants ? Il fallut faire autre chose et tout le monde fut en retard, les uns à l'atelier, au magasin ou au bureau, les autres à l'école.

Tout à coup, au milieu des plaintes des ménagères, Mautravail distingua la voix du Dr X., gourmandant* son cocher : « Comment Victor ? pas de voiture attelée à neuf heures ? Et mes malades qui attendent ; des malades graves encore ! quatre fièvres typhoïdes*, trois varioles*, six angines* ? Oh ! vous dites que vous avez oublié de donner à manger aux chevaux et qu'ils commencent seulement leur botte de foin. Mais, malheureux ! savez-vous que pendant qu'ils l'achèvent, mes clients* ont le temps de mourir sans moi ? »

Tandis que le pauvre D^r X^1. se désespère, le coupé* de son confrère Z^1. sort de la remise*.

« Tiens ! dit Mautravail en fronçant le sourcil, est-ce que j'aurais oublié ce cocher-là ou bien n'aurai-je pas soufflé assez fort ? Mais bientôt le méchant nain se déride* et se frotte les mains : le cheval s'emporte, renverse une ou deux charrettes de maraîchers * sur son passage et finalement casse brancards et voiture. C'est qu'un fer mal posé l'a blessé et rendu furieux ; le cocher s'est bien aperçu, le matin, en le pansant * qu'il faudrait le conduire au maréchal ferrant ; mais, en garçon négligent, il a renvoyé au lendemain. Son maître en sera pour sa voiture brisée et quelques fortes contusions * qui l'obligent à rentrer chez lui. Les clients du Dr Z. * vont l'attendre en vain comme ceux du Dr X. * et gémir en l'absence de leur médecin, si ce n'est mourir faute de soins. »

Maintenant voilà le nain Mautravail qui rit à se tordre : il aperçoit un gros commerçant qui met des bottines neuves pour aller à un rendez-vous d'affaires ; l'ouvrière a si mal cousu les boutons que pas un seul n'a tenu. Le commerçant tempête et frappe du pied ; pour un bout de fil mal arrêté il va manquer son rendez-vous et perdre l'occasion de conclure une magnifique affaire.

Mais qu'est-ce que ce grand émoi en ville ? On court, on crie : c'est le réservoir des eaux, dont le gardien a mal surveillé les robinets, qui déborde sur la ville ; déjà tout un faubourg est inondé, les habitants quittent avec effroi leurs maisons envahies par l'eau. Toute la garnison est sur pied ; on ne parvient qu'avec peine à conjurer * le désordre causé par la négligence d'un seul.

Cependant, les boulangers visités par Mautravail ont pétri de si mauvais pain que chacun se plaint de lourdeur d'estomac, de digestion pénible ; les pharmaciens ne sont occupés qu'à remplir de petites fioles d'élixir * digestif. Deux des garçons de pharmacie, sur la porte desquels le nain a soufflé, se trompent de liquide et mettent étourdiment dans les bouteilles l'un de la benzine *, l'autre une drogue fort amère.

« Pouah ! s'écrient les clients en débouchant leurs flacons et en flairant ou goûtant du bout du doigt le contenu. Le pharmacien se moque-t-il de nous ? Et fort en colère, ils renvoient les fioles et gardent leur mal d'estomac. Le troisième garçon distingué par Mautravail a fait pis en préparant distraitement le mélange : à peine le client l'a-t-il absorbé qu'il est pris de convulsions * affreuses. « Empoisonné ! » s'écrie le malheureux. « Empoisonné » répète toute sa famille terrifiée. En effet, le garçon a mis étourdiment un poison violent à la place d'un des ingrédients * de l'élixir.

On court chez le médecin ; il arrive et par bonheur juste à temps pour administrer un contre-poison. Le patient en sera quitte cette fois pour la peur et pour avoir été purgé d'importance comme jamais ne le fut maître Argan* lui-même. Il ne trouve point l'aventure fort drôle. Le méchant nain au contraire rit toujours à se tordre au sommet de son clocher.

Mais bientôt autre chose attire son attention. Dans une petite chambre, un jeune homme achève sa toilette devant un miroir ; tout en brossant ses cheveux blonds, il se regarde avec complaisance ; il sourit, il est rayonnant. C'est qu'il se prépare à aller demander une jeune fille en mariage. Il ne lui reste plus qu'à passer sa cravate de mousseline blanche. Hélas! la petite repasseuse qui vient de la rendre en a eu si peu de soin qu'elle est froissée, défraîchie, avec une grosse tache au beau milieu du nœud. « Impossible de me présenter avec un pareil haillon* autour du cou, s'écrie le jeune homme. Que diraient les parents de ma future?

Il arrache la cravate avec dépit, court en acheter une neuve et arrive trop tard chez son futur beau-père qui est parti cinq minutes avant pour un voyage. Le jeune homme n'est plus rayonnant.

« Oh! le bon tour! ricane Mautravail. Dire qu'il suffit de deux ou trois coups de fer à repasser mal donnés et d'un peu de poussière de charbon pour faire peut-être manquer un mariage! »

En ce moment un bruit formidable s'élève du côté du chemin de fer. Un employé a mal placé les signaux pour la voie : deux trains viennent de se rencontrer sous un tunnel. Justement, le train express vient de quitter la gare ; quelle catastrophe s'il a été culbuté! Les employés vont et viennent affolés de peur ; dans les ténèbres du tunnel, les voyageurs de l'express, assourdis de bruit, aveuglés de poussière et de fumée, croient leur dernière heure venue ; il leur faut du temps pour reconnaître qu'ils ne sont pas en mille pièces, que leurs wagons n'ont pas été touchés et que les deux trains qui se sont broyés l'un l'autre étaient des trains de marchandises chargés, l'un de pains de sucre, l'autre de tonneaux d'huile. Impossible de rien sauver du désastre : débris de sucre nagent au milieu de flots d'huile. La négligence de l'employé coûte une jolie somme à la compagnie qui a fait le chargement!

« Eh! eh! dit Mautravail, voilà une assez jolie journée en vérité! Mais quel est ce beau carrosse que je vois rouler là-bas? C'est celui de l'ambassadeur d'un pays voisin qui est venu pour conclure un traité important avec le ministre. On n'est pas encore tout à fait d'accord. Le ministre a invité à dîner, pour ce soir, l'ambassadeur, qui est un gourmand et qui a entendu dire dans son pays qu'on fait en perfection la cuisine française à Vidoudéroum. Au fond de son carrosse, l'ambassadeur ne peut s'empêcher de songer, avec une satisfaction secrète, qu'il va goûter à cette cuisine tant vantée. De son côté, le ministre se dit qu'après son bon dîner, il décidera tout doucement l'ambassadeur à signer le traité. »

Mais quoi? Mautravail n'a pas oublié la porte du cuisinier en faisant sa tournée. Le potage est trop salé, les sauces sont manquées, les rôtis brûlés, les entremets sucrés exécrables. En sortant de table l'ambassadeur dit à son secrétaire: « Non, décidément, je ne signerai pas le traité. Cette nation ne m'inspire pas de confiance. Songez donc, mon cher; si elle ne tient pas mieux ses promesses que sa cuisine ne justifie sa réputation?... » En effet on apprit quelques heures après par les journaux la rupture des négociations.

Le nain Mautravail, lui, s'était tenu parole: il avait mis toute la ville sens dessus dessous.

Heureusement, il y avait une bonne fée qui se chargeait d'habitude de réparer le mal que faisait le vilain nain. C'était la fée Conscience, qu'on ne voyait jamais non plus, mais dont on pouvait entendre, en écoutant bien, la petite voix claire.

Elle vit que sa présence était bien nécessaire à Vidoudéroum ce jour-là. Quand la nuit fut venue, elle fit aussi sa tournée, murmurant à l'oreille de tous la même chose:

« Qui que tu sois, petit ou grand, *fais ton devoir*. D'une légère faute naît souvent un grand malheur. »

Les jours se suivent et ne se ressemblent pas.

Le lendemain tous les habitants firent bien leur travail et il n'arriva rien de fâcheux dans la ville.

DEVELOPPEMENTS DES DEVOIRS DE RÉDACTION

Le métier que je veux apprendre.

1. *Dites quel métier vous voulez apprendre et pourquoi.* (Elève, p. 44.)

Développement. — Je veux apprendre à être couturière.

Je sais bien que ce métier ne rapporte pas beaucoup d'argent.

Je crois aussi qu'il ne doit pas être fort amusant de rester assise toute la journée ; c'est un peu monotone de tirer l'aiguille du matin au soir ; cela fatigue quelquefois la vue...

Et cependant c'est encore l'état que je préférerais. J'ai, pour le choisir, plusieurs bonnes raisons.

La première, c'est que je pourrai travailler à la couture sans quitter mes parents ; ce sera un grand bonheur pour moi de pouvoir les soigner et les aider tout en exerçant mon métier, et de continuer à profiter de leurs directions et de leurs conseils.

Ensuite, la couture mène à beaucoup de métiers divers ; quand on sait bien manier l'aiguille, avec un nouvel apprentissage assez court on peut, suivant les circonstances, se faire tailleuse en robes, giletière, piqueuse de bottines ou de gants, etc., etc.

La couture n'a presque pas de morte saison, car les gens ont besoin toute l'année de faire faire du neuf et de donner à repriser et à rapiécer le vieux. On est donc sûre de ne jamais manquer complètement d'ouvrage.

Enfin, voici mon dernier motif : si je n'ai pas besoin par la suite de vivre de mon métier, il me sera toujours utile dans mon ménage d'avoir appris à très bien coudre. Si j'étais ouvrière fleuriste, passementière ou typographe, ce que je saurais ne me servirait de rien dans la maison. Avec mon aiguille, même en ne travaillant que pour les miens, je ferai un emploi profitable de mon temps.

Métiers exercés par les femmes.

2. *Enumérez tous les métiers que peuvent exercer les femmes.* (Elève, p. 44.)

Développement. — Les travaux du ménage, le soin des enfants occupent beaucoup de femmes qui sont cuisinières, femmes de ménage, servantes de ferme, nourrices, bonnes, etc.

Les ouvrages de couture, ainsi que le blanchissage et

surtout le repassage du linge, leur sont aussi presque complètement abandonnés.

Les hommes leur font au contraire concurrence dans d'autres états, par exemple dans le travail des grands ateliers industriels, qui emploie un assez grand nombre de femmes. Cette branche-là compte tant de métiers divers qu'il serait bien difficile de les énumérer.

Une quantité de femmes sont employées dans le commerce, soit pour la vente des marchandises, soit pour la comptabilité.

Pour être comptable, il faut avoir fait quelques études préparatoires ; il y a dans beaucoup de villes des cours de comptabilité pour les jeunes filles.

C'est à la suite de concours que quelques femmes entrent dans certaines administrations, telles que les postes et les télégraphes. Quelques places leur sont aussi accessibles dans les gares de chemins de fer comme préposées à la distribution des billets.

Des examens de divers degrés préparent à la carrière de l'enseignement. C'est un métier pénible pour lequel il est sage de ne se décider que lorsqu'on a une vocation bien accentuée. Pour le bien exercer, il faut en avoir la passion. Quant au succès matériel, il est plus difficile de l'obtenir dans cette profession que dans toute autre, le nombre des concurrents étant beaucoup trop considérable pour les besoins réels des écoles.

Une carrière bien moins « encombrée » est celle de garde-malade, à laquelle les femmes sont tout à fait propres et où les hommes les remplacent difficilement. C'est une carrière sûre : l'infirmière d'hôpital, la garde qui va soigner les malades à domicile manque rarement de travail quand elle est capable. Tout en gagnant sa vie, non sans fatigue, mais au moins sans souci du lendemain, elle peut, si elle est dévouée, faire sans bruit beaucoup de bien autour d'elle. Avec le soin des enfants dans la famille, la crèche, l'asile, les écoles élémentaires, rien ne convient mieux à une femme que le soin des malades; elle est assurée d'y exceller si elle y met toute son intelligence et tout son cœur.

Pierre qui roule n'amasse pas mousse.

3. *Composez une petite histoire qui prouve la vérité du proverbe:*
« *Pierre qui roule n'amasse pas mousse.* » (Élève, p. 44.)

Développement. — « Je veux être laveuse de lessives, dit Périne quand il fallut apprendre un métier. C'est amusant de secouer le linge dans l'eau bien claire de la rivière qui coule en murmurant devant vous. C'est gai d'entendre le « pim! pam! » du battoir et de causer avec ses voisines. »

Mais au bout de quelque temps, Périne trouva dur de rester agenouillée tout le long du jour et de se courber sans cesse vers la rivière, si claire et si murmurante qu'elle fût. L'hiver vint et l'eau glacée commença de rougir les bras des laveuses.

« Il fait trop froid au lavoir, dit Périne. Je veux être repasseuse. Quelle bonne chaleur il fera près du réchaud aux fers! Ce sera charmant de promener mon outil sur la nappe bien blanche où s'étalera le linge. »

Et Périne, vendant à vil prix son battoir, prit le fer à repasser.

Mais, au bout de quelque temps, Périne trouva dur de rester debout tout le long du jour et le fer lui semblait chaque matin plus lourd.

L'été vint et de grosses gouttes de sueur perlaient au front des repasseuses.

« Il fait trop chaud ici, dit Périne. Je veux me faire couturière. Quel charme que de se reposer assise sur une bonne chaise et de promener à travers l'étoffe une aiguille légère! »

Et Périne, vendant à vil prix ses fers, prit en main l'aiguille.

Mais, au bout de quelque temps, Périne trouva dur de rester tout le long du jour assise et l'aiguille obéit mal à ses doigts crispés.

« Il est trop pénible de rester toujours à la même place, dit Périne. Je veux me faire aide-jardinière. Quelle agréable distraction ce sera que d'aller et venir dans un grand jardin, de sarcler les plantes et de ramasser des corbeilles de fruits! »

Et Périne, vendant à vil prix ses grands ciseaux et son dé d'argent, alla offrir ses services au vieux jardinier qui cultivait avec sa femme le grand jardin à l'entrée de la ville.

Ces deux bons vieux n'avaient quitté le jardin de leur

vie. La femme, Catherine, y était née dans une petite hutte qu'habitaient ses parents ; son mari, le vieux Gaspard, y avait été employé dès l'âge de sept ans à arracher des herbes et à cueillir des fraises. Quand Gaspard avait eu vingt-cinq ans et Catherine dix-huit, on les avait mariés, et depuis, tout le long de l'année, sans se plaindre du froid l'hiver, du chaud l'été, sans gémir sur la fatigue de trottiner dans les allées et de courber l'échine sur les carrés, les deux époux avaient travaillé à l'envi ; si bien qu'à la place de la hutte s'élevait à présent une jolie maison de pierre avec un petit perron propret d'où les deux vieux, le soir venu, contemplaient le jardin plantureux, fruit du labeur de leurs deux vies.

Gaspard et Catherine étaient accoudés à la balustrade quand Périne se présenta à eux en leur demandant du travail.

« Ma bonne fille, dit Gaspard, qui connaissait son histoire, je veux bien t'en donner et je te ferai même présent, dès aujourd'hui, d'une petite somme pour t'acheter un jupon court de jardinière et une paire de sabots ; car je vois à ta mine que tu n'as pas un sou vaillant dans ta poche.

« Entre donc chez nous, mais à condition de devenir constante au travail comme nous, comme nos arbres, comme le sol de notre jardin qui ne se lasse pas plus de produire que nos mains de le cultiver.

« En ce monde, on n'a rien sans assiduité et sans persévérance, et tu sais, pour en avoir fait l'expérience, que :

« Pierre qui roule n'amasse pas mousse. »

La domestique consciencieuse.

4. *Quels sont les devoirs d'une domestique consciencieuse ?* (Elève, p. 44.)

Développement. — Une domestique consciencieuse *ne perd pas de temps* ; elle se lève de bon matin et s'occupe activement toute la journée. Quand ses maîtres sont absents, elle se tient à son ouvrage comme s'ils étaient là pour la surveiller.

Elle prend soin de toutes les choses de la maison comme si elles lui appartenaient à elle-même ; elle manie la vaisselle avec précaution pour ne rien casser ; elle ne laisse pas se gâter les provisions par négligence ; elle ne brûle pas plus de bois ou de charbon qu'il ne faut ; elle n'allume pas plusieurs lampes quand une seule peut lui suffire ; elle soigne le linge. *Elle est économe du bien des maîtres*. Aussi, quand on l'envoie au marché, ce n'est pas elle qui achètera les denrées plus cher qu'elles ne valent, en disant : « Tant pis ! ce sont les maîtres qui payent. » Elle ne paye que le prix raisonnable et *dit toujours exactement à sa maîtresse ce que chaque chose a coûté*.

La bonne domestique est *discrète*. Elle a soin de la réputation de ceux qui l'emploient comme de leurs intérêts d'argent. Jamais on ne l'entend répéter étourdiment ce qui se fait ou se dit chez eux. S'il y a quelque chose de fâcheux à dire sur leur compte, ce n'est pas par elle que l'on doit le savoir. Elle quittera une maison qui ne serait pas honorable ; mais elle aurait honte d'attaquer ses maîtres, même s'ils le méritent, en continuant à manger leur pain.

Si elle est bonne d'enfants, la domestique consciencieuse est *douce, patiente* et *ferme* avec les enfants qu'on lui confie.

A la promenade elle ne les perd jamais de vue. Elle évite tout ce qui pourrait les rendre malades.

Elle ne leur donne pas à manger à l'insu de leur mère.

Elle ne leur apprend pas à dissimuler leurs fautes, c'est-à-dire à mentir.

Elle ne prononce pas devant eux des paroles grossières.

Elle ne les effraye pas en leur racontant d'absurdes histoires de voleurs, de revenants, etc. Par sa bonté et sa gaieté, elle s'efforce de se faire aimer des enfants afin qu'ils soient avec elles sages et heureux.

Un bon certificat.

5. *Un commerçant donne un certificat à une jeune fille qu'il a employée dans ses magasins. Rédigez ce certificat où le patron énumère les qualités de sa jeune employée.* (Élève, p. 44.)

Développement. — Le soussigné, commerçant, rue du Barrois, certifie que Victorine Levaillant a passé chez lui, comme employée à la vente de la mercerie, trois ans et cinq mois. Il n'a eu qu'à se louer des bons et fidèles services de Mlle Levaillant et de sa scrupuleuse probité ; cette jeune fille est ponctuelle, active, et s'acquitte avec beaucoup d'intelligence et de zèle de tous les devoirs de sa position d'employée.

Le soussigné est heureux de lui délivrer cet excellent certificat dans l'espoir qu'il l'aidera à trouver dans une honorable maison de commerce la place qu'elle mérite.

MIRECOURT,
commerçant, rue du Barrois (Bourges).

Deux camarades d'atelier.

6. *Deux jeunes filles, Marthe et Léontine, entrent à quinze ans dans le même atelier. Marthe est laborieuse et économe, Léontine, paresseuse et dépensière. Dire ce qu'elles sont devenues l'une et l'autre au bout de dix ans.* (Élève, p. 44)

Développement. — Marthe et Léontine, camarades d'école, entrèrent à quinze ans dans un atelier d'imprimerie.

Marthe s'était toujours fait remarquer en classe par son amour du travail et par la conscience qu'elle apportait à tout ce qu'elle faisait. Elle ne perdit pas ses bonnes habitudes en devenant apprentie. Au bout de trois mois, le surveillant de l'atelier de typographie la signalait au patron qui lui fit donner chaque semaine une petite rétribution. Quinze mois plus tard, elle était à *ses pièces*, c'est-à-dire qu'on la payait à raison du travail fait ; et comme Marthe travaillait très vite et ne perdait jamais, par sa faute, fût-ce un quart de journée, elle *composait* chaque semaine un grand nombre de lignes.

Léontine peu assidue à l'atelier après l'avoir été peu à l'école, perdait du temps sous le moindre prétexte, arrivait tard et, une fois à son pupitre, travaillait lentement et avec distraction. Non seulement son salaire, lorsqu'elle parvint à en gagner un, se trouvait diminué d'autant, mais elle acquit la réputation d'être une mauvaise ouvrière. Dans un moment où le travail n'abondait pas, le directeur renvoya un certain nombre d'employés ; comme il ne les choisit naturellement pas parmi les meilleurs, Léontine se trouva de ce fait sans ouvrage. Elle ne put en retrouver dans une autre imprimerie qu'après plusieurs mois de chômage. Cet incident fâcheux se renouvela plus d'une fois.

Léontine aurait encore pu à la rigueur se tirer d'affaire si elle avait été très économe. Mais tandis que Marthe trouvait le moyen de mettre de côté un tiers au moins de son salaire, Léontine, dès qu'elle avait en poche un peu d'argent, s'empressait de le dépenser, souvent pour acheter des choses dont elle aurait fort bien pu se passer.

A vingt-trois ans, Marthe épousa un ouvrier fondeur, travailleur et rangé comme elle. Elle avait, en se mettant en ménage, une jolie somme, placée sûrement, fruit de ses économies de huit années. Elle voulut néanmoins continuer, pendant les premiers temps qui suivirent son mariage, à aller à l'atelier. Elle était toute fière, disait-elle, d'apporter chaque semaine à la maison de quoi faire « bouillir la marmite » sans rien demander à son mari pour les emplettes du ménage. Mais celui-ci lui persuada bientôt qu'il gagnait assez d'argent pour deux, même pour trois, car un petit garçon venait de leur naître et Marthe se consacra complètement à soigner son bébé et à bien tenir sa maison.

La pauvre Léontine ne put pas en faire autant. Elle avait épousé à dix-neuf ans un ouvrier ébéniste aussi imprévoyant qu'elle — qui se ressemble, s'assemble, dit-on! — et leurs deux paresses réunies firent triste ménage. Léontine, connue dans toutes les imprimeries de la ville pour être une ouvrière des plus médiocres, dut renoncer à son métier de typographe. Elle essaya un peu de tout et finit par se trouver heureuse, dix ans après son entrée en apprentissage, de gagner quelques sous en travaillant à l'heure comme femme de peine, pour vivre au jour le jour. Encore ces sous prenaient-ils souvent le chemin de la poche du mari d'où ils ne faisaient généralement qu'un saut dans le tiroir du cabaretier.

Plus d'une fois, Léontine se coucha sans souper; c'était la misère noire, et quoiqu'elle y fût tombée par sa faute, Marthe plaignait de tout son cœur, lorsqu'il lui arrivait de la rencontrer, son ancienne camarade d'école et d'atelier.

III

LE MÉNAGE

I. — La jeune femme.

139. Rien n'est plus désirable pour une jeune fille que de devenir la **bonne** et **digne femme** d'un brave homme.

140. Mais pour être cette bonne et digne femme, vous aurez des devoirs à accomplir : *il faut apprendre à les connaître*, il faut les étudier comme vous venez d'étudier vos devoirs d'écolière, de fille, de sœur.

141. Le jour où vous vous marierez sera **le plus important** de votre vie ; ce jour-là, vous vous associerez à votre mari pour fonder une maison où des enfants seront élevés à leur tour comme vous êtes élevées vous-mêmes en ce moment dans la maison de vos parents.

142. En vous mariant, vous promettrez à l'homme que vous épouserez votre affection et votre dévoûment.

143. Vous vous engagerez, votre mari et vous, à rester **unis** dans la bonne et dans la mauvaise fortune.

C'est une belle et solennelle promesse ; elle signifie que, quoi qu'il arrive, que vous soyez bien portants ou malades, riches ou pauvres, heureux ou malheureux, vous devez vous **aider** et vous **soutenir** l'un l'autre, tout **partager**, tout vous **confier**.

144. Si vous faites cela, dans les grandes et dans les petites choses, *vous serez très forts pour triom-*

QUESTIONNAIRE

139. Qu'y a-t-il de plus désirable pour une jeune fille?
140. Pourriez-vous avoir à remplir d'autres devoirs que ceux d'écolière, de fille, de sœur?
141. Pourquoi le jour où l'on se marie est-il important?
142. Que promet une femme à son mari?
143. Que veut dire : rester unis dans la bonne et dans la mauvaise fortune?
144. Cette union est-elle une aide dans la vie?

24ᵉ LECTURE. L'union fait la force.

Il y a de beaux exemples de maris et de femmes dont l'union a soutenu les forces dans de difficiles épreuves. On raconte souvent l'histoire d'Eponine, si dévouée à Sabinus. Elle le suivit dans la caverne où il se cachait pour échapper aux Romains ; elle y passa avec lui plusieurs années et y éleva deux fils jumeaux ; enfin, elle voulut mourir avec son mari lorsqu'il fut découvert et condamné.

Bien souvent aussi, les femmes des premiers chrétiens partagèrent volontairement leur supplice et, par leur fermeté, les encouragèrent à bien mourir.

Au seizième siècle, au milieu des agitations d'une terrible guerre, l'amiral de Coligny n'avait pas de meilleur soutien que sa femme, Charlotte de Laval ; elle ranimait son ardeur par les conseils qu'elle lui donnait avec autant de modestie que d'intrépidité.

Un autre combattant de ce temps-là, Agrippa d'Aubigné, nous a laissé sur la mort de sa femme une page admirable qui montre à quel point leur union avait été profonde. C'est par une sorte de prière que le vieux lutteur, demeuré seul et alors proscrit de France, exhale son chagrin : « O Éternel, s'écrie-t-il, tu m'avais déjà séparé de mes amis et voisins... Tu as porté mon habitation loin du doux air de ma naissance... Tu m'avais sevré du lait de ma chère patrie quand tu as décoché sur moi la plus irréparable à jamais de tes punitions. Tu ne m'as point blessé aux membres, qui, retranchés, laissent le reste traîner une misérable vie, mais tu m'as scié par la moitié de moi-même, tu as fendu mon cœur en deux en m'arrachant ma fidèle, très aimée et très chère moitié, laquelle, comme génie de mon âme, m'exhortait au bien, me retirait du mal, arrêtait mes violences, consolait mes afflictions et donnait l'éperon aux désirs de m'employer à la cause de la vérité...

« Depuis, je marche comme un fantôme ou un spectre parmi

pher des difficultés de la vie. On porte aisément à deux, surtout quand on s'aime, le fardeau sous lequel un seul serait écrasé.

145. Pour que cette union existe, il faut qu'il y ait entre le mari et la femme une **confiance** complète.

146. Vous obtiendrez la confiance de votre mari en montrant du **jugement**.

147. Votre mari aime-t-il à vous consulter? Donnez-lui votre avis simplement, modestement; si vous combattez le sien, que ce soit *avec mesure.*

148. N'a-t-il pas suivi vos conseils et s'en est-il mal trouvé ? Gardez-vous de laisser échapper des paroles comme celles-ci : « Je vous l'avais bien dit!... Si vous m'aviez écoutée!... » Il ne vous en écouterait pas mieux une autre fois, et vous l'irriteriez inutilement.

149. Si vous avez quelque reproche à adresser à votre mari, faites-le **avec douceur;** il en sera plus touché que si vous y mettiez de l'aigreur et de la colère.

150. En use-t-il autrement avec vous? Vous adresse-t-il de trop vifs reproches ?

Suivant les cas, montrez-lui avec calme que ses reproches sont **injustes,** ou *gardez le silence* pour laisser à sa mauvaise humeur le temps de se dissiper d'elle-même.

Mais ne répondez jamais à la colère par la colère. Un seul mot blessant, prononcé dans un moment d'irritation, suffit quelquefois pour **troubler** le ménage le plus uni.

« *Plus blesse mauvaise parole qu'épée affilée;* »
— « *Qui sème le vent récolte la tempête.* »

151. Quand on se marie, on s'épouse avec ses **défauts** comme avec ses **qualités.** Il faut que cha-

QUESTIONNAIRE

145. Quelle est la première condition de l'union ?
146. Comment une femme obtient-elle la confiance de son mari ?
147. Comment doit-elle donner son avis ?
148. Que fait-elle si ses conseils ne sont pas suivis ?
149. Met-elle de la douceur dans ses observations ?
150. Faut-il répondre à la colère par la colère ?
151. Par quel moyen fait-on de l'union ?

les vivants... Je n'ai plus de paroles puissantes, ni assez violentes à l'expression de mes misères. »

Des épouses dévouées, notre dix-neuvième siècle en compte beaucoup aussi. Il en est qui ont suivi leurs maris dans l'exil, qui les ont secondés dans de difficiles travaux, d'autres qui ont partagé bravement avec eux les périls d'expéditions lointaines. Si on ne vous nomme pas ces vaillantes femmes, c'est qu'elles vivent encore et qu'aussi modestes qu'admirables, elles ne veulent pas de bruit autour de leur nom.

Toutes ces femmes, et tant d'autres inconnues, ont beaucoup aimé leurs maris ; mais elles auraient cru les mal aimer en leur persuadant qu'il ne fallait vivre que pour elles et pour eux, en les rendant égoïstes, en les détournant des grands devoirs, supérieurs même au bonheur dans la famille ; elles les ont aidés à prendre de hautes et généreuses résolutions; à sacrifier, lorsqu'il l'a fallu, leur tranquillité, leur vie même à la vérité ou à leur patrie. Un pays serait bien fort si, à côté de chaque homme, depuis le plus grand jusqu'au plus humble, il y avait une vaillante femme.

LEÇON A DÉVELOPPER

Que c'est par la **douceur** qu'une femme se fait la place qu'elle doit avoir dans sa maison. Elle n'a pas à faire acte d'autorité ; elle doit laisser son mari commander.

25ᵉ LECTURE. Chut !

Le bonheur est un oiseau !
Veillons, un doigt sur la bouche.

Ainsi dit une chanson qui n'a pas tort, croyez-le. Le bonheur s'envole, comme l'oiseau, s'il entend trop grand bruit autour de lui; les querelles, les paroles vives suffisent souvent à le faire s'enfuir loin de nous à tire-d'aile.

cun des époux supporte de son mieux les défauts de l'autre.

Qu'aucun sacrifice ne vous coûte pour maintenir entre vous l'**union**.

RÉSUMÉ (à réciter).

1. Une femme qui comprend bien ses devoirs est affectueuse et dévouée.
2. Elle reste unie à son mari dans la bonne et dans la mauvaise fortune.
3. Elle l'aide et le soutient en toute occasion.
4. Elle a confiance dans son mari et n'a pas de secrets pour lui.
5. Elle lui donne son avis avec simplicité.
6. Elle lui parle toujours avec douceur, même et surtout quand elle a quelque reproche à lui adresser.
7. Elle évite soigneusement les querelles qui ébranlent l'union et détruisent l'affection mutuelle.

DROIT USUEL. — **Lire** : Mariage. — Publications. — Consentement des parents. — Célébration du mariage. — Aliments dus aux parents. — Régime de la communauté pour les biens. — Régime dotal (p. 192).

II. — La tenue de la jeune femme. — Le foyer.

152. Remplir strictement* les devoirs dont nous venons de parler ne suffit pas pour être une bonne femme.

Une bonne femme doit encore **plaire** à son mari.

153. Une femme *plaît* quand elle est proprement mise et bien coiffée ; elle *déplaît* quand elle a une toilette négligée et une chevelure en désordre.

Une femme *plaît* quand elle a une physionomie avenante et gracieuse ; elle *déplaît* quand elle a un air revêche* et maussade.

154. Ne vous figurez pas que les petits agréments extérieurs soient sans importance. Un mari sait

LIVRE DU MAITRE.

QUESTIONNAIRE

152. Une femme doit-elle s'efforcer de plaire à son mari ?
153. Dites par quoi une femme plaît ou déplaît ?
154. Les petits agréments extérieurs sont-ils insignifiants ?

Jeannie vivait en paix avec son mari, Sylvestre le pêcheur ; le bonheur habitait leur maisonnette. Mais un jour où l'on causait ensemble d'un jardinet à louer, mari et femme se trouvèrent d'un avis différent.

Rien d'étonnant à cela : on ne peut penser de même sur chaque chose, même dans les bons ménages ; et si chacun dit son opinion d'une façon raisonnable et sans se fâcher, on finit la plupart du temps par se mettre d'accord.

Mais, ce jour-là, il y avait de la colère dans l'air. Aux premiers mots, Sylvestre fut vif, Jeannie aigre. Belle occasion pour remettre la discussion à un autre moment où l'on serait mieux disposés ! Par malheur, ni l'un ni l'autre ne sut se taire à propos. Sylvestre parla durement, dit qu'il *voulait* et que cela suffisait bien. Jeannie répliqua avec violence. « Après tout, quand il s'agissait d'argent à dépenser, son opinion devait compter. Elle avait apporté dans son tablier quelques bons écus sonnants et sans eux de quoi aurait-on vécu quand les filets revenaient vides de la pêche ? »

Pauvre Jeannie ! A peine avait-elle laissé échapper cette vilaine réflexion qu'elle la regretta. C'était si peu ce qu'elle pensait au fond ! Tout n'était-il pas commun entre eux deux ? Elle vit au regard de son mari qu'il aurait bien de la peine à oublier et quand il sortit, jetant avec irritation la porte derrière lui, elle se dit qu'il emportait leur bonheur.

Pour cette fois, Jeannie, le bonheur, effarouché seulement, reviendra peut-être ; mais prenez garde ! si vous l'effrayez trop souvent, il finira par s'envoler pour ne plus reparaître. Pas de querelles si vous voulez rester heureux. Ne parlez pas trop haut, Jeannie, et quand la colère gronde en vous, mettez « un doigt sur la bouche ».

Le bonheur est un oiseau !...

LEÇON A DÉVELOPPER.

Que la bonne conduite du mari dépend pour une bonne part de la femme. Il faut qu'elle rende sa maison plus agréable que le cabaret. Si elle ne réussit

toujours gré à sa femme d'être tirée à quatre épingles, et de lui montrer un *visage aimable et souriant* quand il rentre au logis.

155. Rappelez-vous qu'il y rentre souvent fatigué et préoccupé du travail et des mille soucis de la journée; il a besoin d'un bon accueil qui lui fasse oublier ces soucis.

156. Avec le repos et le calme, il lui faut encore trouver chez lui la **gaieté**. Une bonne femme égaye son mari par son humeur *joyeuse* et *vaillante*.

157. Cette femme-là voit et fait voir les choses du **bon côté**. Son mari est-il aux prises avec une affaire désagréable? se trouve-t-il dans un embarras dont il lui semble qu'il ne pourra jamais sortir? « Bah! lui dit-elle, tout s'arrangera; le temps amène bien des changements. *On n'est jamais resté au milieu d'une semaine.* Dans quinze jours peut-être nous sourirons de ce qui nous paraît aujourd'hui insupportable. »

C'est une perte d'argent qui afflige son mari? « Ne te désole donc pas, dit elle. *Plaie d'argent n'est pas mortelle.* Avec du travail, le mal sera vite réparé. »

Si l'on savait quelle force peut donner une parole d'encouragement et de confiance ainsi placée à propos.

158. Veillez aussi à l'agrément de votre demeure; **ornez-la** si vous voulez que l'on s'y plaise : c'est votre devoir et c'est votre intérêt.

Un homme revient avec déplaisir dans sa maison, si elle est **malpropre** et en **désordre** et si on n'y a fait aucun préparatif pour son retour; il ne tarde pas à abandonner pour le *café* ou *le cabaret* un foyer si peu attrayant.

159. Au contraire, dans un intérieur bien ordonné,

QUESTIONNAIRE

155. Pourquoi faut-il qu'un homme trouve bon accueil chez lui?
156. Suffit-il qu'il y trouve bien-être et repos?
157. Comment une femme vaillante aide-t-elle son mari à supporter ses soucis?
158. S'attache-t-on à un intérieur mal tenu?
159. Que semble dire, à celui qui rentre, un logis propre et bien arrangé pour le plaisir des yeux?

pas à retenir son mari chez lui, qu'elle se garde de l'accueillir au retour par des reproches et des larmes; qu'elle redouble au contraire de prévenance et de bonne humeur pour le ramener à de meilleures habitudes, de soins de tout genre pour rendre leur logis plus attrayant.

26ᵉ LECTURE. A la sortie de l'atelier.

Oh! qu'il fait froid et noir dans la rue! Un brouillard épais, où les réverbères se détachent tristement comme de petits points rouges, remplit les rues de Roubaix. Six heures viennent de sonner et les ouvriers qui sortent des manufactures se dispersent ou cheminent par petits groupes en allumant leur pipe.

— Eh! les camarades, dit un grand maigre à deux autres qui l'accompagnent, il ne fait pas bon se promener par ce temps-ci. Si vous m'en croyez, nous irons nous réchauffer avec une goutte d'eau-de-vie au café des Trois-Ducs et y passer un bon bout de soirée.

— J'en suis, Macoche! répondit un de ses interlocuteurs; tu as raison : on rentre toujours assez tôt chez soi. La marmaille qui crie, la femme qui geint, les cheveux en désordre et le tablier sale, et qui vous demande de l'argent pour faire aller la marmite, le souper qui n'est jamais prêt, le fourneau qui fume... je ne trouve pas ça drôle, moi, après ma journée à l'atelier. Vive le café! c'est gai, au moins; on y a chaud, il y fait clair et les gens y sont de bonne humeur.

— Et toi, Jacques? dit Macoche à son autre compagnon qui faisait mine de les quitter au seuil du café.

— Oh! moi, j'aime mieux rentrer tout de suite, dit Jacques en souriant et sans s'expliquer.

— A ton aise, mon vieux. « Tous les goûts sont dans la nature », fit Macoche avec un grand geste pompeux de son long bras.

reluisant de propreté, où tout est rangé avec goût, chaque chose semble souhaiter la bienvenue au mari et lui dire :

« Reste ici ; c'est pour toi qu'on nous a faits si propres et si jolis. La ménagère a songé à ton retour. Pendant ton absence, elle a tout préparé pour *ton bien-être et ton plaisir.* »

RÉSUMÉ (à réciter).

1. Une bonne femme cherche à plaire à son mari par sa toilette soignée et sa physionomie gracieuse.
2. Elle lui fait un bon et joyeux accueil quand il rentre.
3. Elle tient la maison en ordre et l'orne de son mieux pour que son mari s'y sente heureux et content.

III. — La place de la jeune femme. — Rapports avec le dehors.

160. La véritable place d'une jeune fille ou d'une jeune femme est *dans la maison.*

Moins elle en sortira, sauf pour aller à son travail ou à ses affaires, plus elle aura de chances de s'en bien trouver, ainsi que les autres.

161. Une jeune femme qui comprend ses devoirs a trop à faire chez elle pour sortir souvent ; *elle est toujours pressée de rentrer,* pour vaquer à ses occupations.

162. L'habitude de rechercher sans cesse la société des voisins, de s'attarder à causer avec chacun, fait **perdre** un temps précieux.

163. Quand il vous arrive de causer avec des personnes de votre connaissance, ne laissez jamais la conversation devenir du **bavardage**.

164. Soyez **réservées**. Ne racontez pas vos affaires à tout le monde.

QUESTIONNAIRE

160. Quelle est la vraie place d'une femme ?
161. Une femme gagne-t-elle quelque chose à rester longtemps hors de chez elle ?
162. Que perd-elle en causant avec les unes et les autres ?
163. Que devient souvent la conversation entre voisines ?
164. Qu'est-ce qu'être *réservée* ?

Jacques presse le pas. Arrivé devant sa porte, il monte plusieurs étages en fredonnant; le voilà à l'avant-dernier ; une porte s'ouvre au cinquième et une femme se penche sur la rampe pour l'éclairer. « Te voilà, dit-elle d'une voix jeune et gaie; viens vite te chauffer; j'ai fait un bon feu : le temps a l'air si froid ce soir ! »

Jacques suit sa femme dans la chambre où la table est déjà dressée pour le souper. Le bébé dort dans son berceau. « Il a été si sage ! dit Rose : j'ai eu le temps de beaucoup travailler pour mon magasin de passementerie. » Mais Rose a eu encore le temps de peigner ses jolis cheveux blonds, de mettre un tablier et un fichu propres et Jacques se dit en la regardant qu'il a vraiment une charmante petite femme, qu'il fait bon rentrer le soir dans son intérieur propre et gai, et que mieux vaut être chez soi que de vider des petits verres et sa bourse au café, avec Macoche et les autres.

LEÇON A DÉVELOPPER

Que nous devons quitter notre maison le moins possible; **notre place est au foyer**, non ailleurs.

Grand éloge que les anciens pensaient faire d'une femme en écrivant sur son tombeau : « Elle fila la laine et garda la maison. » S'efforcer de mériter un éloge du même genre. Se persuader qu'on n'accorde d'estime à une femme qu'autant qu'elle reste modestement dans son rôle et fuit toutes les occasions d'attirer l'attention.

27ᵉ LECTURE. **Au foyer**.

Un auteur du siècle dernier nous montre la maîtresse de maison dirigeant tout de sa place *derrière* le foyer. (En Saxe, où ce morceau a été écrit, on ne fait pas le feu dans la cheminée, mais dans un poêle dont on peut faire le tour).
« De là elle dirige les enfants, elle commande les domestiques, elle surveille le travail, elle accueille les visiteurs.

Si vous avez eu quelque discussion dans votre intérieur, n'allez pas, dans un premier moment d'irritation, en faire confidence à des étrangers.

Ne divulguez pas les griefs que vous pouvez avoir contre les vôtres ; vous les exagéreriez sans le vouloir en les racontant, et peut-être aussi rencontreriez-vous des gens plus disposés à exciter votre ressentiment qu'à le calmer.

165. Soyez **discrètes**. Les affaires d'autrui ne nous regardent pas. Il ne faut pas plus chercher à découvrir les secrets des autres en questionnant ceux qui pourraient nous les livrer, qu'il ne faut aller regarder par le trou de leur serrure : ces deux actions sont également indiscrètes et blâmables.

166. Soyez **prudentes**. On peut faire beaucoup de mal, souvent sans le vouloir, en répétant à la légère ce que l'on entend dire. Bien des querelles de ménage, des divisions de famille et entre amis n'ont pas d'autres causes que la curiosité, le bavardage et les exagérations de gens peu scrupuleux.

167. *Parlez des autres le moins possible*, et, quand il vous arrive de le faire, que ce soit toujours avec **bienveillance**.

Ne croyez pas facilement le mal quand il s'agit de votre prochain.

168. Rappelez-vous que nuire à la réputation de quelqu'un est une *mauvaise action*.

RÉSUMÉ (à réciter).

1. La place d'une femme est dans sa maison, non dans la rue ou chez les voisines.

2. Le *bavardage* avec les unes ou les autres fait perdre du temps et peut causer de grands maux.

3. Une femme sensée se montre réservée, discrète, prudente dans ses propos, bienveillante envers le prochain.

LIVRE DU MAITRE.

QUESTIONNAIRE

165. Que pensez-vous des gens indiscrets?
166. Citez une qualité qui accompagne la discrétion.
167. En quoi consiste la bienveillance?
168. Est-ce une faute grave que de nuire à la réputation de quelqu'un?

Quand tout le travail de la journée est fait, elle peut se reposer à son foyer, étant assise devant son rouet... La place de la femme, de la mère, de la reine de la maison, la place derrière le foyer, *c'est la plus belle de toutes.* »

LEÇON A DÉVELOPPER

Mal que peut faire la langue. Laideur des jalousies mesquines, des rancunes, des petites vengeances basses dont « une mauvaise langue » se fait l'instrument. Lâcheté de la **médisance** qui attaque les absents. Blâmer avec force la tendance à attribuer aux actions des autres des motifs peu honorables, intéressés, etc.; condamner sévèrement la **malveillance**.

Montrer que celui-là est bien coupable qui ajoute quelque chose aux misères de la vie pour ses frères.

28ᵉ LECTURE. La pitié.

« Quand nous nous trouvons en relation avec un de nos semblables, ne nous arrêtons pas à peser son intelligence, sa valeur morale... Considérons plutôt ses souffrances, ses misères, ses angoisses, ses douleurs ; c'est alors que nous sentirons combien il nous touche de près, et que s'éveillera notre sympathie.

« Une pitié sans bornes pour tous les êtres vivants, c'est le gage le plus ferme et le plus sûr de la conduite morale. On peut être assuré que celui qui en est rempli ne blessera personne, n'empiétera sur les droits de personne, ne fera de mal à personne ; tout au contraire, il sera indulgent pour chacun, pardonnera à chacun, sera secourable à tous dans la mesure de ses forces et toutes ses actions porteront l'empreinte de la justice et de l'amour de ses frères.

« ... Je ne connais pas de plus belle prière que celle par laquelle se terminent les poèmes hindous :

« Puissent tous les êtres vivants rester libres de douleurs! »

SCHOPEUHAUER.

IV. — La ménagère.

169. Il y a cinq ou six ans, vous trouviez très amusant de jouer *au ménage*; vous faisiez la cuisine de vos poupées.

170. Lorsque vous serez grandes et mères de famille, vous tiendrez un vrai ménage et vous ferez la cuisine... pour d'autres que pour les poupées.

171. Ce sera beaucoup plus difficile.

Les poupées ne se plaignent pas, quand le dîner est mal réussi.

Le mari sait très bien faire la grimace, quand sa femme lui sert un mauvais plat.

172. Voilà, par exemple, Victor Durand qui a remis ce matin, à sa femme Gertrude, 3 francs pour faire ses achats au marché.

Il s'était donné beaucoup de peine, lui, pour gagner ces 3 francs.

173. Mais Gertrude ne s'en est point donné du tout pour les employer. Elle a *mal choisi* ses provisions ; elle a commencé *trop tard* à préparer le repas ; elle n'a *pas bien surveillé* ce qui cuisait sur le fourneau ; elle est d'ailleurs très ignorante en cuisine et ne sait pas faire la moindre sauce.

174. Aussi son dîner est détestable et Victor bien mécontent. Pour peu que cela dure, il ne tardera pas à prendre le parti d'aller manger au cabaret.

175. Vous ne voulez pas être aussi mauvaises cuisinières que Gertrude quand vous serez grandes ?

Voyons comment vous vous y prendrez pour faire autrement qu'elle.

RÉSUMÉ (à réciter).

1. Un des principaux devoirs d'une femme est de faire bon emploi des ressources du ménage.

QUESTIONNAIRE

169. Citez un jeu apprécié des petites filles.
170. Quelle est l'occupation de grandes personnes à laquelle ressemble ce jeu ?
171. Est-il facile d'y réussir ?

172. Qu'a fait Victor Durand ?
173. Et sa femme Gertrude ?
174. Victor est-il mécontent et a-t-il raison de l'être ?
175. Gertrude est-elle un exemple à suivre ?

LEÇON A DÉVELOPPER

Sens du mot **ménagère**. La ménagère organise la maison, y arrange toutes choses, règle l'ordre et la dépense. Son rôle embrasse tout ce qui fait la prospérité de la maison.

Qualités nécessaires pour se bien acquitter de ce rôle : prévoyance, habitude de réfléchir, de calculer ; ne rien faire au hasard.

Longtemps avant d'avoir un ménage à diriger, les jeunes filles peuvent s'y préparer en bien réglant leurs propres dépenses et en s'instruisant d'une foule de faits utiles à connaître pour la ménagère.

29ᵉ LECTURE. Portrait de la ménagère, par Olivier de Serres.

Olivier de Serres, gentilhomme du XVIᵉ siècle, qui vivait à la campagne, dans son domaine du Pradel (Ardèche), a écrit un beau livre intitulé : *Le Ménage des champs*, où il parle souvent du rôle de la femme dans la maison. Voici un des plus intéressants passages où il traite ce sujet :

« Plus grande richesse ne peut souhaiter l'homme en ce monde que d'avoir une femme de bien, de bon sens, bonne ménagère.

« Telle conduira et instruira bien la famille, tiendra la maison remplie de tous biens, pour y vivre commodément et honorablement. Depuis la grande dame, jusqu'à la petite femmelette, à toutes, la vertu de ménager reluit par-dessus toute autre, comme instrument de nous conserver la vie.

« Une femme ménagère entrant en une pauvre maison l'enrichit ; une dépensière ou fainéante détruit la riche. La petite maison s'agrandit entre les mains de celle-là, et entre les mains de celle-ci, la grande s'apetisse.

2. Elle doit tirer parti de tout et ne rien dépenser inutilement, c'est-à-dire être *bonne ménagère*.

V. — **Au marché.**

176. Pour faire de la bonne cuisine, il faut avoir de bonnes provisions; *il faut savoir acheter*.

La ménagère qui sait acheter est celle qui choisit bien et ne paye pas trop cher. Amélie s'y entend parfaitement (fig. 18).

177. Elle n'arrive au marché ni **trop tôt**, ni **trop tard**. *Trop tôt*, on paye cher; les prix ne sont pas encore établis; *trop tard*, on n'a rien de frais; on trouve ce dont les autres n'ont pas voulu.

178. Amélie commence par faire un tour et par *jeter un coup d'œil partout*, sans rien acheter.

FIG. 18. — Amélie choisit bien et ne se laisse pas tenter par ce qui est trop cher pour sa bourse.

179. Elle avait projeté de prendre une poule pour le pot-au-feu du dimanche; mais il n'y en a que quelques-unes sur le marché et elles sont par conséquent hors de prix : ce sera pour une autre fois; on fera le bouillon de dimanche avec du bœuf.

180. Elle comptait acheter des herbes : épinards ou oseille. Celles qu'on lui offre ne sont pas fraîches; or, la fraîcheur du légume fait la moitié de son prix. Amélie se rabat sur des choux qui feront un excellent plat. Avec un morceau de salé sous lequel elle les servira, ce sera un repas complet. Les navets sont bon marché ce matin et ils se con-

LIVRE DU MAITRE.

QUESTIONNAIRE

176. Qu'est-ce que *savoir acheter*?
177. Quel est le moment le plus favorable pour arriver au marché?
178. Faut-il acheter précipitamment dès que l'on y arrive?
179. Que faire s'il y a hausse sur une des choses que l'on comptait acheter?
180. Parlez du choix des légumes.

« Salomon fait paraître le mari de la femme ménagère entre les principaux hommes de la cité, et dit que la femme vaillante est la couronne de son mari, qu'elle bâtit la maison, qu'elle plante la vigne, qu'elle ne craint ni le froid ni la gelée, que la maison et les richesses sont de l'héritage des pères, mais que la prudente femme est de par l'Eternel.

« A ces belles paroles profitera notre mère de famille, et se plaira en son administration, si elle désire d'être louée et honorée de ses voisins, vénérée et servie de ses enfants; si elle prend plaisir de voir toujours sa maison abondamment pourvue de toutes commodités, pour s'en servir au vivre ordinaire, au recueil des amis, à la nécessité des maladies, à l'avancement des enfants, aux aumônes des pauvres. »

LEÇON A DÉVELOPPER

Faire revoir aux élèves, à propos de ce chapitre, ce que les leçons de choses élémentaires leur ont appris sur les **denrées de consommation**, leur provenance, l'époque de leur introduction dans nos ménages, leur fabrication, etc.

Interroger sur le prix des articles d'épicerie les plus employés : sel, sucre, farine, saindoux, riz, pâtes alimentaires, huiles comestibles, vinaigre, etc.

Faire faire, d'après ces prix, de nombreux calculs sur les dépenses de ménage.

30ᵉ LECTURE. Choix des provisions.

Fraîcheur des œufs. — Mettez l'œuf entre votre œil et la lumière; s'il est transparent, c'est qu'il est frais. Plus simplement, prenez-le dans la main et agitez-le pour vous assurer qu'il y a peu de *ballottement;* un œuf qui n'est plus frais ballotte beaucoup parce qu'il est moins plein.

Poisson. — Un poisson frais a l'œil transparent; en soulevant les ouïes, on voit les branchies pleines d'un sang rouge, vif et non gluant.

servent facilement; elle en achète pour deux ou trois fois.

181. Et ainsi fait Amélie pour tout le reste, *n'achetant rien au hasard*, calculant à mesure comment elle tirera parti de ce qu'elle choisit, *ne se laissant pas tenter par les choses chères* que d'autres peuvent remplacer.

182 Mais tout ne s'achète pas au marché. Comment s'y prend Amélie pour les emplettes qui se font en boutique, pour l'épicerie, par exemple?

183. Oh! pour cela, Amélie s'est fait un système. Au commencement, elle allait chercher à mesure chez l'épicier une livre de sel, une burette d'huile, un « quart » de vermicelle ou de riz.

Souvent il fallait attendre son tour; l'heure du dîner s'en ressentait. Amélie trouvait qu'elle *perdait beaucoup de temps* en courses continuelles.

184. Maintenant, dès qu'elle a assez d'argent — car Amélie n'achète jamais à crédit — elle *fait une petite provision* d'épicerie (fig. 19).

185. De cette façon, elle n'a pas besoin de courir chez le marchand au moment du repas pour une pincée de poivre ou un verre de vinaigre.

FIG. 19. — L'armoire aux provisions.

186. *L'économie de temps* vaut bien la petite avance d'argent qu'il lui faut faire.

RÉSUMÉ (à réciter).

1. La bonne ménagère choisit bien ses provisions.

QUESTIONNAIRE

181. Résumez les qualités d'une ménagère qui *sait acheter*.
182. Tout s'achète-t-il au marché?
183. Y a-t-il quelque inconvénient à n'acheter qu'à mesure?
184. Que fait-on pour éviter cet inconvénient?
185. A-t-on alors à faire des courses précipitées?
186. Pourquoi l'avance d'argent est-elle compensée dans ce cas?

Viande de boucherie. — La viande de bœuf de bonne qualité est d'un beau rouge; la graisse tire sur le jaune, la surface tranchée par le couteau est humide. Le veau doit être d'un rose pâle; une couleur trop vive indiquerait que la bête a été mal saignée. Le mouton doit être sans odeur de *suint* et d'une chair serrée.

Volaille. — L'âge et la qualité d'une poule se reconnaissent aux pattes; la couleur de la chair, la finesse plus ou moins grande de la peau indiquent aussi la qualité. Une poulette de l'année sera bonne rôtie; pour le pot-au-feu on préférera une volaille moins jeune qui fera un meilleur bouillon.

31ᵉ LECTURE. L'épicerie.

Beaucoup d'articles d'épicerie ne perdent rien à être achetés d'avance. Aussi la ménagère aura-t-elle profit, pour économiser son temps et faire plus aisément son travail, à avoir son armoire à provisions aussi bien garnie que sa bourse le lui permettra. Elle y rangera :

Quelques litres de vinaigre si elle habite la ville. (A la campagne, mieux vaudra avoir un tonnelet dans lequel on fera soi-même son vinaigre en y ajoutant des fonds de bouteille et de temps à autre quelques litres de vin ; une tige d'estragon donnera au vinaigre un goût agréable. Le vinaigre est une des choses qu'on falsifie le plus et il s'en faut que tout celui qu'on nous vend, même avec l'étiquette engageante de vinaigre d'Orléans, soit fait avec du vin);

Des jarres (vases en poterie) d'huile : huile d'olive, huile de noix, huile d'œillette, suivant les pays. On les tiendra soigneusement bouchées; l'huile rancit promptement à l'air;

Un ou plusieurs pots de saindoux ou graisse de porc fondue. Le saindoux sert en cuisine à beaucoup d'usages : fritures, assaisonnement des sauces, des plats de légumes, cuisson des viandes au four pour laquelle il remplace le beurre sans désavantage et avec économie;

De petits sacs de riz, de lentilles, de haricots secs, de pois, etc.

2. Elle n'achète rien au hasard; elle s'entend à connaître la qualité des denrées.

3. Elle ne se laisse pas tenter par les choses trop chères pour sa bourse.

4. Elle a chez elle quelques provisions afin de ne pas perdre trop de temps en courses.

5. Elle évite d'acheter à crédit.

VI. — Devant le fourneau.

187. Le fourneau chauffe. Il ne fume pas, car il est bien nettoyé (fig. 20, p. 63).

188. Amélie allume son feu de bonne heure : elle le dirige avec soin *pour ne pas brûler trop de charbon* et, de la sorte, le dîner ne risque pas d'être en retard.

On sait gré à la cuisinière d'être exacte.

189. Aujourd'hui, Amélie fait un pot-au-feu; dans une marmite bien frottée, elle met un morceau de viande, entremêlé de gras et de maigre, et quelques os; elle verse de l'eau froide dans son pot.

Quand la marmite aura bouilli un certain temps, elle *salera* et *ajoutera des légumes*.

Tout en travaillant, elle aura soin que le pot-au-feu *bouille toujours doucement*.

190. Ce soir, quand son mari rentrera au logis, une odeur de bon bouillon lui annoncera qu'il va, tout à l'heure, trouver sur la table de quoi se restaurer.

191. Mais on ne peut pas mettre le pot-au-feu tous les jours.

Deux ou trois fois par semaine au moins, Amélie fait d'*excellentes soupes de légumes assaisonnées de lard*; elle mêle aux pommes de terre, tantôt du chou, tantôt des navets, des carottes, des haricots ou une poignée d'oseille hachée.

QUESTIONNAIRE

187. Un fourneau régulièrement nettoyé chauffe-t-il mieux qu'un autre ?
188. La ménagère prévoyante allume-t-elle le feu de bonne heure ?
189. Comment met-on le pot-au-feu ?
190. A quoi reconnait-on un bouillon bien fait ?
191. Par quoi peut-on remplacer les soupes au bouillon ?

LEÇON A DÉVELOPPER

Avoir tout en bon état à la cuisine : fourneau bien nettoyé (expliquer comment on nettoie les fourneaux employés dans le pays) ; ustensiles récurés d'avance : n'avoir pas besoin de laver un poêlon ou de frotter une marmite au moment de les placer sur le feu.

S'y prendre à *temps* pour les apprêts du repas.

Inconvénients de la précipitation à la cuisine : dîner plus coûteux, moins bon et en retard.

32e LECTURE. La bonne soupe.

Qu'est-ce qui restaure le mieux au repas du soir ? Qu'est-ce qui donne le plus de force pour aller au travail le matin ? C'est une bonne soupe chaude. Ne me parlez pas de ces bols de café au lait — faits on ne sait trop de quoi dans la boutique où l'on court les acheter — qui vous inondent l'estomac sans vous nourrir ! Mauvaise alimentation pour qui veut être vigoureux ! Croyez bien que si l'on se porte mieux à la campagne qu'en ville, la cause en est au bon air à coup sûr, mais beaucoup aussi à la bonne soupe.

Et comment fait-on la bonne soupe ? Avec du bouillon de viande sans doute ? Avec ou sans bouillon de viande : une ménagère experte n'est jamais embarrassée pour varier ses potages et les rendre nutritifs.

Elle sait aussi que la soupe est économique, qu'elle ne revient guère à plus d'un sou ou un sou et demi par tête quand on la fait pour 4 ou 5 personnes.

— Tout cela est parfait, dit quelqu'un de ma connaissance, mais mon mari n'aime pas la soupe, mes enfants ne la mangent qu'en rechignant. — Pourquoi cela ? Parce que vous la faites mauvaise. Appliquez-vous à suivre les recettes que voici et je vous promets que toutes les assiettes se tendront vers la soupière pour avoir un supplément.

192. Tout cela, *bien cuit* ensemble, pendant près de deux heures, fait la soupe à la fois la plus **économique** et la plus **savoureuse*** qu'on puisse manger.

193. Après deux assiettées de cette bonne soupe-là — car on en redemande toujours — et un morceau de lard sur une grande tranche de pain, on n'a plus besoin de grand'chose.

194. Aussi, Amélie ne plaint pas sa peine pour éplucher les légumes et mettre la marmite au bon moment.

195. Les jours où elle est par trop pressée, elle fait lestement une **soupe à l'oignon sauté** ou *aux carottes roussies*, ou bien encore *au fromage*, quand elle veut régaler son monde. De temps en temps, c'est un *riz au lait* bien crémeux*.

196. Amélie aime à *varier*; pour que les enfants ne se lassent pas de la soupe, il faut, dit-elle, ne pas leur servir toujours la même.

197. Il est de fait que ses trois enfants, la petite Rosa et ses frères, n'en laissent jamais une cuillerée dans leur assiette.

198. Amélie n'aime pas beaucoup les *sauces* : la viande **bouillie** ou **rôtie**, avec quelques légumes pour grossir le plat, lui semble valoir mieux pour la santé.

199. Cependant, quand elle a un reste de viande, elle sait fort bien l'accommoder en **ragoût**, avec une bonne sauce brune aux cornichons, relevée d'un filet de vinaigre.

200. Cela lui permet de servir sa tablée* avec un morceau qui n'aurait pas suffi, si elle l'avait présenté tout sec, et son mari lui dit souvent en riant : « Femme, c'est pour toi qu'on a imaginé le dicton : « *la sauce est meilleure que le poisson.* »

QUESTIONNAIRE

192. Quelles sont les qualités de la soupe aux légumes?
193. A quoi sert le lard dont on assaisonne la soupe?
194. Est-ce perdre son temps que de préparer une bonne soupe?
195. Indiquez d'autres soupes.
196. A quoi sert de varier?
197. Est-ce un bon moyen pour donner aux enfants l'excellente habitude de la soupe?
198. Quel est le meilleur procédé de cuisson pour la viande?
199. Donnez une recette de ragoût.
200. A quoi sert de savoir faire un ragoût?

Bouillon. — Mettez dans un pot de terre de la viande pour pot-au-feu; remplissez le pot d'eau froide; faites chauffer doucement jusqu'à ébullition. A ce moment, enlevez avec soin l'écume qui monte à la surface, salez et ajoutez des légumes : carottes, panais, poireaux, et si vous n'en craignez pas le goût, ail, quelques clous de girofle, et très petite pincée de poivre. Laissez ensuite bouillir toujours doucement pendant cinq heures. Retirez du feu, enlevez la graisse si elle est trop abondante, goûtez, pour saler encore s'il y a lieu; passez le bouillon dans une terrine froide où vous pourrez le conserver deux ou trois jours en hiver, 24 heures en été. Servez la viande chaude ou froide. Deux livres de viande et d'os peuvent donner de 3 litres à 3 litres et demi de bouillon très suffisamment nutritif si l'on y ajoute, pour faire la soupe, des tranches de pain ou du riz, du vermicelle, de la semoule, etc.

Bouillon à la minute. — Les jours où l'on ne met pas le pot-au-feu — et ils sont nombreux dans les petits ménages — on peut composer un bouillon en jetant dans un litre ou deux d'eau bouillante gros comme trois ou quatre noix de graisse et quelques cuillerées de jus qu'on a eu soin de mettre en réserve dans un petit pot lorsqu'on a fait cuire de la viande au four ou à la casserole.

Soupe au lard ou aux légumes. — C'est encore la meilleure de toutes. La ménagère pèle les pommes de terre et épluche les légumes la veille au soir si la soupe doit être servie le matin, car la cuisson seule demande bien une heure et quart. Si elle bouillait moins longtemps, les légumes seraient mal cuits et le bouillon ne se *lierait* pas. On peut joindre alternativement aux pommes de terre, choux, raves, courge, haricots frais ou secs, lentilles, pois, fèves, etc. Ne pas oublier, si l'on emploie des légumes secs, qu'ils doivent être *détrempés* à l'eau froide pendant 8 ou 10 heures avant qu'on ne les fasse cuire. Le morceau de lard plus ou moins gros suivant le nombre de convives, sera mis

201. Elle fait aussi pour les légumes des *sauces blanches*, qui sont de vraies crèmes.

Un peu de beurre au fond d'une casserole, une cuillerée de farine, du lait et de l'eau mélangés qu'on ajoute peu à peu, en tournant lentement, et voilà une sauce très nourrissante préparée en quelques minutes et moyennant quelques sous.

202. Je ne vous dirai pas tout ce que sait encore faire Amélie ; ce serait long. Et pourtant, elle a tout appris seule. Comment ?

203. Avec un peu d'**imagination** pour composer les repas ;

De l'**intelligence** pour accommoder ensemble les choses qui se conviennent ;

Du **bon sens** et du **soin** dans tout ce qu'elle fait.

204. Imitez-la quand vous aurez un ménage.

205. C'est le devoir de la ménagère de faire une bonne cuisine.

206. L'homme qui *travaille*, les enfants qui *grandissent* ont besoin d'être **bien nourris.**

207. Et ne croyez pas que la « bonne nourriture » consiste en *friandises*, en *mets délicats et recherchés.*

Non ; elle consiste en aliments *bien choisis* et *bien préparés.*

208. Ces aliments ne coûtent pas plus cher que d'autres.

Si vous regardiez les comptes de ménage d'Amélie, vous verriez qu'une femme active et intelligente sait faire « *Bonne chère avec peu d'argent.* »

RÉSUMÉ (à réciter).

1. La bonne ménagère sait faire la cuisine ; elle dirige le fourneau avec économie ; elle fait les repas pour l'heure

QUESTIONNAIRE

201. Comment fait-on la sauce blanche ?
202. Peut-on apprendre sans leçons à faire la cuisine ?
203. Quelles qualités doit avoir la cuisinière ?
204 et 205. Est-il nécessaire d'être capable de faire une bonne cuisine ?
206. Pourquoi ?
207. Qu'entendez-vous par « une bonne nourriture ? »
208. Peut-on faire de bonne cuisine sans dépenser beaucoup ?

dans la marmite après les légumes quand elle sera en pleine ébullition ; on salera peu après. Du lard mince, mélangé de gras et de maigre, est celui qui convient le mieux pour la soupe et qui est aussi le meilleur à manger tout chaud. Soupe et morceau de lard sur une grande tranche de pain font à eux deux un excellent repas qui donne un *aliment complet*, contenant des substances azotées, grasses et féculentes.

(Voir pour les autres soupes la rédaction p. 91*j*.)

33ᵉ LECTURE. Les sauces.

Les plus simples et les plus usitées sont :

La *sauce rousse* qu'on transforme en *sauce brune* en faisant un *roux* plus foncé. Mettez beurre ou graisse dans la casserole ; mélangez-y de la farine jusqu'à ce qu'elle prenne bonne couleur ; *mouillez* avec de l'eau bouillante ; laissez cuire un quart d'heure environ en remuant de temps à autre ; salez.

Un oignon piqué de clous de girofle et une carotte roussis dans le beurre donneront meilleur goût et couleur plus agréable.

Sauce piquante. — C'est la sauce rousse additionnée d'une cuillerée de vinaigre au moment de mouiller. Si vous aimez les sauces d'un goût relevé, vous n'oublierez pas d'y ajouter une feuille de laurier et un peu de thym.

Sauce poulette. — Sauce blanche, généralement faite à l'eau et non au lait, que vous liez au moment de servir avec un jaune d'œuf délayé dans un peu de vinaigre. Pour réussir la *liaison*, retirer la sauce du feu, en verser deux ou trois cuillerées dans le bol où le jaune d'œuf a été rompu, verser dans la sauce et remuer vivement ; la sauce se lie instantanément. Sauce nourrissante et convenable pour les restes de veau, de volaille ou les légumes.

Sauce froide à l'huile. — Sel, poivre, moutarde, oignon et persil battus dans quelques cuillerées de vinaigre, d'huile et d'eau tiède. C'est la *ravigote* économique.

exacte ; elle ne craint pas de se donner de la peine pour préparer de bons aliments.

2. Elle sert tous les jours de la soupe à un des repas au moins ; mais elle ne fait pas tous les jours la même.

3. Elle connait beaucoup de recettes différentes.

4. Elle ne laisse rien perdre et elle met à profit le plus petit reste.

5. Elle apporte de l'intelligence, du bon sens et du soin à tout ce qu'elle fait.

VII. — La table de famille.

209. Le dîner est prêt. Il faut le servir.

210. Sur une table en désordre, mal époussetée, couverte de verres et d'assiettes posés au hasard ? Certes non : sur cette table-là, le meilleur repas paraîtrait mauvais.

211. Voyez celle à laquelle on va s'asseoir chez nous :

La table est au milieu de l'appartement. Pas de nappe, mais le bois est si bien frotté qu'il reluit comme un miroir.

212. L'assiette du père et celle de la mère sont posées bien en face l'une de l'autre ; celles des enfants, entre les deux, à des distances égales.

213. À côté de chaque assiette, un verre aussi clair que s'il était en cristal[3], un couteau, une fourchette de fer.

214. Sur chaque assiette, un morceau de pain, afin que le père n'ait pas la peine d'en couper pour toute la famille dès qu'il sera assis.

215. En face de la carafe, une bouteille de vin, près de la place du père.

216. La petite Rosa, qui a cueilli un bouquet de pâquerettes[3] en revenant de l'école, s'est dressée sur

LIVRE DU MAITRE.

QUESTIONNAIRE

209. Suffit-il de préparer le diner?
210. La table sera-t-elle bien ou mal rangée?
211. Où placerez-vous la table et quels soins en prendrez-vous?
212. Placerez-vous les assiettes sans ordre ou avec symétrie?
213. Que mettrez-vous à côté de l'assiette?
214. Préparerez-vous le pain?
215. Y aura-t-il sur la table de quoi boire?
216. Que manque-t-il à votre table?

LEÇON A DÉVELOPPER

Mettre le couvert avec **ordre** et **symétrie**.
Donner un aspect engageant à la table de famille.
Propreté **méticuleuse** de tous les ustensiles.

34ᵉ LECTURE. La maison hollandaise.

Nulle part la propreté de la maison n'est poussée aussi loin que dans les pays du Nord. En des contrées où le climat oblige à passer le moins de temps possible hors de chez soi, les femmes comprennent encore mieux qu'il faut faire de leur intérieur, si modeste qu'il soit, un petit palais confortable, d'aspect net et gai, où l'on ne pensera pas à se plaindre d'être prisonnier.

La Hollande est réputée pour le soin minutieux apporté à l'entretien des habitations. Non seulement on lave souvent à l'extérieur les murs, portes, volets, etc., mais une propreté rigoureuse est maintenue au dedans jusque dans les recoins les moins en vue. Tout reluit dans une maison hollandaise : dalles, parquets, vitres, meubles, sont frottés jusqu'à devenir polis comme des miroirs. Cela serait presque monotone et froid si ces surfaces si unies n'étaient égayées par des ustensiles de métal, aussi étincelants que s'ils étaient d'or et d'argent et non de cuivre et d'étain.

Même ordre, même propreté à la campagne, dans les maisons de ferme et leurs dépendances, écuries et étables. On va jusqu'à attacher au plafond la queue des vaches, afin que ces bonnes bêtes ne courent pas risque de la salir en la laissant reposer sur la litière. Voilà qui est un peu excessif. On dit aussi que la ménagère hollandaise, quand elle a lavé, brossé, ciré ses parquets, vous voit d'assez mauvais œil entrer chez elle avec les chaussures que vous portiez dehors et demeurait beaucoup pour pouvoir vous prier de les laisser à la porte de son sanctuaire. Poussée à ce point, la propreté devient presque gênante, et il faut convenir qu'il y a un peu d'exagération dans des soins si minutieux.

la pointe des pieds et l'a placé sur la table, en face de la salière.

« C'est beau! dit-elle. C'est bien en ordre. » Pendant ce temps, les frères ont apporté des chaises.

217. Amélie entre par une porte avec la soupière, son mari par l'autre (fig. 21).

Celui-ci jette un coup d'œil sur la table.

« Tiens! tiens! est-ce que nous avons le Président de la République à dîner que ce soit si beau ici! »

Fig. 20. — Tout sera prêt à sept heures.

Fig. 21. — A table! à table!

Tout le monde rit.

« C'est toi, papa, crient les enfants, c'est toi qui es le Président aujourd'hui.

On se met à table gaiement.

248. Croyez-vous que ces braves gens-là ne dîneront pas de meilleur appétit que si la table était **sale** et mal **rangée**?

219. La ménagère qui néglige tout, semble dire aux siens: « *C'est bien bon pour vous!* »

Celle qui soigne tout semble dire, au contraire: « *Rien n'est trop bien fait pour vous*, mes chers amis. Je ne plains jamais la fatigue que je me donne

QUESTIONNAIRE

217. La vue d'un couvert bien mis donne-t-il de la gaieté?
218. Éveille-t-elle l'appétit?
219. Pourquoi?

Mais c'est l'exagération d'une si excellente chose qu'elle ne peut empêcher de louer la propreté des ménagères hollandaises et de la proposer en exemple aux nôtres.

35ᵉ LECTURE Le plat du dimanche.

La mère de famille fait de temps en temps une surprise à son monde; le dimanche, par exemple, au moment où chacun croit le repas fini, elle apporte sur la table quelque bon petit plat sucré. Certain parfum de caramel, à l'avance répandu par la maison, avait bien à moitié trahi le secret; mais les gens discrets s'étaient gardés de comprendre les révélations que leur faisait à ce sujet leur odorat. Donc, on est agréablement étonné quand le *gâteau de riz* ou le *soufflé* fait son apparition et la ménagère ne trouve pas en somme que ce petit plaisir coûte trop cher; nous ne sommes plus au temps du blocus continental où la livre de sucre se payait jusqu'à 50 francs. Aussi allez-vous voir que les mets suivants ne sont pas plus dispendieux que d'autres.

Gâteau de riz. — Lavez deux ou trois poignées de riz, mettez-les cuire doucement après les avoir couvertes d'eau, l'eau absorbée, ajoutez du lait aussi souvent qu'il sera nécessaire pour que le riz ne soit jamais à sec. Quand il sera cuit, mêlez-y du sucre pilé — une cuillerée environ par petite poignée de riz — du zest de citron ou de l'eau de fleur d'oranger, deux jaunes d'œufs et les blancs battus en neige; versez dans un moule ou simplement dans une casserole de fer où vous aurez fait du caramel qui recouvrira bien le fond et les parois. Faites cuire au *bain-marie* vingt minutes environ. Renversez sur un plat rond pour servir.

Soufflé. — Faites une sauce blanche épaisse; laissez-la bien cuire pour la rendre légère; puis retirez-la du feu et quand elle sera à moitié refroidie ajoutez autant de cuillerées de sucre en poudre que vous aurez mis de farine, et trois jaunes d'œufs. Remuez vivement; ajoutez les trois blancs d'œufs en neige, versez dans un plat à gratin et mettez au four. Si le four est à point, en moins d'un quart d'heure ou vingt minutes votre soufflé montera très haut et sera prêt à servir. Trois œufs donnent un plat suffisant pour quatre personnes et comportent quatre à cinq cuillerées de farine et autant de sucre.

pour que nous soyons contents ensemble à *la maison !* »

RÉSUMÉ (à réciter).

1. Si l'on me charge de mettre le couvert, j'essuierai soigneusement la table avant d'y rien poser.
2. Je disposerai les assiettes, les verres, les bouteilles avec symétrie.
3. Je placerai un morceau de pain à côté de chaque assiette.
4. Je mettrai une chaise devant chaque couvert.
5. Je donnerai à toute la table un air d'ordre et d'agréable arrangement, propre à réjouir les yeux de la famille qui va s'asseoir autour d'elle.

VIII. — La veillée de la ménagère. — Les comptes.

220. Tout le monde dort dans la maison. Seule, la ménagère veille encore (fig. 22).

221. Sur la table, devant elle, est ouvert son livre de comptes*. *Elle note ce qu'elle a dépensé* dans la journée. Vous direz peut-être que cela n'empêche pas son porte-monnaie d'être à peu près vide ; oui, mais elle sait au moins à quoi l'argent a été employé.

FIG. 22. — Amélie note les dépenses du jour et pense à celles du lendemain.

222. Elle trouve que le ménage en a pris beaucoup aujourd'hui.

On a eu, ce matin, un légume nouveau qui était un peu cher ; demain elle servira des pommes de terre qui coûtent beaucoup moins ; *cela fera compensation.*

223. C'est qu'il faut être **rigoureusement** économe pour les dépenses alimentaires*; ces dépenses

QUESTIONNAIRE

20. Quelle est la dernière personne debout dans la maison?
221. Que fait la ménagère, la journée finie?
222. Comment établit-on une compensation entre les dépenses quotidiennes du ménage?
223. Pourquoi le ménage proprement dit exige-t-il une économie particulièrement rigoureuse?

LEÇON A DÉVELOPPER

Noter exactement et à mesure **toutes les dépenses**. Faire à la fin de l'année un relevé des dépenses principales : Dépenses alimentaires; loyer; chauffage, éclairage; linge de maison, vêtements; meubles, ustensiles, outils; frais de déplacement, etc.

Faire faire ce relevé, en prenant pour base les prix du pays, pour une famille comptant *tant* de membres.

Comment on dresse son budget : évaluer les recettes — salaires, gain, petits revenus, etc. — en ayant soin de prévoir une diminution occasionnée par la maladie ou tout autre accident. Évaluer les diverses dépenses en ajoutant à la somme que donne leur addition un certain chiffre pour les frais imprévus; autrement dit : les deux nombres trouvés, diminuer d'une somme de... (un quart ne serait pas trop) le chiffre des recettes; augmenter d'une somme de... le chiffre des dépenses.

36ᵉ LECTURE. **Les moyennes. Calculs.**

On apprend à l'école à faire des problèmes sur les moyennes. Une maîtresse de maison a souvent à résoudre de ces problèmes-là. Pour la cuisine, par exemple, il faut qu'elle sache à peu près ce qu'il est raisonnable de dépenser par jour. Ce n'est pas la raison qui règle cela, dira-t-on, c'est l'appétit. Pas tout à fait, car on peut satisfaire sa faim avec des aliments plus ou moins chers. La moyenne étant donc trouvée, si elle est dépassée un jour, on tâche de ne pas l'atteindre le jour suivant, de se « rattraper » comme on dit.

se renouvellent sans cesse et si l'on dépasse ses ressources, ne fût-ce que de quelques sous chaque jour, on se trouve avoir dépensé à la fin du mois une bonne somme de plus.

224. Et puis, il n'y a pas à pourvoir au ménage seulement. L'hiver approche.

Les enfants auront bientôt besoin de *vêtements chauds*.

Il faudra faire une *provision de charbon*.

Dans trois semaines, le moment sera venu de *payer le propriétaire*.

225. La ménagère calcule quelle somme lui sera nécessaire pour ces diverses dépenses. Elle s'arrange pour n'être pas **prise au dépourvu***.

Elle fait son budget* ; d'un côté les *recettes*, de l'autre les *dépenses*.

226. Avec quel soin elle pèse chaque dépense, la brave femme ! Son mari se fatigue tant pour apporter un peu plus d'argent à la maison !

Elle veut *que pas un sou ne soit employé à la légère*.

227. Il le faut bien pour « joindre les deux bouts » et surtout pour arriver à se créer une *petite épargne*.

On n'est pas sûr de pouvoir travailler toujours. La maladie peut venir, le chômage*.

La ménagère ne sera tranquille que lorsqu'elle aura quelques économies, placées **sûrement**.

228 La mère de famille a fini ses comptes*. *Elle fait le tour de la maison* pour s'assurer que tout est en ordre, regarde si le feu est éteint, la porte bien fermée, les fenêtres bien closes, le buffet aux provisions à l'abri des visites du chat.

229. Puis, après quelques instants donnés au recueillement, elle va dormir, elle aussi, non sans souci, mais contente pourtant.

QUESTIONNAIRE

224. Citez les principales dépenses d'un ménage.
225. Que fait une ménagère prévoyante?
226. Dépense-t-elle sans réfléchir?
227. Faut-il se contenter de vivre au jour le jour?
228. Que regarde la mère de famille en faisant le *tour de la maison*?
229. A quoi pense-t-elle au moment d'aller dormir?

Exercices. — 1. Supposez une famille de trois personnes qui doit vivre — en ville — moyennant 3f,60 par jour. Dressez le menu des repas du lundi qui ont coûté 4f,15; composez pour le jour suivant un menu qui établisse la compensation (3f,05).

2. Faites le relevé des dépenses de ménage d'une famille de cinq personnes pendant une semaine, en prenant pour base les prix du pays que vous habitez. Trouvez la moyenne pour un jour.

3. Supposez que vous soyez ouvrière, gagnant un salaire fixe. Dressez votre budget annuel.

4. Faites le budget d'une famille, sachant que la journée du mari est de 4f,50; la femme, qui coud chez elle à façon, gagne en moyenne 1f,10; l'aîné des enfants rapporte chaque semaine à la maison 5f,40; on paye pour l'apprentissage du second 6f,50 par mois; les trois plus jeunes vont à l'école communale.

37ᵉ LECTURE. Le recueillement.

Nous ne savons pas ce que fait la mère de famille des instants consacrés au recueillement à la fin de la journée. Personne n'a le droit de le lui demander; occupée tout le jour des autres, accablée des mille tracas de la vie, c'est l'unique moment où elle s'appartienne, où elle soit seule avec elle-même, avec sa conscience. Mais ce que nous croyons savoir sûrement, c'est que cette femme dévouée, en ces quelques minutes de recueillement, ne fait pas sur elle-même et sur ses actes un retour orgueilleux. Non; elle s'examine bien plutôt en toute humilité, elle s'interroge avec crainte et tremblement, se demandant si elle n'a rien négligé de ses vrais devoirs. Elle sait que d'un moment à l'autre la mort peut mettre fin aux agitations de la vie; son heure, à elle, pourrait sonner bientôt. Sera-t-elle de ceux auxquels il sera donné d'entendre alors la consolante parole : « Cela va bien, bon et fidèle serviteur... » Elle songe et, le cœur

Elle a fait ce qu'elle a pu jusqu'à la fin de la journée, et demain elle reprendra vaillamment sa tâche. Elle est si courageuse, la bonne ménagère!

RÉSUMÉ (à réciter).

1. La ménagère ne se couche pas sans avoir fait ses comptes; elle note tout ce qu'elle a dépensé dans la journée.

2. Elle fait son budget : elle règle sa dépense avec une stricte économie.

3. Elle n'emploie pas à la légère fût-ce la plus petite somme.

4. Elle s'efforce d'ajouter chaque jour quelque chose à son épargne.

IX. — La ménagère commerçante.

230. Le mari de Geneviève est couvreur-plombier-chaudronnier. Nul mieux que lui n'établit une toiture; nul n'étame les casseroles avec plus de soin.

231. Un jour, Geneviève a dit à son mari : « Si tu voulais, avec les quelques économies que nous avons là, je pourrais louer la boutique d'à côté et ouvrir un magasin d'articles de ménage. »

232. Le mari y a consenti; la boutique est ouverte depuis un an et chacun, dans le village, se félicite de la bonne idée de Geneviève.

233. C'est qu'il faut voir aussi comme cette boutique est **propre** et **bien tenue**. Les casseroles, les pincettes, les seaux, les pelles sont rangés chacun à sa place.

234. Au petit jour, on voit Geneviève mettant de l'ordre à la devanture de sa boutique, afin que les lampes bien rangées, les chenets brillants, disent aux passants : Entrez dans ce magasin, vous y serez bien servis.

235. Voici en effet une dame qui entre.

QUESTIONNAIRE

230 et 231. Une femme dont le mari travaille au dehors peut-elle ouvrir et diriger un magasin ?
232. Le consentement de son mari est-il nécessaire ?
233. Parlez de la bonne tenue d'un magasin.
234. A quel moment faut-il ranger l'étalage ?
235. Citez une qualité précieuse dans le commerce.

ému de solennelles pensées, c'est avec l'ardent désir d'être plus que jamais une « fidèle servante » qu'elle va chercher le repos.

LEÇON ET EXERCICES PRATIQUES

Faire calculer par les élèves le **prix de revient** de quelques plats ; leur fournir les données nécessaires d'après les prix du pays où se trouve l'école. Indiquer, pour la détermination des quantités, le nombre des convives auquel le plat sera servi. Choisir toujours, pour ces exercices, les mets les plus simples.

Voici une liste de ceux parmi lesquel on pourra choisir quelques exemples : Soupe aux légumes (voir la recette, p. 60*) ; soupe au vermicelle ; soupe de potiron au lait ; pot-au-feu de bœuf ; ragoût de mouton et de pommes de terre ; de veau et de carottes ; morue frite ; mouton sauté aux oignons ; omelette à l'oseille, au lard, aux croûtons, aux échalotes ; pommes de terre frites, à l'étouffée, en salade, au gratin ; macaroni au gratin ; plat de lentilles au lait ; épinards, salade de céleri, de légumes cuits, etc. Plats du dimanche : gâteau de riz, soufflé, crêpes, etc.

LEÇON A DÉVELOPPER

Que l'on réussit dans le commerce comme ailleurs par l'**assiduité** au travail et l'**esprit de conduite**. **Probité** commerciale. Ne pas tromper sur la qualité de la marchandise, sur son poids, etc. Savoir-faire commercial : savoir acheter ; profiter, pour s'approvisionner, des moments de baisse ; proportionner les commandes à la vente probable. Se contenter d'un petit bénéfice plutôt que de garder en magasin des marchandises qui peuvent s'ava-

— Bonjour, Madame, dit Geneviève; que vous servirai-je aujourd'hui?

— Je voudrais une forte pelle à feu, répond la dame, mais je crains que vous n'en ayez pas d'assez grande.

— En effet, je n'en ai pas; mais je vais en faire venir, et dans huit jours elles seront ici.

Et huit jours après, **très exactement**, la pelle était arrivée. *L'exactitude est une précieuse qualité dans le commerce.*

236. — Madame, dit une autre, cet arrosoir que vous avez réparé fuit encore.

— Je le regrette, Madame; laissez-le-moi; demain matin il sera ressoudé. Ma fille vous le portera, car je ne veux pas que vous vous dérangiez deux fois par ma faute.

Et la dame s'en va, très satisfaite de l'**amabilité** de Geneviève.

237. Geneviève donne toujours le poids; elle fait connaître à ses clientes les avantages ou les inconvénients de tel ou tel article et *ne présente comme solide et bon que ce qui est réellement solide et bon.*

238. Geneviève **fait sa caisse** tous les jours; elle marque sur un livre les ventes qu'elle a faites, l'argent qu'elle a reçu et celui qu'elle a donné.

Elle prend note des marchandises qui lui manquent et s'arrange de façon à faire, en une seule commande, un envoi qu'elle puisse faire expédier par *petite vitesse*, afin de diminuer les frais de transport.

239. Elle paye ses marchandises **comptant**, afin de pouvoir bénéficier de l'*escompte**.

240. Elle s'adresse aux **fabricants** eux-mêmes

QUESTIONNAIRE

236. La bonne grâce s'y fait-elle aussi apprécier?
237. En quoi consiste la probité pour une marchande?
238. Parlez des comptes qu'il faut tenir dans le commerce.
239. Quel avantage y a-t-il à payer comptant?
240. Vaut-il mieux s'adresser aux fabricants ou à des intermédiaires?

rier. Savoir vendre, c'est-à-dire se faire une clientèle. Qualités qui attirent la clientèle : parfaite bonne foi, ordre, exactitude, soin de se procurer les articles nouveaux qui peuvent être demandés ; bonne tenue du magasin ; ton poli des employés.

Choisir de préférence une branche de commerce qui ne nécessite pas de grandes avances.

38ᵉ LECTURE. Pour un sou de bonne grâce.

— Pourquoi ne vous servez-vous pas chez Félicie ! dit Marie à sa voisine Augusta.

— Chez Félicie? ah ! non, par exemple.

— Mais je vous assure que son magasin est le meilleur du village pour l'épicerie.

— Bah ! vous croyez?

— Certainement. Et puis, elle fait bon poids.

— Oh ! pour cela, non.

— Comment donc ? Félicie ne fait pas bon poids ?

— Bon poids de vermicelle, ou de riz, c'est possible ; mais moi j'aime qu'on me donne par-dessus le marché pour un sou de bonne grâce et votre Félicie, ma chère, est gracieuse, oh ! mais gracieuse, tout juste comme une porte de prison...

39ᵉ LECTURE. Trop lente!

Un monsieur va et vient avec impatience dans la boutique de Mᵐᵉ Firmin. A la fin :

— Pardon, madame, dit-il en se dirigeant vers la porte, je m'en vais, je suis pressé...

— Mais, monsieur...

Le client n'entend plus ; il a déjà refermé la porte du magasin et court à ses affaires. La marchande a mis tant de lenteur à servir la personne entrée avant lui, qu'il s'est lassé d'attendre.

Voilà peut-être une affaire avantageuse manquée faute

et non à des intermédiaires*, afin de pouvoir acheter ses marchandises à *meilleur compte*.

241. Obligée souvent de vendre à crédit, elle s'arrange de façon à **faire rentrer** très exactement ses créances* en réglant toutes les semaines ou tous les mois.

RÉSUMÉ (à réciter).

1. La bonne commerçante veut que sa boutique soit propre et bien tenue.

2. Elle fait toujours bon accueil à ses clientes, qu'il s'agisse soit de vendre de la marchandise, soit de reprendre un article qui ne fait pas l'affaire.

3. Elle est ponctuelle, honnête, consciencieuse.

4. Elle tient exactement sa comptabilité, réalise les économies possibles, paye comptant ce qu'elle achète et fait rentrer les ventes à crédit.

DROIT USUEL. — **Lire :** Commerce. — Consentement du mari. — Livres de commerce. — Faillite. — Banqueroute. — Tromperie sur la marchandise. — La punition (p. 200).

X. — La ménagère à la campagne.

242. A la ville, la ménagère n'a que les gens de la maison à nourrir ; à la campagne, elle a un surcroît de besogne : dans l'écurie, dans l'étable, à la basse-cour sont aussi des convives qui demandent leur pâture (fig. 23).

FIG. 23. — Rosalie, la bonne fermière.

440. Durant la belle saison, vaches, chèvres et moutons vont

QUESTIONNAIRE

241. Faut-il négliger de faire rentrer les créances?

242. Énumérez les occupations de la ménagère à la campagne?

d'un peu de promptitude. *La rapidité est indispensable dans le commerce de détail.*

Il faudrait envoyer Mme Firmin faire un tour dans un grand magasin parisien. Elle serait étourdie, la bonne dame, de la rapidité de mouvements qu'on exige des nombreux commis; elle resterait confondue devant l'amusant spectacle de ces mains qui remuent sans cesse : coupant, versant, pesant, pliant, ficelant. Et ce qui étonnerait encore plus Mme Firmin, c'est que ces mains qui font par jour des centaines de paquets ne sont pas plus fatiguées que les siennes quand elle en a ficelé une douzaine avec la sage lenteur qui met en fuite les chalands pressés.

40ᵉ LECTURE. L'esprit d'entreprise.

Geneviève a mis dans son petit commerce la plus grande partie, non la totalité de ses épargnes.

« C'est imprudent, pensent quelques-uns; elle aurait bien mieux fait de placer son argent; elle peut le perdre dans son commerce. » C'est vrai, mais « qui ne hasarde rien n'a rien, » et si Geneviève a des chances de perte, elle a aussi des chances de gain; en exploitant elle-même son petit capital, elle peut lui faire produire un intérêt deux, trois fois plus élevé que celui qu'elle aurait retiré d'un placement; elle peut, de plus, laisser un jour à ses enfants un commerce bien achalandé. Intelligente, active, assez instruite pour tenir ses comptes, assez prudente pour ne pas courir de risques inutiles, Geneviève a ce qu'il faut pour réussir, et elle a raison d'avoir l'esprit d'entreprise.

LEÇON A DÉVELOPPER

Condition heureuse de la ménagère à la campagne. Erreur des jeunes filles qui rêvent de se marier à la ville au lieu d'aspirer à la vie plus aisée, plus sûre, plus tranquille du village ou de la ferme. Avantages de la campagne au point de vue particulier du ménage : logement plus vaste et plus sain, provisions sous la main, allées et venues ne nécessi-

chercher cette pâture au dehors; on les conduit au pré ou dans les champs, où ils trouvent la table toute servie.

243. Rosalie, qui est une fermière intelligente, veille à ce qu'on ne les y conduise pas *mal à propos*. Par exemple, les jours de forte rosée, elle ne fait pas sortir les bêtes *de trop bonne heure*.

244. Elle a soin qu'on ne laisse pas *trop longtemps* le bétail dans un champ de *trèfle* ou de *luzerne* : les brebis, les vaches pourraient en revenir **météorisées***.

245. A l'époque de l'année où l'on tient les bestiaux dans l'étable, la bonne fermière a soin de leur donner à manger à des **heures régulières**; elle s'occupe d'eux dès son lever et, plus que personne, à cause de cela, elle a besoin d'être *matinale*.

246. Les porcs à l'engrais lui donnent plus de mal. Il faut faire cuire leur nourriture, tenir bien nettoyés les grosses marmites et les baquets.

247. Dans beaucoup de contrées, on se sert de *chaudières* pour préparer le manger des porcs; le feu qu'on entretient sous la chaudière doit être *bien dirigé* pour ne pas brûler trop de bois.

248. Si l'on a soin de fermer à temps la porte du fourneau et celle de la cheminée, on obtient beaucoup de chaleur avec peu de combustible*.

249. Les habitants de la basse-cour, coqs, poules, canards, pigeons, etc.. réclament aussi leur nourriture. Si on ne leur donne pas **régulièrement** leur pâtée ou leur grain, ils font *bien plus de dégâts*, en grattant dans les jardins et dans les champs.

De plus, les poules pondeuses ne vous donnent exactement leur œuf chaque jour que si vous êtes vous-même **exacte** à les soigner et à les *nourrir convenablement*.

LIVRE DU MAITRE. 69*

QUESTIONNAIRE

243. Peut-on laisser le bétail aller aux champs à toute heure?
244. A quel accident la luzerne ou le trèfle exposent-ils les bestiaux?
245. Les bêtes ont-elles besoin de recevoir leur nourriture à des heures régulières?
246. Les porcs mangent-ils leurs aliments toujours crus?
247. Quels soins demandent les *chaudières*?
248. Comment économise-t-on le combustible?
249. Le soin de la basse-cour exige-t-il aussi de la régularité?

tant aucune toilette, liberté plus grande, soucis d'argent moindres. La fermière ou la femme de petit propriétaire, maîtresse en sa maison. Travaux fatigants, mais variés; résultats qui font oublier la peine : produits d'un jardin bien soigné, d'une basse-cour, d'une étable habilement dirigées, d'une laiterie entretenue avec intelligence et propreté, etc.

Qualités de la ménagère à la campagne; il la faut vaillante, matinale, vigilante, entendue au soin des bestiaux, habile à régler le travail de tous et à commander aux domestiques.

41ᵉ LECTURE. **Une bonne aide.**

« Ce sera à l'homme qui a mesnage aux champs un grand support et aide que d'être bien marié et accompagné d'une sage et vertueuse femme, pour faire leurs communes affaires avec une parfaite et bonne intelligence, et si une telle lui est donnée de Dieu, qui est décrite par Salomon, se pourra dire heureux et se vanter d'avoir rencontré un bon trésor, étant la femme l'un des plus importants ressorts d'un ménage de laquelle la conduite est à préférer à toute autre science de la culture des champs, où l'homme aura beau se morfondre à les faire manier avec tout art et diligence, si les fruits en provenant, serrés dans les greniers, ne sont par la femme gouvernés avec raison. » (Olivier de Serres.)

42ᵉ LECTURE. **Le bétail.**

A l'étable. — Pendant l'hiver, on nourrit le bétail de foin, de paille, de feuilles sèches. Si l'on peut donner des betteraves aux vaches, elles restent meilleures laitières.

Bien que les bêtes n'aient pas à aller au pâturage, on les sort de temps à autre, ne fût-ce que dans la basse-cour,

250. La fermière tire un bien plus grand produit de la basse-cour, si elle s'entend à diriger les *couvées*.

Elle ne prend pas au hasard ses couveuses; elle choisit les poules les plus *belles* et les plus *vigoureuses*.

251. Les pigeons, qui couvent souvent, sont encore une source de bénéfices. Il ne faut pas laisser augmenter outre mesure la population du pigeonnier. *Trop de pigeons sur un domaine, peu de blé dans la grange.*

252. Rosalie part pour la ville et elle n'a ni poulets, ni pigeons à y porter; elle voudrait pourtant bien revenir avec un peu d'argent.

Qu'est-ce qu'elle glisse dans son panier? un lapin gras et bien à point dont on lui donnera encore une jolie petite pièce.

Et *ce sera presque tout bénéfice*, car le lapin ne lui a guère coûté pour s'engraisser : les épluchures de légumes de la cuisine, les mauvaises herbes arrachées au jardin et par ci, par là, dans les derniers temps, une pâtée de son.

253. Il y a un peu de tout dans les paniers de la bonne fermière, car ce n'est que la mauvaise ménagère, *malhabile et imprévoyante*, qui se rend à la ville les mains à peu près vides.

254. Rosalie, dont l'étable compte plusieurs vaches et trois ou quatre chèvres, a toujours une collection de petits fromages à offrir aux acheteurs. Il y en a pour tous les goûts: de tout frais, faits du jour ou de la veille, d'autres déjà forts et couverts d'une croûte de belle couleur (fig. 24).

Pendant plusieurs semaines, Rosalie les a *surveillés chaque jour* et *lavés* lorsqu'il le fallait.

255. On achète volontiers à Rosalie son beurre

QUESTIONNAIRE

250. Une poule couveuse doit-elle être prise au hasard ?
251. Parlez du pigeonnier.
252. De quoi nourrit-on les lapins ?
253. Une femme de la campagne peut-elle toujours avoir de petits produits à porter au marché ?
254. Que fait-on avec le laitage ?
255. La propreté est-elle essentielle pour qui veut tirer bon parti de la laiterie ?

pour leur faire prendre l'air. On les mène boire régulièrement une ou deux fois par jour.

On tient l'étable propre. Dans certaines contrées, les campagnards respectent les toiles d'araignée tendues dans les étables ; ils prétendent que les ôter porterait malheur au bétail. Cette superstition bizarre et ridicule fournit assez souvent à quelques vaches l'occasion de s'étouffer avec les toiles d'araignées tombées dans leurs râteliers.

Au pâturage. — Si l'on met trop tôt le bétail au pré, quand revient le printemps, les pâturages s'en trouvent mal; on doit laisser à l'herbe le temps de pousser ; faute de quoi non seulement *on mange tout son foin en herbe*, mais on détruit ses prairies. La fermière, à laquelle les bêtes à l'étable donnent de la peine, est impatiente de les voir sortir; qu'elle ne se presse pas trop. Pour s'épargner la peine de servir à ses vaches quelques bottes de foin, elle s'exposerait à voir les prés en fournir de moins en moins.

La dent de la brebis, de la chèvre surtout, est funeste aux herbes des prairies, car elle ne se borne pas à *couper* comme celle de la vache, elle *arrache* les plantes. Aussi faut-il mener de préférence chèvres et moutons pâturer ailleurs, dans les pacages ou dans les chaumes.

43ᵉ LECTURE. Les dindonneaux.

Le dindon est difficile à élever. Rien de délicat comme un dindonneau ; il craint tout : froid, humidité, coups de soleil ; il est maladroit à se garer des accidents les plus légers. Un chien qui passe, un étranger qui les effraye d'un geste, suffit à disperser les dindonneaux qui se promenaient en troupe, à les faire se jeter dans un trou, en bas d'un mur ou sous les pieds des bestiaux ; ce sont des êtres très peureux et malhabiles au possible à *se débrouiller*. De plus, ils traversent à l'âge de deux mois environ, quand le rouge leur pousse, une crise qui en fait souvent périr beaucoup. Les noirs sont plus vigoureux que les blancs. On les engraisse à quatre ou six mois, soit en liberté, soit dans une

et ses fromages, car sa laiterie est admirablement tenue : on s'en doute rien qu'à voir la *propreté* de ses paniers, le goût avec lequel elle range ses fromages dans de *fraîches feuilles vertes* et les recouvre *d'une serviette bien blanche.*

Fig. 24. — Rosalie a toujours une collection de petits fromages.

256. A côté d'elle, sur la place du marché, se tient une de ses voisines dont les vaches et les chèvres ont d'aussi bon lait que les siennes. Mais Sidonie *soigne mal ses fromages*; ils sont tantôt bons, tantôt mauvais; ses pelotes de beurre, mal formées, n'ont pas bon air; elle ne sait pas les orner de jolis petits dessins. Le linge dont elle couvre son panier n'est *ni propre, ni frais.*

257. Le panier de Rosalie n'est jamais assez garni — quoiqu'il pèse lourd! — pour satisfaire à toutes les demandes des acheteurs, et il revient *toujours vide* à la ferme au bras de sa maîtresse.

258. Sidonie *vend peu*, au contraire, et souvent elle rapporte à la maison une partie de sa marchandise.

259. Lorsque la cuisine, le bétail et la laiterie laissent à Rosalie quelques instants, elle va volontiers les passer au jardin (fig. 25).

260. Elle y trouve toujours quelque chose à faire : ici, il faut *sarcler*[2] un carré, là, jeter quelques arrosoirs d'eau, semer ou *repiquer*[3] tel légume...

261. La ménagère a grand intérêt à l'entretien

QUESTIONNAIRE

256. Du beurre et des fromages dans un panier malpropre seront-ils engageants?
257. Qu'advient-il du panier bien tenu et garni de fromages et de pelotes de beurre bien soignés et appétissants?
258. Le panier qui est le contraire du précédent sera-t-il rapidement vidé par les acheteurs?
259. Où la bonne fermière passe-t-elle le temps que lui laissent la cuisine, le bétail et la laiterie?
260. Citez les principales opérations du jardinage.
261. La ménagère est-elle directement intéressée à entretenir le jardin?

chambre aérée et peu claire, en leur donnant maïs, châtaignes, etc.

Mais auparavant, nos dindons ont donné fort à faire à la fermière. Cependant, la dinde est bonne couveuse, quoique un peu craintive, et si l'on met son nid dans un endroit obscur, chaud et tranquille, elle n'abandonnera jamais ses œufs. On lui en donne une vingtaine, pondus depuis moins de quinze jours — la ponte de printemps est seule bonne — et elle les couve de vingt-six à trente-deux jours.

La nourriture des petits consiste en œufs durs hachés, mie de pain détrempée dans du lait, fromage mou; au bout de quinze jours, on remplace les œufs durs et le pain par de la farine d'orge, de la laitue, des orties.

Au moment de la crise de croissance, leur alimentation doit être très fortifiante et il faut y ajouter, entre autres choses, des oignons crus.

44ᵉ LECTURE. Le jardinage.

Au jardin, on *sarcle*, c'est-à-dire on arrache les mauvaises herbes qui étoufferaient les semis et les plantations; cette opération se fait de préférence le lendemain d'un jour de pluie qui a rendu le sol moins dur. Il faut avoir soin d'arracher les mauvaises herbes avant qu'elles ne montent en graine.

On *bine* : à l'aide d'une petite pioche, on travaille avec précaution la terre entre les plantes. Le binage est utile pour rendre la terre moins compacte autour de la plante, l'aérer et lui permettre de mieux absorber l'humidité.

On *sème* : certaines graines se sèment *à la volée* : carottes, persil, cerfeuil, radis, salades, etc.; d'autres dans de petits sillons : épinards, haricots, pois, etc. Les semis se font dans une terre bien travaillée et fumée.

On *repique* : on arrache avec précaution les plantes sedu jardin: c'est là qu'elle vient puiser une **bonne partie** de l'ordinaire* de la famille. Si elle ne se montre pas prévoyante au jardin, la cuisine sera mal approvisionnée.

262. Mais c'est surtout quand approche l'hiver que la prévoyance est nécessaire.

263. Bientôt le jardin ne fournira plus rien. Il faut pouvoir y récolter en abondance, pendant l'automne, les *raves*, les *navets*, les *poireaux* que l'on mettra dans la cave; les *potirons* que l'on rangera en ordre de bataille sur une étagère à la cuisine; les haricots, les lentilles que l'on étalera sur des claies pour les faire sécher, avant d'enlever la gousse* et de les enfermer dans des sacs.

FIG. 25. — Rosalie au jardin.

264. Quand ses provisions sont faites, la fermière voit venir sans inquiétude le gel et les premiers flocons de neige.

265. Elle a de quoi nourrir son monde ; elle sait que *les bonnes soupes ne manqueront pas sur la table de famille* : elle est tranquille.

RÉSUMÉ (à réciter).

1. La bonne fermière est active et matinale; elle s'occupe des bestiaux; elle surveille la basse-cour.

2. Quand elle porte des denrées au marché, elle donne à son panier un air propre et engageant.

3. Elle ne néglige pas les petits produits dont la vente

QUESTIONNAIRE

262. Quelle est à la campagne la saison où il faut faire des provisions ?
263. Parlez des légumes qu'il faut mettre en cave, qu'il faut faire sécher.
264. La ménagère se sent-elle satisfaite quand elle est bien approvisionnée ?
265. Pourquoi ?

mées à la volée pour les planter dans un autre carré où l'on a préparé des trous avec un piquet. Ne pas repiquer par un soleil ardent ; cela ferait flétrir les plantes. Après avoir serré la terre autour d'elles, on a soin de les arroser. Les laitues, les chicorées, les céleris, les poireaux, etc., demandent à être repiqués.

On *arrose*. L'arrosage se fait de grand matin ou vers le soir ; si l'on arrosait au milieu du jour, le grand soleil *brûlerait* les plantes. La meilleure eau d'arrosage est celle qui a été un peu échauffée par le soleil dans un bassin à découvert.

45ᵉ LECTURE. Semis et plantations.

Le jardin potager. — Semez **en mars et ne repiquez pas** :

La *carotte*. — Semis épais. Sol profond.

Le *navet*. — Prendre de la vieille graine pour que les plantes ne montent pas. Sol sablonneux et sec.

Le *potiron*. — Semer, par trois ou quatre graines, dans des trous bien creusés au piquet à l'avance.

Semez **en mars pour repiquer plus tard**, le plus souvent en juin :

Le *poireau*. — Arrosage fréquent. Butter pour faire blanchir.

L'*oignon*. — Rouler le terrain après les semailles.

Le *céleri*. — Repiquer dans un fossé de cinquante centimètres de profondeur. Terrain frais. Butter.

Semez à différentes époques de la belle saison pour avoir plusieurs récoltes :

Les *épinards*. — Semis en lignes. Arrosage fréquent. Couper les feuilles à quelques centimètres de terre.

Les *haricots*. — Terre légère. Semis en lignes. Binages souvent renouvelés. Ramez le haricot blanc comme le haricot de Soissons, le flageolet. Cultivez, pour en consommer les grains secs, le haricot de Hollande, celui de Prague et celui d'Espagne.

Semez l'*oseille* dans une partie ombragée du jardin.

peut lui procurer un peu d'argent; elle veille au bon entretien du jardin.

XI. — Les auxiliaires de la maîtresse de maison.

266. La maîtresse de maison ne peut pas tout faire elle-même.

267. Les fermières ont des valets et des filles de ferme.

Les marchandes, des commis, des employés pour aider à la vente et quelquefois pour tenir les comptes, si la maison de commerce est importante.

A l'atelier, la maîtresse emploie des apprenties, des ouvrières et souvent des ouvriers.

Pour le travail de la maison, la ménagère se fait aussi aider, quand elle peut, par des domestiques.

268. Il ne suffit donc pas qu'elle sache travailler; il faut encore qu'elle s'entende à *faire travailler* les autres, à *commander*.

269. Bien commander n'est pas toujours facile. La première qualité de celui ou de celle qui donne des ordres, c'est de les donner **clairement**. *Besogne bien expliquée est besogne presque faite.*

270. Toutefois, la maîtresse qui a bien donné ses ordres n'a-t-elle plus rien à faire ? Vous ne le pensez pas ; vous savez qu'il lui faut **surveiller** la façon dont on les suivra.

271. La maîtresse avisée* ne va pas tracasser* ses domestiques ou ses ouvriers de questions incessantes* : « Avez-vous fait ceci? N'avez-vous pas oublié cela? » Mais elle voit tout par elle-même.

Rien ne vaut l'œil du maître, dit un proverbe* ; cet œil fait plus en une minute que des discours et des *reproches* pendant une heure.

272. On craint la bonne maîtresse, parce qu'elle

QUESTIONNAIRE

266. Une maîtresse de maison peut-elle toujours tout faire elle-même ?
267. Dites quels auxiliaires elle emploie ?
268. Suffit-il qu'elle sache travailler ?
269. Est-il facile de commander ?
270. Les ordres donnés, reste-t-il quelque chose encore à faire pour la maîtresse ?
271. Indiquez deux manières d'exercer la surveillance, l'une mauvaise et l'autre bonne.
272. Comment une bonne maîtresse réussit-elle à se faire à la fois craindre et aimer ?

Coupez comme les épinards. Inutile de semer à nouveau chaque année.

Semez en août ou au printemps le *chou vert*, le *vert frisé*, le *vert à larges côtes;* au printemps le chou pommé. Tous les choux se repiquent. Terre forte, humide et un peu ombragée. Arrosage fréquent. Quand les choux sont infestés de chenilles, saupoudrer de cendre les feuilles.

LEÇON A DÉVELOPPER

Devoirs envers **les domestiques**. Ils font partie de la maison, presque de la famille.

Insister surtout sur les égards qui leur sont dûs.

Remarquez le sens exact du mot *encourager* : mettre en courage, donner du courage. Que peut-on faire de mieux pour obtenir que la tâche imposée soit bien faite ? Celui qui se rend à l'ouvrage triste et abattu est sans énergie pour vaincre les difficultés. Au contraire, on s'attaque avec ardeur aux obstacles qu'on se croit capable de surmonter. Un moraliste a dit fort justement : « Le sentiment de nos forces les augmente. »

Encourageons donc ceux qui travaillent chez nous et pour nous ; laissons voir aux domestiques, aux employés qui s'acquittent bien de leur tâche la satisfaction qu'ils nous causent et ne faisons pas comme ces maîtres, que blâme Olivier de Serres, « qui ne trouvent aucun service agréable et ne montrent jamais bon visage à leurs serviteurs. » Mieux vaut se souvenir, avec notre auteur, que « la vraie obéissance ne procède que d'amitié. »

exige de chacun qu'il accomplisse *bien sa tâche*; mais on **l'aime** parce qu'elle est *juste* et *raisonnable*, et parce qu'elle ne demande à aucun plus qu'il n'est capable de faire.

On l'aime aussi parce qu'elle traite les subordonnés* avec **politesse** et **douceur**.

273. On la **respecte**, parce qu'elle donne à tous le *bon exemple* dans ses actions, ses manières et ses paroles.

274. Si elle a des domestiques, qui font partie de la maison, elle a grand soin qu'ils soient **proprement logés**, bien couchés, bien nourris.

Elle les fait soigner à ses frais quand ils sont malades.

Elle leur donne de bons conseils, *s'intéresse à leur avenir* en les exhortant à placer prudemment leurs économies.

Elle leur accorde des distractions quand elle peut, car elle sait qu'on se dégoûte d'un travail qui n'est jamais interrompu.

275. La bonne maîtresse réprimande et se montre sévère quand cela est nécessaire, mais elle sait aussi **louer** le travail bien fait; quand elle est satisfaite, elle le **fait voir**; elle **encourage** plus souvent qu'elle ne gronde, car elle croit qu'il faut faire *aimer leur tâche* à ses subordonnés* et qu'ils ne feront bien que ce qu'ils feront avec plaisir.

276. *La bonne maîtresse veut que tout le monde soit heureux autour d'elle*, même les animaux, qu'elle ne rudoie* jamais.

Aussi bêtes et gens l'accueillent toujours bien; dès qu'elle se montre, le chien de la maison remue la queue en signe d'amitié et le chat vient se frotter à ses jupons en faisant le gros dos.

277. Que penseriez-vous, si chat et chien se réfu-

QUESTIONNAIRE

273. Pourquoi la bonne maîtresse est-elle respectée ?
274. Quels soins faut-il prendre de ses domestiques ?
275. Une bonne maîtresse est-elle maussade et avare d'encouragements ?
276. Que veut-elle procurer à tout son entourage ?
277. Quelle est la disposition de l'âme d'où procèdent toutes ses qualités ?

46ᵉ LECTURE. Mme de Chantal.

La grand'mère de Mme de Sévigné, Mme de Chantal, si célèbre par sa piété et par les bonnes œuvres qu'elle accomplit avec l'aide de saint François de Sales, dirigeait admirablement sa maison. « Dès le jour qu'elle prit le soin de la maison, écrit la mère de Chauzy, elle s'accoutuma à se lever de grand matin ; elle avait déjà mis ordre au ménage et envoyé ses gens au labeur (elle habitait la campagne), quand son mari se levait... Elle mit ordre à l'ordinaire et aux gages des serviteurs et servantes, le tout avec un esprit si raisonnable que chacun était content... Elle était sévère à bannir le vice de sa maison, mais extrêmement bénigne pour ceux desquels les fautes n'étaient point malicieuses et avait des adresses toutes particulières pour adoucir l'esprit de son mari quand elle voyait qu'il se fâchait contre quelqu'un... C'est une grande marque de sa prudente et douce conduite qu'en huit ans qu'elle a demeuré mariée et neuf ans après son mariage, elle n'a presque point changé de serviteurs ni de servantes. Elle n'était point crieuse ni maussade parmi ses domestiques ; sa vertu la faisait craindre et aimer. »

(*Mère de Chauzy*, Mémoires, ch. V.)

47ᵉ LECTURE. Bonté.

« Le plus grand éloge que l'on puisse faire d'une personne c'est de dire d'elle : elle est *bonne*, car ce seul mot comprend bien des choses. Être bon, c'est posséder le secret de la vie ; c'est penser aux autres, travailler pour eux, être ému de leurs souffrances. Et les hommes semblent avoir compris que ce qui les fait le plus grands c'est la bonté, la bonté compatissante, car ils l'appellent l'**humanité**. »

giaient tout effrayés sous les meubles à son approche? Vous vous diriez sans doute que les pauvres animaux attrapent avec elle plus de coups de balai que de caresses, que la maîtresse est impatiente, colère et rude, qu'elle n'est pas **bonne** en un mot

Vous auriez raison, car celui ou celle qui *n'a pas pitié des faibles, est rarement un être bon.*

RÉSUMÉ (à réciter).

1. Une bonne maîtresse donne ses ordres clairement; elle en *surveille l'exécution* et ne permet pas qu'on fasse à moitié ou de travers ce qu'elle a commandé.

2. Elle se fait craindre, mais elle se fait aussi aimer parce qu'elle est juste et raisonnable, douce et polie avec ses subordonnés.

3. Elle se fait respecter en donnant à tous le *bon exemple*.

4. Elle prend soin de ses domestiques; elle sait encourager ceux qui travaillent sous ses ordres.

5. Elle veut que tout le monde soit *heureux* autour d'elle.

DEVOIRS DE RÉDACTION. — 1. Dites quels seront les devoirs que vous aurez à remplir si vous vous mariez. (*Dév.* p. 91 a.)

2. Faites le portrait de deux jeunes femmes, dont l'une a une toilette soignée et un air gracieux et de bonne humeur, tandis que l'autre est négligée sur soi et maussade. (*Dév.* p. 91 b.)

3. Prouvez, par deux ou trois exemples, qu'il est dangereux de trop parler des autres, et surtout d'en parler sans bienveillance. (P. 91 c.)

4. Comment une femme doit-elle employer l'argent que son mari lui donne pour le ménage? (*Dév.* p. 91 f.)

5. Quelles sont les denrées dont une ménagère peut faire provision? Quelles sont celles qu'il faut acheter à mesure? (P. 91 g.)

6. Le feu. Comment s'y prend-on pour allumer : 1° un feu de bois dans la cheminée; 2° un feu de charbon de terre dans un fourneau; 3° du charbon de bois dans un fourneau. Indiquer les précautions à prendre pour éviter la fumée, pour allumer rapidement le feu et économiser le combustible? (*Dév.* p. 91 h.)

7. Donnez toutes les recettes de soupes que vous connaissez. (91 j.)

8. Comment fait-on une sauce blanche? (*Dév.* p. 91 h.)

9. Énumérez tous les objets que vous posez sur la table en mettant le couvert. Expliquez par quel procédé on entretient chacun en

48ᵉ LECTURE. Le savant et la coccinelle.

Un médecin fort savant se rendait de sa maison de campagne à la ville avec son petit-fils. On marchait vite, car on voulait arriver au chemin de fer pour l'heure d'un train ; on était chargé de paquets et de manteaux comme d'habitude lorsqu'on va en voyage.

Plusieurs fois le grand-père avait dû presser son petit-fils qui s'attardait. Tout à coup il s'arrête à son tour et, posant son sac, il se baisse ; sur la route il venait d'apercevoir une pauvre coccinelle couchée sur le dos et cherchant en vain à se remettre sur ses pattes. Délicatement le grand médecin la retourna du bout du doigt et sourit en voyant la petite bête se pelotonner un instant de frayeur, puis reprendre sa course.

Le petit garçon regardait surpris. « Grand-père, ne put-il s'empêcher de dire, comment se fait-il que vous fassiez attention à une si petite bête quand nous avons à peine le temps de nous rendre à la ville ?

— Mon cher enfant, répondit le vieillard, il faut toujours avoir le temps d'être bon. »

bon état de propreté (relavage de la vaisselle, frottage des objets de métal, nettoyage des carafes en verre, etc.). (*Dév.* p. 91 *k*.)

10. Faites, sous forme de compte, le relevé des dépenses du ménage d'une famille de six personnes pendant une semaine. (P. 91 *l*.)

11. Comment élève-t-on les porcs? (*Dév.* p. 91 *n*.)

12. Manière de mettre une couvée. (*Dév.* p. 91 *o*.)

13. Soins à donner au laitage (Traite et ustensiles qui servent à la traite. Disposition du lieu où l'on dépose le lait. — Crème. Confection du beurre. Divers systèmes de battage. Lavage du beurre. Utilisation du petit-beurre et du petit-lait. — Confection des fromages. Soins à donner aux fromages qui ne doivent pas être consommés frais. (*D v.* p. 91 *p*.)

Nota. — Ce sujet, très vaste, peut être traité en trois fois. Les traits (—) indiquent les trois subdivisions.

14. Quels sont les petits produits dont la vente peut procurer quelque argent à la ménagère qui vit à la campagne? (*Dév.* p. 91 *s*.)

15. Supposez que vous êtes absente de chez vous et que vous écriviez à une domestique pour lui donner vos instructions sur l'emploi à faire de son temps. Dans cette lettre, recherchez surtout la clarté. (*Dév.* p. 91 *u*.)

16. Qu'entendez-vous par ces mots de votre résumé : Une bonne maîtresse prend soin de ses domestiques? (*Dév.* p. 91 *v*.)

RÉCIT III. — Les tribulations de Pierre et de Pauline.

I. PAULINE QUITTE LE VILLAGE.

Pierre Valette est fils de bons paysans du département de l'Isère. Comme il a plusieurs frères et qu'on pouvait se passer de lui pour cultiver le petit domaine* que possède la famille, il voulut apprendre un métier.

En faisant son tour de France, il rencontra à Lyon un bon patron et se fixa dans la grande ville.

Au bout de quelques années, il gagnait d'assez bonnes journées pour pouvoir songer à se marier et à élever une famille.

Mais Pierre Valette n'avait pas envie de choisir sa femme parmi les belles demoiselles de la ville, dont le goût pour les toilettes élégantes l'effrayait un peu. Il se rappelait qu'il y avait au pays, dans la ferme la plus voisine de celle de ses parents, une jeune fille avec laquelle il avait souvent joué quand ils étaient enfants tous deux, et dont il n'avait depuis lors entendu dire que du bien ; il lui semblait que personne ne pourrait être pour lui un meilleur choix que la « petite Pauline ». Restait à savoir si Pauline pensait aussi que Pierre ferait pour elle un bon mari.

Pour s'en assurer, il résolut d'aller passer quelques jours chez ses parents, dans les environs de Saint-Marcelin. Il se trouva que Pauline n'avait pas oublié non plus son ami Pierre et, les deux familles étant parfaitement d'accord, le mariage fut vite décidé.

— Que tu es heureuse d'aller habiter la ville! disaient à Pauline quelques-unes de ses camarades, peu de temps avant la noce. Tu vas revenir avec de si belles toilettes que personne n'osera plus te reconnaître.

— Ah! par exemple, répondit Pauline en riant, si vous ne me reconnaissez pas, ce ne sera pas ma faute, car je vous promets bien que je ne changerai rien à mes habitudes et que vous me reverrez aussi simple que je le suis à présent.

— Bah! tu seras bien obligée de te faire élégante comme les autres.

— Du tout, du tout, répliqua Pauline. Telle que je suis... et telle que je resterai, soyez-en sûres.

Pauline tint parole et fut à la ville ce qu'elle avait été à la campagne; toujours proprement mise, bien coiffée, gracieuse, elle était jolie à ravir dans les toilettes les plus simples. Elle dirigeait son petit ménage avec tant d'ordre et de savoir faire que l'on n'avait point trop de peine à joindre les deux bouts à la fin de l'année, malgré le prix élevé de toutes choses. Bientôt elle eut à redoubler d'activité pour élever d'abord son premier enfant, le petit Paul, puis sa petite sœur Pierrette; mais elle était si heureuse de ses beaux enfants qu'elle ne plaignait pas sa peine.

II. LE COMMERCE.

Tout allait bien, quand Pierre eut une inspiration malheureuse.

En voyant s'accroître rapidement sa famille, il fut pris de la crainte que sa journée d'ouvrier ne devînt bientôt insuffisante. « Comment pourrais-je faire, se disait-il souvent, pour gagner plus d'argent? Je ne suis pas mal payé, il est vrai, mais une journée n'est jamais qu'une journée, cela n'augmente pas et mes dépenses vont augmenter de plus en plus. Ah! si je pouvais entrer dans le commerce! Là du moins je réaliserais de beaux bénéfices, je m'enrichirais peut-être, au lieu d'être toujours réduit à ce misérable salaire fixe. »

Au moment où il était le plus préoccupé de cette idée, un de ses amis vint lui proposer de lui céder un magasin de chaussures qui était, disait-il, en pleine prospérité.

L'offre était tentante, mais il fallait une avance de fonds. Or, Pierre n'avait pas de capitaux ; ses parents ne lui avaient rien donné encore et ne devaient pas lui laisser grand'chose après eux, tout partage fait entre leurs enfants. Mais Pauline avait une petite dot *. Quand son mari lui proposa d'en consacrer la moitié à l'achat du magasin, elle dit oui, quoiqu'elle eût moins de confiance que lui dans le succès ; elle était trop heureuse de procurer à son cher Pierre la joie de réaliser son rêve pour se montrer prudente.

Pierre de son côté avait de si bonnes intentions qu'il ne se reprocha pas de risquer l'argent de sa femme dans une entreprise qui pourrait ne pas réussir. N'était-ce pas pour elle et pour leurs enfants qu'il avait un tel désir de gagner davantage ?

On s'installa donc joyeusement dans le magasin. Le premier soir (fig. 26), Pierre sortit plusieurs fois sur le trottoir et appela même sa femme au moment où il ne passait personne, pour admirer la devanture et lire la belle enseigne neuve portant ces mots : *Maison Pierre Valette. Chaussures en tous genres.*

FIG. 26. — Pierre et Pauline regardent la belle devanture.

Au début, les affaires ne marchèrent pas mal. On vendait beaucoup. La bonne grâce de Pauline et de son mari plaisait à la clientèle *. Pierre se frottait les mains en pensant qu'il allait faire, dès la première année, un bel inventaire *.

Aussi fut-il très surpris en s'apercevant au mois de décembre, qu'au lieu de gagner il avait perdu une centaine de francs. C'est qu'il faut vendre beaucoup de paires de bottines pour payer le loyer d'un magasin, l'entretien de la boutique et les grosses factures des fabricants. De plus, les dépenses du ménage s'étaient augmentées des gages et de la nourriture d'une jeune domestique qu'il avait bien fallu prendre pour tenir la maison et soigner les enfants. Pauline ne pouvait presque pas quitter le magasin et malgré son activité, il lui aurait été impossible de suffire à tout. Enfin, l'on payait tout plus cher dans le quartier où se trouvait le magasin que dans le faubourg qu'avait habité jusqu'alors la famille.

III. La situation s'aggrave.

Le pauvre Pierre était fort déçu ; il refit deux ou trois fois son compte dans l'espoir de s'être trompé.

Mais non, il n'y avait décidément pas de bénéfices; on avait vécu, voilà tout.

— Il ne faut cependant pas nous décourager, dit-il à sa femme. Nous avons eu pendant cette première année des dépenses d'installation² que nous n'aurons plus à faire. Cela marchera mieux l'an prochain. »

Mais cette année et les suivantes ne furent pas plus favorables, loin de là.

Un nouveau magasin s'ouvrit dans la même rue et leur fit concurrence³.

Pierre, qui ne connaissait pas très bien la marchandise, fit quelques achats peu avantageux.

Pour se conserver des crédits⁴ chez les fournisseurs du voisinage, il en ouvrit lui-même de trop nombreux.

Il négligea un peu la tenue de ses livres ; il n'osait pas faire ses additions et sa balance⁵ de peur de tristes découvertes. Quand on sent que l'on s'est mis dans une position fâcheuse, il faut du courage pour se rendre exactement compte de l'état des choses et les regarder bien en face; mais ce courage est nécessaire.

Ce fut Pauline qui le donna à Pierre.

— Il y a longtemps, lui dit-elle un soir, que tu ne m'as rien dit de l'état de nos affaires. Ne crois-tu pas qu'il faudrait bien savoir où nous en sommes?

— Ma pauvre femme, répondit Pierre, je sais trop bien que cela ne va pas et l'examen de mes livres ne m'apprendra rien de nouveau. Ah! que j'ai été malheureux de me laisser tenter par le commerce. Pourquoi ne suis-je pas resté simple ouvrier au lieu de me lancer dans les affaires que je ne connaissais pas !

— Ne te désole donc pas, mon Pierre, dit Pauline. Ce qui est fait est fait. L'essentiel est maintenant de songer à l'avenir et de prendre une décision. Il est toujours temps de s'arrêter dans une mauvaise voie. Si le commerce ne nous réussit pas, eh bien, nous y renoncerons et nous essayerons d'autre chose.

— Mais pense donc, ma femme, à toutes les dépenses que nous avons faites pour ce magasin, à la marchandise qu'il faudrait vendre à perte si nous nous retirions. Nous ne pouvons pas renoncer au commerce ; ce serait une folie de sacrifier les avances que nous avons dû faire.

— Mais si nous nous endettons de plus en plus?

Pierre ne répondit rien, mais Pauline vit bien qu'il n'était pas décidé à prendre un grand parti et qu'il voulait continuer.

— Eh bien, essayons encore quelque temps, dit-elle ; mais promets-moi deux choses : d'abord que tu vas regarder les livres pour connaître nettement notre situation ; ensuite, que nous renoncerons au magasin si, d'ici à un ou deux ans, nos affaires ne se sont pas relevées.

— Je te le promets. Dès demain, je saurai à un centime près ce que nous devons.

Le lendemain, Pierre eut toute la journée un air préoccupé et mécontent. Pauline ne lui demanda pas le chiffre de leurs dettes. Elle pensait bien qu'il était gros, et elle commença à chercher en elle-même ce qu'ils pourraient bien faire quand il faudrait abandonner le commerce.

Au bout de dix-huit mois, pas d'amélioration, au contraire. La clientèle ne diminuait pas, mais les dépenses croissaient. — Pierre et Pauline avaient maintenant quatre enfants ; — et puis le moyen de se rattraper quand on a des dettes et qu'on ne peut rien prélever sur ses recettes pour s'acquitter peu à peu !

L'idée de ces malheureuses dettes était un souci bien lourd pour la pauvre Pauline. Quant à Pierre, il était bien près de perdre courage ; il commençait à sortir plus souvent « pour secouer ses ennuis » ; au café, il ne refusait pas si souvent qu'autrefois ; au lieu de n'y passer que quelques instants, il y faisait de longues stations et rentrait tard.

IV. Une bonne détermination.

Un soir, il ne revint qu'après minuit. Pauline l'attendait tout en raccommodant les vêtements de ses enfants près de sa petite lampe. Elle avait la figure fatiguée et les yeux rouges. Pierre s'en aperçut (fig. 27) quand elle leva l'abat-jour pour éclairer le seuil de la chambre en l'entendant rentrer.

FIG. 27. — Pierre s'aperçut que Pauline avait les yeux rouges.

— Tu as pleuré, lui dit-il d'un ton brusque. Et comme elle ne répondait pas : Ah! certes, tu peux bien pleurer, ma pauvre femme. Quand je songe que tu te calcines pour épargner quelques sous et que, pendant ce temps, je vais en dépenser pour chercher à m'étourdir!... Et je n'y réussis pas; toujours le souvenir de ces malheureuses dettes me poursuit; j'ai beau faire et suivre les camarades, je ne pense qu'à la situation où je t'ai mise, ainsi que nos enfants, par mon imprudence. Ah! quels reproches je me fais et quel misérable je suis!

— Ne parle donc pas ainsi, Pierre. Est-ce que je te fais des reproches, moi?

— C'est bien parce que tu supportes tout sans te plaindre, ma pauvre femme, que je m'en fais plus encore. Tiens, si tu m'avais reçu ce soir avec une scène de colère au lieu de te contenter de me regarder doucement avec tes pauvres yeux rouges, je crois que je ne me sentirais pas si coupable. Et quand je pense que c'est ton argent à toi que j'ai ainsi risqué et perdu étourdiment...

— Oh! le vilain homme! interrompit Pauline en lui mettant la main sur la bouche et en reprenant son bon sourire. Est-ce qu'il y a du *tien* et du *mien* quand on est marié! Quelle drôle d'idée! Laisse-moi cela et parlons sérieusement, puisque te voilà bien dégoûté, n'est-ce pas, de notre situation présente.

— Si dégoûté, répliqua Pierre, que j'aimerais mieux faire n'importe quoi que de la supporter plus longtemps. Mais que faire et de quel côté nous tourner?

— Bah! on peut toujours se tirer d'affaire avec de la décision et de l'énergie, quand on a la force et l'habitude de travailler, que l'on est encore jeune... et que l'on s'aime comme nous deux! ajouta-t-elle en embrassant son mari. Veux-tu écouter ce que j'ai à te proposer?

Alors, Pauline exposa son plan. On abandonnerait le commerce; le magasin serait cédé dans les meilleures conditions que l'on pourrait trouver, on payerait les dettes avec ce qui restait de la dot. Pierre ne pouvait penser à reprendre son premier métier, qui n'aurait pas suffi à les faire vivre tous six : il fallait donc chercher ailleurs et trouver un travail dans lequel Pauline pût le seconder. On retournerait au pays et l'on prendrait une ferme. Pierre et Pauline connaissaient tous deux le travail des champs, ayant été élevés à la campagne.

V. La ferme des Seilles.

Il y a près de dix mois que Pierre et Pauline sont installés à la ferme des Seilles.

C'est le soir; tous les enfants sont couchés. L'écurie et les étables sont soigneusement fermées.

Tout est calme et silencieux. Seulement, dans la grande cour éclairée par la lune, Lion, le gros chien de garde, fait entendre de temps à autre un grognement lorsqu'un bruit de sabots ou de charrette lui arrive de la route de Grenoble.

Au dedans, Pauline est assise devant une table couverte de carnets, de feuilles de papiers et de petits livres. Avant de partir pour une ferme voisine, où il a conduit, à la tombée de la nuit, une vache vendue le matin, Pierre a remis à sa femme toutes ses notes pour qu'elle fasse le compte général de l'année qui va finir bientôt. Ce compte leur prouvera s'ils ont fait ou non une bonne affaire en venant aux Seilles et il leur servira à établir le budget de l'année suivante.

Les carnets de Pierre sont très bien tenus. Pauline a pu voir d'un coup d'œil ce qu'ont coûté et rapporté les différentes cultures, l'élève des porcs, les autres bestiaux de la ferme. Tout cela n'est pas encore bien complet, et pour une raison facile à comprendre; dans la plupart des branches d'industrie, mais surtout dans une exploitation agricole, une année dépend étroitement de celle qui-la précède et de celle qui la suivra. Impossible de dire, par exemple, si telle culture a été avantageuse, quand la récolte est encore en terre et ne sera rentrée qu'à la saison suivante. Mais si des calculs bien précis pour une année déterminée sont toujours difficiles pour le cultivateur, ils le sont surtout pour celui qui a une ferme toute nouvelle.

Toutefois, tels qu'ils sont, les comptes de Pierre ont satisfait Pauline, car sa figure exprime le calme et le contentement.

Comme elle achève sa dernière addition, Lion s'agite tout à coup dans la cour, mais sans grogner cette fois; c'est qu'il a reconnu le pas de son maître.

Pauline remet les pieds dans ses sabots et, sa lampe à la main, se dispose à aller aider Pierre à mettre la chaîne à la porte de la cour. Au même moment Pierre entra (fig. 28).

— Eh bien, tu es bien gardée! dit Pierre qui était de bonne humeur. Eh si j'étais un malfaiteur?

— Allons donc, répond Pauline en riant, est-ce que tu

Fig. 28. — Au même moment, Pierre entra.

me crois moins intelligente que Lion qui reconnaît ton pas de si loin? Et d'ailleurs, je ne suis pas poltronne*, tu sais; une bonne femme de campagne ne doit jamais avoir peur.

Tout en causant gaiement, ils sont entrés dans la cuisine.

— Je rentre un peu tard, femme, mais c'est que le voisin Rochegude a voulu me retenir à souper, et tout en buvant une bouteille de son bon petit vin de côteau, nous avons parlé de nos cultures; il m'a donné quelques bons conseils, entre autres pour l'arrosage de mes prairies, que je ne soigne pas assez selon lui, et pour la taille des arbres. Et puis,

S.

nous avons un peu causé des affaires de la commune, des chemins nouveaux que le conseil général vient de voter; c'est cela qui va changer notre canton! Figure-toi que par la route que l'on va ouvrir ce printemps, je te conduirai en une heure et quart avec la carriole au marché de Grenoble. Sera-ce assez commode pour aller vendre ton beurre et tes œufs?

— Mon beurre, mes œufs et beaucoup d'autres choses encore, dit Pauline, en appuyant sur les derniers mots.

— Tiens, tiens, tu comptes donc avoir bien des denrées à vendre?

— Beaucoup. Mais tu ne me demandes pas le résultat de mes calculs de ce soir? Assieds-toi vite là pour écouter, avant que le sommeil ne te prenne, — et il arrive de bonne heure quand on est debout depuis quatre heures du matin. »

Pauline expliqua alors à son mari où en était leur budget. Après avoir payé le fermage*, les gages des domestiques, les dépenses courantes et les intérêts de leur dette, il resterait encore 200 francs, que l'on consacrerait à payer une partie de cette dette.

— Je voudrais bien qu'il restât davantage pour cet emploi, dit Pauline, car en ne donnant que 200 francs par an, nous ne serions pas libérés² avant douze ans, et c'est trop long. Mais nous nous arrangerons pour que la somme soit plus forte d'année en année.

— Mais c'est très bien, cela, ma femme. Tu verras que dans quelque temps, nous serons trop riches. Quelle bonne idée tu as eue de revenir à la campagne! Quand je vois cette grande belle cuisine où l'on dînerait vingt-cinq sans être serrés, tout à côté les chambres où dorment nos enfants en attendant la journée qu'ils vont passer demain au grand air et au soleil, je me demande comment nous avons pu vivre tant d'années entassés dans une arrière-boutique sans espace, sans air, sans jour.

— Oui, oui, dit Pauline en souriant, je crois que nous aurons moins de peine ici à faire de nos enfants des garçons robustes et de gentilles filles ayant le cœur à l'ouvrage et de bonnes couleurs sur les joues. Mais revenons à notre budget. Je ne t'ai pas tout dit; dans les dépenses courantes je n'ai pas fait entrer la somme nécessaire pour nous habiller nous et les enfants.

— Ah! dam! c'est que cela fait une différence, dit Pierre.

Il faudra renoncer alors à commencer dès cette année le payement de notre dette.

— Non pas, dit vivement Pauline. Il faut absolument nous libérer *, vois-tu. Tant que nous sommes là, passe encore. Mais si nous venions à manquer aux enfants, il ne faut pas leur laisser des dettes : les pauvres petits auraient bien déjà assez de peine, sans cela, pour se tirer d'affaire !.

— Mais en attendant, comment faire pour les vêtir, si tu ne veux pas toucher à cet argent ?

— Te souviens-tu que, lorsque nous habitions Lyon, tu m'as menée une fois entendre une conférence ² au Palais Saint-Pierre ? Le conférencier disait sur la vie à la campagne une foule de choses intéressantes. Je fus surtout frappée de ce qui concernait le rôle de la ménagère. « Une bonne fermière, disait ce professeur (un homme très savant, qui venait de Paris) pourrait augmenter d'un tiers le revenu de la famille à force de prévoyance, d'ordre, de régularité et d'*attention donnée aux petits produits.* » Je me suis toujours rappelé cette phrase et c'est avec *les petits produits* que j'espère arriver à équilibrer ³ notre budget. J'ai déjà fait mon plan. Sans te le dire, j'ai même acheté, à ma dernière course à Grenoble, les petits livres que tu vois là ; ils m'ont appris qu'il y a au moins huit ou dix choses dans une ferme dont on peut retirer des produits très avantageux sans faire de grands frais et sans augmenter le nombre des domestiques. Il ne s'agit que de s'instruire des meilleurs moyens à employer et puis de se donner un peu de peine.

— Avec cela que tu ne t'en donnes pas assez déjà ! interrompit Pierre.

— Crois-tu donc que je plaigne ma peine, quand c'est pour élever nos enfants ? Va, je suis bien trop heureuse que nous puissions travailler ainsi, tous bien unis, et tous ensemble.

Maintenant que les grandes choses vont à peu près bien dans notre ferme, que notre servante est dressée, tes deux garçons de labour au courant du travail et du soin des bêtes, je vais avoir plus de temps. Au tour des petits produits ! Les enfants m'aideront ; je leur confierai à chacune une besogne particulière. Mais j'ai besoin de toi aussi. Pour commencer, veux-tu me donner ce petit coin de terrain qui est au bout du verger encombré par un mur écroulé et des broussailles ?

— Tu ne me demandes pas un gros cadeau, dit Pierre en

riant; ce coin-là n'a jamais rien produit. Mais que veux-tu donc en faire?

— Ça, c'est mon secret... que je te dirai plus tard; pour le moment, songeons au repos. Il fera chaud demain et il faut que je fasse traire les vaches de bonne heure. »

VI. Les petits produits.

Pauline avait remarqué que les abeilles de la ferme des Scilles donnaient peu de miel; le rucher était en plein midi, exposition qui ne vaut rien. Elle résolut de le transporter près du verger, dans le petit coin de terre que Pierre lui avait promis. Cet emplacement, ombragé par les arbres du verger, ouvert au sud-ouest et abrité contre les vents violents, avait encore l'avantage d'être à peu de distance d'un petit ruisseau. Or Pauline avait vu dans ses livres que les abeilles recherchent le voisinage de l'eau; plus d'une fois elle avait observé elle-même curieusement, étant enfant, les petites abeilles sauvages, couleur d'or, se balançant sur les joncs verts et les faisant plier sous leur poids pour atteindre la surface de l'eau et s'y désaltérer.

Avec l'aide de son fils Paul (fig. 29), elle établit les ruches sur des tablettes de bois, soutenues par de solides piquets, afin de les préserver des rats, des souris et de tous les petits rongeurs qui font la guerre aux abeilles, surtout pendant la saison froide. Paul fut préposé au soin des ruches et bien averti de veiller surtout à l'hivernage [*] et de couvrir les ruches de mousse sèche au moment du gel [*]. Quand on en retira de beaux rayons de miel

Fig. 29. — Paul fut préposé au soin des ruches.

bien parfumé, il eut grand soin d'en faire laisser une quantité suffisante pour la provision des abeilles.

La surveillance des arbres fruitiers échut aussi à Paul, qui était le seul des enfants assez grand et assez fort pour tailler et greffer et pour cueillir les fruits. Avec l'aide d'un vieux jardinier qui lui donna quelques leçons, il acquit une certaine habileté ; il lut de bons livres, peupla le verger d'excellentes espèces, bien appropriées à l'exposition, et au bout de quelque temps, les fruits étaient si abondants et si beaux aux Seilles qu'il fut facile d'en retirer un bon produit, non seulement en les vendant sur le marché de Grenoble, mais en les expédiant au loin par le chemin de fer. Paul ne s'occupait pourtant du verger qu'à *temps perdu*, pour ainsi dire ; mais il y mettait de l'intelligence, de l'esprit d'observation et beaucoup de régularité.

Pierrette eut en partage la basse-cour (fig. 30). Il fait bon voir accourir à sa voix deux fois par jour coqs, poules et poulets et tout ce monde bruyant et batailleur se précipiter sur la pâtée de pommes de terre cuites et de son, ou tendre avidement le bec vers la pluie de grains d'orge ou d'avoine !

Car Pauline n'est pas du tout de l'avis des gens qui croient qu'il faut laisser aux poules le soin de chercher leur pâture dans les

FIG. 30. — Il fait bon voir accourir à sa voix coqs, poules et poulets.

champs ; elles y font bien plus de dégâts si on ne leur donne pas régulièrement à manger à la basse-cour. D'ailleurs, Pauline tient à avoir des poules un peu casanières, vivant surtout dans la cour, les étables et les écuries et se couchant ponctuellement au poulailler, après la distribution du soir. De cette façon, elle n'a pas à chercher ses œufs un peu partout, dans une haie, au pied d'un mur. Elle sait où sont les nids de ses principales pondeuses ; elle en fait chaque matin la visite et quand elle porte un panier d'œufs au marché, elle peut affirmer en conscience qu'ils sont tous frais de la semaine. Elle s'est procuré quelques bêtes de bonne race et elle améliore encore chaque jour sa basse-cour en ne faisant couver que les œufs des plus belles et des plus robustes.

Mais cela ne suffit pas à Pierrette qui médite d'ajouter à son régiment d'élèves à deux pattes un petit bataillon de canards qui barboteront dans le ruisseau à qui mieux mieux. Quand elle aura pris son certificat d'études et qu'elle n'ira plus qu'à l'école du soir, elle veut aussi, bien qu'ils donnent beaucoup de peine, avoir des dindons et des pintades : tout cela est d'une vente excellente aux marchés de la ville.

Pour le moment, ses classes ne lui laissent pas assez de temps ; d'autant plus qu'elle s'occupe encore du pigeonnier. A côté des sacs d'orge et d'avoine pour les poules, elle a une provision de sarrasin, de chènevis, de colza pour les pigeons, qui ne s'accommodent que des graines de forme ronde ; elle ne néglige pas d'y mêler un peu de sel que ses pensionnaires aiment beaucoup. Quand elle veut bien les régaler ou leur enlever la tentation d'émigrer vers un autre pigeonnier — tous les pigeons sont comme celui de la fable : ils quittent facilement le logis — elle leur achète même une morue sèche qu'ils becquètent avec délices.

Tout cela ne va point sans frais ; mais le colombier fournit chaque année un nombre considérable de paires de pigeons pour la vente. De plus, on utilise aussi le fumier qu'on en retire par de fréquents nettoyages : la *colombine* est un engrais précieux, surtout pour les jardins potagers. Justement, Pauline veut étendre la production des légumes, en avoir plus qu'il n'en faut pour la nourriture des gens de la ferme.

— Je crois que notre jardin est trop maigre, a-t-elle dit il y a peu de jours à Pierre ; si tu me donnais quelques charretées de fumier de plus à y étendre, il me semble que nous en retrouverions bien le prix au bout de l'année. Si je pouvais mettre chaque jour de marché dans le caisson de la carriole un ou deux paniers de beaux légumes, je trouverais facilement à les vendre et je rapporterais chaque fois une bonne petite somme.

— Va pour les légumes, a répondu Pierre ; je donnerai des ordres pour qu'on fume les carrés que tu désigneras. Tes petites spéculations* te réussissent assez bien d'ordinaire et je me garderais d'y mettre obstacle. Sais-tu ce que je veux te proposer ? Il y a près du jardin potager un bout de champ qui est bien court pour le labourage ; c'est de l'excellente terre. Veux-tu le transformer en aspergère[3] ?

— La bonne idée ! s'écria Pauline. Nous expédierons les bottes d'asperges comme primeurs[3] à Grenoble ou même à Lyon. Seulement ne regretteras-tu pas ton champ ? Les asperges prennent beaucoup de place, tu le sais.

— Je t'établirai cela de façon à économiser la terre. J'ai traversé dans le temps des pays où les talus[3] qui séparent les raies d'asperges sont plantés de groseilliers et de framboisiers ; nous en ferons autant et à côté de tes asperges tu auras quelques belles corbeilles de fruits à récolter.

— Es-tu ingénieux, Pierre ! Comme tu profites bien de tes voyages !

— Et toi des conférences[3] auxquelles je te conduis !

— Si nous écrivions au conférencier[3] pour lui dire comment tu as appliqué ses conseils sur les *petits produits ?*

— Tu dis cela pour te moquer de moi ; mais tu ne te moqueras pas de mon carnet de recettes quand je te le montrerai. Les ruches, le verger, la basse-cour, le pigeonnier nous donnent d'assez jolis bénéfices, grâce à l'activité de Paul et de Pierrette. Celle-ci va m'aider encore à transformer la laiterie, qui laisse à désirer. Et puis, sais-tu que les deux petits, Victor et Jeannette, s'en mêlent aussi ? Le jour de la grande pluie, pendant que tu étais à Saint-Marcellin et qu'on ne pouvait pas travailler dans les champs, les valets de ferme se sont amusés à leur construire, avec de vieilles planches et des restes de toile métallique, une lapinière à plusieurs cases (fig. 31), où l'on a installé les deux lapins que les enfants tenaient dans une caisse à l'écurie. Depuis lors, ils sont tout feu et tout flamme pour leur rapporter des herbes, et leurs protégés ne tarderont pas à peupler de toute une colonie l'habitation préparée. J'ai promis à Victor et à Jeannette

Fig. 31. — Le déjeuner des lapins.

deux sous sur la vente de chaque lapin. Ils sont si ravis de *gagner quelque chose*, qu'ils cherchent de tous côtés du travail à faire. Pierrette leur a conseillé de faire des bouquets de violettes : elle en a vendu six au dernier marché. Elle leur apprend aussi à reconnaître des herbes et des fleurs qu'ils recueillent et font sécher pour un herboriste. Quand la saison sera venue, ils se promettent de ramasser des fraises de bois, puis des champignons, des pommes de pin, etc. Enfin, ces braves petits, en revenant de l'école, sont toujours en quête de travail comme leurs deux aînés.

— Vraiment? dit Pierre joyeusement surpris. Eh bien, femme, je suis sûr que tu as une erreur dans le compte de tes recettes, ajoute-t-il en changeant de ton.

— Comment, mon ami....

— Je parierais que tu n'as pas noté parmi les bénéfices le goût que prennent nos enfants pour le travail, le travail raisonné, fait avec plaisir et entrain ; le sentiment de la responsabilité que tu leur donnes en leur confiant une tâche. Si jamais cependant il y eut un bénéfice net et considérable c'est bien certes celui-là.

— Ah! tu m'avais fait peur avec tes erreurs, dit Pauline en respirant. Oui, j'espère comme toi qu'en faisant de nos enfants des aides, nous leur aurons donné de bonnes habitudes pour le reste de leur vie, et qu'ils seront plus profondément attachés à ce cercle de famille où ils ont eu de bonne heure un rôle actif.

VII. Prospérité.

Quelques années ont passé. Tout va bien à la ferme des Seilles. Pierre et Pauline ont payé toutes leurs dettes et sont en voie de faire des économies très rassurantes pour l'avenir ; les premières sont déjà placées à la caisse d'épargne.

Paul est dans une ferme-école. Son père, qui est pour le progrès en toutes choses, a voulu qu'il sût son métier mieux que lui-même ; les voisins l'en blâment, lui objectant qu'il n'a pas eu besoin d'apprentissage dans une école pour devenir un bon cultivateur. Il répond qu'il l'est devenu à ses dépens et qu'il y a d'ailleurs, en agriculture comme dans tout le reste, des choses nouvelles au courant desquelles il faut se mettre pour faire de mieux en mieux.

LE MÉNAGE.

Pierrette, depuis sa sortie de l'école, est devenue une bonne repasseuse et une habile couturière ; elle entretient seule le linge de la maison, coupe, bâtit et coud les vêtements. Cela ne l'empêche pas de s'occuper aussi du travail des champs.

Un jour, le père Rochegude, qui, tout riche qu'il est, tient à l'honorabilité de la famille, et aux qualités plus qu'aux écus, est venu demander Pierrette en mariage pour son fils Marcel.

Jeannette prendra alors la place de sa sœur aînée et Victor travaillera sous la direction du grand frère à devenir un bon agriculteur. On dit toutefois que Pierre, très ambitieux pour le dernier-né de la famille, veut travailler à lui donner les moyens d'entrer dans l'administration des eaux et forêts.

. . . .

Pierre et Pauline sont devenus vieux (fig. 32). Pendant

FIG 32. — L'heureuse vieillesse de Pierre et de Pauline.

FIG 33. — La famille de Pierre et de Pauline aux champs.

que leurs enfants sont aux champs (fig. 33), ils pensent quelquefois aux mauvais jours qu'ils ont traversés à Lyon et à la détresse dont ils sont sortis grâce à leur décision, à leur énergie, à leur amour du travail et à l'affection mutuelle qui n'a jamais cessé de les unir.

DÉVELOPPEMENTS DES DEVOIRS DE RÉDACTION

Le mariage d'Antonine.

1. Dites quels seront les devoirs que vous aurez à remplir si vous vous mariez. (Élève, p. 75.)

ÉLISABETH A SON AMIE ANTONINE.

Villebœuf, 11 Août 18...

Développement. — Ma chère Antonine, je viens d'apprendre que tu te maries. C'est à l'atelier que nous avons toutes été surprises par cette nouvelle! On n'a parlé que de toi pendant toute la matinée; on s'est réjoui, car tu sais combien chacun t'aime ici. Mais aux exclamations d'étonnement et de joie se mêlaient bien, je te le dis tout bas, quelques soupirs d'envie. Es-tu heureuse, petite Antonine! Tandis que nous sommes, nous autres, à l'atelier de lingerie, sans cesse rappelées au travail par la maîtresse, à la maison souvent grondées par nos mamans, tu vas être, toi, libre comme l'air; tu auras un chez toi, tu feras ce que bon te semblera et l'on t'appellera « Madame. » Tu vas recevoir de jolis cadeaux; on te fera une belle robe pour la noce et ce jour-là, où vous allez bien vous amuser, chacun te fêtera à qui mieux mieux.

Vrai, ma vieille camarade, je serais jalouse de ton bonheur si je ne t'aimais à peu près comme moi-même et si je n'étais,

Ton amie pour la vie.

ÉLISABETH.

ANTONINE A ÉLISABETH.

Le moulin du Noyer, 16 Août 18...

Ma chère amie, je te remercie mille fois de ton affectueuse lettre. Mais quelle petite étourdie que ma bonne Elisabeth, et comme j'ai ri de bon cœur en voyant quelle idée se fait du mariage cette fillette! — ne t'offense pas: tu as dix-huit mois de moins que moi.

Vous saurez donc pour votre instruction, petite fille, qu'une noce est fort amusante, qu'une robe de mariée est plus belle qu'un jupon de cotonnade, qu'il est charmant d'être appelée « Madame », mais qu'à côté de tout cela, il y a des choses bien plus importantes auxquelles il faut songer quand on se marie. De jeudi prochain en quinze, je vais m'engager pour toute ma vie et j'aurai, une fois mariée, beaucoup de devoirs à remplir. Tu crois que je vais être libre de faire ce que bon me semblera parce que papa et maman ne me dirigeront plus chaque jour comme un enfant. Et mon mari ?

Penses-tu donc qu'il sera toujours de mon avis? Quand il en aura un qui différera du mien il faudra bien m'y soumettre. Jean a un charmant caractère et je crois bien qu'il ne me brusquera pas. Mais je ne serais pas bien fière, je t'assure, si mon mari n'était pas capable de commander. Tu vois par conséquent qu'on n'en finit pas avec l'obéissance en se mariant. Tu auras un chez toi, me dis-tu. Certes je m'en réjouis et beaucoup. Mais songe que je vais être responsable de l'ordre, du bien-être, de la paix et du bonheur à faire régner dans la maison. Crois-tu que ce soit là un mince travail et un souci léger, et qu'il n'y ait pas bien des réflexions sérieuses à faire au moment d'entreprendre une pareille tâche? Voilà pourquoi, petite Elisabeth, je ne suis pas uniquement occupée depuis quelques jours à rêver de fleurs d'oranger et de cornets de dragées. Je pense à mes devoirs futurs, non sans quelque crainte de ne pas savoir les accomplir assez bien. Et pourtant je vais au-devant de l'avenir avec confiance, car j'espère fermement être heureuse en m'efforçant de rendre heureux le brave homme que j'épouse.

Bon ! ne voilà-t-il pas que je t'ai traitée en personne raisonnable en te parlant ainsi de mes obligations futures de femme mariée ! C'est faire beaucoup d'honneur à ton jeune âge, mais pas trop à l'affection que tu témoignes à

Ton amie,

ANTONINE.

Portrait de deux sœurs.

2. *Faites le portrait de deux jeunes femmes, dont l'une a une toilette soignée et un air gracieux et de bonne humeur, tandis que l'autre est négligée sur soi et maussade.* (Elève, p. 75.)

Développement. — Il y avait une fois deux sœurs qui ne se ressemblaient guère.

L'aînée, qui s'appelait Cécile, était toujours propre et bien rangée. De la tête aux pieds, on ne voyait sur elle rien qui fût en désordre.

Ses cheveux, bien peignés, étaient tordus et relevés sur sa tête en *huit de chiffre;* elle portait habituellement un petit bonnet de mousseline bordé d'un *tuyauté* et garni sur le côté d'un nœud de ruban étroit.

Sa robe était toute simple : jupe sans garniture, corsage à basques bien ajusté ; un tablier de cotonnade le matin, un tablier d'alpaga noir l'après-midi complétait sa toilette.

N'oublions pas les bas, bien tirés, et les souliers luisants avec leurs cordons soigneusement attachés.

La sœur cadette, Philiberte, traînait après elle des cordons mal noués ; ses chaussures déformées ne renouvelaient connaissance avec la brosse que de loin en loin ; les bas retombaient sur les talons.

La robe portait pendant longtemps un accroc ou une bordure décousue sans que Philiberte se décidât à la réparer. La taille montrait toujours deux ou trois épingles placées là pour remplacer, fort mal du reste, les boutons absents. Le tablier était souvent oublié ; aussi le devant de la robe attrapait-il des taches qui s'étalaient, bien visibles, au milieu d'un espace défraîchi, de plus, par le frottement.

Et les cheveux ! un véritable écheveau d'étoupes dont on aurait cru qu'un chat s'était emparé pour en emmêler tous les fils.

Ajoutez à cela que Cécile était gracieuse et de bonne humeur, que Philiberte était boudeuse et avait l'air revêche ; vous me direz ensuite laquelle des deux sœurs devait plaire le plus à tout le monde.

Les mauvaises langues.

3. Prouvez, par deux ou trois exemples, qu'il est dangereux de trop parler des autres, et surtout d'en parler sans bienveillance. (Élève, p. 75.)

Développement. — On vivait très tranquille et très heureux au petit village de Talan.

Les ménages étaient unis ; l'accord et la paix régnaient dans l'intérieur des familles et entre les voisins ; on n'entendait jamais parler d'amis qui se fussent brouillés. Les querelles étaient à peu près inconnues.

Un beau jour est venu s'établir à Talan un vieux militaire en retraite ; il est très pacifique malgré sa grosse moustache et son ton bourru, mais il a une femme très bavarde et une fille qui ne l'est pas moins.

Madame Gréju et mademoiselle Gréju ont pour principale occupation d'aller de porte en porte, parlant à tort et à travers du prochain et en disant du mal, le plus souvent. Quand il n'y a rien à dire sur le compte de quelqu'un, elles ont bien vite fait d'inventer quelque chose pour alimenter la conversation.

Il a suffi de ces deux bonnes commères pour bouleverser tout le village.

Elles n'ont pas de plus grand plaisir que de répéter aux uns ce que les autres disent d'eux : bon moyen pour mettre le désaccord entre les meilleurs amis !

« Méfiez-vous de votre voisin Grippesol, dit un jour Mme Gréju à Mme Larmonier sa voisine. Croiriez-vous qu'il prétend que vous portez perruque et qu'il a osé dire l'autre jour, au grand divertissement des habitués du café National, que votre beau chapeau jaune datait de 1830 ! »

Mme Larmonier est furieuse, car elle n'entend pas qu'on plaisante sur son beau chapeau ni qu'on la fasse passer pour une vieille portant perruque. Sa grande prétention est précisément de persuader aux gens qu'elle n'a que quarante ans tandis qu'elle en a cinquante-huit bien comptés.

— Ce vieil avare de Grippesol ! A-t-on idée d'une audace pareille ! C'est bien à lui de railler mes chapeaux alors qu'il ne donne pas même à sa femme de quoi faire repasser ses bonnets !

Mme Gréju n'a rien eu de si pressé que d'aller conter à M. Grippesol comme quoi Mme Larmonier le traitait d'avare. Voilà deux vieux amis qui ne se parlent plus lorsqu'ils se rencontrent. Adieu la bonne partie de dominos qu'ils étaient si heureux de faire ensemble dans l'après-midi du dimanche !

Les Chanteperdrix sont de riches fermiers ; ils ont deux filles qu'ils ont fait très bien élever. Ils ne seraient pas fâchés d'en marier une avec le fils de Mme Audouin, la receveuse des postes, un brave jeune homme qui est employé dans l'enregistrement ; de son côté Mme Audouin, serait enchantée de ce mariage et elle aime beaucoup ses amis Chanteperdrix. Un beau jour, elle s'aperçoit avec surprise et chagrin qu'ils lui font grise mine et ne la saluent plus dans la rue.

C'est encore Mme Gréju qui a passé par là ; il y a quelque temps, étant dans le bureau de poste où elle va indiscrètement déranger la receveuse, elle l'a entendue répondre avec impatience au domestique qui venait chercher le courrier du fermier et s'écrier après avoir fermé le guichet : « Ces Chanteperdrix ! parce qu'ils ont des filles à marier ils se figurent qu'on doit être à leurs ordres ! » Le lendemain Mlle Gréju racontait aux demoiselles Chanteperdrix que Mme Audouin avait dit : « Les Chanteperdrix ont des filles à marier, mais qu'ils ne comptent pas sur nous pour les épouser ! » De là, grande colère de la famille Chanteperdrix, le tout pour un mot répété mal à propos et dont on a changé le sens en route. Du bavardage au mensonge, il n'y a pas loin, comme l'on voit.

Mme et Mlle Gréju, qui s'entendent si bien à faire des ennemis de gens qui ne demandaient qu'à se traiter en bons voisins, excellent aussi à exciter les divisions de familles. Leur revient-il qu'il y a eu discussion entre un mari et une femme, un père et ses enfants ? Elles veulent savoir la chose par le menu, font parler l'un, engagent l'autre à ne pas céder, enfin enveniment les ressentiments de tous.

Mathieu Michel était veuf avec deux enfants ; il s'est remarié et sa femme a grand soin de sa fille et de son garçon ; tout le village le reconnait. Cela n'empêche pas Mme Gréju, chaque fois qu'elle rencontre les petits Michel, de s'écrier en poussant de gros soupirs : « Pauvres enfants ! hélas, comme vous seriez encore mieux soignés si vous aviez votre mère ! On a beau dire, une belle-mère ne s'occupe de vous que parce qu'elle y est forcée ; elle ne vous aime pas comme si vous étiez ses propres enfants. » Et l'on dit que la petite fille de Michel, qui est déjà grandelette, devient insupportable et ne veut plus obéir à sa nouvelle mère, à force d'avoir entendu toutes ces belles choses-là. Mme Gréju a fait un bon travail !

Sur la grande place de Talan est un magasin de draperie fort bien achalandé et tenu par un homme encore jeune, appelé Béline, qui s'est établi dans le pays il y a une dizaine d'années. Les ménagères du village font grand cas de la bonne marchandise qu'on y vend ; jusqu'à ces derniers temps, il n'y avait qu'une voix pour louer aussi la parfaite probité du marchand, son exactitude dans les comptes, sa complaisance pour le client. Maintenant on se regarde d'un air de doute quand il est question de lui; quelques-uns secouent la tête ou haussent les épaules; de méchants bruits circulent; des gamins l'autre jour l'ont suivi dans la rue en l'appelant banqueroutier. Le pauvre homme a eu en effet le malheur de faire faillite à Marseille il y a six ans; mais il n'avait pas manqué à la probité; sa banqueroute n'était pas frauduleuse. Il s'est remis courageusement au travail et il payait peu à peu ses créanciers avec les bénéfices qu'il faisait dans son nouveau commerce quand sa situation a été dévoilée, grâce à la mauvaise langue des Gréju. Il vend beaucoup moins à présent; cependant tous les honnêtes gens du village, — et il y en a beaucoup — ne manqueront pas de revenir à lui, car ils sont indignés de la conduite de Mme Gréju à son égard.

L'argent du ménage.

4. Comment une femme doit-elle employer l'argent que son mari lui donne pour le ménage? (Élève, p. 75.)

Développement. — La ménagère doit régler l'emploi de cet argent avec *prévoyance* et *jugement*. Supposons que son mari lui donne chaque mois une certaine somme. Elle mettra d'abord de côté, dans un tiroir à part, ce qui lui est nécessaire pour les comptes. Il faut acheter à crédit le moins possible; mieux vaut payer comptant. Cependant, chez certains fournisseurs, le boulanger, par exemple, il est quelquefois plus commode de ne pas régler tous les jours : le plus sage est alors de payer au bout de la quinzaine ou mieux encore toutes les semaines. La ménagère qui sait, par exemple, qu'il lui faut environ pour 4^f,50 de pain par semaine, mettra de côté, au commencement du mois, 18 fr. pour le boulanger, plus 2 fr. pour les jours supplémentaires. Elle fera bien ensuite de ne pas puiser au hasard dans sa caisse, mais de mettre chaque lundi dans un tiroir spécial *l'argent de la semaine :* il ne faut pas vivre sans calculer jusqu'au 12 ou au 15 et puis se trouver dans l'embarras pour atteindre le 31.

La ménagère n'achètera *rien d'inutile*. Au marché et dans les boutiques, au lieu de bavarder avec les voisines ou de regarder les allants et venants, elle choisira avec soin ce qu'elle achètera.

Les marchandises achetées, elle en tirera le meilleur parti possible et ne laissera rien gâter. Ainsi, a-t-elle rapporté de la boucherie, avec un morceau de viande, des os, de la « réjouissance » dont les bouchers sont très prodigues? Elle trouvera moyen de les utiliser en en faisant *tout de suite* un bouillon pour la soupe du jour. Si elle a quelques *restes*, soit de viande, soit de légumes, elle aura soin de les accommoder sans leur laisser le temps de moisir, de s'aigrir ou de se dessécher. Cela lui donnera souvent plus de peine que de faire un plat nouveau, mais ce sera moins cher.

La ménagère ne doit pas compter sa peine quand il s'agit de bien employer l'argent que son mari a, lui aussi, de la peine à gagner.

Les provisions.

5. Quelles sont les denrées dont une ménagère peut faire provision? Quelles sont celles qu'il faut acheter à mesure? (Élève, p. 75.)

Développement.. — Voici quelques-unes des denrées dont on peut faire provision :

Pommes de terre. — En acheter en novembre la quantité nécessaire; les tenir à la cave; avoir soin de les remuer souvent; ôter les yeux quand elles commencent à germer.

L'achat en gros par quintal ou par sac fait réaliser une notable économie.

Légumes secs. — Acheter en automne en s'assurant qu'ils sont bien de la saison. Tenir à l'abri des insectes.

Autres légumes. — Les raves, les navets, les carottes, les potirons peuvent aussi se conserver pendant les mois d'hiver. Si l'on a assez de place, il y a grand avantage à les acheter en quantité avant le gel. Les tenir à la cave, dans du sable.

Lard. — Le tenir couvert de gros sel dans une caisse qu'on place dans un endroit sec. Dans beaucoup de ménages, surtout à la campagne, on sale chaque hiver un porc et outre le lard, on a alors en provision les saucissons, le petit salé, les pots de rillettes, etc.

Pommes. — Les étaler sur de la paille ou du papier dans un endroit obscur et frais. La pomme est, de tous les fruits, celui qui se conserve le plus aisément sans grand déchet. Quelques paniers de pommes achetés au moment de la récolte rendront de grands services pour les goûters des enfants.

Noix. — Peuvent se conserver dans un sac, que l'on suspend à l'abri de l'humidité.

Châtaignes. — La meilleure manière de les conserver consiste à les ranger par couches assez épaisses qu'on sépare par des lits de feuilles sèches de châtaigner ou de chêne.

Telles sont les principales denrées dont il est avantageux, au point de vue de l'économie, de faire provision. Il y en a encore beaucoup d'autres dont la ménagère aura profit à se pourvoir d'avance quand cela lui sera possible, par exemple certains articles d'épicerie : riz, vinaigre, savon, etc. Mais sur ceux-ci, elle fera surtout une économie de temps plus encore que d'argent.

Elle ne devra acheter qu'au moment de les faire consommer ou quelques jours auparavant, les légumes verts, fromage, pâtes d'Italie, beurre, etc.

Le feu.

6. *Le feu. Comment s'y prend-on pour allumer : 1° un feu de bois dans la cheminée; 2° un feu de charbon de terre dans un fourneau; 3° du charbon de bois dans un fourneau. Indiquer les précautions à prendre pour éviter la fumée, pour allumer rapidement le feu et économiser le combustible.* (Élève, p. 75.)

Développement. — « Bon ! encore une allumette brûlée pour rien, s'écria Rosine, c'est la huitième ; je ne sais ce qu'a ce feu aujourd'hui ; il ne veut pas prendre. »

— Allons donc ! dit Etienne, le frère de Rosine, est-ce que les feux ont une volonté ?

— Mais certainement ! reprit Rosine : la preuve c'est qu'il y a des jours où j'allume le feu du premier coup tandis que d'autres fois il faut se morfondre devant la cheminée comme aujourd'hui sans réussir.

— Moi, dit Etienne, qui était un personnage très judicieux, je pense que quand le feu ne prend pas, c'est qu'il y a une raison pour cela.

— Et quelle raison veux-tu qu'il y ait ? N'ai-je pas mis dans la cheminée, comme fait maman, du papier, du petit bois et des bûches et faut-il donc autre chose pour avoir un bon feu ?

— Moi, je pense qu'il faut autre chose, reprit Etienne avec gravité.

— Quelle idée ! s'écria Rosine en riant.

— J'en suis même sûr, continua Etienne ; j'ai vu dans mon livre d'*Enseignement scientifique*, qu'il n'y a pas de combustion sans air. As-tu mis de l'air en construisant ton feu ?

— Voilà qui est commode, en effet ! Comment le prendre, l'air, pour le fourrer dans mon feu ?

— Pas besoin de le prendre ; il s'y mettra bien de lui-même pourvu que tu lui laisses de la place.

— Ah !

Rosine commençait à comprendre la leçon de physique de son grand frère ; elle se rappelait que, pour activer le feu, on creuse sous les bûches en écartant les cendres ; sans doute cela doit être pour laisser entrer l'air.

Justement, Rosine avait ce jour-là empilé et fortement tassé sur les cendres, et les uns sur les autres, papier, copeaux et bûches ; c'était peut-être pour cela que le feu ne voulait pas prendre.

Rosine, qui n'est ni niaise ni entêtée, s'accroupit devant le feu. Patiemment, elle enlève tout, laisse peu de cendres à l'endroit où elle mettra le papier, pose légèrement le petit bois pour que celui-ci n'aplatisse pas le papier froissé qu'elle va glisser par-dessous. En plaçant deux bûches dans le foyer, elle a soin également de laisser entre elles un intervalle où l'air circule. Aussi, voyez ! une allumette suffit cette fois pour que la flamme, claire et vive, se communique en un instant du papier à tout le reste. Rosine la regarde s'élever et pense qu'il est bon : 1° de savoir la raison des choses, 2° de chercher patiemment, quand on échoue, l'obstacle qui vous empêche de réussir.

Maintenant que la voilà devenue habile à faire un feu de bois, elle saura s'y bien prendre aussi pour allumer un feu de houille dans le fourneau de la cuisine ; elle aura soin que le bois, fagot ou gros copeaux de menuiserie, ne soit pas écrasé au début sous une trop grande quantité de charbon, ce qui l'empêcherait de brûler ; elle ajoutera la houille peu à peu. Elle se rappellera aussi que les conduits intérieurs et les tuyaux d'un fourneau, beaucoup plus étroits qu'une gaine de cheminée, sont plus vite obstrués par la suie ; elle les nettoiera donc très souvent.

Pour le charbon de bois elle veillera de plus, en bien ouvrant la fenêtre, à éviter les inconvénients des gaz qu'il dégagera, surtout au début de sa combustion.

Aussi allumera-t-elle lestement, sans fumée et sans prodiguer allumettes et fagot, ces diverses sortes de feu.

Les bonnes soupes

7. *Donnez toutes les recettes de soupes que vous connaissez.* (Élève, p. 75.)

Développement. — *Soupe à l'oseille à la minute.* — On fait sauter à la poêle, dans de la graisse ou du beurre, quelques tranches d'oignon; l'oignon étant bien roussi, on ajoute une poignée d'oseille coupée ou hachée grossièrement et une feuille de menthe ou de cerfeuil musqué. Dès que l'oseille passe du vert au brun, on mouille avec de l'eau bouillante; on sale à point, on laisse bouillir cinq minutes et l'on verse sur des tranches de pain.

Soupe à l'oseille et aux œufs. — La précédente, à laquelle on ajoute un ou plusieurs œufs que l'on brouille vivement dans le bouillon au moment de s'en servir.

Soupe aux carottes ou aux navets. — Sur des dés de carottes ou de navets, qui ont cuit doucement dans le beurre, et qu'on a saupoudrés d'une cuillerée de farine, on verse l'eau bouillante dix minutes avant de servir; 25 minutes en tout.

Soupe au fromage. — On verse sur des tranches de pain et du fromage de gruyère râpé, disposés par couches dans la soupière, un bouillon préparé avec des tranches d'oignon sauté. Saler peu le bouillon à cause du fromage.

Riz au lait. — Laver quelques poignées de riz, les faire *crever* à l'eau, saler légèrement, ajouter peu à peu du lait jusqu'à ce que le riz soit bien gonflé et très cuit. Temps exigé par la cuisson : une heure au moins.

Soupe à la purée de légumes secs. — Faire détremper quelques heures à l'eau froide, puis cuire jusqu'à ce qu'ils se réduisent en purée, pois verts (pois cassés), lentilles ou haricots rouges, etc. Passer la purée, la faire *revenir* dans une casserole où l'on aura fait fondre un peu de graisse. Saler et ajouter de l'eau jusqu'à ce que la soupe ait la consistance voulue. Verser sur des croûtons de pain. Soupe économique et nourrissante. Durée de la cuisson : deux heures environ.

Soupe au vermicelle, à la semoule, etc. — Se fait en jetant la pâte dans du lait bouillant, du bouillon de viande ou un bouillon maigre au beurre. Durée de la cuisson : 25 minutes en moyenne.

Sauce blanche.

8. *Comment fait-on une sauce blanche?*

Développement. — Dans un poêlon, on fait chauffer un peu de beurre dans lequel on délaye autant de farine qu'il peut en absorber.

Quand la farine a cuit un peu longtemps sans se colorer, on verse peu à peu dans la casserole, en remuant toujours avec une cuiller de bois, du lait ou de l'eau bouillante : on met d'autant plus de liquide que l'on veut avoir une sauce moins épaisse. On sale et on laisse bouillir doucement dix minutes environ.

La sauce blanche au lait est plus savoureuse et plus nourrissante; à l'eau, elle est économique. Pour tout concilier, les ménagères la font souvent partie à l'eau, partie au lait.

Cette sauce est très bonne avec un grand nombre de légumes, avec le macaroni, la morue, etc.

Le couvert

9. *Énumérez tous les objets que vous posez sur la table en mettant le couvert. Expliquez par quel procédé on entretient chacun en bon état de propreté (relavage de la vaisselle, frottage des objets de métal, nettoyage des carafes en verre, etc.)* (Éève, p 75.)

Développement. — Le sujet de rédaction qu'on nous a donné aujourd'hui m'embarrasse un peu, car on ne met pas le couvert de même dans toutes les maisons.

Ainsi, chez les gens riches, on recouvre la table d'une belle nappe en linge damassé, tandis que chez nous on a simplement une toile cirée; chez ma tante qui est à la campagne, on ne se sert même pas de toile cirée et l'on pose les assiettes sur la table de bois.

Comment faire alors? Je crois que, comme je ne pourrais pas bien raconter ce que je n'ai pas vu, je vais tout simplement dire comment on met le couvert chez maman; je suis souvent chargée de ce soin.

Je commence par bien frotter la toile cirée avec un linge pour qu'il n'y reste ni tache, ni poussière. Je prends une pile d'assiettes dans mon bras gauche et en faisant le tour de la table aussi vite que je puis, je pose une assiette à chaque place (nous sommes huit, cela fait donc huit places à garnir. Puis je prends un petit panier où maman me fait tenir les cuillers, fourchettes et couteaux, et je recommence mon tour ; c'est beaucoup moins long que, si tout n'était pas rassemblé dans le petit panier et qu'il me fallût faire un voyage du tiroir à la table pour chaque objet ; je fais aussi moins de bruit de cette façon-là, et maman dit qu'il faut faire toutes choses « vite et sans bruit. »

Je pose ensuite les verres après m'être assurée qu'ils sont bien clairs (j'oubliais de dire que j'ai toujours un petit torchon sur le bras pour essuyer à mesure ce qui ne serait pas propre). Je mets du pain, de l'eau et du vin sur la table ; je garnis la salière jusqu'au bord et je lisse bien le dessus. Voilà tout, je crois, pour la manière de mettre le couvert. Après le repas, j'enlève tout aussitôt qu'on a fini ; une table où l'on a dîné est si laide à voir! si ce n'est pas jour de classe, je relave la vaisselle pour épargner un peu de peine à maman. C'est très vite fait, quand on lave immédiatement ce qui a été sali ; on n'a besoin que de plonger les assiettes dans l'eau bien chaude et tout s'enlève presque sans frotter. J'ai soin de *rincer* les pièces à mesure sous le robinet ; je lave les verres à l'eau froide. Quant aux cuillers et fourchettes, qui sont chez nous en métal blanc, je les lave au savon noir chaque jour et je les frotte une fois par semaine avec un peu de blanc de Troyes ; elles sont presque aussi brillantes que si elles étaient en argent. Papa tient beaucoup à la propreté de tous les objets de ménage. Quand la carafe a été ternie par le dépôt que laisse l'eau à la longue, il a une manière de la soulever, avant de verser, pour la mettre entre le jour et lui qui me fait tout de suite comprendre qu'il la trouve malpropre. Je tâche de ne pas m'y laisser souvent prendre et je nettoie les carafes avec du grès et du vinaigre en remuant très fort jusqu'à ce que le verre soit bien net. Alors ma carafe étincelle sur la table d'une façon tout à fait engageante ; elle semble dire : buvez en confiance de l'eau que je vous offre ; nous sommes toutes deux transparentes comme le cristal.

Un compte de ménage.

10. *Faites, sous forme de compte, le relevé des dépenses de ménage d'une famille de six personnes pendant une semaine.* (Élève, p 76.)

Développement. — Extrait du livre de comptes de Mme Dubruel, ouvrière passementière, demeurant à Paris, rue Myrrha (Montmartre), ménage de six personnes :

LIVRE DU MAITRE

Lundi:	Pain, 2 kilos	0,70
	Un chou	0,10
	Salé pour servir sur le chou	0,55
	Graisse de veau, 1/2 kilog	0,60
	Vin, un litre	0,65
	Pommes de terre	0,20
	Vermicelle pour la soupe	0,15
	Lait	0,20
	Fromage	0,35
Mardi:	Ragoût de mouton	1,40
	Carottes et navets	0,15
	Miel	0,20
	Salade	0,10
	Pommes de terre pour la soupe	0,20
	Lard	0,30
	Pain, 2 kilos	0,70
Mercredi:	Pain	0,70
	8 œufs	0,60
	Huile	0,45
	Morue	0,70
	Haricots rouges	0,30
	Oignon et fromage pour une soupe	0,35
	Vin, un litre	0,65
Jeudi:	Pieds de mouton	0,85
	Pommes de terre	0,20
	Fromage blanc	0,15
	Salade	0,15
	Macaroni	0,30
	Lait et riz	0,35
Vendredi:	Pain du jour et de la veille, 4 kilos	1,40
	Harengs	0,45
	Potiron	0,30
	Lait	0,10
	Lentilles	0,25
	Fromage	0,40
	Pruneaux	0,20
Samedi:	Pain	0,70
	Vin	0,65
	Bœuf pour pot-au-feu	1,65
	Légumes	0,10
	A reporter	18,50

LIVRE DU MAITRE.

	Report.	18,50
Samedi :	Pommes de terre.	0,30
	Salé.	0,40
Dimanche :	Pain	0,70
	Lait.	0,35
	Café.	0,20
	Oignons pour accommoder les restes de bœuf.	0,10
	Salsifis	0,30
	Abattis de volailles pour ragoût. .	0,60
	Carottes.	0,25
	Total.	21,70

Moyenne de la dépense journalière :
$$21^f,70 : 7 = 3^f,10.$$

Il faut ajouter à ce chiffre le coût des denrées qui n'ont pas été achetées à mesure : sel, poivre, huile, farine, etc.

Les porcs.

11. *Comment élève-t-on les porcs?* (Élève, p. 76.)

Développement. — Tous les porcs, dans une même race, ne sont pas également propres à s'engraisser facilement. On choisit de préférence les animaux qui présentent les caractères suivants : corps allongé, cylindrique et non trop aplati sur les flancs, peau propre et fine, soies claires et brillantes. L'âge est aussi à considérer : le plus favorable est quinze mois pour les races communes, dites races du pays ; six mois pour les races artificielles. Un porc plus vieux donnerait plus de lard et de saindoux, mais sa chair serait moins délicate.

L'alimentation du porc à l'engrais se compose de carottes, betteraves, légumes verts, sarrasin, maïs, pois, féveroles, pommes de terre, son, glands, etc. Les herbes, grossièrement hachées, sont cuites avec des pommes de terre qu'on écrase après la cuisson pour faire du tout une sorte de pâtée ; on ajoute le son au moment du broyage seulement.

Il faut à un porc à l'engrais ses quatre repas par jour ; on ne le rationnera pas, il aura de la pâtée à discrétion afin que l'engraissement puisse être rapide si l'animal — ce qui est le cas à peu près général — est doué d'un vigoureux appétit. La durée moyenne de l'engraissement est de trois mois.

Pendant cette période, on ne négligera pas de soumettre les porcs à une bonne hygiène; on les sortira journellement de l'étable pour leur faire prendre l'air dans la cour; courir à travers champs ne vaudrait rien pour l'engraissement, mais un peu d'exercice est nécessaire pour maintenir les forces et l'appétit; des bains sont aussi très utiles et une mare, dont l'eau n'aura nul besoin d'être sale pour plaire au porc, ne sera pas de trop dans une cour de ferme. Rentrés dans leur étable, qui doit être proprement tenue, les porcs isolés dans des loges se reposeront le reste du jour.

Les couvées.

12. *Manière de mettre une couvée.* (Élève, p. 76.)

Développement. — Le succès d'une couvée dépend de beaucoup de conditions diverses qu'une bonne femme de ferme doit connaître : qualités des œufs, qualités de la couveuse, soins pendant l'incubation et après l'éclosion.

Choix des œufs. — Les œufs doivent être nouvellement pondus; il n'est pas nécessaire qu'ils proviennent tous de la même poule, mais il faut qu'ils soient tous de même race et que les pondeuses aient deux ans au moins. On en choisira, parmi les plus beaux, de 15 à 20, suivant la grandeur des ailes de la couveuse.

Choix de la couveuse. — Certaines races, par exemple, la Cochinchinoise, donnent d'excellentes couveuses; les poules de la Flèche, de Houdan, de Bresse sont bonnes pondeuses, mais couvent mal; on aura donc avantage à confier leurs œufs à une Cochinchinoise qui les acceptera sans difficulté.

La couveuse devra être douce, pour se laisser facilement approcher par la fermière, mais ni timide, ni peureuse, car il faudra, le moment venu, qu'elle sache conduire et défendre son petit bataillon de poussins.

Quand une poule est disposée à couver, elle le donne généralement à connaître par divers manèges : elle tourne en gloussant autour d'un même point, elle étend ses ailes, elle se couche à terre comme si elle avait déjà des œufs à réchauffer; l'instant est bon pour lui en confier. Elle s'installe aussitôt sur eux.

Incubation. — A partir de ce moment, il faut se garder de toucher aux œufs; il faut de plus que la couveuse les abandonne le moins possible. Il suffira de lui donner à manger une fois par jour; tous les matins, à la même heure, on la prendra sur son nid et on lui présentera son repas; le mieux serait qu'elle le prît sous une cage d'osier; un quart d'heure en fait l'affaire et l'on reporte la poule sur ses œufs qui ont eu le temps de s'aérer sans se refroidir.

La durée de l'incubation est de 21 jours. On peut compter sur une moyenne d'éclosion de 12 poussins sur 15 œufs, soit les quatre cinquièmes.

Après l'éclosion. — Les petits éclos, on les laisse de 24 à 36 heures sous les ailes de la mère. Puis on les met pendant deux ou trois jours sous une mue (cage d'osier) pour leur donner le temps de se raffermir et de devenir tout à fait capables de chercher leur pâture aux côtés de leur mère. On les nourrit alors de mie de pain et de lait, de bouillie de maïs, de pommes de terre, etc., que l'on continuera à leur donner même lorsqu'ils auront commencé à courir; quand ils auront 15 ou 20 jours, on pourra leur jeter du grain. Mais il est nécessaire de le leur distribuer à une autre heure que celle où l'on en jette pour le reste de la basse-cour.

La fermière veille aussi à faire rentrer la couvée le soir avant que l'air fraîchisse.

Le laitage.

13. *Soins à donner au laitage. Traite et ustensiles qui servent à la traite. Disposition du lieu où l'on dépose le lait. — Crème. Confection du beurre. Divers systèmes de battage. Lavage du beurre. Utilisation du petit-beurre et du petit-lait. — Confection des fromages. Soins à donner aux fromages qui ne doivent pas être consommés frais.* (Élève, p. 76.)

Nota. — Ce sujet, très vaste, peut être traité en trois fois. Les traits (—) indiquent les 3 subdivisions.

I. — La laiterie.

Développement. — Allons visiter la laiterie modèle de la ferme des Flouves; le propriétaire lui-même va nous accompagner.

Il nous fait descendre par un escalier de pierre jusqu'à une petite porte pleine, soigneusement fermée. Au-dessus de la porte, une inscription, tracée à la main avec cette couleur rouge qui sert à marquer les moutons, attire notre attention : *rien de malpropre ici!!!*

— Ça, nous dit le propriétaire, c'est à l'adresse de mes filles de ferme; à l'entrée même de la laiterie, j'ai voulu mettre sa devise, qui doit être *propreté rigoureuse, méticuleuse.*

La porte s'ouvre et nous voilà dans un sous-sol assez vaste, haut de plafond, dallé en pierres grises et peu éclairé.

— Ah! ma foi, dit le propriétaire, on n'y voit pas très clair ici; mais le laitage n'aime pas le grand jour. Aussi n'avons-nous que deux étroites fenêtres; encore les fermons-nous pendant les grandes chaleurs au moyen de volets de bois placés extérieurement. Grâce à cette précaution et à l'exposition en plein nord, la température n'atteint jamais ici 15°, même au mois d'août. L'hiver, on ferme les vitres pour se préserver un peu du froid, car il ne faut pas non plus tomber plus bas que 12° dans une laiterie. Quant aux treillis serrés dont les ouvertures sont munies à poste fixe, je n'ai pas besoin de vous dire qu'ils sont destinés à nous mettre à l'abri des visites importunes : chats, poules, insectes, etc.

Nous admirons toutes ces dispositions, mais nous trouvons cependant une critique à formuler.

— Votre laiterie est parfaite, mais n'est-elle pas bien loin des étables? Après avoir trait, les servantes ont tout un voyage à faire pour apporter ici leurs seaux.

— Tant pis pour mes servantes, que cela fait courir un peu; mais tant mieux pour mon laitage qui se trouverait mal du voisinage des étables et des écuries. Les mauvaises odeurs de fumier sont détestables pour la laiterie; de plus, si on ne la place pas à une certaine distance, on peut redouter les infiltrations de purin qui infecteraient bien vite murs et sol.

Nos yeux, accoutumés à la demi-obscurité, commencent à distinguer les terrines à lait alignées le long des murs et les divers autres ustensiles : seaux pour la traite, les uns en bois, les autres en fer-blanc, mais tous également propres et renversés sans être abouchés pour ne garder ni humidité, ni odeur. Au mur, sont accrochés les filtres ou tamis qui servent à *passer* le lait. Dans une autre partie du sous-sol, on distingue les barattes pour battre le beurre, les planchettes, les battoirs pour le mettre en motte, les roulettes avec lesquelles on couvre la motte de jolis dessins, etc., etc. Mais tout cela est fort long à voir et demanderait une autre visite.

II. — Le beurre.

Voici l'heure où l'on trait les vaches; la ménagère arrive à l'étable portant d'une main son seau de fer-blanc bien brillant, de l'autre son escabeau. Elle commence par la vache qui donne le plus volontiers son lait; on sait que toutes les bêtes ne se laissent pas traire aisément ni par tout le monde. En voici une qui est récalcitrante; mais la ménagère tâche de l'amadouer par de bonnes paroles tout en pressant doucement le pis avec sa main, qu'elle vient de tremper dans le lait tout chaud donné par la première vache; cette chaleur douce contribue, dit-on, à décider les vaches difficiles à se laisser traire.

Le seau est plein, mais il y a, à la surface du lait, une écume dont il faut le débarrasser; il y est aussi tombé quelques brins de foin, quelques poils de vache: tout cela va rester dans le tamis à travers lequel on passe le lait.

Dans la plupart des fermes, le lait n'est pas vendu en nature; on le place dans des terrines pour faire monter la crème.

Ces terrines, vernissées à l'intérieur, sont de formes diverses suivant les pays. Mais le meilleur modèle est celui qu'on emploie dans le nord de la France : terrine basse et évasée (5 centimètres de diamètre au fond, 19 centimètres de diamètre d'ouverture, 10 centimètres de hauteur.)

Cette terrine est plus favorable à la montée de la crème que les vases plus resserrés; il est aussi plus commode d'y recueillir la crème avec une grande cuiller de bois, qui laisse au fond du vase le lait écrémé.

Quand la ménagère a une quantité suffisante de crème, amassée pendant plusieurs jours de suite, elle la bat pour la transformer en beurre. Ce beurre sera d'autant meilleur, cela va sans dire, que la crème ne sera pas trop vieille; dans aucun cas, elle ne devra avoir plus d'une semaine.

La baratte à fouloir en bois est la plus répandue. Son maniement est pourtant assez pénible; mais en revanche aucun autre système ne permet un nettoyage aussi facile et aussi complet.

Le tonneau-baratte à manivelle est moins commode à démonter. Dans les grandes exploitations, on emploie des barattes perfectionnées, mises en mouvement mécaniquement; mais elles ne sont guère utilisées chez les petits propriétaires ou les fermiers.

Le beurre séparé du petit-lait par le battage est retiré de la baratte par gros grumeaux qu'il faut réunir et laver. L'opération du lavage est très importante, surtout au point de vue de la conservation du beurre qui rancit extrêmement vite quand il est mal lavé. Il faut donc, non seulement le plonger, mais le pétrir dans l'eau en changeant celle-ci tant que le beurre lui communique une couleur laiteuse. Ainsi lavé à deux ou trois eaux au moins, le beurre est placé sur une planchette et battu, serré avec un battoir pour achever d'en faire sortir, par la pression, l'eau ou le petit-lait. Reste alors à donner une forme régulière aux *pelotes* de beurre et à les recouvrir de ces jolis petits dessins à la roulette ou au couteau, où les bonnes fermières mettent leur amour-propre.

Le petit-lait retiré de la baratte est donné aux bestiaux. Le petit-beurre — lait coagulé pendant le battage et qu'on sépare du petit-lait en le chauffant — est très bon comme fromage frais quand on l'a fait égoutter dans un linge.

3. — Les fromages.

On fait avec le caillé ou caséine du lait de vache, de chèvre et de brebis, une si grande variété de fromages qu'il serait bien long d'énumérer tous les procédés de fabrication. Rappelons seulement que la *présure* est toujours nécessaire pour séparer le caillé du petit-lait; qu'il y a deux sortes principales de fromages : fromages cuits et fromages crus; que ces derniers exigent généralement des soins minutieux jusqu'à ce que la fermentation soit arrivée au degré où le fromage est *fait*. Retourner journellement les fromages, les saler si ce sont des fromages mous, en balayer la surface et l'humecter s'ils sont à pâte consistante, voilà ce qui donne le plus à faire à la ménagère.

La basse-cour.

14. Quels sont les produits dont la vente peut procurer quelque argent à la ménagère qui vit à la campagne? (Élève, p. 70.)

Une basse-cour bien dirigée peut donner des profits considérables. On y peut élever, outre les poules et poulets, des oies, des canards, des dindons...

L'oie, très bonne pondeuse, est une couveuse médiocre. Si l'on veut mettre une couvée d'oies, le mieux sera de se procurer en mars ou avril des œufs que l'on donnera par demi-douzaines à couver à des poules. L'oie pourrait couver jusqu'à quinze œufs; mais elle les quitte aisément et il faut tenir toujours à sa portée, pâtée et boisson.

Les jeunes oies s'élèvent facilement ; on les envoie pâturer dans les premiers mois ; on leur donne à la basse-cour la même nourriture qu'aux poules.

Ce n'est qu'après six mois qu'on peut commencer l'engraissement, qui se fait le plus ordinairement au moyen d'un entonnoir et avec force maïs.

Quand on n'a pas mis de couvée et qu'on achète les bêtes au moment de les engraisser, il faut les choisir avec soin ; la fermière fait *parler* l'oie qu'elle marchande et elle reconnaît à son cri aigu si elle a affaire à une oie jeune ; les vieilles ont la voix plus grave et une oreille exercée ne s'y trompe pas.

Une oie grasse est d'un très bon rapport, car le foie, la chair et les plumes se vendent également bien. Aussi, ce genre d'élevage est-il très productif dans toutes les contrées où l'on récolte du maïs.

Les canards peuvent être élevés pour la ponte et pour l'engraissement ; petits ou moyens, ils vaudront mieux dans le premier cas ; on les préférera plus gros de carcasse dans le second. L'œuf du canard, d'un blanc jaunâtre ou verdâtre, est un peu plus gros que celui de la poule et assez délicat comme nourriture.

L'époque convenable pour les couvées est la même que pour les oies : mars ou avril. La durée de l'incubation est plus longue que pour la poule : une trentaine de jours.

Pendant la première quinzaine qui suit l'éclosion, on nourrit les canetons avec une pâtée légère et tiède. Il faut avoir soin de leur présenter cette pâtée et surtout leur boisson dans un vase plat, à cause de la forme aplatie de leur bec.

La meilleure couveuse pour les canetons est une poule ; la cane les mènerait trop tôt à l'eau.

A six mois, les canards sont prêts pour l'engraissement ; si on le fait avec du maïs, il peut être achevé en trois semaines.

Une mare est presque indispensable pour élever des canards ; non seulement, ils aiment à se baigner constamment, à nager, à barboter, mais ils trouvent une partie de leur nourriture dans la vase ; aussi un bassin cimenté ne peut-il guère remplacer pour eux la mare, l'étang ou la rivière, aux berges fertiles en découvertes heureuses pour les canetons qui les fouillent de leur bec.

Lettre à une domestique.

15. *Supposez que vous êtes absente de chez vous et que vous écriviez à une domestique pour lui donner vos instructions sur l'emploi à faire de son temps. Dans cette lettre, recherchez surtout la clarté.* (Élève, p. 7).

Développement. — Ma chère Émilie, notre absence se prolongera quelques jours de plus que je n'avais compté. Je désire que vous en profitiez pour mettre la maison en parfait état.

Commencez par laver, dès que vous aurez reçu ma lettre, tous les carreaux de vitre, la glace du salon et les plaques de porcelaine qui garnissent l'intérieur des cheminées. Frottez ensuite les cuivres, encadrements de cheminées, boutons de porte, etc.

Comme la saison avance et qu'on ne fera probablement plus de feu, vous pourrez aussi frotter à la paille de fer les pelles et pincettes, les envelopper de papier et les placer dans un endroit bien sec.

Enlevez des lits les couvertures de laine : battez-les, pliez-les, mettez-y du poivre concassé pour les préserver des mites et faites-en un ballot que vous porterez au sous-sol. Faites dans la maison tous les nettoyages que je ne puis vous indiquer en détail et pour lesquels je m'en rapporte à votre désir de me contenter de tous points.

Comme il vaut mieux ne pas aller et venir toute la journée, vous pourrez faire deux parts de votre temps; par exemple, vous occuper des nettoyages le matin, et coudre l'après-midi.

Je vous prie de passer en revue mes vêtements et ceux de mes fils, pour y faire toutes les petites réparations nécessaires : remettre des boutons, recoudre ou repriser, enlever les taches, etc.

Je vous recommande encore, comme au moment de mon départ, de ne jamais quitter la maison sans la fermer bien exactement; j'espère du reste que, suivant votre bonne habitude, vous sortez le moins possible; aussi serai-je bien aise qu'après avoir bien travaillé cette semaine, vous alliez passer la journée de dimanche chez votre belle-sœur.

Recevez, ma chère Émilie, les bonnes salutations de votre maîtresse affectionnée

Veuve FÉRON.

M. Henri vous recommande d'avoir bien soin d'Azor.

Les domestiques bien soignés.

16. *Qu'entendez-vous par ces mots de votre résumé : Une bonne maîtresse prend soin de ses domestiques.* (Élève, p. 76.)

Développement. — Madame Bernard prend soin de ses domestiques. Elle les loge et les nourrit convenablement.

La petite chambre qu'elles occupent n'est pas vaste, mais *elle s'aère bien :* ce qui fait qu'elle n'est pas malsaine.

Cette chambrette est aussi très propre : murs blanchis à la chaux, planchers en bon état.

Comme il n'y a pas d'armoire pour suspendre les vêtements, Madame Bernard a fait accrocher aux murs quelques porte-manteaux ; elle sait que rien ne fripe les vêtements comme de les tenir empilés dans une malle où il faut tout mettre sens dessus dessous pour chercher le moindre objet. Aux vitres, de légers rideaux en mousseline de cinq sous.

Les couchettes en fer n'ont qu'un petit matelas, mais il est refait tous les deux ans. Les draps sont changés souvent.

Une table est pourvue de tout ce qui est nécessaire à la toilette, y compris un miroir pour se coiffer.

Mêmes soins pour la nourriture des domestiques.

Si on ne leur donne pas de tout ce qui paraît sur la table, la leur est toujours suffisamment garnie. Il est, d'ailleurs, rare qu'on ne leur réserve pas leur part d'un gâteau ou d'un autre plat du même genre, quand on en sert.

L'une de ses domestiques vient-elle à être malade ? Madame Bernard l'engage à se reposer, la soigne, fait venir au besoin son médecin pour la traiter.

Elle veille aussi à ce que tout le monde, dans sa maison, traite les domestiques avec égards. Ce n'est pas chez elle qu'on entendra jamais personne s'emporter contre une bonne et lui dire de vilains mots ; Madame Bernard ne le souffrirait pas ; elle dit que les maîtres qui veulent être respectés doivent commencer par respecter eux-mêmes ceux qui les servent.

Aussi, Madame Bernard a la confiance de ses domestiques qui lui demandent souvent des conseils, même sur leurs propres affaires. Elle leur en donne toujours de bons et c'est aussi pour elle une occasion de leur faire entendre quelques sages avis sur la bonne conduite, la persévérance, l'économie. Elle leur montre qu'il dépend de leur travail de s'assurer un avenir heureux comme le présent, et ses encouragements leur donnent du cœur à l'ouvrage.

IV

LA MÈRE DE FAMILLE
L'ÉDUCATION DES ENFANTS

I. — L'éducation des enfants.

278. La plupart d'entre vous ont probablement des frères et sœurs plus jeunes qu'elles. Vous rappelez-vous ce qu'était votre petit frère le premier jour de sa naissance (fig. 34)?

279. Enfoncé dans les coussins de son berceau, bien enveloppé dans ses langes, vous avez aperçu ce jour-là un petit être bien gentil mais qui ne savait ni vous regarder, ni vous sourire.

FIG. 34. — Le petit frère.

280. Votre mère s'est consacrée au nouveau-né.

Elle l'a soigné, elle l'a nourri.

Elle lui a appris à manger, à marcher, à parler.

Elle en a fait peu à peu le robuste et remuant garçon qui joue aujourd'hui avec vous et qui bientôt va vous suivre à l'école.

281. Ce que votre mère a fait pour votre petit frère, ce qu'elle avait fait pour vous quand vous étiez petite, *à votre tour vous aurez à le faire dans quelques années* pour vos enfants.

QUESTIONNAIRE

278. Avez vous vu un nouveau-né ?
279. Était-il capable d'avoir soin de lui-même ?
280. Qui en a pris soin ?
281. Est-il utile d'apprendre à soigner les petits enfants ?

LEÇON A DÉVELOPPER

Rappeler aux enfants la peine qu'a eue leur mère à les élever. Attirer leur attention sur la minutie, sur la constance des soins qu'il faut au petit enfant. Faiblesse du nouveau-né ; son incapacité à se préserver des dangers qui l'entourent. Il ne peut se passer de sa mère ou d'une femme assez dévouée pour la remplacer.

49ᵉ LECTURE. La mère absente.

C'était, il y a bien des années déjà, dans une ville manufacturière de l'Est. Huit heures venaient de sonner ; la grille de l'immense filature avait tourné en grinçant sur ses gonds et, dans la brume grise du matin, les ouvrières traversaient à la hâte la grande cour pour se rendre aux ateliers.

Devant les trois portes principales, le propriétaire de la manufacture allait et venait, surveillant l'entrée ; il regardait tous ces visages, les uns jeunes, les autres vieux, presque tous soucieux ; et, comme il était bon, une émotion l'envahissait à voir sur ces visages cette expression presque douloureuse et il cherchait comment il pourrait alléger un peu à ces pauvres femmes le fardeau de la vie.

A ce moment passa devant lui une jeune femme très pâle ; elle marchait lentement, les bras pendants avec un air de découragement profond. Le patron la connaissait ; il savait qu'elle n'était guère heureuse, étant mariée à un ouvrier honnête, mais paresseux. Il pensa que la misère s'était abattue sur le ménage.

— Eh bien ! Lisbeth, dit-il avec bonté à l'ouvrière, en évitant de lui parler de son mari, comment se porte votre enfant ?

Les yeux de Lisbeth se troublèrent, ses lèvres tremblèrent et elle répondit avec peine :

— Oh ! monsieur, je n'ai plus d'enfant.

— Comment ? Et ce beau garçon qui vous est né il y a deux ou trois mois et que j'ai vu sur vos bras le jour de Noël ?

L'ÉDUCATION DES ENFANTS.

282. *Saurez-vous le faire ?*

283. Vous riez. « Est-ce que toutes les mamans, dites-vous, ne savent pas soigner leurs enfants? »

284. Vous saurez, comme toutes les mamans, aimer votre petit enfant, mais il n'est pas bien sûr que vous sachiez l'**élever**.

285. Ce n'est pas chose si facile.

Ce petit être faible et frêle court mille dangers. Pour l'en préserver, *la tendresse ne suffit pas*. Il faut encore que la mère ne soit pas trop ignorante de ce qui est nécessaire au nouveau-né.

286. Il meurt en France, chaque année, environ 70 000 enfants âgés de moins d'un mois. *Beaucoup auraient pu être sauvés* si mamans et nourrices savaient mieux leur métier de mères de famille.

287. Ce métier sera le vôtre, car *la vraie tâche d'une femme est d'élever des enfants*. Apprenez donc à vous acquitter de cette tâche.

288. Un bon nombre d'entre vous s'y exercent en aidant leur mère à prendre soin de leurs frères et sœurs, et c'est bien, à vrai dire, *le meilleur apprentissage*.

289. Voyons pourtant si l'on ne pourrait pas, même à l'école, vous donner quelques idées utiles sur la façon d'élever les petits enfants.

RÉSUMÉ (à réciter).

1. La vraie tâche d'une femme est d'élever des enfants.

2. Pour être bonne mère, il ne suffit pas d'aimer ses enfants. Il faut savoir beaucoup de choses pour être capable de les élever.

3. Nous apprenons une partie de ces choses à l'école; nous pouvons en apprendre aussi en aidant notre mère à soigner nos frères et sœurs.

INSTRUCTION CIVIQUE. — **Lire :** Actes de naissance. — Actes de décès (p. 191). — Testaments. — Partages.

QUESTIONNAIRE

282 à 284. Est-il facile d'élever un petit enfant ?
285. Suffit-il de l'aimer pour savoir le soigner ?
286. Combien meurt-il annuellement en France de tout jeunes enfants ?
287. Quelle sera sans doute votre tâche ?
288. Comment pouvez-vous commencer l'apprentissage de ce métier ?
289. Où pouvez-vous encore vous y préparer ?

— Je l'ai porté au cimetière il y a eu hier huit jours, dit Lisbeth dont les larmes coulèrent. Et comme le patron continuait à la regarder avec compassion, sans parler :

— Je vous demande pardon de pleurer comme cela, Monsieur, mais j'ai tant de chagrin ! C'était un bien bel enfant, robuste et déjà fort pour son âge. Mais, voyez, ces petits-là, ça ne peut pas se passer de leur mère.

Tandis que Lisbeth s'éloignait en s'essuyant les yeux avec le coin de son tablier, le manufacturier continuait à songer à la triste histoire qu'il venait d'entendre. Elle n'était pas neuve, la triste histoire. Que de petits cercueils blancs on voyait chaque semaine emportés au cimetière sous le bras par un homme qui n'avait pas de peine à soutenir son léger fardeau ! La mortalité des petits enfants étaient grande à X...; plus de 34 pour 100, un enfant sur trois !

— Pourquoi ce chiffre terrible ? se demandait le manufacturier. Pourquoi ? mais cette jeune femme vient de me le dire : ce qui tue les enfants, c'est l'absence des mères. Il faut rendre leur mère aux tout petits.

Que fit le manufacturier, aussi généreux qu'ingénieux ? Il fonda une caisse qui mettait une subvention à la disposition des ouvrières que le soin de leurs jeunes enfants retenait loin de la fabrique ; cette subvention leur permettrait de se passer de leur salaire pendant deux ou trois mois, temps suffisant pour que le bébé eût franchi les premières difficultés de l'existence et pût laisser sa mère reprendre à l'atelier la place qui lui était toujours gardée.

Les résultats de cette excellente mesure ne tardèrent pas à apparaître ; la mortalité des nouveau-nés tomba rapidement de 34 à 28 et même 24 p. 100.

Lisbeth, qui eut un nouvel enfant l'année suivante, fut des premières à profiter de la fondation dont elle avait, sans le savoir, donné l'idée au patron en lui disant au milieu de ses larmes que « les tout petits, ça ne peut pas se passer de la mère. »

— Quotité disponible. — Scellés. — Droits de mutation. — Donations entre vifs (p. 196).

II. — Le vêtement et le coucher du petit enfant.

290. Le nouveau-né craint le froid. Quelle que soit la saison, nous lui mettrons des vêtements **chauds et souples**; une chemisette de toile et une brassière* de flanelle ou de laine tricotée, un drap bien blanc et un lange de molleton *.

291. *Nous ne serrerons pas trop* le lange autour du corps (fig. 35) : la petite poitrine souffrirait d'être comprimée *.

Une ceinture munie de cordons ou deux grosses **épingles doubles** maintiendront le drap et le lange sans mettre le corps dans un étau.

292. Les petites mains pourront *rester libres*. Rien de triste à voir comme un malheureux nourrisson les bras collés au corps par le maillot.

Si, d'aventure, le nôtre s'égratignait la figure avec les mains, nous les fixerions un moment sur la poitrine au moyen d'un léger fichu d'indienne passé autour du cou et noué derrière le dos.

FIG. 35. — La toilette de Bébé.

293. Pour la tête, *un seul bonnet* suffira. Dans certaines contrées, à la campagne, il est encore de mode d'affubler* les enfants de trois ou quatre bonnets superposés.

LIVRE DU MAITRE.

QUESTIONNAIRE

290. Quels vêtements doit-on mettre au nouveau-né ?
291. Comment lange-t-on un enfant ?
292. Est-il nécessaire d'emmaillotter les mains ? Que faudrait-il faire si l'enfant s'égratignait la figure ?
293. Que met-on sur la tête ?

LEÇON A DÉVELOPPER

Ne pas oublier que le petit enfant craint *beaucoup plus* le froid qu'une grande personne; le **vêtir chaudement**, même pour le laisser dans son berceau. Ne pas placer ce berceau au premier endroit venu ; se garder surtout de le mettre devant le feu de la cheminée, où il serait baigné dans le courant d'air froid déterminé par le tirage. Se méfier des petites voitures, en usage aujourd'hui, où l'enfant se refroidit plus facilement que dans les bras. Nombreuses maladies causées par le froid pendant *les six premières semaines* de la vie de l'enfant, les plus dangereuses à traverser pour lui.

50ᵉ LECTURE. **La layette d'Eva.**

Nelly fait la layette de sa petite sœur Eva.

Comme on est en hiver, il a fallu penser à des brassières chaudes. Il avait été question de les faire en étoffe de laine bien doublée ; mais cela aurait eu l'inconvénient d'être difficile à laver et surtout à sécher. La mère d'Eva a préféré des brassières d'indienne non doublées qu'on mettra par-dessus un bon gilet à manches de laine tricotée. Pour confectionner ce dernier, ou plutôt ces derniers, car mieux vaut en avoir deux qu'un, Nelly a pris deux grosses aiguilles de bois, de la laine rouge bien souple — le rouge est *meilleur teint* que toutes les autres couleurs — et elle s'est mise à tricoter le gilet en travers à la maille de jarretière ; cela donne un tricot très élastique et c'est très vite fait. En deux soirées, Nelly est venue à bout du corps et des manches ; il ne restait plus qu'à réunir les épaulettes par une couture à surjet et à poser de même les manches à l'entournure.

Bon moyen pour maintenir la tête trop chaude et empêcher les os du crâne de se raffermir!

294. La toilette est terminée. Est-elle faite pour longtemps? Hélas non! Bébé se permet tout, et nous oblige de nous permettre de tout dire.

Au moment même où nous venons de l'envelopper dans de beaux langes bien propres, nous nous apercevons qu'il n'a eu aucun respect pour notre ouvrage, et que les langes ne sont déjà rien moins que secs.

295. Que faire alors? **Recommencer:** on ne doit jamais laisser un enfant dans des langes mouillés et salis.

296. En le changeant de linge, nous aurons soin de **laver** notre nourrisson.

Sa peau fine et délicate veut une **extrême propreté**; un rien y ferait apparaître de la rougeur ou même des écorchures.

Les cris incessants de beaucoup d'enfants n'ont pas d'autre cause que l'oubli de ces soins.

297. Une mère prudente ne couchera jamais son enfant dans son propre lit; *elle courrait le risque de l'étouffer,* sans le vouloir, pendant son sommeil. Il faut au nouveau-né son lit à lui, c'est-à-dire son berceau (fig. 36).

FIG. 36. — Le meilleur berceau est un berceau d'osier.

298. Le meilleur berceau est le **berceau d'osier,** qui laisse l'air circuler librement autour de l'enfant*

QUESTIONNAIRE

294. La toilette du nourrisson est-elle souvent à refaire ?
295. Doit-on négliger de le changer ?
296. Le lavage est-il essentiel ?
297. Où faut-il coucher l'enfant ?

Voilà Eva bien pourvue de vêtements chauds pour le haut du corps. Puis est venu le tour des langes de molleton. Nelly leur a donné la même longueur qu'aux draps et les a bordés aux deux extrémités avec un ruban de fil.

Restaient les petits fichus pour le cou, qu'on a taillés dans la mousseline imprimée, et les petits bonnets, ces derniers plus difficiles. Nelly les a faits tous à *trois pièces*; elle trouve que c'est bien plus joli et que cela encadre mieux la figure d'un bébé. Cela a été un peu long; il a fallu recouvrir les deux coutures d'un *biais piqué* à arrière-points, faire tout autour une *coulisse* pour passer un cordon et deux *œillets* pour faire sortir le cordon par derrière afin de pouvoir le nouer; enfin mettre une petite garniture autour du bonnet. Mais Nelly y a si bien pris goût qu'elle a voulu faire aussi elle-même le bonnet de baptême d'Eva, un charmant petit bonnet en mousseline claire à petits plis, garni d'une *ruche* serrée de tulle illusion et d'étroits rubans blancs.

LEÇON A DÉVELOPPER

Importance de la **propreté** pour la santé de l'enfant. Des lavages journaliers sont indispensables. Employer, les premiers temps, de l'eau tiède; plus tard ne pas redouter l'eau froide, surtout si la saison s'y prête. Après le lavage, poudrer avec de l'amidon finement pulvérisé; indiquer la préparation économique de la poudre d'amidon : ne pas l'acheter chez le pharmacien, mais écraser simplement de l'amidon de repasseuse avec une bouteille, qu'on roule, en guise de cylindre, sur une table.

Avant de commencer le lavage de l'enfant, avoir soin de rassembler auprès de soi tous les objets nécessaires pour aller très vite et ne pas l'exposer à des refroidissements.

et qui a de plus l'avantage de pouvoir se laver souvent.

299. On le garnira d'une paillasse et d'un ou deux coussins remplis de balle [*] d'avoine.

300. Pourquoi pas de laine? dira-t-on. La laine est trop chaude et trop moelleuse. Le crin vaudrait mieux, mais il est cher. On ne peut pas le renouveler aussi souvent que la balle d'avoine, qui n'a presque pas de valeur.

301. Or, *le meilleur coucher pour le petit enfant est celui qu'on peut renouveler souvent.*

Faire *sécher* la literie ne suffit pas. Dès qu'elle a contracté quelque odeur, il est bon de *laver les enveloppes* et de *changer entièrement* leur contenu.

302. Le petit berceau est garni de draps et de couvertures : nous y déposerons le petit enfant, en ayant soin de le coucher un peu *sur le côté* plutôt que sur le dos.

303. Puis nous mettrons la couchette à l'abri des courants d'air. Aussi vaudra-t-il mieux *ne pas poser le berceau sur le plancher*, mais sur un bâtis à quatre pieds ou sur une petite table basse garnie d'un rebord que le père de famille, s'il est un peu ingénieux, pourra construire aisément lui-même.

304. Une dernière précaution à prendre : laisser le jour arriver *de côté* à l'enfant. S'il l'avait en face ou par derrière, il pourrait prendre la mauvaise habitude de *loucher* [*].

305. Après cela, nous laisserons bébé dormir en paix aussi longtemps qu'il lui plaira.

RÉSUMÉ (à réciter).

1. Si j'ai à soigner mon petit frère ou ma petite sœur, je l'habillerai chaudement; *je ne serrerai pas ses langes.*

2. Je ne lui mettrai qu'un seul bonnet; *je changerai ses langes* aussitôt qu'ils seront mouillés.

QUESTIONNAIRE

298. Quel est le meilleur berceau ?
299. De quoi le garnit-on ?
300. Parlez des avantages et des inconvénients de la laine, du crin, et des autres matériaux employés pour la literie du nourrisson.
301. Comment entretient-on cette literie ?
302. Comment doit-on coucher un tout jeune enfant ?
303. Le berceau est-il bien placé à ras du sol ?
304. Quelle précaution y a-t-il à prendre pour la vue de l'enfant ?
305. Limite-t-on le sommeil de l'enfant ?

51ᵉ LECTURE. La coiffure du bébé.

Coiffer un bébé, voilà qui ne doit pas être long, dira-t-on, car un petit enfant n'a guère de cheveux à peigner. C'est vrai, mais ce n'est pas une raison pour négliger la toilette de sa petite tête; il faut se garder d'y laisser accumuler cette crasse que des nourrices ignorantes ne veulent pas enlever; il est nécessaire, au contraire, de maintenir parfaitement propre le cuir chevelu en y passant journellement un linge souple ou une brosse douce.

Les bonnets ne devront pas être épais et il suffira toujours d'en mettre *un seul;* il est mauvais de surcharger la tête comme on le fait encore dans les campagnes. Beaucoup de mères laissent à présent les enfants tête nue; c'est une mode anglaise qui n'a guère d'inconvénient dans les maisons de ville, mais qu'on ne peut pas recommander absolument pour la campagne. La tête du nouveau-né est très délicate; les os du crâne ne sont pas soudés dès les premiers temps de la vie; ils laissent entre eux en deux endroits, sous la peau, un espace qu'on appelle les *fontanelles* et qui ne se ferme entièrement que vers deux ans. Un bonnet est utile pour préserver en quelque mesure la petite tête, surtout quand le bébé, comme il arrive souvent, est confié à la garde de ses frères et sœurs qui ont parfois plus de bonnes intentions que de prudence.

52ᵉ LECTURE. Comment il faut tenir et porter un petit enfant.

Nelly est souvent chargée de garder sa petite sœur. Au lieu de la tenir toujours serrée dans ses bras, elle s'assied sur une chaise basse, met les pieds sur un petit banc et forme ainsi avec ses genoux une sorte de berceau où le bébé peut rester étendu sans que rien le presse; un des bras de Nelly sert d'oreiller à la petite tête qu'il ne faut

3. Je laverai le bébé avec beaucoup de soin.

4. En le portant dans mes bras, je soutiendrai bien sa tête et ses reins.

5. Quand il voudra dormir, je le coucherai un peu sur le *côté* dans son petit berceau d'osier.

6. Je mettrai le berceau à l'abri des *courants d'air*.

7. J'aurai soin que tout ce qui garnit le berceau soit toujours propre et sec.

III. — L'alimentation du petit enfant.

306. Le petit enfant s'éveille et réclame sa nourriture.

307. Sa nourriture, c'est le lait de sa mère; *il n'y en a pas de meilleure pour lui.*

308. On conseillait bien à madame Picard, de mettre son petit Jean en nourrice. « Il vous occupera trop, lui disait une voisine; vous ne pourrez plus travailler à votre état. » Madame Picard, fait des « modes » chez elle, et il est sûr qu'elle confectionnera quelques chapeaux de moins par semaine si elle garde son enfant.

Mais son mari lui a dit : « Est ce que les mois de nourrice ne nous coûteront pas aussi fort cher? Et la santé de notre enfant? n'a-t-elle pas plus de prix à nos yeux que l'argent? N'aura-t-il pas à souffrir, si nous le confions aux soins d'une étrangère? »

Madame Picard n'a pas eu de peine à se laisser persuader. Elle a lu dans un petit livre que lui a prêté son médecin des renseignements peu rassurants sur le nombre de petits enfants qui meurent en nourrice. Après cette lecture, il lui aurait semblé qu'envoyer son petit Jean loin d'elle, alors qu'elle pouvait le garder, c'était presque manquer à son devoir de mère. Elle a donc gardé Jean.

309. Elle lui donne de si **bonnes habitudes**

LIVRE DU MAITRE.

QUESTIONNAIRE

306. Que réclame l'enfant à son réveil ?
307. Quelle est pour lui la meilleure nourriture ?
308. Y a-t-il des raisons pour éviter de mettre un enfant en nourrice ?
309. Quelles bonnes habitudes peut-on donner à de petits enfants ?

pas laisser aller en tous sens : la petite sœur n'a pas encore deux mois et ne peut pas soutenir sa tête qui vacille sur son cou. On s'en aperçoit mieux encore quand on promène la petite. Aussi Nelly la porte-t-elle étendue sur ses deux bras ou bien appuyée contre sa poitrine; jusqu'à quatre ou cinq mois, les reins de l'enfant sont trop faibles pour soutenir le poids du haut du corps, et il n'est guère bon pour lui d'être assis sur le bras qui le porte. Nelly a grand soin de n'avoir jamais à son corsage des épingles ou des aiguilles qui pourraient piquer sa petite sœur.

LEÇON A DÉVELOPPER

Donner quelques-unes des raisons pour lesquelles le **régime lacté** est le seul qui convienne aux petits enfants. Expliquer que le lait est un **aliment complet** qui réunit, exactement dans les proportions voulues, toutes les substances nécessaires au développement du corps. Combattre le préjugé d'après lequel les bouillies ne seraient pas nuisibles aux petits enfants; les bouillies n'ont pas besoin d'être *mâchées*, il est vrai, mais il faut qu'elles soient *digérées*; impossibilité de les digérer pour l'enfant dont le tube digestif ne contient pas alors les sucs nécessaires. Parler des dangers d'une alimentation solide prématurée.

53ᵉ LECTURE. **Les pesées.**

La pratique des pesées est très utile. *Un enfant dont le poids reste stationnaire est un enfant malade.* S'il est bien portant, son poids s'accroîtra au contraire de 130 à 160 grammes par semaine pendant les premiers mois, de 90 à 120 grammes après le cinquième mois.

pour la nourriture et le sommeil que le petit ne l'occupe pas autant qu'on le croirait. Jean ne tette que *toutes les deux heures.*

La nuit, *il dort sans rien demander de onze heures du soir à cinq heures du matin ;* cela permet à la mère de se bien reposer.

310. L'enfant « vient » à merveille ; sa bonne mine le dit assez.

Cependant, pour mieux s'assurer encore qu'il prospère, madame Picard le **pèse** chaque semaine dans sa balance de ménagère. Elle sait que *le poids d'un enfant bien portant doit augmenter en moyenne de 20 à 30 grammes par jour pendant les cinq premiers mois et de 10 à 15 grammes pendant les sept mois suivants.*

311. Madame Picard ne **sévrera** * pas son poupon **de bonne heure.**

Elle se garde bien de le « faire manger » tant que son lait lui suffit.

Elle sait que chez beaucoup d'enfants la grosseur n'est pas un signe de santé, et elle préfère aux grosses joues blanches « boursouflées » de bonnes petites joues fermes, égayées par deux yeux *bien éveillés.*

312. Elle commencera, quand il aura huit ou dix mois, à lui donner quelques **soupes légères.**

Déjà elle a copié sur un petit carnet les recettes suivantes indiquées par un hygiéniste * qui s'est occupé toute sa vie des petits enfants :

1re RECETTE. « Mettez de la mie de pain au four ; « quand elle sera légèrement grillée, faites-en avec « de l'eau ou du lait et un peu de sucre une *soupe* « *d'autant plus claire que l'enfant est plus jeune.* »

2e RECETTE. « Faites bouillir pendant deux heures « de la mie de pain dans de l'eau. Écrasez-la bien. « **Ajoutez un peu de lait, du sel ou du sucre.** »

QUESTIONNAIRE

310. Y a-t-il un moyen sûr de constater si l'enfant dépérit ou prospère ?
311. Faut-il se presser de donner une nourriture solide aux enfants ?
312. Donnez des recettes de petites soupes pour les enfants.

Le nouveau-né devrait toujours aussi être pesé le jour de sa naissance (poids moyen des enfants à leur naissance 6 livres 1/2). Il perd un peu de son poids pendant les trois premiers jours, mais il doit l'avoir retrouvé du septième au dixième jour. Un enfant pèse-t-il moins au bout d'une semaine qu'à sa naissance ? Vous pouvez être assuré qu'il est mal nourri et il faut changer sans tarder les conditions de son allaitement.

54ᵉ LECTURE. Un mal redoutable.

Le Dʳ Parrot, mort récemment, a étudié sous le nom d'**athrepsie** un état dans lequel l'enfant dépérit sous l'influence d'une mauvaise alimentation. L'amaigrissement est le symptôme principal de cet état qui s'accompagne aussi, suivant la période qu'il a atteinte, de diarrhée, de vomissements et enfin de refroidissement et de convulsions. Le **muguet** survient souvent aussi dans l'athrepsie. L'intérieur de la bouche, chez l'enfant affaibli par une mauvaise alimentation, se recouvre de pellicules blanchâtres qui ne sont autre chose que des amas de champignons microscopiques. Le muguet est contagieux; on le combat par l'*eau de chaux*; mais le vrai remède consiste à relever la santé générale de l'enfant par une meilleure alimentation.

55ᵉ LECTURE. La dentition.

Le petit enfant met, en général, de 16 à 28 mois à « faire » ses vingt dents. Les premières, qui sont les incisives moyennes inférieures, apparaissent du 6ᵉ au 8ᵉ mois.

Après la 12ᵉ dent, il y a un intervalle de repos de 4 ou 5 mois dont on peut profiter pour sevrer l'enfant.

La dentition éprouve toujours plus ou moins les enfants. Quand elle s'accompagne de troubles graves chez les enfants accoutumés trop tôt à une nourriture solide, il faut les réduire au plus vite à l'allaitement seul.

La dentition est plus pénible pendant l'été qu'en hiver.

Aussi le chiffre de la mortalité chez les jeunes enfants s'élève-t-il toujours pendant les fortes chaleurs.

3ᵉ RECETTE. « Dans du lait bouillant, coupé d'un peu d'eau, jetez une cuillerée de semoule ou de tapioca. Laissez cuire vingt minutes pour la semoule, dix minutes pour le tapioca. »

313. Quant à la soupe au **bouillon gras**, petit Jean n'en goûtera pas avant d'avoir huit ou dix mois.

314. Madame Picard veut être **très prudente.** On lui a dit que *presque toutes les maladies des petits enfants ont pour cause une* **alimentation prématurée.**

Un enfant est **mal alimenté**, en effet, quand on le nourrit trop tôt de choses *qui ne conviennent pas à son estomac.*

Du *lait*, toujours du *lait*, voilà ce qu'il faut aux petits enfants.

Les aliments *solides* ne sont pas faits pour eux ; *ils ne les digèrent pas* ou les digèrent mal.

315. Un nourrisson qu'on fait manger à sept ou huit mois comme un petit homme, au lieu de s'en tenir pour lui au *lait* de sa nourrice et à des soupes peut prospérer *en apparence* pendant quelque temps ; mais vienne la *dentition* * vous le verrez souffrir et probablement mourir des suites de la *diarrhée** ou des *convulsions* *.

316. Le proverbe a raison : «Enfant trop tôt nourri, bel enfant jusqu'aux dents. » Après les dents, chétif personnage.

317. Tous les bébés n'ont pas l'heureuse chance d'avoir une maman comme celle de petit Jean.

Par exemple, la voisine de madame Picard, qui travaille toute la journée dans un atelier, a bien été obligée de placer son enfant chez une nourrice.

Mais elle a eu la satisfaction d'en trouver une bien portante, et habitant le voisinage ; elle lui fait de **fréquentes visites** ; elle voit par elle-même si

QUESTIONNAIRE

313 La soupe au bouillon convient-elle aux enfants ?
314 Une alimentation solide prématurée a-t-elle des inconvénients ?
315. Lesquels ?

316. Citez un proverbe à ce sujet.
317. Quelles précautions prend une mère, obligée de mettre son enfant en nourrice ?

56ᵉ LECTURE. Mortalité des enfants.

Le nombre total des enfants, en France, est de 10 000 000 environ. Le chiffre annuel des décès d'enfants — individus âgés de moins de quinze ans — est en moyenne de 650 000.

Ce nombre se décompose pour les trois périodes de l'enfance de la façon suivante :

1ʳᵉ période : 0 à 1 an, décès : 156 sur 1 000
2ᵉ   —   1 à 5 ans,   —   34,6 sur 1 000
3ᵉ   —   5 à 15 ans,   —   7,29 sur 1 000

La mortalité de la première période est donc quatre fois plus forte que celle de la seconde et vingt et une fois plus forte que celle de la troisième. Ces chiffres montrent, sous une forme saisissante, la fragilité de l'enfant dans les premiers temps de la vie.

Ces renseignements sont empruntés, comme aussi quelques-uns de ceux qu'on trouvera plus loin, aux *Leçons d'hygiène infantile* du docteur Fonssagrives.

57ᵉ LECTURE. Grand air et santé.

A la mauvaise alimentation, il faut ajouter, comme cause de mortalité, la réclusion dans des chambres mal aérées.

Beaucoup de maladies, plus fréquentes dans les villes que dans les campagnes, ont pour cause principale l'absence d'exercice au grand air et au soleil. Les enfants élevés presque constamment dedans sont sujets à une foule de maladies des os, entr'autres à la *coxalgie*, qui les empêche de marcher pendant des années entières et les laisse souvent boiteux quand elle ne les tue pas. Il n'est pas rare, dans nos grandes villes, de voir de pauvres enfants, souffrant de ce terrible mal, étendus dans de petites voitures qu'ils ne quittent que pour retrouver dans leur lit la même position.

La privation d'air pur et de soleil pendant l'enfance prédispose aussi pour le reste de la vie à beaucoup d'autres maladies parmi lesquelles il faut citer la *phtisie*.

l'enfant va bien, si on le tient **proprement**, si sa petite figure exprime le **bien-être**.

D'ailleurs, la nourrice, qui est une bonne femme, prend soin de son nourrisson autant que de ses propres enfants.

Ce n'est pas elle qui le laisserait pleurer longtemps dans un lit mouillé ! Elle veut que l'enfant ait bonne mine et qu'on lui en fasse des compliments.

Du reste, elle en a déjà élevé cinq ; et le médecin inspecteur lui a dit lors de sa dernière visite : « Bravo, madame Remond ! C'est plaisir que de voir vos petits pensionnaires ; il faudra que je demande une récompense pour vous. »

318. Une autre voisine de madame Picard est tombée gravement malade peu de temps après la naissance de sa petite fille; elle a dû renoncer à la nourrir.

Comme on était à la campagne, dans un pays de pâturages et de bonnes vaches laitières, le médecin a conseillé l'*allaitement artificiel* au biberon.

« Ce mode de nourrissage réussit quelquefois très bien, a-t-il dit, mais *il demande beaucoup de soins.* »

319. Nelly, la sœur aînée d'Éva, qui a près de treize ans, s'est chargée d'être sa petite maman. Elle prépare tous ses repas.

Elle se fait toujours donner du lait de la même vache.

Fig. 37. — Nelly fait chauffer au *bain-marie* le lait de la petite Éva.

Elle a soin de le couper d'eau.

QUESTIONNAIRE

318. Peut-on élever un enfant sans nourrice?
319. Énumérez les soins à prendre quant au choix du lait, à sa température, à la propreté du biberon.

58ᵉ LECTURE. Indispositions des petits enfants.

Le petit enfant ne peut pas expliquer ce qu'il éprouve lorsqu'il est malade. C'est aux personnes qui le soignent à l'observer pour se rendre compte de ce qu'il a.

La *physionomie* de l'enfant, son plus ou moins de gaieté, est un indice sûr de son état de santé; quand les traits sont contractés, quand le nez s'effile, l'enfant souffre.

Les *cris*, chez les enfants *bien élevés*, c'est-à-dire habitués à des heures de repas régulières, annoncent presque toujours un malaise. En rechercher la cause : langes trop serrés, épingles blessant l'enfant, froid aux pieds, mauvaise digestion, etc. Si le petit enfant pleure par caprice, ces cris cesseront quand on l'exposera à une vive lumière; continue-t-il à crier? c'est qu'il ressent un mal quelconque.

La *température*, chez le petit enfant, est à peu près la même que chez l'adulte; mais son *pouls* est beaucoup plus fréquent — 120 à 140 pulsations par minute. — Ne pas prendre cette rapidité du pouls pour de la fièvre. L'enfant respire aussi plus fréquemment : 40 respirations environ par minute.

59ᵉ LECTURE. L'allaitement au biberon.

L'allaitement au biberon demande des soins minutieux.

Le lait de vache, qu'on choisit le plus habituellement, contient trop de matières grasses, trop de caséine (caillé), pas tout à fait assez de sucre et il s'aigrit facilement. Aussi ne le donne-t-on pas pur à l'enfant; il est bon de le couper au début d'un tiers, plus tard d'un cinquième d'eau. On le sucre légèrement, et parfois, on y ajoute un peu d'eau de chaux pour en retarder la fermentation.

Dans le premier mois, 150 à 500 grammes de lait suffisent par jour. Il faut ensuite augmenter la dose de 100 grammes environ par mois jusqu'à ce qu'on soit arrivé à 900 ou 950 grammes.

Le *bain-marie* est le meilleur mode de chauffage, parce

Elle le réchauffe au **bain-marie** (fig. 37). Elle y plonge son doigt avant de le donner à Éva pour s'assurer qu'il est à peu près à *la température du corps*.

Après chaque repas de la petite, elle **démonte** toutes les pièces du biberon, les **lave** et les **sèche**.

320. Grâce à ces précautions, la petite Éva ne s'aperçoit pas trop que le lait de sa mère lui manque, et ses bonnes joues font honneur à Nelly.

RÉSUMÉ (à réciter).

1. La meilleure nourriture pour un petit enfant est le *lait* de sa mère *ou celui d'une bonne nourrice*.
2. Le nourrissage au biberon peut réussir quand il est employé avec des soins extrêmes et minutieux.
3. Un enfant ne doit être nourri que de *lait* jusqu'à huit ou dix mois.
4. Les enfants auxquels on donne trop tôt des *soupes* et une *nourriture solide* ne résistent pas à la crise de la dentition.
5. Ils ont souvent les jambes torses, « en cerceau ».
6. Ils sont sujets à la diarrhée qui les affaiblit, aux convulsions qui les enlèvent.

INSTRUCTION CIVIQUE. — **Lire :** Protection des enfants. — Carnet de nourrice. — Inspection des enfants en nourrice (p. 205).

IV. — Jeux et promenades de petit Jean.

321. Petit Jean commence à devenir curieux. Il est capable d'autre chose que de manger et de dormir.

Quand il s'éveille, il regarde autour de lui.

Il gazouille tout doucement on ne sait quoi dans son berceau (fig. 38).

Il prend à pleines mains son pied rose, qu'il essaye de faire arriver jusqu'à sa bouche, et il lui adresse des discours..... que lui seul comprend.

QUESTIONNAIRE

320. Le succès est-il possible avec ces soins ?

321. Parlez du moment où l'enfant commence à s'occuper de ce qui l'entoure.

qu'il expose moins le lait à tourner; le lait doit être à la température de 30° à 36°.

Le **nettoyage** du biberon est de première importance pour le succès de l'allaitement; dans un biberon mal nettoyé se développent en foule des végétaux microscopiques qui peuvent avoir la plus fâcheuse influence sur la santé de l'enfant. Aussi faut-il laver à la brosse et à plusieurs eaux tout l'appareil, puis le bien sécher. Pour faciliter ce nettoyage, il est prudent de choisir un système simple et, autant que possible, tout en verre.

LEÇON A DÉVELOPPER

Pourquoi il ne faut pas s'occuper du petit enfant dans les moments où il n'a besoin de rien. Fatigue inutile qu'on impose à ses nerfs délicats en lui parlant lorsqu'il est tranquille. Inconvénient qu'il y aurait, pour son caractère, à ce qu'il vît chacun s'empresser autour de lui; l'enfant qu'on ne laisse pas un peu à lui-même devient exigeant, volontaire. La mère doit veiller sur lui sans qu'il s'en doute.

60ᵉ LECTURE. Jeux tranquilles.

En regardant, en écoutant, en touchant les choses à sa portée, le petit enfant *apprend*, il fait une foule de petites expériences utiles qui développent son intelligence sans le fatiguer. On le fatigue bien davantage, on ébranle ses organes si délicats en détournant violemment son attention de ce qu'il observait. Tant que l'enfant ne s'ennuie pas dans son berceau, il est inutile de se presser de le lever; un moment de calme après le réveil est excellent pour lui. De même il ne faut pas l'habituer, dans le reste de la journée, à être constamment porté, secoué, distrait. Dès qu'il peut jouer avec les petits objets qu'on lui donne, sa mère le laisse s'amuser seul, l'encourageant seulement de temps à autre, tout en vaquant à ses occupations, par un sourire, un signe de tête ou quelques paroles.

322. Dans ces moments-là, sa mère se garde bien de se montrer, de lui parler bruyamment, de le secouer pour le faire rire.

Elle le laisse, tant qu'il est content, à ses petites réflexions.

Le petit enfant a besoin de **calme**.

Fig. 38. — La mère laisse Bébé, tant qu'il est content, à ses petites réflexions.

323. Quand elle l'aura levé, la mère tâchera de l'emmener à la promenade ou de l'installer dans la cour ou dans le jardin, si on est à la campagne.

324. *Le petit enfant a besoin, plus encore que les grandes personnes,* d'**air pur** et de **soleil**.

S'il vit toujours enfermé dans la maison, il **s'étiole** comme une petite plante qui croîtrait dans une cave.

Il sera chétif et malingre toute sa vie.

325. Savez-vous où le petit Jean passe ses meilleurs moments?

Sur une couverture que madame Picard étend devant la porte (fig. 39).

Elle assied bébé au beau milieu, lui donne une racine de guimauve ou une croûte de pain à mâchonner et le surveille tout en travaillant.

326. Jean essaye ses forces en se roulant sur la couverture; il tente de se relever tout seul quand il est sur le côté; cela fortifie ses petits reins.

Le voilà qui a réussi à se mettre à quatre pattes et qui se traîne, en soufflant très fort, à la rencontre de son père.

QUESTIONNAIRE

322. Vous occuperez-vous d'un petit enfant qui s'amuse tout seul ?
323. Est-il bon de tenir les enfants enfermés dans la maison ?
324. Que faut-il à l'enfant ?
325. Un enfant doit-il être constamment tenu sur les genoux ?
326. A quoi sert de l'asseoir par terre pour le faire jouer ?

61ᵉ LECT. « Jean qui pleure et Jean qui rit. »

Il y a des personnes sur les bras desquelles un petit enfant est toujours content et sage: il y en a d'autres qui ne peuvent soigner un bébé une demi-heure sans qu'il devienne criard et désagréable. Cécile est des premières, Henriette est des secondes. Chacune d'elles a un petit frère qui s'appelle Jean.

Cécile rentre de l'école et prend vite Jean sur ses bras pour soulager sa mère. Elle s'assied et Jean joue un moment avec les doigts de sa sœur, avec les boutons de son corsage, voire même avec ses tresses qu'il commence à tirer très fort. Mais le petit bonhomme en a bientôt assez d'être tranquille et fait comprendre à sa sœur, en s'agitant sur ses genoux, qu'il a bien envie de se promener. Cécile l'emmène vers la fenêtre où Jean passe bien cinq minutes à essayer de tambouriner sur la vitre et à regarder les mouches. Au bout de ce temps, il voit passer le chien Médor, un de ses bons amis. Grande joie du bébé, mais aussi, vif désir d'aller trouver Médor. La bonne Cécile, toujours complaisante, porte Jean dans la cour, se baisse pour lui faire caresser Médor, le bon Médor dont elle lui fait remarquer la gentillesse ; elle lui recommande de le caresser doucement, de ne pas tirer le poil de ce brave animal, ce qui le ferait crier. Médor parti, Jean, qui est un bébé très éveillé, avise dans le mur l'anneau de fer auquel on attache le cheval quand on le panse. Il fait signe en se jetant de ce côté qu'il voudrait aller le saisir. Cécile s'approche ; Jean empoigne l'anneau de ses deux petites mains, redresse ses reins, se lève presque droit en se suspendant à l'anneau et en arcboutant ses pieds contre sa sœur ; il se donne beaucoup de peine, il souffle, il pousse de petits cris, il est ravi. Jean n'a pas songé à pleurer une seule fois depuis que Cécile le tient? Pourquoi? Parce qu'il a été constamment *occupé* de choses qui l'intéressent, parce qu'il a essayé ses forces, satisfait son besoin de mouvement et de variété, exercé sa petite intelligence. Dans le quartier, on appelle ce Jean-là, « Jean qui rit. »

327. Un de ces jours, Jean se dressera avec grand effort sur ses jambes. Il tombera plus d'une fois avant que les jambes aient la force de le porter; mais la couverture l'empêchera de se blesser.

Il répétera ses essais et *il apprendra à marcher tout seul*.

328. Soyez sûres que Jean n'aura pas les jambes courbées en parenthèses comme ces malheureux enfants qu'on veut à tout prix **faire marcher** trop tôt en les soutenant avec des lisières.

Fig. 39. — Les premiers pas.

RÉSUMÉ (à réciter).

1. Le petit enfant a besoin de calme. On ne doit pas l'étourdir en lui parlant et en le remuant sans cesse.

2. Le petit enfant a besoin d'*air pur* et de *soleil*. Il faut le sortir beaucoup.

3. Il ne faut pas apprendre trop tôt à marcher à un enfant, sous peine de voir se courber ses jambes, trop faibles pour le poids de son corps.

V. — La mère institutrice.

329. Tandis que le corps de l'enfant grandit et se fortifie, la mère doit veiller aussi au développement de son **intelligence**, de sa **conscience** et de son **cœur**.

330. Le petit enfant s'instruit bien longtemps avant d'aller à l'école par tout ce qu'il voit, ce qu'il sent et ce qu'il entend.

QUESTIONNAIRE

327. Comment un enfant apprend-il le mieux à marcher ?
328. Qu'arrive-t-il lorsqu'on fait marcher trop tôt un enfant ?
329. La mère se contente-t-elle de veiller au développement physique de son enfant ?
330. L'enfant ne commence-t-il à apprendre que le jour où il entre à l'école ?

Le Jean d'Henriette, hélas! c'est « Jean qui pleure. » Il est si malheureux quand sa sœur le tient! Elle s'installe sur une chaise devant la porte, et cause avec ses camarades sans plus s'inquiéter du bébé que si elle ne l'avait pas sur les genoux.

Une belle charrette de foin est arrêtée tout près sous un hangar et Jean grille d'envie d'aller la voir de près et de tirer les petits brins d'herbe ; il le fait assez comprendre par ses trépignements d'impatience et son regard fixé sur la charrette. Mais Henriette ne voit rien et fait la sourde oreille à tout, sauf à ce que lui raconte en ce moment une de ses amies. Quand elle se décide à se lever, elle exécute une promenade de long en large qui n'amuse pas longtemps le pauvre Jean. Son ennui finit par une crise de pleurs. « Oh! le vilain grognon! s'écrie Henriette en le rapportant à sa mère. Il ne sait que crier. »

— Oh! la stupide petite sœur, dirait Jean s'il pouvait parler. Elle ne sait pas qu'un bébé de mon âge a besoin de remuer et de faire connaissance avec toutes les choses curieuses qui l'entourent. »

LEÇON A DÉVELOPPER

Qu'il faut répondre **aux questions** du petit enfant; ne lui imposer silence que s'il se fait un jeu de vous fatiguer par ses interrogations.

S'il demande des explications sur un sujet au-dessus de sa portée, dire qu'on lui répondra quand il sera plus grand, plus capable de comprendre.

S'il fait une question à laquelle il convient de ne pas répondre, éviter de dire : « cela ne regarde pas les enfants », car cette réponse exciterait plus encore sa curiosité sans la satisfaire.

Grand nombre de faits utiles qu'on peut apprendre à l'enfant, bons sentiments qu'on peut éveiller chez lui en répondant judicieusement à ses questions.

C'est à la mère presque seule que revient le soin de cette première éducation; elle doit mettre toute sa patience à la bien diriger et ne la point contrarier comme le font quelquefois les personnes ignorantes.

331. Le petit enfant aime à toucher, à tenir dans ses mains les objets qu'il voit, pour faire connaissance avec eux. Il ne faut pas croire que ce soit pour *faire une sottise* que l'enfant saisit tout ce qu'il aperçoit de nouveau autour de lui.

Quand il s'empare d'une chose qu'il court risque de détériorer, enlevez-la-lui, s'il le faut, avec douceur et sans le gronder. Mais faites mieux si vous en avez le temps : permettez-lui de la bien **observer** avant de vous la rendre, *observez-la avec lui*.

Il sera beaucoup moins tenté de s'en emparer de nouveau et, de plus, vous lui aurez appris quelque chose et vous l'aurez rendu **attentif**.

332. Le petit enfant cherche à **apprendre**; dès qu'il peut parler, il fait beaucoup de questions.

333. La mère doit *répondre à ces questions*, lui **expliquer** ce qu'il peut comprendre et ne pas le rebuter comme on a le tort de le faire souvent en disant avec brusquerie : « Tais-toi donc : tu m'ennuies ; laisse-moi tranquille. »

334. La curiosité du petit enfant est *une bonne chose* qu'il ne faut pas décourager, mais qu'il faut savoir diriger et régler.

335. Quand l'âge de l'école arrive, le rôle de la mère n'est pas fini.

L'enfant ne comprend-il pas bien sa leçon ? C'est à sa mère qu'il va demander secours.

Est-il attristé d'avoir eu une mauvaise place ? « Ne te décourage pas, dit la mère. Une autre fois tu réussiras mieux. Tu le vois, tu as travaillé trop mollement ; mets dorénavant plus d'ardeur à l'étude. »

QUESTIONNAIRE

331. Pourquoi le petit enfant aime-t-il a *toucher* les choses qu'il voit ?
332. Pourquoi questionne-t-il ?
333. Doit-on répondre à ses questions ?
334. La curiosité de l'enfant est-elle une bonne chose ?
335. Que fait la mère quand l'enfant est à l'école ?

62ᵉ LECTURE. Causerie avec Lili.

Une mère ou une sœur aînée n'a pas besoin d'être très savante pour donner à un petit enfant une leçon utile ; il lui suffit de causer avec lui des objets qu'il voit chaque jour, pour lui apprendre bien des choses et bien des mots nouveaux.

Voici un exemple de ces petites leçons familières :

Jeanne, tout en causant, garde sa petite sœur Lili qui a trois ans et demi. Lili est lasse de s'amuser et elle a envie, pour changer, de chercher quelque petite sottise à commettre. Elle mouille son doigt et le passe avec obstination sur la table devant laquelle travaille Jeanne. Jeanne est bien tentée de gronder Lili pour la faire finir, mais elle se dit que mieux vaut chercher à l'occuper afin qu'elle ne pense plus à mal faire.

— Voyons, Lili, dit-elle sans quitter des yeux son ouvrage, sur quoi passes-tu si souvent ton doigt ?

— Sur la table, répond Lili qui parle assez couramment.

— Eh bien ! au lieu de passer toujours au même endroit, montre-moi donc avec ton doigt tous les « coins » de la table.

Lili, enchantée d'avoir à changer de place, se met à trotter autour de la table et en montre successivement tous les angles.

— Combien as-tu trouvé de coins ? reprend Jeanne.

— Quatre.

— C'est juste. La table a quatre coins ou angles. Puisque tu sais si bien compter, compte à présent les pieds de la table.

— Il y en a aussi quatre.

— Cherche dans la chambre s'il y a d'autres choses ayant quatre pieds.

— Oui ; la chaise, le tabouret.

— Bien. Montre-moi le tiroir de la table. Ouvre-le. Je te permets de ranger les pelotons qui sont dans le tiroir. »

Lili se met à cette tâche avec zèle.

En quelques minutes elle vient de prendre une leçon de langage, de calcul et d'ordre.

De plus, par ses questions, sa sœur l'a amenée à bien **observer** ce qu'elle voyait et à **réfléchir**.

L'ÉDUCATION DES ENFANTS.

Quelle bonne aide pour l'instituteur ou l'institutrice qu'une mère de famille intelligente!

336. Le petit enfant a une **intelligence**; il a aussi une **conscience** et un **cœur** qu'il faut **former**.

Si vous voulez faire tout votre devoir quand vous serez mère de famille, vous travaillerez à rendre votre enfant *honnête et bon*.

337. *Vous éloignerez de lui les mauvais exemples*, dans votre maison et hors de la maison.

338. Vous lui donnerez de **bonnes habitudes**. Vous lui apprendrez dès son plus jeune âge à **obéir**.

339. Ne cédez pas à *ses caprices*; une mère qui *permet une chose après l'avoir défendue* parce que l'enfant a pleuré, rend son enfant capricieux et volontaire.

Avec de la **fermeté**, on facilite au contraire l'obéissance à l'enfant qui sait que votre *oui* est *oui*, votre *non*, *non*.

FIG. 40. — La bonne mère.

340. La mère doit avoir à la fois beaucoup de **fermeté** et beaucoup de **douceur** (fig. 40).

La douceur et la tendresse sont nécessaires au cœur du petit enfant. Il faut qu'il se sente aimé pour *apprendre à aimer à son tour*.

341. Qu'il s'habitue à se rendre utile aux autres, à éviter ce qui peut leur faire de la peine.

Rendez-le **compatissant**[a] pour les animaux. Ne

QUESTIONNAIRE

336. Qu'y a-t-il encore, outre l'intelligence, à développer chez l'enfant ?
337. Les mauvais exemples sont-ils à redouter pour lui ?
338. Quelles sont les bonnes habitudes qu'il importe de lui faire contracter ?
339. Que devient un enfant dont on satisfait les caprices ?
340. La fermeté est-elle la seule qualité utile à la mère pour élever ses enfants ?
341. Pensez-vous qu'on doive s'efforcer de rendre les enfants compatissants ?

LEÇON A DÉVELOPPER

Bonnes habitudes que la mère doit s'efforcer de former chez ses enfants : dire toujours *la vérité;* obéir et obéir *immédiatement;* s'occuper soi-même de ses affaires et ne pas recourir sans cesse aux autres (toilette : s'habiller seul aussitôt que possible; ordre : ranger soi-même ses livres, cahiers, etc.); supporter courageusement ses petits maux; manger de tout sans consulter sa gourmandise, travailler avec suite, etc. Faire remarquer que les mères, par **faiblesse** et par **tendresse mal entendue**, favorisent souvent le contraire de ces bonnes habitudes. Fâcheux résultat de leur faiblesse. Qu'elles doivent mettre de l'**esprit de suite** et de la **fermeté** dans la direction de leurs enfants.

63ᵉ LECTURE. La mort du faon.

Récit d'un vieillard.

« J'avais sept ans. Je courais et jouais avec les enfants
« de mon âge. Je faisais tout ce que faisaient mes cama-
« rades, sans penser à mal, par imitation.
 « Un jour, ils rencontrèrent un chien perdu; ils s'empa-
« rèrent de lui, ils lui attachèrent une vieille casserole à la
« queue et puis ils le poursuivirent avec des cris sauvages;
« je courus avec les autres, criant de toutes mes forces.
« Quand nous fûmes las de courir, on reprit le malheureux
« chien, on inventa d'autres jeux dont il fit les frais. Sa tor-
« ture dura toute la matinée du jeudi; l'heure du repas seule,
« venant à sonner, délivra le misérable; chacun de nous
« s'en fut dîner, sans songer davantage à la pauvre bête.

le laissez jamais se livrer à des jeux cruels; un enfant capable de prendre plaisir à faire souffrir une bête deviendra un homme dur et méchant.

342. Que de choses à apprendre, n'est-il pas vrai, pour être un jour capables d'être de bonnes mères de famille! Pensez-y souvent.

Instruisez-vous afin de pouvoir soigner et instruire vos enfants; travaillez dès à présent à devenir chaque jour **meilleures**, afin de les rendre **bons** à leur tour.

Sachez d'ailleurs que vos enfants vous ressembleront par les dispositions du cœur et de l'âme comme par la taille et la figure. *Si vous prenez l'habitude du bien*, vos enfants seront portés au bien plus qu'au mal.

343. En vous attachant au devoir, vous travaillez, non seulement pour vous-mêmes, mais pour ceux que vous aurez mission d'élever un jour.

RÉSUMÉ (à réciter).

1. Quand je serai mère de famille, il faudra que je sois capable d'être l'institutrice de mes enfants.

2. Mon devoir sera de développer leur intelligence, leur conscience et leur cœur.

3. Je leur apprendrai à observer; je répondrai de mon mieux à leurs questions tout en m'appliquant à les rendre *discrets*.

4. Je les encouragerai dans leurs études.

5. Mon plus vif désir sera de les rendre honnêtes et bons.

6. J'éloignerai d'eux les mauvais exemples.

7. Je leur donnerai de bonnes habitudes. Par-dessus toutes choses, je les habituerai à *obéir*.

8. Je ne céderai pas à leurs caprices. Je m'efforcerai de les diriger avec autant de *fermeté* que de douceur. En les aimant et en me dévouant à eux, je leur enseignerai à aimer et à se dévouer à leur tour.

9. Je les rendrai compatissants.

QUESTIONNAIRE

342. Quelles réflexions vous suggère ce que vous venez de lire ?

343. Pour qui travaillez-vous en vous attachant fermement au devoir dès votre jeunesse ?

« Ma mère sut l'emploi de ma journée ; elle me gronda, me fit honte de ma méchanceté. Hélas ! je ne sais si les autres garçons ne furent pas grondés, mais le pauvre chien perdu ne fut pas leur dernière victime, et, plus d'une fois encore, je suivis les autres, je m'associai à leurs jeux barbares. J'étais petit ! j'étais enfant ! j'étais cruel. Quand ma mère voyait à mes yeux que j'avais été méchant, elle me reprochait sévèrement ma conduite et je comprenais, à son émotion, que je lui faisais beaucoup de peine. Mon Dieu ! disait-elle comme se parlant à elle-même, moi qui voudrais tant qu'il fût bon !

« Une fois, nous étions en visite chez mon grand-père, qui était garde-forestier. De bon matin, ma mère était sortie avec moi dans la forêt. Il faisait beau sous les grands arbres ; le temps était radieux et une paix, un calme ! Seul, le sifflement des merles rompait le silence, ou encore un froissement de feuilles lorsqu'un lièvre craintif fuyait dans le fourré. Dans une clairière, tout à coup, ma mère posa la main sur mon épaule : « Regarde ! » Une biche passait à dix mètres de nous ; à côté d'elle, son faon trottinait paisiblement ; un moment il s'attarda pour essayer de brouter une touffe d'herbe ; sa mère s'était arrêtée pour l'attendre, il courut la retrouver et frotta sa jolie petite tête sur son flanc ; je vis en plein ses yeux doux et confiants. Puis, sans se presser, tous deux disparurent dans le taillis.

« — Vois comme ces jolies bêtes vivent heureuses ici, me dit simplement ma mère.

« Le soir, nous retournâmes à la forêt. Le coucher du soleil empourprait le ciel ; on entendait le cor de chasse qui ralliait une meute et le galop de chevaux qui s'éloignaient. J'allais gaiement en avant quand, au détour d'un sentier, je vis une chose qui me cloua sur place : près du talus, un animal bondissait, puis retombait pour essayer de se relever encore et chaque fois il marquait la mousse de larges taches rouges. Je reconnus mon petit faon ! Ses deux jambes de devant étaient brisées par un coup de feu. Le pauvre être voulait fuir et à chaque effort il rou-

10. Pour être capable de faire un jour toutes ces choses, il faut que j'apprenne beaucoup tandis que je suis jeune. Il faut que je prenne l'habitude du *bien* et que je m'attache fermement dès à présent au devoir.

DROIT USUEL. — **Lire :** Tutelle. — Conseil de famille. — Subrogé-tuteur. — Inventaire des biens des mineurs. — Majorité. — Comptes de tutelle. — Émancipation (p. 203).

VI. — Les vieux parents.

344. Le cercle de famille n'est pas complet quand il ne compte pas quelque parent âgé, grand-père ou grand'mère des enfants qu'on élève (fig. 41).

345. Si vous avez le bonheur de conserver longtemps vos vieux parents, n'ayez pas de plus vif désir que de les avoir **auprès de vous.**

Fig. 41. — La grand'mère bien soignée.

346. La loi se borne à dire : « Les enfants doivent les aliments à leurs parents qui sont dans le besoin. » Elle oblige les enfants à les nourrir ou à leur donner une pension alimentaire.

Mais **l'affection** et la **reconnaissance** que vous devez à vos parents exigent *plus que la loi*. Elles veulent, non seulement que vous donniez le nécessaire à ceux qui vous ont élevés, mais *que vous entouriez de vos soins leur vieillesse, comme ils ont entouré des leurs votre enfance.*

347. Ce n'est pas dans **l'isolement** que doivent

QUESTIONNAIRE

344. Par qui se trouve bien complété le cercle de famille ?
345. Où est la place des vieux parents ?
346. Que dit la loi et que vous dit votre affection sur les soins qu'ils doivent recevoir de vous ?
347. Parlez de la vie que vos parents peuvent mener au milieu de vous ?

« lait sur le sol, meurtrissant son museau et sa langue rose,
« qui pendait; il haletait, râlait; puis, d'un bond désespéré,
« se redressait comme pour chercher du secours. C'était
« horrible à voir. La biche accourut, effarée, les naseaux
« palpitants ; alors les bonds cessèrent ; le faon s'abattit sur
« le sentier et laissa sa mère lécher ses blessures. Une dernière
« fois, je vis sa jolie tête se relever, ses beaux yeux
« si doux se voilèrent, son cou fléchit... puis plus rien, rien
« que le cri de la biche ; oh ! quel cri ! si plaintif, si prolongé !
« Je n'y pus plus tenir, je me jetai dans les bras de
« ma mère qui m'avait rejoint et je criai à travers mes sanglots
« : « Maman, maman ! pourquoi est-on si méchant ! »

« Et, me serrant contre elle, ma mère tout bas me dit ces
« seuls mots : « Sois bon ! »

« Elle me ramena tout en larmes à la maison du garde.
« Couché dans mon petit lit, le soir je pleurais encore et je
« mettais la tête sous les couvertures pour ne pas entendre
« au fond de la forêt la biche bramant après son faon mort.

« Ce jour-là, mon cœur d'enfant s'ouvrit à la sainte compassion
« et je me jurai de n'infliger jamais à aucun être
« une souffrance inutile. »

64ᵉ LECTURE. Les vieux parents.

Conserver longtemps ses vieux parents est une des plus grandes douceurs que l'existence puisse donner. Quand on les perd de bonne heure, on n'a pas eu assez de temps pour les aimer, souvent même on n'a pas su les aimer.

En effet, c'est en élevant des enfants à notre tour que nous sentons le mieux quelle tendresse et quelle reconnaissance nous devons à notre père et à notre mère.

Le grand-père ou la grand'mère que l'âge et les infirmités condamnent au repos est-il un membre inutile de la famille ? Oh ! non certes.

Le grand-père, assis près du feu, est peut-être sourd, sa voix est affaiblie, sa parole un peu embarrassée, son intelligence engourdie. N'importe. Par sa seule présence, il est pour

vieillir et mourir les parents : c'est *au foyer de leurs enfants.*

Gardez donc une place dans votre maison à votre père et à votre mère.

Supportez avec joie les charges que leurs infirmités peuvent introduire dans votre existence.

Au moment où la vie devient pour eux plus pénible et plus pauvre en jouissances, *réchauffez-les et égayez-les* par votre tendresse.

348. Vous agirez de même envers les parents de votre mari. Vous leur devez et vous devez à votre mari de vous dévouer à eux s'ils en ont besoin, comme à vos propres parents.

Ce devoir n'est pas toujours facile à accomplir.

Surmontez ces difficultés par votre **patience** et votre **douceur**.

N'oubliez pas que c'est aux jeunes à s'accommoder aux défauts des vieux, qui ont passé l'âge où l'on se corrige.

349. Les petites choses divisent souvent plus que les grandes : *sachez céder dans les petites choses.*

Ne soyez pas toujours occupées à peser comme dans une balance ce qu'on vous **doit** et ce que vous **devez** Ne craignez pas de faire trop gros poids de déférence affectueuse et d'égards à vos vieux parents.

Rappelez-vous d'ailleurs qu'il ne suffit pas de faire son devoir strictement et froidement. Le devoir n'est véritablement accompli que quand il l'est avec élan et chaleur de cœur.

350. La présence dans un intérieur du grand-père ou de la grand'mère est une précieuse ressource pour l'éducation des enfants; elle fournit l'occasion de leur apprendre de bonne heure à penser aux autres.

QUESTIONNAIRE

348. Est-ce aux vieux ou aux jeunes qu'il appartient de faire des concessions ?

349. Le devoir est-il vraiment accompli quand il l'est froidement ?
350. Qu'apprennent les enfants en vivant avec des vieillards ?

tous une invitation et un encouragement à bien faire. Car le grand-père, *c'est le passé de la famille.* Si, dans ce passé, on a été honnête, vaillant pour toutes les tâches, courageux et patient dans les difficultés, ne sommes-nous pas tenus, nous aussi, de porter bravement tous les fardeaux, de nous montrer fidèles aux bonnes traditions, d'être en un mot d'honnêtes gens pour honorer le nom que nous avons reçu sans tache ? Ce nom, il est porté par nos enfants qui sont, eux, *l'avenir,* l'avenir pour lequel nous devons travailler au lieu de borner égoïstement nos efforts à assurer le bien-être du moment présent. Entre nos enfants et nos vieux parents, nous comprenons le sens religieux de la vie où chacun de nous rend à son tour à d'autres êtres ce qu'il a reçu de ceux qui l'ont précédé.

LEÇON A DÉVELOPPER

Le respect. Comment il se manifeste. Pourquoi nous devons respecter les vieillards.

Nota. — Nous donnons le sommaire sous forme de leçon dialoguée, ce sujet, plus que tout autre, nous paraissant appeler cette forme.

En quoi la présence des grands parents est-elle utile pour leurs petits-enfants ?
Elle leur donne l'occasion d'apprendre le **respect.**

Est-ce que les enfants ne peuvent pas aussi apprendre le respect en le pratiquant à l'égard de leur père et de leur mère ?
Si. Mais envers les vieillards, il est encore plus difficile d'oublier le respect. Tout manque d'égards, si léger qu'il soit, est choquant lorsqu'il se montre à l'occasion des personnes âgées.

Comment témoigne-t-on son respect ?
Par mille petites choses qu'on ne remarque guère et dont personne n'a à vous remercier, mais qu'on ne peut

L'ÉDUCATION DES ENFANTS.

Les enfants sont trop disposés à croire que tout se fait pour eux dans la maison et à devenir égoïstes*. Il est salutaire qu'ils voient leurs parents s'occuper d'autres personnes que d'eux-mêmes.

LOI. — Les enfants doivent des *aliments* (on entend par là tout ce qui est nécessaire à la vie : logement, nourriture, vêtements) à leurs pères et mères, grands-pères et grand'-mères qui sont dans le besoin. Cette obligation est également imposée aux gendres et belles-filles à l'égard de leurs beaux-pères et belles-mères.

Les beaux-pères et belles-mères doivent réciproquement des aliments à leurs gendres et belles-filles lorsqu'ils sont aussi dans le besoin.

RÉSUMÉ (à réciter).

1. Gardez une place dans votre maison à vos vieux parents et que ce soit la *meilleure*.
2. Entourez de soins leur vieillesse.
3. *Égayez* par votre tendresse les derniers temps de leur existence.
4. Apprenez à vos enfants à vénérer leurs grands parents.

DEVOIRS DE RÉDACTION. — 1. Racontez une petite histoire dans laquelle vous mettrez en scène une jeune femme qui aime beaucoup son enfant, mais qui le soigne et l'élève mal parce qu'elle est très ignorante. (*Dév.* p. 109 a.)

2. Décrivez un berceau et sa garniture. Parlez de son entretien. (P. 109 b.)

3. Quels sont les devoirs d'une nourrice à l'égard de ses nourrissons. (*Dév.* p. 109 c.)

4. Parlez des accidents qui surviennent aux enfants qu'on nourrit trop tôt avec des aliments solides. (*Dév.* p. 109 d.)

5. Donnez la manière de préparer quelques soupes appropriées à l'alimentation du petit enfant. (*Dév.* p. 109 e.)

6. Quelle est la meilleure façon d'apprendre à marcher pour un enfant ? Quels inconvénients y a-t-il à faire marcher un enfant trop tôt. (*Dév.* p. 109 f.)

7. Pourquoi ne faut-il pas céder aux caprices des enfants ? (109 g.)

8. Dire par quels moyens vous rendriez un enfant bon et compatissant pour les animaux. (*Dév.* p. 109 h.)

9. Nos devoirs envers nos parents âgés. (*Dév.* p. 109 j.)

oublier sans surprendre beaucoup les gens bien élevés et ayant du cœur.

Citez quelques-unes de ces petites choses.

Se lever pour saluer un vieillard, au lieu de lui dire bonjour sans se déranger.

L'écouter avec déférence quand il parle.

Lui répondre sur un ton modeste, comme il convient quand on parle à qui a beaucoup plus d'expérience que soi.

Si le grand-père ou la grand'mère dîne à notre table, ne s'asseoir que quand il a lui-même pris place.

Ne jamais se laisser servir avant lui.

Eviter les conversations bruyantes qui pourraient le fatiguer.

Etre *attentif* à prévenir ses désirs. S'il cherche du regard un objet dont il a besoin, le lui présenter avant qu'il ait eu la peine de le demander, etc.

A côté de ces petites preuves de respect, y en a-t-il d'autres à donner aux vieillards ?

Oui. Prendre et écouter leurs avis.

Avoir plus de confiance dans leur jugement que dans le sien propre.

Si l'on ne peut pas partager sur un point leur manière de voir, réfléchir longtemps avant d'agir d'une façon opposée à leurs conseils.

Pourquoi cela ?

Parce que ceux qui ont beaucoup vécu en savent plus qu'un enfant qui vient d'entrer dans la vie et sont bien plus capables de juger sainement des choses.

Que pensez-vous des enfants qui n'éprouvent pas de respect pour les personnes plus âgées qu'eux ? Les blâmez-vous ?

Oui, et nous pensons de plus que ce sont de jeunes niais, qui se figurent qu'on peut savoir sans avoir appris. On n'apprend à bien vivre qu'en vivant, comme on apprend à forger en forgeant. Un vieillard, fût-il ignorant de beaucoup de choses qu'on n'enseignait pas à l'école en son temps, a toujours des leçons utiles à donner, grâce à son expérience. Un enfant montre donc peu d'intelligence quand il ne se soucie pas des conseils des vieillards.

LIVRE DU MAITRE.

DÉVELOPPEMENTS DES DEVOIRS DE RÉDACTION

Une mère ignorante.

1. *Racontez une petite histoire dans laquelle vous mettrez en scène une jeune femme qui aime beaucoup son enfant, mais qui le soigne et l'élève mal parce qu'elle est très ignorante.* (Élève, p. 109.)

Développement. — Mme Sophie Latour a une jolie petite fille ; elle en est très fière et l'aime beaucoup. « Moi, dit-elle souvent, il n'est rien que je ne me sente capable de faire pour mon enfant. » Malheureusement, Sophie Latour fait beaucoup de choses qui nuisent plus qu'elles ne profitent à sa fille, parce qu'elle est très ignorante.

Il fallait voir comment elle soignait la petite pendant ses premiers mois ! La terreur de Sophie était sans cesse qu'elle n'eût faim ; elle lui donnait à tort et à travers, si bien que l'enfant avait constamment des indigestions. Un beau jour, elle se figura que son lait ne lui suffisait pas et se mit à lui confectionner d'épaisses bouillies qui rendirent naturellement le nourrisson un peu plus malade. Quand elle le vit dépérir tout à fait, elle se désola et cependant ne finit qu'à grand'peine par écouter les conseils d'une de ses voisines qui lui affirmait que c'est empoisonner un bébé de quatre mois que de le bourrer d'aliments solides. « Pour avoir un bel enfant, disait Sophie, la première chose à faire n'est-ce pas de le bien nourrir ? » On eut beaucoup de peine à faire comprendre à la jeune femme que des aliments qu'un enfant ne peut digérer ne le nourrissent pas.

La petite Latour a eu encore bien d'autres misères dues à l'ignorance de sa maman. C'est ainsi qu'elle a attrapé une ophthalmie — maladie des yeux — pour avoir dormi longtemps bien en face du jour, chose dont les yeux délicats des petits enfants ne s'accommodent guère, comme on sait. Mme Latour se serait bien gardée de brosser la tête de son poupon : un vieux préjugé prétend qu'il faut respecter la crasse qui s'amasse sur le crâne. Cela ne paraissait pas être du tout l'avis de la petite qui se grattait jusqu'au sang pour se débarrasser de la calotte malpropre, cause d'insupportables démangeaisons. Les autres soins de propreté n'étaient guère mieux donnés ; aussi l'enfant a-t-elle eu, à plusieurs reprises, de ces petites éruptions, de ces *boutons de chaleur* que quelques bains auraient fait disparaître.

Mais Mme Latour se méfie beaucoup de l'eau. On sait pourtant si elle est nécessaire au petit enfant!

La petite Latour a grandi en dépit de tout, mais elle n'est ni forte, ni belle. Maintenant, sa mère ne l'élève pas mieux qu'elle ne la soignait dans sa première enfance.

Sous prétexte qu'« elle l'aime trop pour la gronder », Sophie la laisse faire toutes ses volontés. La petite est désobéissante, capricieuse; elle parle à ses parents d'une façon inconvenante; elle commande tout le monde dans la maison. Chacun la trouve insupportable, mais la mère lui passe tout. « Que voulez-vous? dit-elle en riant, lorsqu'on s'étonne de sa faiblesse, moi, je ne sais qu'aimer mon enfant! »

Singulière façon de l'aimer que d'en faire un petit être qu'on détestera partout!

Il est bien triste pour l'enfant que Sophie se fasse gloire de ne pas savoir un mot de ses devoirs de mère de famille.

Le berceau de mon poupon.

CHANSON DANOISE.

2. *Décrivez un berceau et sa garniture. Parlez de son entretien.* (Élève, p. 109.)

Développement. — Le vannier a coupé les branches d'osier, minces et flexibles. Il a courbé en arc les plus grosses pour faire la charpente du berceau. Il a entrelacé les branches plus petites pour achever le berceau, le berceau léger et bien aéré.

Le père est allé cueillir au bois les belles fougères, les fougères vertes et finement découpées. Et quand les fougères ont été sèches, je les ai mises dans l'enveloppe de grosse toile que j'avais cousue pour faire le matelas du berceau.

Le maquignon m'a donné quatre poignées de crin, élastique et léger. Avec un morceau de coutil pour envelopper le crin, j'ai fait un oreiller, l'oreiller sur lequel repose la tête mignonne de mon poupon.

Le berger a tondu ses brebis, ses brebis blanches à l'épaisse toison. Et quand la laine souple et douce a été filée, j'ai pris mes grosses aiguilles de bois et j'ai tricoté une chaude couverture pour le berceau.

Le laboureur a cultivé le lin, le lin aux petites fleurs

bleues. Et quand la tige du lin a été réduite en fil, le tisserand a tissé sur son métier de belle toile qui sent bon pour faire les draps blancs du berceau.

Bien souvent je vais à la rivière laver les draps de toile dans l'eau courante et claire. Je les étends sur le pré pour les sécher au grand soleil. Tous les jours j'ai du linge propre et sec à mettre au berceau.

Quand mon poupon s'est éveillé et qu'il a quitté son nid, j'étends sur le rebord de la fenêtre le matelas du berceau. Souvent aussi, j'en lave l'enveloppe à la rivière et je l'emplis de fougères nouvelles.

Qu'il est proplet, doux et chaud le berceau de mon poupon!

Une brave femme.

3. *Quels sont les devoirs d'une nourrice à l'égard de ses nourrissons?* (Elève, p. 109.)

Développement. — Dans le coupé de la diligence de Gap, une femme est assise tenant sur ses genoux un volumineux paquet.

Ce paquet se remue; il en sort de temps en temps un faible cri et la femme écarte un peu le gros châle qui l'enveloppe pour regarder... vous devinez quoi? Le nouveau-né si bien empaqueté.

C'est, en effet, un nourrisson que la bonne Martine rapporte du Lyon; c'est le second enfant de braves ouvriers canuts qui n'ont pas réussi à élever le premier dans l'atmosphère peu vivifiante de la grande ville brumeuse. Alors ils se sont dit, à la naissance d'un nouveau poupon : « Il faut envoyer celui-là à la campagne; cherchons une bonne nourrice. » Justement, le médecin avait vu le matin Martine au bureau des nourrices. L'excellente santé de la paysanne, les bons certificats du maire de sa commune qu'elle avait pu montrer, enfin sa bonne figure honnête et réjouie, tout cela constituait des garanties. On a donc confié le petit Lyonnais à Martine. Le départ n'est pas allé sans quelques pleurs; il en coûtait beaucoup à la jeune femme de se séparer de son fils. « Ne vous désolez pas, ma bonne dame, lui a dit Martine. Aussi vrai que j'ai cinq enfants, je vais soigner celui-là comme s'il était à moi; n'ayez nulle crainte. Ce n'est pas parce que les inspecteurs nous surveillent, mais je les aime ces petits, voyez, et c'est mon plaisir de penser que je gagne bien l'argent que me donnent les parents en leur élevant de beaux nourrissons; vous verrez comme je vous rendrai celui-là grand et fort. » Si Martine ne tient point parole, on peut être sûr que ce ne sera pas de sa faute; déjà, pendant la route, elle n'épargne pas sa peine pour bien soigner l'enfant. Il n'y a pas de risque qu'elle le laisse prendre froid! On arrive à l'auberge où l'on doit faire souffler les chevaux. Martine en profite pour demander à la femme de l'aubergiste de la laisser entrer dans sa chambre afin de changer les langes mouillés de l'enfant; voilà le bébé au sec pour le reste de la route; au lieu de crier comme il l'aurait fait si on ne l'avait pas changé, il va dormir d'un bon somme.

On connait Martine dans la contrée. Chacun sait combien elle est consciencieuse. C'est bien de bon lait et non de bouillies qu'elle nourrit les enfants. Elle les tient propres comme un sou neuf; à la moindre indisposition un peu grave, elle avertit le médecin. Elle s'arrange pour ne jamais laisser un nourrisson seul à la maison; lorsqu'elle va aux champs et qu'elle ne peut y porter le petit, sa fille aînée le garde. Martine sait trop, par l'exemple d'une voisine négligente, qu'un accident est vite arrivé. Faut-il ajouter qu'elle ne donne jamais aux enfants, pour les faire dormir, ces drogues malfaisantes, ces infusions soporifiques dont quelques nourrices et même hélas! quelques mères, ne craignent pas d'user? Martine se croirait coupable si elle employait, pour alléger sa tâche, des moyens qui peuvent nuire à la santé de l'enfant.

Ce n'est pas tout : cette brave femme pense à l'inquiétude, à la tristesse de la jeune mère qui est restée à Lyon dans sa chambrette du sixième étage, songeant à son enfant qu'on emmène loin d'elle. Martine veut lui adoucir la séparation. En arrivant, elle va tout de suite faire écrire par son garçon pour annoncer que le voyage s'est bien passé. Et puis, tous les quinze jours, elle fera donner des nouvelles du petit. A cette bonne idée, elle sourit; elle secoue doucement l'enfant qui s'éveille. « Allons, allons, monsieur, lui dit-elle à demi-voix, ne pleurons pas; vous allez voir comme vous serez bien soigné chez votre grosse maman de la campagne.

Ce petit discours amuse les autres voyageurs de la diligence et le conducteur ôte un moment sa grosse bouffarde de la bouche pour dire à son voisin : « En voilà un qui ne sera pas malheureux!

L'enfant mal nourri.

4. *Parlez des accidents qui surviennent aux enfants qu'on nourrit trop tôt avec des aliments solides.* (Élève, p. 109.)

Développement. — Pendant les premiers mois de sa vie, presque pendant toute la première année, le lait doit être la seule nourriture de l'enfant.

On sait assez qu'il ne faut pas lui donner des aliments solides, tant qu'il n'a pas de dents pour les mâcher. Mais on se figure souvent qu'une bouillie, qui n'exige pas de mastication, est bien appropriée à l'enfant. C'est une erreur. Avec quoi compose-t-on les bouillies? Le plus souvent avec des farines, des fécules. Or, pour que ces fécules soient digérées, il faut un suc qui ne se trouve pas dans le tube digestif du petit enfant. La fécule passe donc dans son estomac et dans ses intestins sans y être digérée, et les charge inutilement. Non seulement ces substances ne sont pas mises à profit pour la formation du sang, mais elles irritent les organes des enfants et occasionnent des indigestions, de la diarrhée, etc. On voit bientôt maigrir, dépérir l'enfant; on le croit nourri et bien nourri parce qu'on le fait manger; par le fait il meurt de faim, comme nous mourrions de faim nous mêmes si l'on nous faisait avaler au lieu de nos aliments ordinaires du sable ou de la sciure de bois.

Si l'on ne modifie pas le régime, le dépérissement s'accentue; le nourrisson perd ses forces, son poids diminue, sa petite figure étirée accuse sa souffrance; il est dans l'état qu'on nomme *athrepsie*.

Souvent se déclare alors chez lui le *muguet*, maladie de la bouche qui tient à l'affaiblissement amené par la mauvaise alimentation.

L'enfant devient *rachitique*; ses os se développent mal, ne se solidifient pas; des difformités peuvent en résulter.

Le *carreau*, maladie du ventre, est aussi très commun chez les enfants qu'on nourrit trop tôt de farineux.

Les premières soupes.

5. *Donnez la manière de préparer quelques soupes appropriées à l'alimentation du petit enfant.* (Élève, p. 109.)

Développement. — Un moment vient où quelques soupes bien choisies peuvent s'ajouter utilement au régime ordinaire du petit enfant. Quand approche le moment du sevrage, il est bon de l'habituer peu à peu à manger en petite quantité quelques aliments demi-solides.

Un des meilleurs est la *panade*. On émiette dans du lait bouillant un peu de pain grillé qu'on laisse gonfler en tournant doucement. Les premières fois, on ajoute un peu de sucre ; plus tard, le sel sera préférable ; il est très nécessaire, à un moment donné, au développement de l'enfant.

Au bout de quelque temps, on essaye les petits potages à la semoule, au tapioca.

C'est au commencement de la seconde année seulement qu'on peut donner d'une façon régulière du bouillon de viande. On se trouve bien quelquefois de le couper au moment du sevrage avec du lait ; l'enfant boit volontiers ce mélange, qui est nutritif et d'une digestion rapide.

Un œuf ajouté à la panade fait aussi une bonne soupe, substantielle et légère.

Du reste, à partir de 15 à 18 mois, l'enfant peut manger toutes sortes de soupes. La soupe, qu'on peut varier de tant de façons, sera pour lui le meilleur aliment et doit être la base de la nourriture, jusqu'à l'âge de six ou sept ans.

Les premiers pas.

6. Quelle est la meilleure façon d'apprendre à marcher pour un enfant ? Quels inconvénients y a-t-il à faire marcher un enfant trop tôt ? (Élève, p 109.)

Développement. — Bébé commence à trouver ennuyeux d'être toujours étendu dans son berceau ou tenu sur les bras. Il cherche à quitter les genoux de sa mère et témoigne, par son agitation, de son désir d'aller et de venir comme les grandes personnes. Cependant, ses jambes ne peuvent ni ne savent encore le porter ; il les jette fort maladroitement de côté et d'autre dès qu'on le tient debout quelques instants.

Mais ce qu'il ne peut pas faire avec ses jambes seules, il est presque capable de l'accomplir en leur adjoignant ses bras.

Si on l'assied sur une couverture et qu'on l'abandonne à lui-même, il essaye de se mettre à quatre pattes et, après quelques exercices, il saura très bien faire dans cette posture le tour de son tapis. Il y aura certainement quelques chutes, mais elles seront peu à craindre, bébé ne tombant pas de haut ; la mère ou la petite sœur peuvent vaquer tranquillement à leurs occupations tandis qu'il rampe sur sa couverture. Il faut seulement ne l'y pas laisser trop longtemps afin qu'il ne se dégoûte pas de ce bon exercice.

Bientôt, sentant ses forces croître, il tentera de se mettre debout. Ce sera le moment de l'y aider et de le soutenir jusqu'à ce qu'il sache enfin cette grande chose, si désirée : *marcher*. Mais il faut bien se garder de trop presser l'acquisition de ce talent; on pourrait le payer cher. Si l'on tient l'enfant dans la position de la marche avant qu'il ne puisse marcher, tout son corps pesant sur les jambes encore trop faibles les déforme, les courbe, les tord; l'enfant marche quelques semaines, quelques jours plus tôt que le bébé à la couverture, mais il reste mal conformé pour la vie. De plus, comme la mère ne peut se tenir sans cesse baissée de façon à soutenir l'enfant sous les bras, elle recourt aux lisières où à un linge passé sous les épaules; de là une compression nuisible pour la poitrine.

Quand l'enfant sait marcher, il faut longtemps encore le soutenir, le rassurer, ne fût-ce qu'en lui abandonnant un doigt qu'il serre très fort dans sa petite main ; on doit avoir bien soin, pendant cette période, de ne pas le soutenir de *haut* par un seul bras. Il serait encore plus imprudent de *le soulever par un bras* pour l'aider à franchir un pas difficile, comme le font inconsidérément certaines personnes. Mieux vaut, en pareil cas, l'enlever complètement dans les bras pour le remettre ensuite à terre.

Petite scène de famille.

7. Pourquoi ne faut-il pas céder aux caprices des enfants? (Élève, p. 109.)

Développement. — Je dînais l'autre jour chez ma tante Fabert; mon petit cousin Alfred était à table ; il s'y tenait fort mal, fourrait ses doigts dans la salière, jouait du tambour sur son assiette et me donnait des coups de pied sous la table.

Personne, du reste, n'avait l'air étonné de cette tenue et c'était là ce qui me surprenait le plus. Chez nous, le quart des petites sottises que faisait Alfred aurait suffi pour que mon père lui ordonnât de quitter la table.

Après la soupe, qu'Alfred avait mangée en rechignant, on sert du bœuf. Alfred déclare qu'il n'en veut pas.

— Eh bien ! laisse-le, mon petit chéri, dit ma tante. Elle ajoute en regardant mon oncle : il se ravisera tout à l'heure.

Alfred avait entendu.

— Non, je n'en veux pas, reprend-il.

— Soit, mon amour, on ne te force pas, tu vois.

Mais Alfred aurait voulu qu'on le forçât, car, je le voyais très bien, il avait grande envie de manger sa tranche de bœuf comme les autres.

— Je n'en veux pas, dit-il encore, et je vais remettre le morceau dans le plat.

— Oh ! cela, non, dit ma tante, qui trouvait cependant Alfred par trop déraisonnable ; on va te l'enlever.

— Je ne veux pas qu'on me l'enlève ! Je veux le remettre dans le plat.

— Non, non !

— Si, si, je le veux !

Et mon Alfred saisissant la tranche avec sa fourchette se met en devoir de la lancer dans le plat. Ma tante cherche à l'en empêcher avec son couteau, Alfred fait des efforts pour se dégager ; une véritable lutte s'engage entre la fourchette et le couteau, et la viande finit par tomber sur la nappe. Pendant ce temps, mon oncle et ses autres enfants riaient, trouvant fort drôle ce combat d'un genre nouveau.

— Ah ! le petit mâtin, disait mon oncle, est-il têtu tout de même quand il a une idée !

Alfred avait l'air enchanté d'être l'objet de l'attention générale et très fier d'avoir eu le dernier mot, ou à peu près.

Pour moi, j'étais stupéfaite, car à la maison on ne nous a pas habitués à nous passer de pareils caprices, et si l'un de nous s'était rendu coupable d'une sottise de ce genre, il aurait été sévèrement puni. Je crois bien qu'Alfred s'est aperçu que je le blâmais, car il m'a décoché encore plus de coups de pied pendant la dernière partie du souper. Je ne me suis pas plainte ; je savais qu'on donnerait raison à cet insupportable gamin et je commençais à comprendre pourquoi il se montrait capable de toutes les sottises. Comment un enfant qui voit ses parents céder à ses caprices, en rire même, ne serait-il pas tenté d'en avoir à chaque instant ?

C'est égal ! quand je dînerai de nouveau chez ma tante Fabert, je tâcherai de ne pas me trouver à côté d'Alfred.

Une tâche difficile.

8. *Dire par quels moyens vous rendriez un enfant bon et compatissant pour les animaux.* (Élève, p. 109.)

Développement. — Le sujet que j'ai à traiter aujourd'hui m'a paru bien difficile quand on nous l'a donné. Depuis, j'y ai réfléchi et je crois avoir trouvé quelques-uns des moyens qu'on pourrait employer.

D'abord, je me suis demandé pourquoi l'on peut dire souvent avec raison de l'enfance : « Cet âge est sans pitié. »

Il me semble que l'enfant fait souffrir quelquefois les bêtes, non par méchanceté précisément, mais parce qu'il ne sait pas bien ce que c'est que la souffrance. Je crois qu'il faudrait donc lui représenter que les bêtes sentent le mal comme nous. Pauvres bêtes ! elles souffrent, elles aussi, et souvent sans se plaindre ; une bête malade ou blessée est si touchante quand elle tourne vers vous son regard comme pour vous demander du secours et un peu de pitié ! Il faudrait rendre attentif à cette plainte muette l'enfant porté à la dureté envers les animaux. S'il avait au fond du cœur un peu de générosité, je crois qu'il serait sensible à ce qu'il y a de lâche à torturer un pauvre être souvent sans défense.

Je dirais à l'enfant méchant : « Les hommes sont nos frères et nous devons les aimer et ne pas les faire souffrir ; les bêtes, qui vivent, elles aussi, pourquoi ne les aimerais-tu pas, pourquoi ne voudrais-tu pas qu'elles aient leur part de bonheur ? Ce papillon, cette petite mouche, tout à l'heure se réjouissaient comme toi du beau soleil qui ranime au printemps tous les êtres ; vas-tu les priver de leur joie, leur enlever la vie que tu ne sauras pas leur rendre ? »

Ecrit sur cette feuille de papier, ce que je dis là paraît insignifiant et froid. Mais si je voyais un enfant commettre sous mes yeux un acte de cruauté, il me semble que mon indignation me ferait trouver des paroles saisissantes.

Et puis j'aurais une autre ressource que des paroles. Je montrerais à mon petit frère, si c'était lui qui fût le coupable, le chagrin que j'aurais de le voir si méchant. Peut-être cela lui donnerait-il à réfléchir, le toucherait-il même.

J'ai pensé aussi à un autre moyen qu'il ne faut pas négliger. Comme on s'habitue à tout, je crois qu'il est bon de ne pas laisser les enfants être souvent témoins des souffrances des animaux. Par exemple, je crois que tuer des bêtes devant eux doit être mauvais ; ce spectacle peut leur endurcir le cœur ; la première fois, ils le trouveront affreux ; qui sait s'ils ne le rechercheront pas ensuite, poussés par une curiosité mauvaise.

Enfin voici mon dernier moyen : pour rendre un enfant bon et compatissant, lui donner moi-même l'exemple de la bonté et de la pitié; ne jamais maltraiter devant lui un pauvre être, secourir tout ce qui souffre, protéger tout ce qui est faible, aimer tout ce qui vit avec nous sur la terre.

Les vieux parents.

9. *Nos devoirs envers nos parents âgés.* (Élève, p. 109.)

Développement. — J'ai un petit frère qui aura bientôt un an. Il est venu au monde bien chétif, bien frêle; plus d'une fois depuis sa naissance nous avons craint de le perdre; nous l'aurions perdu certainement sans les soins que lui prodigue ma mère. Que de peine elle prend, cette pauvre mère! Pendant des nuits entières, elle promène sur ses bras l'enfant qui souffre et se plaint; et le jour, c'est encore elle qui est sans cesse auprès de Jacques, attentive à ses besoins, à ses désirs, à ses petits chagrins. Que deviendrait-il sans elle? Que serions-nous tous devenus sans notre mère? Car chacun de nous lui a donné presque autant de peine; à tous elle s'est dévouée comme elle se dévoue à Jacques. Quelle reconnaissance ne lui devons-nous pas pour tant d'amour et de soins!

Ma tendresse n'est guère utile à ma mère en ce moment; elle est forte et vaillante. Mais si elle devient vieille, bien vieille, comme je l'espère, un jour viendra où elle aura peut-être à son tour à s'appuyer sur moi, à recevoir mes soins. Comme je serai heureuse de l'en entourer! Je sais bien que, quoi que je fasse, je ne lui rendrai jamais qu'une faible partie de ce qu'elle a fait pour moi. On ne peut faire trop pour ses parents. Je demanderai aux miens de venir habiter chez moi; je leur donnerai notre meilleure chambre, la plus chaude, la plus gaie; nous arrangerons toutes nos heures suivant ce qui leur plaira le mieux. Je ne ferai rien sans les consulter; s'ils sont trop âgés pour agir, ils auront toujours au moins la force de nous conseiller, de nous diriger. J'écouterai respectueusement tous leurs conseils. Autour de moi, chacun devra leur témoigner aussi de la déférence, s'il veut me faire plaisir. Je voudrais que mes vieux parents fussent heureux dans ma maison comme j'ai été heureuse, grâce à leur affection, dans la maison paternelle.

RÉCIT IV. — **Triste histoire.** — **Une vie manquée.**

I. L'ÉDUCATION DE LOUISA.

Louisa était la dernière venue des trois enfants du fermier Brunel. C'était une jolie petite fille, intelligente et vive, mais volontaire* et capricieuse. Ses parents avaient élevé avec fermeté leurs deux fils, Jacques et Julien, mais sous prétexte que Louisa était leur fille unique et la plus jeune de la famille, ils lui passaient toutes ses fantaisies.

Un jour, la petite Louisa avait trouvé amusant de verser dans la soupe, que sa mère venait de poser sur la table, la moitié d'une bouteille de vin. Naturellement il fallut renoncer à manger la soupe. Louisa aurait dû certainement être grondée : au lieu de cela, on rit beaucoup de sa sottise, ce qui l'encouragea à en inventer d'autres.

Une autre fois, elle cria et trépigna parce que sa mère ne voulait pas lui donner la moitié d'une orange destinée à son frère aîné, qui était un peu malade. La mère finit par céder et le pauvre Jacques fut privé de la moitié de son orange.

La petite en vint vite à se figurer qu'elle était maîtresse de faire tout ce qui lui plaisait, sans penser du tout aux autres. Quand on lui donnait un ordre, elle répondait : « Je ne veux pas » et la mère, au lieu de punir, renonçait à faire obéir Louisa.

A cinq ou six ans, c'était un de ces enfants gâtés que leurs parents trouvent quelquefois charmants, mais que les étrangers déclarent insupportables.

Quand elle en eut douze, tout le monde commença à la considérer comme une fille franchement mal élevée.

Ses parents eux-mêmes s'aperçurent que leur faiblesse avait laissé de vilains défauts se développer chez leur fille. Louisa était égoïste*. On avait fait toutes ses volontés, on ne lui avait pas appris à s'occuper des autres ; elle ne pensait qu'à elle.

Elle était paresseuse. Pour travailler il faut se donner de la peine et on ne l'avait pas habituée à s'imposer le moindre effort. Quand elle était punie à l'école pour n'avoir pas fait ses devoirs, sa mère donnait souvent tort à la maîtresse et allait quelquefois la prier de lever la punition. Ah ! qu'elle aurait bien mieux fait de remercier Mlle Imbert de sa sévérité !

L'ÉDUCATION DES ENFANTS.

A la maison, il n'y avait pas d'ouvrage que Louisa ne trouvât difficile ou désagréable. Lui mettait-on un balai dans les mains? « Elle était si fatiguée qu'elle pouvait à peine se tenir debout. » La chargeait-on de surveiller le dîner? « La chaleur du fourneau lui faisait mal à la tête. » Alors sa mère s'alarmait.

— Pauvre petite! elle est délicate. Il faut la ménager. Elle aura bien le temps de s'abîmer de travail plus tard.

Le père Brunel n'était pas aussi aveugle que sa femme. Il aurait voulu qu'on reprît Louisa lorsqu'elle faisait mal et il lui déplaisait fort de la voir si peu laborieuse. Mais il n'était pas souvent à la maison. D'ailleurs Louisa recevait mal les remontrances ; au moindre mot de reproche, elle prenait un caprice, *éclatait* en sanglots en s'écriant qu'elle était bien malheureuse d'être toujours grondée, qu'elle voyait bien qu'on ne l'aimait pas, etc., etc. Puis elle courait s'enfermer dans sa chambre où elle *boudait* des heures entières.

— Elle deviendra plus raisonnable en grandissant, se disait la mère. Il faut prendre patience.

Malheureusement, les défauts de Louisa grandissaient avec elle. Les défauts sont comme les arbres : ils poussent chaque année des racines un peu plus longues et, plus on va, plus il est difficile de les arracher.

Et puis les défauts poussent aussi des rejetons. Qui en a deux ou trois et ne travaille pas à s'en débarrasser, en aura bientôt une demi-douzaine.

Paresseuse et volontaire, Louisa devint encore vaine et coquette. Elle était la plus jolie fille du village de Larnège et elle le savait. Les compliments qu'elle recevait excitaient sa vanité et son goût pour la parure. Elle en arriva peu à peu à n'avoir guère d'autre préoccupation que de se faire de belles toilettes et d'aller les montrer aux fêtes des environs. Peu lui importait de dépenser pour des colifichets* plus qu'elle ne gagnait.

Sa mère, toujours faible, lui donnait de l'argent en cachette.

— Il faut bien que jeunesse se passe, pensait-elle. Quand se récréera-t-elle, si ce n'est à dix-huit ans?

Le père, lui, était très mécontent des progrès que faisait chez Louisa la frivolité*. Souvent, il la réprimandait sévèrement. Parfois, Louisa elle-même comprenait qu'elle faisait mal ; elle essayait de se corriger. Mais comme elle n'avait pas été habituée à se plier à une règle, elle n'avait point de force de volonté pour persévérer. Elle se laissait bientôt entraîner de nouveau par les conseils et les exemples de mauvaises camarades.

Il arriva précisément qu'une jeune fille un peu plus âgée que Louisa, très élégante, vaniteuse et légère, se prit pour elle d'une grande amitié. Elle avait été domestique dans une grande ville et elle en avait rapporté de fâcheuses habitudes de paresse et de dépense excessive. Certes, c'était là une dangereuse compagnie qu'une fille prudente aurait dû fuir. Mais quoi ? elle racontait tant de belles choses sur les toilettes des grandes dames dont elle avait été la femme de chambre à la ville! Ses récits enchantaient Louisa, qui pouvait les écouter, tout éblouie, pendant des heures entières.

Le père de Louisa, qui savait à quoi s'en tenir sur le compte de la nouvelle amie de sa fille, lui défendit de la fréquenter. Elle commit la faute de continuer à la voir en secret, et elle s'habitua peu à peu à tromper et à mentir.

Un certain dimanche d'automne, un bal devait avoir lieu dans un village voisin de Larnège. Louisa, plus avide de plaisir que jamais, grillait d'envie d'y aller; mais son père ne lui permettait de danser aux fêtes hors du hameau que lorsque le frère aîné pouvait l'accompagner. Or, ce jour-là, Jacques devait précisément faire une course d'affaires au chef-lieu du département, à Troyes.

FIG. 42. — Je te défends d'aller à la danse seule.

Cependant, poussée par les encouragements de son amie, Louisa se mit en tête d'aller malgré tout à ce bal.

Le samedi, son père la surprit occupée à faire les apprêts de sa toilette.

— Que fais-tu là? lui dit-il (fig. 42). Oublierais-tu par hasard mes défenses? En ce cas, je te les rappelle. Demain,

L'ÉDUCATION DES ENFANTS.

pas plus qu'un autre jour, entends-tu, je ne te permets d'aller à la danse seule et encore moins accompagnée de gens à qui tu ne devrais jamais parler.

Louisa ne répondit rien ; à la table de famille, le soir, elle ne dit pas un mot et, le repas fini, elle courut s'enfermer dans sa chambre avec un air très irrité.

II. Le lendemain d'un bal.

— Où donc est Louisa, femme ? demanda le père Brunel en rentrant chez lui vers la fin de l'après-midi du dimanche.

— Je ne sais pas, père ; sans doute elle ne tardera pas à rentrer.

Mais la nuit vint, l'heure du souper avec elle et Louisa ne parut pas.

Le père Brunel s'assit à table, d'un air sombre ; l'absence de sa fille l'inquiétait ; plusieurs fois il se demanda si elle ne lui avait pas désobéi et n'était pas allée à la fête de Perreux. La mère, à laquelle il en dit un mot, chercha à le rassurer, mais au fond elle n'était pas moins préoccupée que lui.

La soirée s'avançait. Julien avait gagné son lit.

— Va te coucher, dit le père Brunel à sa femme, j'attendrai.

Il attendait depuis près d'une heure, en se promenant de long en large avec agitation dans la grande cuisine, quand il entendit ouvrir avec précaution la porte de la cour ; il écouta : on parlait bas. Par les volets entrebâillés de la fenêtre, il aperçut sa fille faisant ses adieux à son amie, l'ancienne femme de chambre. Puis elle traversa rapidement la cour et se glissa dans la maison. Elle avait aperçu la lumière et cherchait à gagner sa chambre sans être vue.

Fig. 43. — C'est donc comme une voleuse que tu rentres chez ton père !

114 LA MÈRE DE FAMILLE.

Mais au moment où elle atteignait la première marche de l'escalier, la main de son père se posa sur son épaule.

— C'est donc comme une voleuse, à pas de loup, en tremblant d'être entendue, que tu rentres chez ton père? lui dit-il sévèrement (fig. 43).

Il l'entraîna dans la cuisine, sous la lumière de la lampe; il vit qu'elle avait bien ses beaux habits de fête et qu'elle venait de lui désobéir.

Alors il lui dit des paroles terribles:

— Tu as commencé par être légère, paresseuse et vaniteuse; maintenant te voilà devenue menteuse et désobéissante et tu es l'amie des pires filles que l'on trouve dans le pays. Tu n'as qu'à continuer dans cette voie pour être bientôt semblable aux camarades que tu as choisies et nous déshonorer tous.

Il lui dit bien d'autres choses encore.

Louisa écouta ses reproches, la tête baissée, sans un mot de repentir.

Quand elle fut remontée dans sa chambre, sa mère, qui avait tout entendu de la sienne, vint la supplier en pleurant de redescendre pour essayer d'obtenir le pardon de son père. Louisa s'y refusa.

Le père Brunel ne se coucha pas cette nuit. Il était une heure du matin, et il devait partir à quatre heures avec sa femme pour une foire des environs

Jacques ne devait revenir de Troyes que le surlendemain. Louisa et son jeune frère restaient donc seuls à la maison.

De bonne heure, Julien partit avec le troupeau pour une prairie éloignée. Quand les parents rentrèrent le soir, la porte était fermée, la maison déserte. Inquiète, la mère courut à la chambre de Louisa: elle était vide et en désordre comme après un départ

FIG. 44. — Elle est partie! s'écria la mère.

précipité; dans l'armoire ouverte (fig. 44) manquaient la plupart des vêtements de la jeune fille.

« Elle est partie ! » s'écria la mère.

. . . .

Pendant longtemps on ne sut pas à Larnège, ce qu'était devenue Louisa; un beau jour, quelqu'un raconta qu'on l'avait rencontrée à Paris où elle était domestique dans une grande maison.

La mère Brunel se procura l'adresse de ses maîtres et fit écrire plusieurs lettres. Aucune n'obtint de réponse.

Le père, qui était censé ne rien savoir des démarches de sa femme, allait tous les jours, sans faire semblant de rien, travailler le matin du côté par où arrivait le facteur. Mais le facteur n'apportait rien et le pauvre père revenait chaque jour plus triste et plus sombre à la maison. Depuis le lendemain du bal, ses cheveux, restés noirs jusque-là, avaient tout à coup grisonné.

Pour sortir de cette inquiétude, on décida enfin que Jacques ferait un voyage à Paris et tâcherait de voir sa sœur.

Il allait partir quand le bruit se répandit dans le hameau que les maîtres de Louisa l'avaient renvoyée parce qu'ils n'étaient pas satisfaits de sa conduite.

La chose n'était malheureusement que trop vraie, ainsi que l'écrivit la maîtresse de Louisa, en réponse à une lettre des Brunel; non seulement la jeune fille avait quitté sa maison, mais son ancienne maîtresse ignorait complètement où elle était allée en en sortant; elle n'avait pu recommander à personne une domestique qu'elle était forcée de chasser.

Ainsi, le père Brunel avait dit juste: Louisa en était arrivée à faire la honte des siens.

La mère n'osait plus sortir, de peur de rencontrer les voisines dans ce village où l'on disait autrefois, en manière de proverbe: « Honnête comme un Brunel ».

Quant au père, il avait défendu qu'on prononçât dorénavant devant lui le nom de sa fille. « Je n'ai plus de fille, » dit-il un jour brusquement à quelqu'un qui lui parlait d'elle. Ses cheveux, de gris devinrent blancs, et ses mains étaient si tremblantes qu'il ne pouvait plus boucler les courroies quand on attelait la vieille jument à la carriole.

Bien triste était maintenant la joyeuse maison d'autrefois.

III. « Hospitalité de nuit. »

C'est le soir, en décembre.

Une pluie glaciale tombe sur Paris; une fine boue glissante couvre trottoirs et chaussées.

Il fait noir dans les rues, malgré les innombrables lumières des becs de gaz et des lanternes de voitures.

La tête baissée sous leur parapluie, les passants vont à grands pas, pressés de retrouver chez eux des habits secs, un bon feu et le repas du soir pour les réconforter *.

Devant une grande porte fermée, des femmes se pressent (fig. 45), transies de froid sous de pauvres habits minces ou déguenillés; quelques-unes ont dans leurs bras de petits enfants qui crient parce qu'ils ont froid et peut-être parce qu'ils ont faim.

Fig. 45. — Devant une grande porte fermée, des femmes se pressent.

Au-dessus de la porte, on lit sur un large écriteau: « Hospitalité de nuit. » Là, grâce à des personnes charitables, ceux qui sont assez misérables pour n'avoir point de chez-soi, vont trouver le repos pendant une nuit. Derrière cette porte qui va s'ouvrir, il y a des lits propres pour ceux qui n'en ont pas, du feu pour ceux qui ont froid, et un bon accueil pour réchauffer aussi le cœur des gens malheureux et tristes.

Personne ne doit avoir plus besoin d'un bon lit et de quelques paroles d'encouragement qu'une pauvre femme qui se tient appuyée au mur comme si elle n'avait plus la force de rester debout. Elle a sans doute bien souffert pour devenir aussi affreusement pâle et maigre; à voir sa figure, on se dit qu'elle a dû être jolie; elle a encore de beaux yeux, mais le regard terne et fatigué fait mal à voir. Des cheveux blonds, qu'elle n'a plus le courage de peigner, s'échappent du petit fichu qui lui recouvre à peine la tête et n'empêche pas la pluie de ruisseler sur sa figure. De ses pauvres mains osseuses elle ramène sur ses épaules grelottantes les lambeaux d'un tricot de laine. De temps en temps, une quinte de toux soulève sa poitrine et fait monter un peu de rouge à ses joues décolorées.

Enfin la porte s'ouvre! Les femmes poussent un ah! de satisfaction et quittent la rue humide et glacée pour l'abri qu'on leur offre.

La femme aux cheveux blonds est entrée des dernières : elle a peine à se traîner. Une dame à la figure bienveillante s'approche d'elle, tenant à la main le petit registre sur lequel on va inscrire les pensionnaires de la nuit.

— Vous paraissez bien souffrante, lui dit-elle doucement; heureusement vous trouverez ici le repos qui vous est nécessaire. Mais vous savez que nous ne pouvons vous garder plus de trois nuits? Avez-vous déjà pensé à ce que vous pourriez faire en sortant d'ici? Vous n'êtes par malheur guère en état de travailler. N'avez-vous personne qui puisse vous recueillir et vous soigner?

— Personne, dit la femme en secouant la tête.

— Comment! ni frère ou sœur, ni père ou mère? Avez-vous perdu toute votre famille?

— J'ai mon père et ma mère, et des frères aussi, murmura la femme à voix très basse.

— Eh bien, alors?

— Mais ils sont loin. Et puis... et puis il y a bien longtemps que je les ai quittés. Plus de sept ans! ajouta-t-elle comme se parlant à elle-même. J'en avais dix-neuf alors. Sept ans, c'est toute une vie, et quelle triste vie, hélas! pour une pauvre malheureuse comme moi. »

La dame avait écouté très attentivement et comme elle avait vu beaucoup de misères, elle avait presque deviné à ces quelques mots l'histoire de la personne qu'elle avait devant elle; elle la regardait avec une profonde pitié.

— Eh bien, dit-elle après un moment de silence, puisque vous ne pouvez pas recourir à votre famille, le mieux pour vous sera d'entrer à l'hôpital.

— Oh! madame, je vous en prie, s'écria la pauvre fille en éclatant en sanglots, ne m'envoyez pas mourir à l'hôpital. Je veux revoir ma mère, je veux obtenir le pardon de mon père auquel j'ai désobéi; ç'a été la première de mes fautes, la cause de toutes les autres. Vous êtes bonne, faites que je retrouve les miens.

— Je veux bien essayer, mon enfant, et j'espère réussir. Dites-moi votre nom.

— Louisa Brunel.

— Où demeurent vos parents?

— A Larnège, département de l'Aube.

— C'est bien, j'écrirai ce soir. Allez maintenant vous reposer, mon enfant. »

Deux heures après, la lettre que voici partait pour Larnège, à l'adresse de Madame Brunel.

> Madame,
>
> Vous aviez une fille et vous l'aviez perdue. Elle est retrouvée. Je sais par elle qu'elle a dû vous donner de grands chagrins; mais elle aussi a beaucoup souffert. Si vous lui rouvrez votre maison, vous y recevrez une pauvre enfant qui demande à obtenir votre pardon avant de mourir. Je crains bien qu'elle n'ait, en effet, que peu de jours à vivre.
>
> Je la conduirai au chemin de fer après-demain, à moins que d'ici là vous ne m'écriviez de ne pas le faire. Je vous prie de venir la chercher à Troyes, car elle serait hors d'état de se rendre à Larnège.
>
> Vve BESSON
> Employée à l'Œuvre de l'hospitalité de nuit.

IV. LE RETOUR DANS LA MAISON PATERNELLE.

Le train venait d'entrer en gare.

— Troyes! Troyes! criaient les employés. Par ici la sortie!

La foule des voyageurs se hâtait vers la porte vitrée; derrière celle-ci se montraient des figures impatientes, des yeux qui cherchaient quelqu'un dans cette foule avec un peu d'anxiété, puis brillaient joyeusement quand ils avaient trouvé. Des amis venaient attendre un absent qu'on n'avait pas revu depuis de longues années; au contraire, c'était à la rencontre du mari, parti seulement de la veille, que venait une jeune femme tenant à la main deux petits enfants impatients de se jeter au cou de « papa ». Il y avait aussi là une mère qui attendait sa fille et qui se sentait à la fois heureuse et bien triste. Quel changement allait-elle trouver dans son enfant?

Un bien grand, sans doute, et elle avait tâché de s'y préparer d'avance. Mais la vérité dépassait encore ce qu'elle avait imaginé et quand la pauvre mère Brunel aperçut sa Louisa, elle eut peine à ne pas pousser un cri...

Les deux femmes avaient pris une voiture de louage avec laquelle elles devaient arriver à Larnège à la nuit close. Quand Louisa fut assise sur la banquette et enveloppée dans une bonne mante apportée pour elle le matin, elle laissa tomber sa pauvre tête fatiguée sur l'épaule de sa mère et pleura de tout son cœur.

Puis elle raconta l'histoire de ces sept années passées loin de la maison paternelle, une histoire lamentable que les mères pourraient se redire quand elles sont tentées d'oublier que le devoir des parents est d'être sévères pour les défauts de leurs enfants.

Comment la pauvre Louisa, ayant commencé par être paresseuse et coquette, en était venue peu à peu à la misère présente, la mère Brunel dut

FIG. 46. — « Il me semble que je connais cette figure, » dit Louisa.

le deviner plutôt que l'entendre, car, plus d'une fois, les larmes interrompirent le récit.

En traversant un village (fig. 46), les voyageuses aperçurent, assise devant une gentille maisonnette, une jeune femme entourée de trois ou quatre petits enfants qu'elle regardait jouer d'un air ravi, tout en poussant son aiguille.

— Il me semble que je connais cette figure, dit Louisa.

— Je crois bien ; c'est Rosalie, notre ancienne petite voisine. Elle est mariée avec un maréchal ferrant, qui est le plus brave homme de la contrée, et elle élève comme tu vois une jolie famille.

Louisa soupira.

— Et moi aussi, murmura-t-elle, j'aurais pu être heureuse, avoir un bon mari, de beaux enfants, une maison bien tranquille. Ah! comme j'ai gâté ma vie! Et j'ai gâté la vôtre aussi, mes pauvres parents, ajouta-t-elle.

Louisa comprit à quel point elle disait vrai, quand elle aperçut son père à son arrivée, le soir, dans la grande cuisine. En voyant le pauvre homme devenu avant l'âge, un vieillard, elle se laissa tomber sur un banc et se couvrit le visage de ses mains ; à peine put-elle entendre, tant son émotion était grande, les paroles de pardon et d'affection qu'il lui adressait.

. . . .

Louisa s'affaiblissait chaque jour davantage ; la petite toux sèche devenait effrayante à entendre. L'air du pays, le bon lait, les soins et l'affection des siens étaient venus trop tard pour la guérir, ils ne pouvaient que l'aider à mourir plus doucement.

Elle s'éteignit dès les premiers jours du printemps.

Dans le village, où elle s'était fait aimer depuis son retour, on ne parle d'elle qu'en l'appelant « pauvre Louisa ».

Pauvre Louisa, en effet, car sa vie a été une vie manquée.

V

HYGIÈNE ET SOINS AUX MALADES

1° HYGIÈNE.

I. — Comment on conserve la santé.

351. Si l'on rencontre une personne que l'on n'a pas vue depuis un peu de temps, on commence d'ordinaire par lui faire cette question :

« Comment allez-vous ? »

Lorsqu'on la quitte, on lui dit :

« Portez-vous bien. »

352. Au nouvel an, on se souhaite les uns aux autres « une bonne santé. »

353. On a joliment raison. Une **bonne santé** est la chose *la plus précieuse* que l'on puisse posséder.

QUESTIONNAIRE

351. Par quelle question se salue-t-on d'ordinaire ?

352. Que se souhaite-t-on au nouvel an ?

353. Est-ce là un bon souhait ?

LEÇON

Faire comprendre aux enfants la **valeur** de la santé. Dans peu de temps, au sortir de l'école, il faudra travailler, gagner sa vie, lutter pour assurer son existence et celle des siens. **Force**, indispensable pour bien soutenir la lutte. La **santé**, capital précieux.

65ᵉ LECTURE. **Les ennemis de notre santé.**

Nous sommes entourés d'ennemis, presque tous invisibles. Il y en a de toutes sortes et les plus petits ne sont pas les moins terribles. Que de choses curieuses il y aurait à vous conter sur les découvertes récentes faites par les savants dans le monde des ennemis de notre santé ! Mais ce sera pour l'année prochaine. Il faut commencer par apprendre les choses qui sont connues depuis longtemps déjà. Ces choses sont utiles à savoir pour tout le monde, par la bonne raison que tout le monde a intérêt à se bien porter.

On dit qu' « un homme averti en vaut deux. » En fait d'hygiène, celui qui n'est pas averti vaut souvent zéro, car il est incapable, en bien des circonstances, de défendre sa santé et sa vie.

Sachez donc que nombre de maladies ne se développent chez nous que parce que nous leur avons préparé un terrain propice en nous soignant mal, et puis parce que nous allons pour ainsi dire au-devant d'elles par nos imprudences. Voyez ce qui se passe pendant les grandes épidémies, celles de choléra ou de fièvre typhoïde, par exemple : dans une même ville, un quartier se trouve presque épargné, un autre est à moitié dépeuplé par le fléau. Le premier de ces deux quartiers est habité par des gens éclairés ; ils savent que la maladie se répand souvent par les eaux : dès le début de l'épidémie, ils ne boivent plus que l'eau bouillie et filtrée; ils savent qu'un estomac délabré est merveilleusement préparé à rendre tout l'organisme malade : ils s'abstiennent

354. Mais elle a bien des ennemis, notre santé. Voyez autour de vous : que d'enfants, que de grandes personnes ayant des maladies et des infirmités ! Et souvent par leur faute !

355. Ce n'est pas qu'on puisse, par la volonté, s'exempter de toutes ces misères. Cependant on en évite quelques-unes en suivant les règles de **l'hygiène**.

356. *L'hygiène enseigne comment il faut vivre pour se bien porter.*

357. Voilà, direz-vous, une science que tout le monde devrait étudier.

358. C'est vrai. Mais il ne suffit pas de l'étudier, il faut s'appliquer à suivre les préceptes qu'elle enseigne.

359. Pour se bien porter, il faut se préserver *du froid*, respirer un *bon air*, se nourrir *convenablement*.

360. Il faut aussi être *très propre*, se donner de l'*exercice*, dormir *suffisamment* et ne pas faire *d'excès*.

Enfin, il faut vivre en bon accord avec tous et s'efforcer d'être content de son état.

Examinons ces divers points les uns après les autres.

RÉSUMÉ (à réciter).

1. L'hygiène enseigne comment il faut vivre pour se bien porter.

2. Voulons-nous avoir une bonne santé ? préservons-nous du froid ; respirons un bon air ; nourrissons-nous convenablement ; soyons très propres ; faisons de l'exercice ; dormons suffisamment ; ne faisons pas d'excès ; vivons en bon accord avec tout le monde ; soyons contents de notre sort.

QUESTIONNAIRE

354. Notre santé a-t-elle des ennemis?
355. Comment peut-on combattre ces ennemis?
356. Qu'enseigne l'hygiène?
357. L'hygiène intéresse-t-elle tout le monde?
358. Doit-on se borner à connaître les règles de l'hygiène?
359, 360. Dites ce qu'il faut faire pour se bien porter.

des aliments indigestes, se privent même de leurs mets favoris si le médecin les interdit; ils savent que la propreté de la personne et de l'habitation est de grande importance : ils y apportent encore plus de soin qu'à l'ordinaire; on leur a dit qu'un corps affaibli par les fatigues et les veilles est plus apte à contracter la maladie : ils veillent le moins possible et, provisoirement, évitent toutes les fatigues qui ne sont pas absolument commandées par leur travail habituel. Parmi ces gens éclairés et de ferme volonté, peu ou point de victimes.

Dans l'autre quartier de la ville, on continue à boire l'eau prise à la fontaine, à manger, à la fantaisie de son appétit, n'importe quels mets; on néglige d'aérer les maisons, de balayer les immondices, de laver les planchers; on se lave peu, on porte des vêtements sales, on boit au cabaret jusqu'à onze heures ou minuit... Qu'arrive-t-il? Les gens meurent là comme des mouches.

Je le crois bien! ils ignorent les précautions à prendre ou, les sachant, ils ne veulent pas se donner la peine de les prendre. Petite peine pourtant! Faire bouillir l'eau qu'on boit; ne pas manger, quelque envie qu'on en ait, tel fruit ou tel aliment trop gras; aller au bain, nettoyer son habitation, fumer quelques pipes et boire quelques bocks de moins, est-ce donc si difficile? Il n'en coûte pas un sou, au contraire. Mais dût-on même faire quelques dépenses pour prévenir la maladie, elles n'atteindraient jamais le chiffre de celles qu'occasionnera cette même maladie si vous la laissez une fois entrer chez vous.

Ce qui se passe en grand en temps d'épidémie, se passe en petit tous les jours. L'ignorance, puis la mollesse, l'incurie, tranchons le mot : la bêtise, causent la plupart des maladies.

Après avoir lu vos leçons d'hygiène, vous n'aurez plus l'excuse de l'ignorance si vous vous soignez mal; vous *saurez*, très peu il est vrai, mais *un peu;* il vous restera à *vouloir.*

122   HYGIÈNE ET SOINS AUX MALADES.

II. — Se préserver du froid.

361. Nous avons besoin d'être garantis par nos *vêtements* contre le *froid* et l'*humidité*.

362. Certaines parties du corps doivent être particulièrement bien couvertes : ainsi, la poitrine, les pieds ne veulent pas souffrir du froid et surtout du froid humide.

363. Rien ne vaut, pour les enfants, de bons *sabots de bois* en hiver ou de bonnes galoches (fig. 47).

Ce n'est pas élégant, les sabots et les galoches; c'est lourd, cela fait du bruit. Mais comme la santé s'en trouve mieux que de l'emploi de jolies bottines fines (fig. 48)! Sur une route couverte de boue ou de neige, ces braves sabots vous portent comme deux petites barques qui ne laissent jamais rien arriver jusqu'à vous, des choses mouillées sur lesquelles on marche.

FIG. 47. — Bons sabots.   FIG. 48. — Fines bottines.

364. Bien chaussé, on peut affronter le mauvais temps pour venir à l'école.

365. Il faut se **méfier** du froid, mais n'en pas avoir *peur* cependant.

S'envelopper jusqu'aux yeux dans des *foulards* ou dans des *cache-nez* est une mauvaise habitude qui ne sert qu'à rendre **plus sensible**; *on s'enrhume dès que l'on dépose ces enveloppes.*

Mieux vaut **s'aguerrir**, s'habituer à braver le

QUESTIONNAIRE

361. De quoi nos vêtements nous garantissent-ils ?
362. Quelles sont les parties du corps qui demandent à être tenues chaudement ?
363. Quelle est, pour l'hiver, la plus hygiénique des chaussures, surtout à la campagne ?
364. Quel avantage y a-t-il à être solidement chaussé ?
365. Quel est le meilleur moyen de bien supporter le froid ?

LEÇON

Le **froid**, dangereux seulement si l'on est insuffisamment couvert et si on se laisse engourdir. Insister sur la nécessité de s'*aguerrir*, de combattre le froid par le mouvement, qui active la circulation et, partant, accroît notre chaleur propre. Railler les enfants qui se pelotonnent et cherchent le feu au lieu de se réchauffer en courant et en sautant. Vanter les effets fortifiants d'une promenade rapide à l'air vif d'un beau jour de gel. Parler de la bonne santé des habitants du nord, santé maintenue par leur activité.

66ᵉ LECTURE. Les effets du froid.

C'est surtout dans les armées qui font campagne par un hiver rigoureux que l'on peut observer les ravages causés par le froid.

Malheur aux retardataires dont les pieds engourdis refusent de les porter ! S'ils s'arrêtent, s'ils obéissent à l'invincible envie de dormir qui s'empare d'eux, ils meurent par congélation. C'est ainsi que nos soldats périrent en masse en 1812 dans les neiges de la Russie.

Pendant la guerre de 1870, il y a eu des exemples de morts causées par le froid; beaucoup de nos soldats ont eu les pieds gelés.

Dans nos climats et en temps ordinaire, le froid est rarement une cause directe de mort; cependant il fait chaque hiver quelques victimes parmi les gens pauvres, épuisés par de longues privations, mal vêtus, mal logés.

La mortalité des vieillards, qui luttent mal contre le froid, est plus grande aux approches de l'hiver que pendant les autres saisons; on doit redoubler pour eux de précautions à ce moment de l'année, toujours difficile à franchir pour leurs forces diminuées. Il en est de même pour les petits

froid. Il n'est jamais malsain quand on ne reste pas immobile.

Le grand moyen de bien résister au froid c'est **le mouvement**. Vous avez froid aux pieds? **courez**. Vos mains sont glacées? Ne les approchez pas du feu; *frottez-les, battez-les l'une contre l'autre;* vous verrez comme elles seront vite réchauffées.

366 Ce qui est plus à craindre que le froid, ce sont les **refroidissements**.

Vous êtes-vous mises en sueur par un travail fatigant ou une course rapide? Le moment serait mal choisi pour vous *arrêter* sous une ombre épaisse, vous *étendre* sur la terre fraîche, vous placer dans *un courant d'air* ou encore *boire de l'eau glacée*.

En faisant ces choses, vous empêcheriez la sueur de s'évaporer au-dehors, et elle pourrait alors occasionner à l'intérieur de graves désordres.

Beaucoup de maladies : pleurésie, fluxion de poitrine, maux de gorge, etc., n'ont pas d'autre cause que ces imprudences, si souvent commises étourdiment par les enfants et même par les grands.

Si, étant tout en sueur et vous étant refroidis, vous sentiez des *frissons* vous parcourir le corps, hâtez-vous de **marcher vite** et même de **courir** pour ramener la chaleur.

Si les frissons persistaient, n'hésitez pas à vous mettre au lit et à rappeler la sueur en buvant plusieurs tasses de tisane bien chaude.

367. Pour se défendre contre le froid et la pluie, les hommes ont encore imaginé autre chose que le vêtement : ils se construisent des **habitations**.

368. Nos maisons, pour être bonnes à habiter, doivent être bien *orientées* : si leur façade regarde vers le **nord** (fig. 49), elles seront froides; elles ne

QUESTIONNAIRE

66. Parlez des refroidissements, des maladies qui en résultent et des précautions à prendre pour les éviter.

367. Le vêtement est-il le seul moyen qu'aient inventé les hommes pour se préserver du froid, de la pluie, etc.?

enfants : ceux-ci sont soumis à une déperdition de chaleur bien plus considérable que l'adulte à cause du petit volume de leur corps relativement à sa surface.

67ᵉ LECTURE. Étoffes et chaleur.

La laine est un corps mauvais conducteur du calorique; aussi la chaleur naturelle du corps se conserve-t-elle mieux sous un vêtement de laine que sous tout autre.

Une étoffe de laine garde entre les poils qui font plus ou moins duvet sur ses deux faces une couche d'air qui s'échauffe peu à peu; cette couche d'air enveloppe comme d'une sorte de muraille, qui l'isole de l'atmosphère extérieure, la personne qui porte un habit de laine. On comprend d'après cela qu'une étoffe *bourrue*, même assez lâche, pourra être très chaude. Un molleton souple et épais tient plus chaud qu'un drap très serré et très lisse.

La flanelle portée directement sur la peau a de plus l'avantage d'absorber la transpiration; elle est précieuse, à cause de cette propriété entre autres, pour les personnes malades, délicates ou exposées par l'exercice d'un métier pénible à transpirer abondamment; mais il ne faut pas s'habituer à porter de la flanelle quand on est jeune et robuste, car on ne pourrait plus s'en passer.

Les moins chauds de tous les tissus sont ceux de lin et de chanvre. Le coton tient le milieu entre ces tissus et la laine.

LEÇON

Mettre au tableau noir les quatre points cardinaux disposés comme sur une carte de géographie. Faire tracer sur ce tableau le **plan** d'une maison *bien orientée*, puis d'une maison *mal orientée*. S'assurer, par la répétition de cet exercice, que les élèves ont bien compris l'importance de l'**orientation**. Faire indiquer sur le plan la distribution intérieure la plus favorable à l'aération.

124   HYGIÈNE ET SOINS AUX MALADES.

recevront pas souvent la visite du soleil et *le soleil est le grand médecin qui réchauffe et vivifie tout sur la terre.*

Tournons donc les fenêtres de nos demeures vers le *midi* ou vers le *levant* (fig. 50).

Dès le matin, un chaud rayon viendra frapper notre vitre et nous dire joyeusement : « Arrière la

Fig. 49 — Maison dont la façade regarde le *nord* : mauvaise orientation.

Fig. 50. — Maison dont la façade est au *levant* : bonne orientation.

paresse ! lève-toi promptement. Vive le travail et la santé ! »

Voilà ce que dit le soleil matinal à ceux qui savent l'entendre et il a bien le droit de parler ainsi, le bon soleil, car il nous apporte en effet la santé. Nos maisons seraient mal avisées de lui tourner le dos.

369. Une maison **saine** est bâtie sur cave et son

LIVRE DU MAITRE. 124*

QUESTIONNAIRE

368. Parlez de l'orientation qu'il convient de donner aux habitations dans nos climats.

369 Indiquez une autre condition que doit remplir une maison pour être saine.

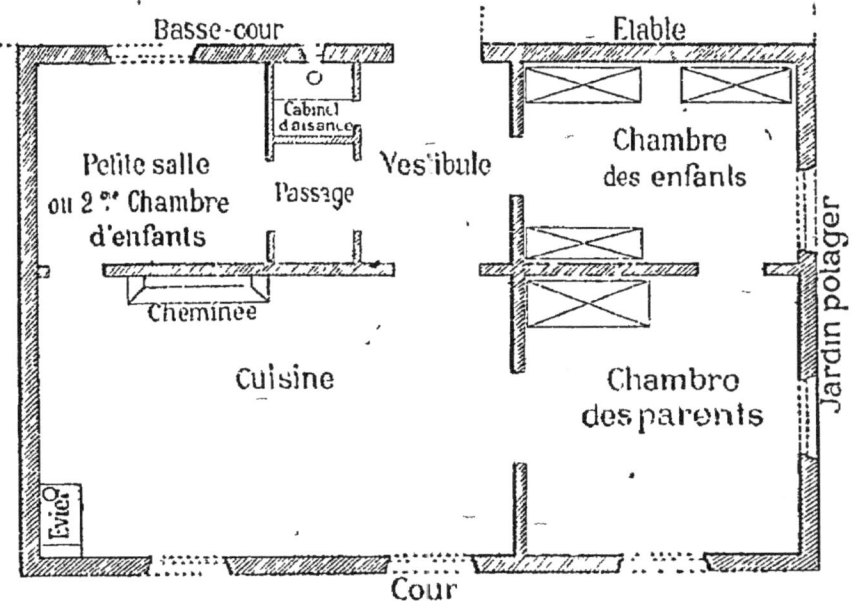

Fig. I. — Plan d'une maison à la campagne.

68ᵉ LECTURE. Valeur hygiénique de la lumière.

La valeur hygiénique de la lumière est si bien reconnue que dans les grandes villes comme Paris un règlement détermine la hauteur que les maisons ne doivent pas dépasser ; cette hauteur varie naturellement avec la largeur des rues. D'après ce règlement, les maisons peuvent avoir 12^m,70 sur une rue mesurant de 7^m,80 à 9^m,75, et 17^m,55 sur une rue mesurant 9^m,75 et plus. Ces nombres sont calculés de façon que la rue et tous les étages de la maison reçoivent une quantité de lumière suffisante pour en assurer la salubrité. Malheureusement, même avec ces sages précautions, les visites que les rayons du soleil font aux habitants de ces rues sont toujours bien courtes.

L'action vivifiante du soleil, que beaucoup de peuples ont adoré comme un dieu bienfaisant, a été vantée sans doute de tout temps; mais les découvertes scientifiques les plus récentes ont fait connaître la cause de cette action. Le soleil, qui nous fait tant de bien, fait au contraire beaucoup de

12.

rez-de-chaussée est *élevé de quelques marches au-dessus du sol*.

370. Une maison sans cave, est une maison humide.

Malheur à qui séjourne plusieurs années de suite dans une telle maison !

Les douleurs rhumatismales, les rhumes dégénérant en pleurésies, en bronchites et en phtisie, seront son lot, tôt ou tard.

371. Toujours pour éviter l'humidité, les *eaux du toit* doivent être conduites à une certaine distance des murs ; les *eaux ménagères* ont aussi besoin d'avoir un écoulement régulier.

372. Surtout pas d'eau **croupissante**, de tas de fumier alentour des habitations !

Qu'on puisse entrer chez vous et en sortir à *pied sec*, sans traverser ces mares repoussantes et fétides qui servent de cour d'honneur à certaines fermes dans nos campagnes.

Ces cours-là contiennent par milliers des germes de maladie pour les bêtes et les gens.

RÉSUMÉ (à réciter).

1. Nous nous préservons du froid et de l'humidité au moyen des vêtements et des habitations.

2. Une maison saine est tournée vers le *levant* ou vers le *midi* ; sa façade reçoit en plein le soleil. Elle est bâtie sur caves.

3. La meilleure chaussure, en hiver, est une bonne paire de *sabots*.

4. Trop se couvrir, faire usage de cache-nez, c'est s'exposer aux rhumes.

5. Le grand moyen de résister au froid c'est le *mouvement*.

6. On doit éviter à tout prix les refroidissements quand on est en sueur.

QUESTIONNAIRE

370. Quels sont les maux que l'on risque de contracter dans une maison humide ?
371. Parlez de l'écoulement des eaux du toit et des eaux ménagères
372. Que pensez-vous de l'habitude de laisser dans le voisinage de l'habitation des tas de fumier ?

mal à une foule d'organismes inférieurs qui sont pour nous autant d'ennemis ; il les tue rapidement et, en en débarrassant l'atmosphère, diminue pour nous les chances de maladie et de mort. Il faut donc placer sa maison en plein soleil quand on le peut. Mais il faut aussi y pratiquer des ouvertures assez nombreuses et assez grandes pour laisser largement entrer la lumière. Dans les campagnes, la construction des habitations est souvent fort défectueuse à ce point de vue ; les fenêtres y sont rares, étroites ; on dirait que l'on a songé, en bâtissant, à l'impôt des portes et fenêtres et que l'on a cherché à y échapper le plus possible. Mais c'est souvent aux dépens de la santé qu'on fait pareille économie ; mieux vaut porter quelques sous de plus au percepteur que quelques francs au médecin.

69ᵉ LECTURE. Maison humide et maison saine

L'humidité d'une maison peut provenir de plusieurs causes :

1º *Mauvaise qualité du terrain choisi comme emplacement.* Si le sol est argileux, il retient l'eau, et la maison se trouve dans un bain perpétuel. Un sol *perméable*, absorbant rapidement les eaux, est le seul sur lequel on puisse bâtir en toute sécurité ;

2º *Mauvaise exposition.* La maison, mal orientée ou bâtie près d'accidents de terrain qui lui cachent le soleil, sèche lentement après les pluies, reste humide longtemps ;

3º *Dispositions mal prises pour l'écoulement des eaux du toit et des eaux ménagères.* Une gargouille très longue ou un tuyau de descente bien aménagé doit conduire les eaux de pluie à un demi-mètre et plus des murs. Plus rapprochées, ces eaux s'infiltreraient dans les fondations. Une bonne précaution contre l'humidité consiste à enduire le bas des murs de ciment jusqu'à une hauteur d'un mètre environ ;

4º *Construction vicieuse des caves.* Pour assainir véritablement la maison, il faut que les caves occupent *tout l'espace* sur lequel on bâtit, qu'elles soient suffisamment hautes et qu'elles s'aèrent facilement ;

126 HYGIÈNE ET SOINS AUX MALADES.

7. Si, étant en sueur, on éprouve des *frissons*, on doit immédiatement *courir* pour se réchauffer.

8. Le séjour dans des chambres *humides* est pernicieux. On doit éviter le voisinage des *eaux croupissantes*.

III. — Respirer un bon air

373. Le bon air, l'air pur, c'est **en plein champ** et dans le voisinage des arbres qu'on est sûr de le trouver (fig. 51).

Aussi les campagnards ont-ils beaucoup plus de chances de se bien porter que les gens de la ville : *ils respirent un air de première qualité*.

Chaque fois que leur poitrine se soulève, ils font entrer dans leurs poumons d'excellents matériaux pour se faire du sang abondant et généreux.

374. Cet air-là vaut mieux que bien des flacons d'huile de foie de morue et de vin de quinquina, et il ne se vend pas au litre et fort cher chez le pharmacien.

Fig. 51. — Avec le bon air des champs, on n'a pas besoin d'huile de foie de morue.

Pensez-y, enfants de la campagne, lorsque vous projetez quelquefois d'aller, quand vous serez grands, chercher fortune à la ville.

375. Mais tout le monde ne peut vivre en plein air. Beaucoup passent la plus grande partie de leur vie entre les quatre murs d'une maison.

Comment faire pour s'y bien porter ?

376. Eh bien, quand on ne peut aller chercher l'air

QUESTIONNAIRE

373. Où trouve-t-on l'air le plus pur?
374. Se prive-t-on d'un grand avantage lorsqu'on quitte la campagne pour la ville?
375. Dépend-il toujours de notre volonté de vivre au grand air?
376. Que faire, en ville, pour remédier à la qualité moins bonne de l'air qu'on respire?

5° *Nature des matériaux*. Certaines pierres sont poreuses au point de retenir toujours beaucoup d'eau. Les maisons construites avec ces pierres-là sont humides au moins pendant les trois quarts de l'année.

LEÇON

Rappeler en quoi consiste le phénomène de la **respiration**; s'assurer que les élèves savent ce que l'on entend par *un air vicié*. Insister sur la bonne qualité de l'air à la campagne. Action fortifiante de l'air pur et vif des montagnes. Raconter les *cures d'air* que l'on prescrit aux habitants des villes pour les guérir des maladies et de la faiblesse engendrées par leur genre de vie.

Soin qu'il faut apporter au choix du logement quand on est obligé d'habiter la ville; s'assurer qu'il n'est pas *sous le vent* d'usines dites insalubres.

Ventilation des salles de réunion, écoles, etc., etc.; si l'école est pourvue de ventilateurs, en expliquer le système aux enfants.

70° LECTURE. Dangers de l'air impur.

Le séjour dans des chambres étroites et mal aérées est la cause d'un grand nombre de maladies; l'air confiné d'une habitation insuffisante pour le nombre de ses habitants est particulièrement nuisible au développement des enfants. Cet air n'est pas assez appauvri pour asphyxier, mais il n'en fait pas moins des ravages lents chez ceux qui sont réduits à le respirer. Comme ces désordres ne se font remarquer que peu à peu, nous en sommes moins frappés que des exemples d'asphyxie survenus par suite de l'entassement dans une enceinte fermée. Quelques-uns de ces exemples sont célèbres. On cite souvent l'aventure du *trou noir*,

pur, il faut le faire venir à soi : **aérer** le plus souvent et le plus complètement possible les appartements que l'on habite.

Soir et matin, **ouvrez** toutes grandes portes et fenêtres ; qu'un fort courant d'air donne un **grand coup de balai** dans cette atmosphère, que vous avez viciée* en y respirant, et la remplace par de l'air tout neuf.

377. Dans l'intervalle de ces deux aérations, ouvrez encore à plusieurs reprises pendant quelques instants les fenêtres de la salle ou de la chambre dans laquelle vous séjournez.

378. Quoi ! direz-vous, même en hiver, même quand il gèle ?

— Comment donc ? surtout en hiver.

L'été, vous êtes seuls à vicier * l'atmosphère de la maison ; l'hiver, votre poêle y travaille avec vous, en produisant des gaz mauvais à respirer.

379. *Aérez donc en toute saison.* Surtout, bonnes ménagères, songez à ouvrir votre fenêtre au moment où vous faites le dîner.

380. L'air des habitations peut aussi être nuisible par les **poussières** qu'il contient ; il faut donc diminuer le plus possible la quantité de ces poussières en entretenant partout une extrême propreté.

Balayez chaque jour. Passez un balai recouvert de linge sur les murs et en particulier dans les angles. *Lavez souvent les planchers.*

381. Ne laissez pas non plus séjourner les eaux sales dans les chambres à coucher.

RÉSUMÉ (à réciter).

1. L'air le plus pur est celui de la campagne.
2. Les campagnards ont beaucoup plus de chances de se bien porter que les gens de la ville.
3. A la ville ou à la campagne, il faut *aérer* sans cesse

QUESTIONNAIRE

376. Qu'entendez-vous par *aérer* ?
377. Suffit-il d'aérer soir et matin les chambres où l'on se tient ?
378. Aérerez-vous, même en hiver ?
379. Comment peut-on éviter les odeurs de cuisine ?
380. Quelles précautions y a-t-il à prendre contre les poussières ?
381. Le séjour des eaux sales dans les appartements est-il nuisible ?

dans les Indes : des Anglais ayant été faits prisonniers de guerre furent enfermés dans un étroit cachot où l'air ne se renouvelait que difficilement par deux petites ouvertures. Au bout de huit heures, sur 146 prisonniers, 23 seulement vivaient encore.

Après la bataille d'Austerlitz, des prisonniers Autrichiens eurent le même sort; 260 sur 300 périrent en quelques heures.

Dans une salle de cour d'assises, en Angleterre, on négligea un jour d'aérer pendant les débats d'un grand procès qui nécessitait de longues séances. On vit tout à coup la plus grande partie de l'assistance, magistrats, témoins, accusés, tomber asphyxiés. Par bonheur, quelques-uns purent encore se traîner jusqu'aux fenêtres et les ouvrir à temps. Voilà des gens auxquels on ne pouvait pas reprocher de se laisser distraire de leur tâche par la préoccupation de leur bien-être !

71ᵉ LECTURE. Salubrité de la maison.

La distribution des pièces, la disposition des ouvertures contribuent à rendre une habitation plus ou moins saine.

Quant on loue un logement en ville, avoir soin de remarquer si *la distribution permet d'établir des courants d'air*. Une suite de pièces s'ouvrant sur un couloir mal aéré sera difficilement saine. Même remarque pour chaque pièce en particulier : les ouvertures — portes, fenêtres, cheminées — assureront mieux la salubrité si elles sont *opposées les unes aux autres*.

Se méfier des gaz produits par les feux de charbon, surtout dans les chambres à coucher; ne jamais manquer d'aérer, avant de se mettre au lit, la chambre où l'on vient de passer la soirée. Au reste, si l'on ne veille pas dans la pièce où l'on couche, on se trouvera bien de ne pas la chauffer.

Les débris de cuisine, les eaux de vaisselle doivent être jetés à mesure; si on les conserve dans l'atmosphère chaude

les appartements en ouvrant souvent les fenêtres et en établissant des courants d'air.

4. L'air d'une chambre dans laquelle nous avons respiré quelque temps est vicié*.

IV. — Se nourrir convenablement.

382. L'air pur apporte au sang des matériaux.

Mais, de son côté, l'estomac doit lui en préparer avec ce que nous mangeons, avec les **aliments**.

383. L'hygiène a aussi son mot à dire sur l'alimentation :

« Mange de tout, » nous dit-elle.

« Du pain tout seul ne te nourrirait pas, de la viande non plus, des légumes non plus.

« Il faut fournir à l'estomac des **aliments variés** dans lesquels il puise les choses diverses nécessaires à l'organisme *. Aucun aliment ne réunit **toutes** ces choses, si ce n'est le lait, les œufs et, dans une certaine mesure, le pain.

384. « Apprête avec soin les aliments, mais ne les accompagne pas de trop d'épices.

« Il n'est pas mauvais qu'un mets soit appétissant ; mais un régime simple vaut mieux pour la santé qu'une nourriture recherchée.

385. « Souviens-toi qu'on est nourri, non par ce qu'on avale, mais par ce qu'on **digère**.

« Pour bien digérer, mâche avec soin les aliments. C'est te dire que tu dois te conserver de bonnes dents ; *sans bonnes dents, pas de bon estomac.*

386. « Fais tes repas à des heures régulières. Toutefois ne te trouve pas bien à plaindre s'il faut un jour retarder ton dîner ou même t'en passer pour une fois.

387. « Ne mange rien entre les repas. Quand

QUESTIONNAIRE

382. Avec quoi se forme notre sang?
383. Que conseille l'hygiène au sujet de l'alimentation?
384. Les mets très épicés sont-ils hygiéniques?
385. Les dents ont-elles un rôle à jouer dans la digestion?
386. Qu'avez-vous à dire sur la régularité des heures de repas?

de la maison, il s'y produit rapidement des fermentations qui peuvent être nuisibles.

Avoir un soin particulier de la propreté des cabinets d'aisances; les laver à grande eau. Veiller à ce qu'ils soient bien fermés. Au besoin, y jeter du chlore ou du sulfate de fer, substances peu coûteuses. Ces divers soins, indispensables en tout temps, sont encore plus impérieusement ordonnés par la prudence la plus simple pendant les fortes chaleurs ou lors d'une épidémie. Les négliger, c'est alors s'exposer et exposer ses voisins aux plus graves dangers.

72º LECTURE. Quantité des aliments.

La quantité d'aliments varie avec l'âge, le tempérament et surtout avec les occupations de chaque individu. Après un travail pénible, qui a exigé une grande dépense de force, une faim très vive nous avertit que nous avons des pertes à réparer. Travaillons-nous peu? Restons-nous presque immobiles pendant la plus grande partie de la journée? Nous avons peu d'appétit : c'est que nous n'avons pas dépensé beaucoup de force.

Pour les soldats, qui sont tous à peu près du même âge et soumis au même travail, on a calculé qu'il faut, chaque jour, la ration suivante :

Pain.	750 grammes.
Viande avec os	250 —
Légumes frais.	100 —
Légumes secs.	30 —
Sel.	16 —

Mais ce qui fait varier surtout la quantité d'aliments nécessaires à l'entretien de la vie, c'est la température. Notre corps est une sorte de poêle et les aliments représentent le combustible qui en entretient la chaleur. Plus le climat est froid, plus il faut fournir au corps de combustible pour qu'il puisse lutter contre l'influence de la température extérieure. Au contraire dans les pays chauds, la vie se mainl'estomac est au milieu de sa besogne, il n'aime pas qu'on lui en apporte d'autre; il est obligé de recommencer, ce qui le fatigue et finit par le dégoûter de bien faire.

« Les enfants qui grignotent sans cesse mille choses dont ils bourrent leurs poches, se préparent un mauvais estomac pour l'avenir.

388. « Enfin bois, à ton ordinaire, **de l'eau**, de préférence à toute autre boisson. Ta bourse et ta santé s'en trouveront également bien. »

RÉSUMÉ (à réciter).

1. Notre corps a besoin de réparer ses forces à mesure, par une bonne nourriture.
2. Une bonne nourriture se compose d'aliments divers; un seul ne suffit pas, à moins que ce ne soit le *lait*.
3. Un régime simple vaut mieux pour la santé qu'une nourriture recherchée.
4. Les bons aliments sont ceux qui se digèrent bien, car on est nourri, non par ce qu'on mange, mais par ce qu'on *digère*.
5. De toutes les boissons, la plus saine est *l'eau*.

V. — Il faut être très propre.

389. On vous a déjà dit : Soyez propre, parce qu'être sale est fort laid.

390. Être sale est aussi *très malsain*.

391. Nous ne respirons pas par les poumons seulement; nous respirons aussi par la peau, à travers laquelle passe également la sueur.

392. Il faut donc la tenir en bon état en nous *lavant journellement*.

393. Mais se laver, ce n'est pas se promener doucement un linge mouillé sur la figure et se savonner les mains.

394. C'est *tout le corps* qui a besoin d'être appro-

QUESTIONNAIRE

387. Les enfants se préparent-ils un bon estomac en mangeant hors des heures de repas ?
388. Quelle est la meilleure boisson ?
389 et 390. Donnez deux bonnes raisons pour être propre.
391. Quelles sont les fonctions de la peau ?
392. Comment faut-il la traiter pour qu'elle fonctionne bien ?
393 et 394. Comment faut-il se laver ?

tient avec une alimentation très peu substantielle. Il faut à l'Anglais d'énormes tranches de bœuf, tandis que l'Arabe se contente de quelques poignées de riz et de dattes.

73ᵉ LECTURE. Qualité des aliments. Falsifications.

Viande d'animaux malades. — Certains aliments doivent être rejetés parce qu'ils sont susceptibles de communiquer des maladies graves; la viande des porcs atteints de ladrerie — quelquefois même la viande de bœuf — donne le *ver solitaire.* Ajoutons toutefois que cette viande perd une partie de ses inconvénients si elle est parfaitement cuite. Il en est de même de celle des porcs ayant la *trichinose;* cette horrible maladie n'a fait de vrais ravages que dans les pays où, comme en Allemagne, on consomme crue la chair des porcs.

Champignons vénéneux. — Il ne se passe guère d'année où les journaux ne rapportent des cas d'empoisonnement par les champignons. Le plus sûr moyen de ne pas s'exposer à ces accidents, c'est de se priver de manger les champignons douteux et de se borner aux quelques espèces très connues sur lesquelles il n'y a pas d'erreur possible : le cèpe (ou bolet), le champignon de couche, l'aronge vraie, la morille, la chanterelle (girole, dans quelques pays) et le mousseron ou champignon des prés. Toutes les autres espèces ne sont pas vénéneuses : mais dans le doute où l'on peut être à leur égard, il est prudent de s'abstenir.

LEÇON

Insister sur les **avantages de la propreté** de la peau. Pourquoi elle est indispensable; revision des faits étudiés dans les leçons d'histoire naturelle; structure de la peau, pores, glandes, etc. Utilité des

prié fréquemment; ensuite c'est à *grande eau* et, de temps en temps, avec de l'eau chaude et du savon, qu'il faut se laver.

395. Après le lavage *frictionnez-vous* vivement avec un linge un peu rude.

Votre peau rougira. Tant mieux! Ce sera une preuve que le sang circule mieux dans les petits canaux qui la parcourent en tous sens. Or, **activer** la circulation du sang est justement un des *grands avantages de la propreté*.

396. On peut prendre tous ces soins chez soi. En ville, cela n'empêche pas d'aller au bain aussi souvent qu'on le peut.

397. Les bains froids, si l'on habite le voisinage d'une rivière, sont excellents et très fortifiants.

398. Il n'est presque pas besoin de recommander aux gens qui se lavent avec soin de **changer** souvent de linge : quand on est propre, on n'a nulle envie de se remettre dans des vêtements sales.

RÉSUMÉ (a réciter).

1. La *propreté* est indispensable à la santé.

2. La peau ne fonctionne bien que si elle est maintenue bien nette par des lavages de chaque jour.

3. Le lavage, suivi d'une friction, débarrasse les pores de la peau de ce qui pourrait les obstruer* ; il active la circulation du sang.

4. Un grand bain tiède est nécessaire de temps à autre; les bains froids ont en outre l'avantage d'être très fortifiants.

VI. — Faire de l'exercice.

399. **L'exercice,** c'est-à-dire le mouvement, est indispensable à la santé (fig. 52).

Nous ne sommes pas faits pour vivre toujours à la même place, comme les plantes; il est bon pour nous de *marcher*, de *courir*.

QUESTIONNAIRE

395. A quoi sert de frictionner vivement la peau ?
396. Qu'est-ce qui s'ajoute utilement aux lavages faits à la maison ?
397. Quels sont les avantages des bains froids ?
398. Indiquez un soin commandé par la propreté.
399. Le mouvement est-il salutaire ?

bains. Comment on prépare et comment on prend un bain; température : 30 à 35° (bain tiède, le meilleur comme bain de propreté). Dangers des bains trop chauds. Durée du bain : de 20 à 30 minutes.

Ne pas se mettre au bain moins de 2 ou 3 heures après le repas.

74ᵉ LECTURE. **Lavage et santé.**

Bien des gens seraient surpris s'ils pouvaient recueillir et peser tout ce que la peau laisse passer, en 24 heures, de gaz et de liquides divers. Rien que pour la sueur cela atteindrait presque la demi-livre en temps ordinaire. Que serait-ce par les jours de grande chaleur et quand on se livre à un exercice violent ?

Ce qui sort par la peau n'est pas tout, il y a aussi ce qui entre : la *respiration cutanée* est fort importante. Qu'on en juge par deux faits : chez une personne dont la peau a été brûlée sur une grande étendue, la mort survient par suite de la cessation des fonctions de la peau. Un animal dont on recouvrirait le corps sur toute sa surface d'une couche de vernis imperméable mourrait rapidement, bien qu'il pût continuer à respirer par les poumons.

Tenir libres les pores de la peau est donc une précaution hygiénique essentielle. Les lavages, les bains avec les frictions ou massage dont il faut les faire suivre atteignent ce but. Ils ont en outre l'avantage de favoriser la circulation dans les capillaires ; en attirant le sang vers la peau, ils empêchent les *congestions* qui se produisent aisément dans tel ou tel organe quand la circulation n'est pas assez active.

On parvient souvent à modifier un état de faiblesse, de maladie même, par le seul usage de l'eau froide ou chaude, employée en aspersions, en bains, en douches, etc.; c'est ce qu'on appelle l'hydrothérapie. Pour rendre l'usage de l'eau tout à fait efficace, il faut y joindre l'exercice musculaire, c'est-à-dire faire de la natation.

400. On n'a guère à vous le dire maintenant : à l'heure de la récréation, vous savez bien, sans qu'on vous y oblige, sauter, danser, courir à perdre haleine, crier à pleins poumons, toutes choses excellentes pour votre développement.

401. Plus tard, quand vous serez des femmes

FIG 52. — L'*exercice* est un des meilleurs moyens d'entretenir la santé.

occupées, vous serez plus tentées d'oublier que *le mouvement est nécessaire*.

Eh bien ! rappelez-vous alors ce qu'on vous a dit à l'école : *l'exercice est un des meilleurs moyens d'entretenir la santé*.

402. En attendant, prenez joyeusement et bruyamment vos ébats à la récréation, mais souvenez-vous ensuite que vous avez fait là provision de force pour le travail.

Le travail est aussi un exercice, et quand on s'y livre avec intelligence et activité, *il contribue à nous maintenir en bonne santé*.

403. Mais parmi toutes vos leçons, il en est une particulièrement utile au point de vue de l'hygiène : c'est la leçon de **gymnastique**, pendant laquelle on s'applique à *fortifier* et à *assouplir* tous vos muscles par des mouvements bien réglés.

QUESTIONNAIRE

400. A quel âge le mouvement est-il particulièrement utile ?
401. Exprimez en une courte phrase ce que vous venez de dire des avantages hygiéniques de l'exercice.
402. Le travail est-il aussi utile à la santé ?
403. Pourquoi vous donne-t-on des leçons de gymnastique ?

75ᵉ LECTURE. Jeux et vigueur.

Le jeu donne des forces et ce n'est pas du temps perdu que de s'y livrer. Les enfants aiment à jouer en France comme ailleurs ; cependant ils ne savent peut-être pas autant varier leurs jeux que les enfants anglais et américains, et c'est dommage. En Angleterre et en Amérique, il existe de gros livres de 500 pages remplis de descriptions de jeux qui presque tous ont lieu en plein air et font faire beaucoup de mouvement. Quelques-uns, inconnus chez nous, sont extrêmement amusants.

Parmi nos jeux, cache-cache, le colin-maillard avec toutes ses variétés, les divers jeux de paume, les parties de barres sont à recommander parce qu'ils développent bien la force, l'agilité. Ils conviennent aux filles aussi bien qu'aux garçons.

La course, le saut, pour lesquels on peut inventer mille règles différentes, sont aussi salutaires que divertissants.

N'oublions pas la danse, cette excellente récréation des jours de pluie, et peut-être le plus amusant de tous les exercices.

76ᵉ LECTURE. Travail et santé.

Nos forces, que ce soient celles des muscles ou les autres, augmentent par l'exercice. On a très justement observé que nos organes sont le contraire de nos outils fabriqués ; ils se perfectionnent au lieu de se détériorer par l'usage. Par conséquent, exercer tous nos organes est une règle d'hygiène.

Le travail de l'intelligence, bien entendu et bien réglé, contribue comme les exercices du corps à conserver la santé. Il n'empêche pas de devenir vieux. Un des plus grands savants (1) de notre temps vient d'atteindre sa centième année. Ce n'est cependant pas en vivant comme un paresseux qu'il a ainsi prolongé son existence ! Il a travaillé toute sa vie, il travaille encore malgré son grand âge et se plaît à s'entendre nommer le premier étudiant de France.

---

(1) Chevreul.

Inutile sans doute de vous conseiller d'apporter toute votre ardeur à cette leçon : elle est trop amusante pour ne pas vous plaire.

RÉSUMÉ (à réciter).

1. Nos membres sont faits pour se remuer, non pour rester immobiles.
2. La marche, la course et tous les exercices qui demandent de la force et qui fatiguent, sont excellents pour la santé.
3. Aussi le travail manuel est-il très salutaire.
4. Parmi tous les exercices du corps, la gymnastique est particulièrement utile pour fortifier et assouplir les muscles.

VII. — Dormir suffisamment.

404. S'étendre dans son lit et s'y reposer la nuit des fatigues de la journée est chose bien agréable.

405. Toutefois, il ne faut pas y rester *trop longtemps*.

Le sommeil prolongé alourdit, amollit et énerve ; il affaiblit au lieu de rendre des forces.

406. Mais rester dans son lit le matin, quand on est éveillé est surtout funeste.

Quittez votre lit dès que vous avez les yeux ouverts.

407. Le soir, regagnez-le **de bonne heure** et sans vous faire prier.

Les veilles sont mauvaises pour les enfants. « *Couchez-vous tôt et levez-vous matin,* » voilà la règle que leur impose l'hygiène.

408. Quand vous serez de grandes personnes, vous serez plus d'une fois tentées de vous priver de sommeil, afin d'allonger la journée de travail ; c'est souvent une nécessité pour les gens peu aisés.

Mais il ne faut pas se laisser aller à user

LIVRE DU MAITRE.

QUESTIONNAIRE

404. Citez une bonne récompense de la journée de travail.
405. Est-il sain de dormir très longtemps ?
406. Que faut-il faire le matin aussitôt éveillé ?
407. Est-il bon de veiller ?
408. Quel est l'effet produit sur notre organisme par le sommeil ?

Voltaire, encore un grand travailleur qui a vécu vieux, parle ainsi du travail de l'esprit dans une de ses lettres :
« Ne me dites pas que je travaille trop. L'esprit plié depuis
« longtemps aux belles-lettres s'y livre sans peine et sans
« effort, comme on parle une langue qu'on a longtemps
« apprise, et comme la main du musicien se promène sans
« fatigue sur un clavecin.

« Il faut donner à son âme toutes les formes possibles.
« C'est un feu que Dieu nous a confié, nous devons le
« nourrir de ce que nous trouvons de plus précieux.

« Il faut ouvrir toutes les portes de notre intelligence et
« de notre cœur à toutes les sciences et à tous les senti-
« ments. Pourvu que tout cela n'entre pas pêle-mêle, il y a
« place pour tout le monde. »

LEÇON

Avantages du **lever matinal.**

Valeur hygiénique de l'air du matin. Facilité et rapidité du travail pour celui qui se lève dispos après un temps de repos suffisant.

77ᵉ LECTURE. **Le bon lit.**

Le *bon lit* n'est pas un lit moelleux, fait d'un matelas de plume, d'un coussin bien douillet, d'un édredon bien épais. Mauvais lit que celui-là ! il affaiblit et rend paresseux celui qui s'y enfonce ; on a peine à le quitter à l'heure où il faut reprendre sa tâche.

Le lit un peu dur vaut mieux pour la jeunesse : une paillasse, un mince matelas de crin ou même, en été surtout, pas de matelas du tout, le lit presque horizontal, voilà le coucher le plus hygiénique. On ne s'y oublie pas le matin, et le soir il paraît bon à qui s'y étend fatigué d'avoir bien travaillé toute la journée. Nos pères, qui ne couchaient pas sur la plume, avaient coutume de dire :

« La journée dure fait le lit mol. »

HYGIÈNE ET SOINS AUX MALADES.

trop souvent de ce moyen : le sommeil est **nécessaire** à tout âge pour *réparer les forces*.

RÉSUMÉ (à réciter).

1. Le sommeil est aussi indispensable que la nourriture pour réparer nos forces.

2. Je prendrai le repos nécessaire, mais je n'en prendrai pas plus qu'il ne faut ; je me coucherai de bonne heure ; *je me lèverai matin* ; je quitterai mon lit dès que je m'éveillerai.

VIII. — Ne pas faire d'excès.

409. L'hygiène conseille d'user de toutes choses avec **modération**.

410. Une chose excellente devient mauvaise si on en **abuse**.

411. Aussi les personnes *raisonnables*, qui savent se modérer, ont-elles plus de chances de se bien porter que celles qui se laissent entraîner par leurs caprices et ne savent rien se refuser.

412. Abandonnez-vous, par exemple, à la gourmandise ; elle ne tardera pas à vous gouverner, et votre santé s'en ressentira.

413. Ayez, au contraire, de la fermeté et de la *volonté* pour résister au besoin à vos goûts : votre santé y gagnera comme votre conduite.

414 Les mauvaises habitudes entrent chez nous à petit bruit, y font des progrès chaque jour et *finissent par y commander en maître*. Quand nous voulons les chasser, souvent il est trop tard ; le penchant que nous avons laissé se développer est plus fort que nous.

415. De toutes les choses dont on abuse, la boisson est une des plus **malfaisantes**. Heureusement, les femmes qui se livrent à l'ivrognerie sont rares en France !

QUESTIONNAIRE

409. Que conseille l'hygiène à l'égard de toutes choses ?
410. Donnez des exemples de choses excellentes qui deviennent nuisibles par l'abus qu'on en fait.
411. Quelles sont, d'après cela, les personnes qui auront le plus de chances de se bien porter ?
412. Citez un défaut grave qui peut détériorer la santé ?
413. Qu'est-ce qui peut gagner au ferme propos de résister à vos goûts ?
414. Parlez des habitudes
415. Que pensez-vous de l'abus de la boisson ?

78ᵉ LECTURE. Grain par grain.

M. Toto — 5 ans — était allé manger au jardin son goûter, un bon morceau de pain et quatre noix.

Le long du mur qui regardait le midi, il y avait des ceps de vigne portant quelques belles grappes de raisin.

On n'avait pas défendu à M. Toto de toucher au raisin ; mais puisqu'il avait eu des noix avec son pain, il était évident que ce n'était pas le jour de manger du raisin. Toto comprenait cela et savait très bien que s'il en mangeait, étant bien rassasié, ce serait pure gourmandise.

Mais la gourmandise parlait très haut chez M. Toto, ce jour-là. Elle lui conseilla d'abord de regarder de très près les beaux grains dorés, puis d'en prendre un, rien qu'un, pour goûter seulement s'ils étaient aussi bons que beaux. Toto avança timidement la main, picora un grain, puis.... en hésitant un peu, un second et même un troisième. Oh! par exemple, celui-là serait le dernier. Toto fit en effet une petite pause. Hélas! elle ne fut pas longue. Il voulut d'abord manger encore deux grains seulement. Mais la raison, s'il vous plaît de s'arrêter au cinquième plutôt qu'au quatrième ? Et de grain en grain, toute la grappe y passa. La gourmandise avait été plus forte que M. Toto.

Peut-être, en rencontrant une fois un individu dégradé par l'ivresse, vous êtes-vous dit avec surprise et dégoût : « Comment peut-on se mettre en pareil état ? » Comment ? comme M. Toto a mangé la grappe ; grain par grain.

C'est peu à peu, à notre insu, qu'arrive à régner en maîtresse absolue une mauvaise habitude que nous n'avons pas eu le courage de combattre au début.

Faites donc bonne garde et chassez sans pitié la gourmandise, la paresse et tous les vices qui voudraient s'installer chez vous.

416. Mais vous pourrez avoir autour de vous des hommes tentés de s'y adonner. Sachez bien, pour le leur redire, que l'*alcool est un poison* qui *ruine la santé* et *détruit l'intelligence* (fig. 53).

Chaque *petit verre* prend quatre sous dans la poche du buveur, mais il prend bien plus dans le **trésor de sa santé**.

417. Voulez-vous ménager ce trésor ? Détournez ceux qui vous entourent de la fréquentation du cabaret.

FIG. 53. — « Il n'est pas méchant, mon pauvre homme ! C'est l'eau-de-vie qui le rend fou ; sans elle, il ne m'aurait pas mise dans l'état où me voilà ! »

Qu'une bonne soupe chaude toujours prête le matin pour le travailleur qui va se rendre à l'ouvrage l'empêche de recourir au fatal « petit verre d'eau-de-vie » dont l'habitude est si vite prise.

418. Vous le voyez, il dépend en grande partie de vous de conjurer les dangers de l'ivrognerie.

RÉSUMÉ (à réciter).

1. J'userai de toutes choses avec modération ; je ne m'abandonnerai pas à la gourmandise.

2. *Qui cède à ses fantaisies est bientôt gouverné par elles.*

3. C'est ce qu'il faut sans cesse répéter à ceux qui seraient tentés de s'adonner à la gourmandise, à l'ivrognerie ou à tout autre vice.

QUESTIONNAIRE

416. L'alcool est-il inoffensif ?
417. Comment les femmes peuvent-elles combattre l'ivrognerie ?
418. Pensez-vous que ce soit une partie importante de leur tâche ?

79ᵉ LECTURE. L'alcoolisme.

Le mot d'*alcoolisme* a été créé pour désigner l'état particulier d'un individu qui abuse des liqueurs fortes.

Cet état prédispose à une foule de maladies, entre autres à des maladies très graves du foie, à la phtisie, etc. Il est par lui-même une maladie qui trouble tout l'organisme : les muscles s'affaiblissent et ne peuvent plus se tendre pour un effort énergique, les mains tremblent, la vue devient trouble ; l'intelligence aussi se détériore : l'alcoolique perd la mémoire, il n'a plus de volonté, il est incapable de prendre une décision, de persévérer dans une entreprise quelconque. Il veut un jour et ne veut plus le lendemain. On sait ce que valent les « serments d'ivrognes » ; personne ne les prend au sérieux. C'est qu'en effet un alcoolique n'est plus maître de lui, il ne peut pas répondre de ses actes, « il ne sait plus ce qu'il fait. »

Arrivé au dernier degré, l'alcoolique a l'œil hagard ; il tombe dans un abrutissement complet, à moins qu'il ne soit pris de *delirium tremens*, état violent qui oblige à le conduire à un hôpital de fous.

A Bicêtre, près de Paris, sur 928 malades entrés pendant une période déterminée à l'hôpital, on ne comptait pas moins, dernièrement, de 135 alcooliques. La folie, voilà où conduit la passion de l'eau-de-vie.

Les eaux-de-vie sont d'autant plus malfaisantes qu'elles sont rarement, à l'heure actuelle, extraites du vin ; l'eau-de-vie de grains, celle qu'on fabrique avec la pomme de terre sont de vrais poisons.

« Qui a bu, boira. » Il est difficile de s'arrêter quand on s'est une fois laissé aller aux excès de boisson. Aussi les femmes doivent-elles tout faire pour combattre ce danger de l'ivrognerie. Qu'elles considèrent comme un ennemi le « petit verre » ; qu'elles lui déclarent la guerre par avance en enlevant à leurs maris tout prétexte de recourir à lui. Beaucoup n'en prennent l'habitude que parce que leurs femmes, indolentes et peu matinales, les laissent partir à jeun pour le travail.

IX. — Vivre en paix et en joie.

419. Est-ce l'affaire de l'hygiène de vous commander le bon accord avec votre prochain?

Certainement.

420. Les disputes, les querelles troublent le sommeil et tout le reste.

On dit que « la méchanceté sèche le corps, » et c'est vrai.

421. Les malveillants, les méchants sont malheureux : personne ne les aime, ils vivent le front plissé et le cœur serré. Or, lorsqu'on n'est pas heureux, on se porte moins bien.

422. L'hygiène dit enfin : « Sois content de ton état. »

Et là encore, elle ne se mêle que de ce qui la regarde. Les envieux n'ont pas un moment de repos; ils se tourmentent d'être moins riches qu'un tel, plus mal habillés que tel autre; *le souci les ronge* et leurs forces se dépensent à désirer ce qu'ils n'ont pas.

423. Au contraire, est-on content de sa position, disposé à prendre tout du bon côté? On respire à l'aise, on mange de bon appétit, on dort tranquille.

424. Croyez-le, mes enfants, tout se tient dans notre être. La **bonne santé** marche avec le **bon cœur** et la **bonne conscience**.

RÉSUMÉ (à réciter).

1. Je vivrai en paix avec mon prochain; je serai bienveillante.

2. Je n'envierai pas le sort des autres.

3. Je serai contente de mon état, joyeuse et confiante dans l'avenir.

4. En faisant cela, j'obéirai à l'hygiène, car la bonne santé marche avec le bon cœur et la bonne conscience.

QUESTIONNAIRE

419. Que recommande encore l'hygiène ?
420. A-t-elle raison ?
421. Méchanceté et santé marchent-elles ensemble ?
422. Le contentement de notre sort est-il nécessaire à la santé comme au bonheur ?
423. Décrivez la vie qu'on mène lorsqu'on est content de son sort.
424. Qu'est-ce que la bonne santé accompagne ?

80ᵉ LECTURE. Hygiène et morale.

« Une âme saine dans un corps sain. »

« Vous me demandez, dit un hygiéniste contemporain, de vous tracer en quelques lignes les préceptes d'hygiène les plus importants ; je pourrais vous répondre par cet adage bien connu : usez avec modération de tout ce qui est permis. J'y ajouterai : bornez vos besoins et vos désirs ; pensez, pendant que vous êtes jeunes, à vous affranchir, vous et les vôtres, du dur esclavage de la misère. Avec un bon guide, étudiez votre santé, car il est plus facile de prévenir les causes des maladies que de les guérir.

« Travaillez chaque jour à fortifier votre corps par l'exercice, votre esprit par la méditation, par de solides lectures, par la recherche de la vérité ; votre âme, en ne faisant jamais de mal à personne, du bien le plus possible. Combattez vos passions ; souvent elles ruinent le corps ; songez à l'orgueil... reléguez absolument l'envie ; réjouissez-vous au contraire du bonheur des autres. Un grain d'ambition ne nuit pas : c'est un bon condiment moral. Souffrez enfin avec résignation les maux inévitables. Vous le voyez, les préceptes de la morale et ceux de l'hygiène se confondent en bien des points. »
(Bouchardat.)

« Le sage développement du contrôle de la volonté sur les sentiments et sur les idées fournit à l'homme une force qui lutte en faveur du maintien de la santé... Un but élevé, passionnément poursuivi, vers lequel se tendent toutes les énergies, qui commande la discipline sur soi-même, voilà la meilleure sauvegarde. Pour celui qui a donné à sa vie un pareil but, il n'y a ni ambition déçue, ni envie, ni jalousie, — car il ne lui échappe pas qu'il importe peu que telle chose soit son œuvre ou celle d'autrui, — ni blessure d'amour-propre, en un mot aucune des passions mauvaises, des déceptions amères qui troublent l'existence, aigrissent l'esprit et rompent l'équilibre de notre être. »
(D'après Maudsley.)

DEVOIRS DE RÉDACTION. — 1. Dire ce qu'on entend par l'hygiène, en énoncer les principales règles. (*Dév.* p. 148*a*.)

2. Vous faites construire une maison. Quelles conditions devra-t-elle remplir pour être saine? (*Dév.* p. 148*c*.)

3. L'aération des appartements. (*Dév.* p. 148*d*.)

4. Expliquez cette phrase : on est nourri non par ce qu'on mange, mais par ce qu'on digère. (*Dév.* p. 148*e*.)

5. De quelle façon composerez-vous un repas pour qu'il forme une alimentation complète? Le composerez-vous d'aliments qui se ressemblent ou qui diffèrent? (*Dév.* p. 148*f*.)

6. Pour quelles raisons d'hygiène faut-il être propre? (P. 148*g*.)

7. Dire ce que vous savez sur l'*exercice* et sur le *sommeil*. (148*h*.)

8. Prouvez, au moyen d'une petite histoire que vous inventerez, combien il est difficile de résister à un penchant auquel on a pris l'habitude de se livrer. (*Dév.* p. 148*i*.)

9. Une personne envieuse est-elle heureuse? Pourquoi ne l'est-elle pas? (*Dév.* p. 148*j*.)

HYGIÈNE (Suite).

2° — COMMENT ON SOIGNE LES MALADES ET LES BLESSÉS.

I. — Sans le Médecin. — Petits maux et petits accidents.

425. Bien des petits maux peuvent être soignés sans le secours du médecin.

426. Les *maux de gorge* ordinaires se reconnaissent à la rougeur du fond de la bouche, qu'on peut apercevoir en abaissant la langue avec une cuiller.

On leur oppose un remède très simple : des feuilles de ronce bouillies dans de l'eau sucrée au miel.

Cette eau s'emploie en **gargarismes** qu'il faut répéter aussi souvent que possible.

427. Le *rhume* a la réputation de « guérir d'autant plus vite qu'il n'est pas soigné. »

Si l'on entend par là qu'il n'y a pas lieu de cesser son travail pour un simple rhume, on a raison. On

LIVRE DU MAITRE. 136*

QUESTIONNAIRE

425. Y a-t-il des maux qu'on puisse soigner sans le médecin ?
426. Parlez des maux de gorge.
427. Un rhume est-il toujours une indisposition insignifiante ?

LEÇON ET EXERCICES

Nécessité de **savoir soigner soi-même** les petits maux sans gravité. Cependant, ne pas se figurer qu'on puisse remplacer le médecin ; ne pas donner à tort et à travers des remèdes qui pourraient faire beaucoup de mal étant mal appliqués.

Si l'école est à la campagne, il sera bon de combattre la tendance à recourir *trop tardivement* au médecin ; ne pas l'appeler pour des choses insignifiantes, mais si le mal s'annonce grave, ne pas attendre qu'il ait empiré pour consulter.

Exercices pratiques : faire reconnaître des fleurs fraîches et sèches de tilleul, de sureau, de bourrache, de guimauve, de coquelicot, de camomille, etc. ; des feuilles de ronce, de mélisse, d'oranger, etc. Faire reconnaître à l'aspect et à l'odeur quelques médicaments usuels, tels que : alcool camphré, arnica, huile de ricin, glycérine, rhubarbe, quinine, bismuth. — Faire distinguer au goût les deux derniers : le bismuth est insipide, le sulfate de quinine très amer. Courtes explications sur les propriétés de ces médicaments.

81ᵉ LECTURE. **Rhumes et tisanes.**

Ce sont les *bronches* qui sont malades lorsqu'on a un rhume de poitrine ; aussi appelle-t-on bronchites les rhumes graves. L'embarras que l'on ressent alors dans les voies respiratoires occasionne la *toux*. Chez les personnes âgées, le rhume est souvent très opiniâtre ; il devient un *catarrhe*. Des boissons chaudes, tisanes pectorales ou infusions, calment la toux et diminuent l'inflammation qui la cause. On prépare les tisanes par *décoction*, c'est-à-dire en faisant bouillir dans l'eau pendant un certain temps la substance prescrite : feuilles, fleurs, racines, etc.

Pour faire une *infusion*, on jette dans l'eau bouillante les feuilles ou fleurs, on couvre bien, on laisse infuser un quart d'heure environ et l'on passe le liquide à travers un linge ou un petit tamis.

a tort, si l'on croit que cette indisposition soit tout à fait insignifiante.

428. Un rhume **négligé** peut être le point de départ d'une maladie mortelle.

Soignons donc les rhumes. Du *lichen* * coupé avec du lait, des tisanes de *jujubes** et de *dattes** ou de *bourgeons de sapins* rendront la toux moins pénible et hâteront la guérison, à laquelle pourra aussi aider une bonne couche d'ouate sur la poitrine.

429. Ce qu'on appelle à la campagne *transpiration arrêtée*, *chaud et froid* guérit en quelques heures par une **bonne suée**.

Couchez le malade, couvrez-le beaucoup, faites-lui boire, à courts intervalles, quelques tasses de *vin chaud* et d'infusion * de *tilleul* ou de *sureau*. Dès que la transpiration sera bien rétablie, il pourra changer de linge et se lever.

430. Inutile de vous parler de l'*indigestion* : il n'y a qu'à la laisser passer. Se garder surtout de donner des liqueurs fortes qui pourraient empêcher l'estomac de se débarrasser par le vomissement des aliments non digérés.

431. La *crampe d'estomac* sera un peu soulagée par l'application de linges chauds.

432. Le *dérangement d'entrailles* demandera des repas légers, peu de boissons, une bonne ceinture de flanelle sur le ventre, et, s'il se prolonge, une prise de *bismuth*.

433. S'il s'accompagne de violentes douleurs d'entrailles ou coliques, on les calmera en appliquant sur le ventre un cataplasme de *farine de lin* arrosé de quelques gouttes de *laudanum**.

434. Les *mouvements de bile* seront combattus par des infusions de camomille* ou quelques prises de rhubarbe*.

QUESTIONNAIRE

428. Indiquez des tisanes contre le rhume
429. Comment soigne-t-on un *chaud et froid* ?
430. Les liqueurs fortes sont-elles bonnes pour combattre l'indigestion ?
431. Par quoi calme-t-on une crampe d'estomac ?
432. Qu'y a-t-il à faire contre le dérangement d'entrailles ?
433. Contre de violentes coliques ?
434. Pour quelle indisposition donne-t-on la camomille et la rhubarbe ?

LEÇON PRATIQUE

Faire faire aux élèves une **infusion**, une **tisane**. Préparer un cataplasme de farine de lin. Faire compter des gouttes.

82ᵉ LECTURE. Cataplasmes. — Laudanum.

Dans un plat de terre, on délaye à froid d'abord, puis avec de l'eau très chaude quelques poignées de farine de lin. On remue vivement avec une cuiller de bois ou une spatule. La pâte étant bien liée et suffisamment claire, on l'étend avec le dos de la cuiller en une couche bien égale sur un linge plié en double; le cataplasme conservera mieux sa chaleur si la couche n'est pas trop mince; mais trop épaisse, elle fatiguerait le malade par son poids. On recouvre le cataplasme d'un autre linge plus mince ou d'une tarlatane dont on replie les bords sous le cataplasme pour empêcher la pâte de couler au dehors. Enfin, pour que le cataplasme reste bien lisse, on le porte jusqu'au lit du malade sur une planchette, un couvercle de métal ou un fond de plat renversé. Tous ces préparatifs doivent être faits lestement afin que la pâte n'ait pas le temps de se refroidir.

Le laudanum est un liquide brun, qui sent fortement le safran et un peu le girofle, lesquels entrent dans sa composition. Il contient surtout de l'opium, substance qui se trouve dans les plantes de la famille du pavot. C'est un *calmant* pour la douleur et un *soporifique*.

Le laudanum est un poison actif. Il ne faudrait pas se hasarder à en prendre plus de huit à dix gouttes sans l'avis formel d'un médecin; on risquerait de s'endormir pour ne plus se réveiller. Aussi les pharmaciens ne le délivrent-ils que sur ordonnance; la fiole porte toujours l'étiquette orange avec la mention : *Médicament pour l'usage externe.* Employé au dehors, sur un cataplasme, il n'offre aucun danger.

HYGIÈNE ET SOINS AUX MALADES.

435. Le *mal blanc* est connu de tout le monde. Au début, on peut quelquefois le faire avorter* par un bain d'eau salée très chaude.

Si ce moyen échoue, il ne reste qu'à ramollir le doigt malade par des bains d'*eau de mauve* et des cataplasmes de *farine de lin* souvent renouvelés; presque toujours l'abcès **percera** de lui-même.

436. Les petites blessures à la peau, les coupures, les écorchures n'exigent pas grand soin. Cependant, si elles ont une certaine étendue, il est prudent de les recouvrir de compresses très propres de vieux linge qu'on fixe par une bande déchirée en deux à son extrémité.

Un peu de *glycérine phéniquée* * empêchera le linge de **s'attacher** et fera cicatriser plus vite la petite plaie.

437. La *contusion*, si fréquente à la suite de coups ou de chutes, n'entame pas la peau; la blessure est sous cette dernière.

Ici, chacun propose son remède : l'un du pain mâché, l'autre du persil haché menu, un troisième un emplâtre d'oignon, ou de poireau, voire même un gros sou!

Aucun de ces remèdes de bonne femme n'est malfaisant; mais il y a mieux et plus simple que cela : des compresses d'eau fraîche ou d'eau salée tout bonnement.

438. Dans les cas graves, on emploiera l'alcool camphré* ou l'arnica*.

439. Pour la *brûlure*, un seul remède : un **corps gras** quelconque, huile, beurre ou graisse.

440. Si la brûlure a été faite par un liquide à travers les vêtements, enlevez ceux-ci avec précaution et sans perdre une minute; mettez l'huile ou la graisse sur la brûlure et enveloppez d'*ouate*.

QUESTIONNAIRE

435. Indiquez un traitement pour le mal blanc.
436. Avec quoi peut-on préserver une petite plaie du contact de l'air et des corps étrangers ?
437. Qu'appliquerez-vous sur une contusion ?
438. De quoi imbiberez-vous les compresses dans les cas graves ?
439. Quel est le remède de la brûlure ?
440. Que ferez-vous si la brûlure est recouverte par les vêtements ?

83ᵉ LECTURE. Petits pansements.

L'air, le froid, le contact des corps étrangers peuvent irriter une petite plaie et en augmenter l'étendue ; mais il est surtout utile de ne pas la laisser à découvert, si l'on exerce un métier qui vous force à manier des substances nuisibles ou qui vous mette en contact avec des germes de maladies. Les bergers, les garçons bouchers ont contracté le charbon pour avoir touché des bêtes malades, quand leurs mains portaient quelques écorchures à peine visibles.

La *glycérine*, très employée aujourd'hui, a l'aspect gras de l'huile, mais ne tache pas comme elle ; c'est, en effet, un alcool. Elle a la propriété d'attirer à elle l'humidité de l'air et elle empêche, par conséquent, le dessèchement des corps sur lesquels on l'étend. L'*acide phénique* est un antiseptique, c'est-à-dire une substance propre à détruire les germes contagieux des maladies.

Les *compresses* sont de petites pièces de linge que l'on coupe plus ou moins grandes suivant l'usage qu'on en veut faire et que l'on plie en deux ou en quatre pour les appliquer. Il vaut mieux les faire en toile de lin ou de chanvre qu'en coton ; on les taille dans du linge usé et soigneusement blanchi depuis peu de temps. Les compresses sont ordinairement retenues par des *bandes*. Les bandes, pour panser un doigt, auront un centimètre de largeur seulement ; celles de quatre à six centimètres seront utilisées pour le bras ou la jambe. La longueur varie suivant l'étendue à couvrir. Avant d'appliquer une bande, on la roule en un globe très serré. Puis on prend l'extrémité de la bande par la main gauche et on la maintient sur le membre à panser, autour duquel la main droite commence à enrouler la bande. Pour que la bande ne fasse pas de *godet* et soit en parfait contact avec le membre à recouvrir, on a soin de faire, aussi souvent qu'il est nécessaire, des *renversés*, c'est-à-dire de la replier obliquement sur elle-même.

441. Ce pansement vaudrait encore mieux s'il était fait avec du *liniment* *oléo-calcaire*, que le pharmacien délivre sans ordonnance; il serait prudent d'en avoir toujours chez soi un petit flacon.

RÉSUMÉ (à réciter).

1. Nous devons nous habituer à soigner bien des petits maux sans le secours du médecin.
2. Le mal de gorge se traite par des gargarismes.
3. Le rhume, la toux, par des tisanes de lichen, jujubes.
4. Le point de côté, par des sinapismes.
5. La contusion, par l'emploi de compresses d'eau fraîche ou d'eau salée, d'alcool camphré ou d'arnica.
6. La brûlure, par l'application immédiate d'un corps gras.

II. — En attendant le médecin.

442. Il y a des maladies que l'on « couve » longtemps; d'autres, au contraire, arrivent comme un *coup de foudre*. Telle est, par exemple, l'**apoplexie**, communément appelée *attaque, coup de sang*.

443. Les premiers secours sont faciles : placer le malade la tête *haute*, *desserrer* ses vêtements, mettre des *sinapismes* * aux jambes, *ne rien faire respirer*.

444. Une personne qui « se trouve mal, » peut n'avoir qu'un évanouissement, une **syncope**, ou perte de connaissance.

445. En ce cas, gardez-vous de lui placer la tête plus haut que le reste du corps; étendez-la à plat sur un lit ou par terre, donnez-lui de l'air, desserrez ses vêtements, jetez sur la figure, et autour des yeux surtout, de l'eau très froide; faites respirer du vinaigre et faites des frictions énergiques sur tout le corps.

446. Mais comment distinguer la syncope de l'attaque? direz-vous. Vous soupçonnerez plutôt une

QUESTIONNAIRE

441. Quel est le meilleur pansement pour la brûlure ?
442. Citez une maladie subite.
443. Quels secours donne-t-on en cas d'apoplexie ?
444. Qu'appelle-t-on syncope ?
445. Indiquez le traitement de la syncope.
446. Donnez quelques indices qui permettront de distinguer la syncope de l'attaque.

84ᵉ LECTURE. Traitement des brûlures.

Empêcher la brûlure d'être en contact avec l'air, tel est le but du pansement. Le moyen le plus sûr de l'atteindre, si la brûlure occupe une large étendue, est de plonger le membre malade ou, s'il y a lieu, le malade lui-même dans un bain tiède où on le maintiendra longtemps. Dans les cas ordinaires, enduisez d'un corps gras la partie atteinte, puis enveloppez d'une épaisse couche d'ouate que vous laisserez en place jusqu'à guérison ; la peau se reformera sous le pansement et l'on risquerait d'arrêter ce travail en découvrant trop tôt la plaie.

Le *liniment oléo-calcaire* est composé d'huile d'amandes douces et d'eau de chaux. On peut le faire couler directement sur la brûlure ou en verser dans une assiette pour en imbiber une compresse ou un papier fin,

Le *repos* du membre atteint par la brûlure favorisera et hâtera la guérison. Si la brûlure siège à la jambe, tenir celle-ci étendue horizontalement ; si elle est au bras, mettre le bras en écharpe.

LEÇON PRATIQUE

Faire appliquer un **sinapisme**; le changer de place au moment voulu.

NOTA. L'application du sinapisme sur le bras ou la jambe d'une personne bien portante n'offre aucun inconvénient pourvu qu'on ne la prolonge pas trop. On en prendra occasion pour apprendre aux élèves qu'un sinapisme laissé trop longtemps en place pourrait produire de fâcheux effets.

85ᵉ LECTURE. Frictions et linges chauds.

La *friction* doit être faite avec vigueur et persévérance. Il ne faut pas frotter un noyé mollement et au hasard ; si plusieurs personnes peuvent le secourir, chacune s'emparera

attaque s'il s'agit d'un individu fort, en pleine santé ; vous serez en présence d'une *syncope*, si vous avez affaire à une personne faible, délicate ou convalescente*, ou qui vient de faire une chute ou d'avoir une émotion violente.

447. En cas *d'asphyxie*, on expose le malade au grand air ; on le débarrasse de tout ce qui pourrait gêner la respiration ; on asperge la figure avec de l'eau vinaigrée ; on met des sinapismes aux extrémités.

S'il s'agit d'un noyé, évitez de le coucher sur le dos afin de ne pas empêcher l'écoulement de l'eau qui a pu pénétrer dans les voies respiratoires. Faites-lui respirer des odeurs fortes, réchauffez-le graduellement par l'application de linges chauds ; frictionnez-le.

S'il est complètement évanoui, le mieux serait de pratiquer tout de suite ce qu'on appelle la respiration artificielle.

Donnez tous ces soins avec *persévérance*.

448. Voici un accident très effrayant : un **empoisonnement.**

Vous ignorez quel est le poison qui a été absorbé ou, si vous le savez, vous n'en connaissez pas le contrepoison. Cependant, la victime de l'accident se tord dans d'atroces douleurs. Vous croiserez-vous les bras jusqu'à l'arrivée du médecin ?

449. Non certes. A tout hasard et immédiatement il faut forcer l'estomac à *rendre le poison*, il faut faire *vomir*.

Le mieux sera de faire avaler cinq centigrammes *d'émétique* dans un verre d'eau et, à la suite, *une grande quantité d'eau tiède* dans laquelle vous aurez battu quelques *blancs d'œufs*; au besoin, vous chatouillerez la gorge avec les barbes d'une

QUESTIONNAIRE

447. Quels soins doit-on donner à un asphyxié ?
448. Importe-t-il d'agir vite en cas d'empoisonnement ?
449. Que faut-il administrer ?

d'un membre et passera longtemps la main *de l'extrémité du membre à sa racine* pour y rétablir la circulation. L'essentiel est de faire la friction avec suite et ensemble et pour cela de se bien distribuer les rôles. Surtout pas de spectateurs inutiles qui parlent, s'apitoient et empêchent les autres d'agir. Utilisez tout le monde. Pendant que les uns frictionnent, que les autres chauffent des linges en opérant comme il suit : tenir le linge bien étendu en écran à la hauteur du feu, le rouler lentement, le dérouler rapidement et le rouler une seconde fois pour que les deux faces soient bien échauffées; le porter tout roulé jusqu'au malade.

86ᵉ LECTURE. Empoisonnements et contre-poisons.

L'empoisonnement a presque toujours les mêmes symptômes, quel que soit le poison absorbé : coliques, vomissements, diarrhée, douleur violente et souvent sensation de brûlure insupportable au creux de l'estomac. Il faut, dans tous les cas, *favoriser le vomissement;* l'émétique, ou tartre stibié, est le vomitif le plus sûr. A sa suite peut être administré, si l'on connaît la nature de la substance qui a causé l'accident, le contre-poison ou *antidote*. Pour les empoisonnements métalliques, on ordonne la *magnésie calcinée* — une ou deux cuillérées à café dans un verre d'eau à prendre en trois ou quatre fois à cinq minutes d'intervalle —; l'*eau albumineuse* — quatre ou six blancs d'œufs dans un litre d'eau.

Le café fort est l'antidote de tous les poisons opiacés : laudanum, morphine, atropine, etc. Se rappeler que l'opium entrant dans beaucoup de médicaments et étant mal supporté par certains tempéraments, on peut avoir à combattre quelquefois chez les malades ce genre d'empoisonnement.

Dans les cas d'asphyxie par les gaz du charbon, asphyxie qui est un véritable empoisonnement, faire respirer de l'ammoniaque. Donner à un alcoolisé chez lequel la boisson a produit les phénomènes de l'empoisonnement, de l'eau sucrée avec quelques gouttes d'ammoniaque; mettre de l'eau froide sur la tête pour empêcher la congestion cérébrale.

plume, vous doublerez ou triplerez la dose du vomitif.

450. Passons à un accident moins terrible que l'empoisonnement : l'**entorse**. et sa proche parente, la **luxation**. Vous vous êtes foulé, démis la cheville, ou le poignet ou l'épaule.

Si vous êtes sage, vous ne vous remettrez point entre les mains d'un guérisseur, charlatan, rebouteur *, etc.

Faites appeler le médecin (c'est plus sûr) et, en l'attendant, tenez le membre malade immobile et couvrez-le de *compresses* d'eau froide, d'alcool camphré *, d'eau blanche, ou d'arnica *.

Ces applications arrêteront les progrès du gonflement et l'on pourra plus facilement remettre les os en place s'il y a luxation *.

451. Les os n'ont pas toujours la bonne chance de sortir seulement de leur place comme dans la luxation. Souvent, une chute les brise, les **fracture** pour parler comme le chirurgien.

452. Un malheureux tombe d'un échafaudage et se casse la jambe, ou bien une voiture passe sur un de ses membres et l'écrase.

On le relève, on le rapporte chez lui s'il se peut : c'est l'affaire des hommes.

453. Maintenant, il faut découvrir le membre blessé : c'est l'affaire des femmes.

Comment s'y prendre?

454. Chercher à enlever les vêtements comme d'habitude, c'est risquer de secouer, de tirailler le pauvre membre malade et d'imposer au patient de *cruelles souffrances* bien plus, l'effort qu'il faudra faire va peut-être déplacer les morceaux d'os brisés, les faire pénétrer dans les chairs, qu'ils meurtriront, et *rendre la guérison plus difficile.*

QUESTIONNAIRE

450. Le médecin est-il nécessaire en cas d'entorse ou de luxation ?
451. Qu'est-ce qu'une fracture ?
452. Racontez comment on relève un blessé ?
453. Qu'y a-t-il à faire lorsqu'on apporte un blessé chez lui?
454. Qu'arriverait-il si on enlevait sans précautions les vêtements du blessé ?

87ᵉ LECTURE. Entorse et luxation.

Dans l'entorse, les ligaments articulaires et les muscles voisins ont été froissés par un tiraillement violent. Quelquefois, de petits vaisseaux ont été brisés et l'on voit sous la peau des taches dues à un sang extravasé qu'on nomme *ecchymoses*.

La luxation est plus grave; il y a eu *déplacement* des surfaces articulaires. Dans la luxation de l'épaule, par exemple, la tête arrondie, qui forme l'extrémité supérieure de l'os du bras, est sortie de la cavité où elle s'emboîte dans l'omoplate. Le secours du chirurgien est nécessaire pour remettre les os en place.

LEÇON PRATIQUE

S'exercer à ôter et à mettre un vêtement à manches à une personne dont le bras doit rester immobile et fléchi.

NOTA. Une élève tiendra l'un de ses bras fléchi et appliqué sur la poitrine comme s'il était en écharpe. Une autre lui passera les manches de son manteau en commençant par le bras qui est censé blessé; une troisième maintiendra le bras pour éviter les tiraillements pendant qu'on achèvera de mettre le vêtement. Même exercice, mais inverse, c'est-à-dire en commençant par le bras sain, pour ôter le manteau.

Faire tailler des compresses dans du vieux linge. Faire rouler des bandes.

88ᵉ LECTURE. Recette utile.

Tisane de lichen. — Elle se prépare avec le lichen officinal; plus grand que celui de nos pays, ce lichen croît dans les contrées de la zone glaciale; on le vend sous le nom de lichen d'Islande. On fait tremper le lichen à froid pendant quelques heures, on change l'eau et on fait bouillir doucement une demi-heure environ. Cette tisane sucrée et additionnée d'un tiers de lait se prend très chaude; on la prescrit dans les bronchites.

455. Agissons donc avec d'extrêmes ménagements. Un coup de ciseau dans ces grosses chaussures nous permettra de les enlever sans étirer la jambe cassée.

S'agit-il d'un bras, nous fendrons ou découdrons jusqu'au haut la manche que nous ôterons alors sans forcer le malade à changer de position.

Le bras déshabillé, nous y découvrons une plaie : il faudra la *laver* (fig. 54). Avec une éponge ou un tampon de linge, nous enlevons la terre, le sable qui peuvent recouvrir la blessure et le sang qui empêche d'en voir l'étendue et la profondeur. Tout cela délicatement : *il ne faut pas faire saigner la plaie.*

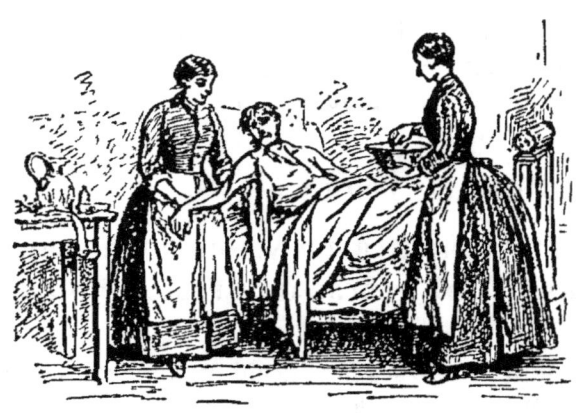

FIG. 54. — Le lavage d'une blessure demande une main sûre et légère. Il ne faut pas faire saigner la plaie.

456. Mais souvent toutes les précautions n'empêchent pas **l'hémorrhagie**; de grosses *veines* ont été coupées, le sang *coule en « nappe »* malgré nos efforts pour l'arrêter.

457. Ou bien, chose plus grave, une *artère* est ouverte et le sang s'en échappe par « jets » *saccadés*. C'est ici qu'il importe de ne pas perdre la tête.

458. Arrêtons le sang à *tout prix* : par un tampon de linge introduit dans la plaie, par une bande fortement serrée autour du bras entre la blessure et le cœur et, si ces moyens échouent, en *comprimant* l'artère principale aux endroits où on peut l'atteindre.

QUESTIONNAIRE

455. Comment procéderez-vous pour déshabiller le membre blessé ?
456. Quel est l'accident qui peut se produire en dépit de tous les ménagements ?
457. De quelle façon coule le sang quand il sort d'une artère ?
458. Si une artère est ouverte, comment arrête-t-on le sang ?

89ᵉ LECTURE. Les hémorragies.

Toute espèce d'hémorragie peut devenir dangereuse par son abondance, fût-ce le *saignement de nez*. Celui-ci, la plupart du temps, cède pourtant de lui-même, surtout si on l'y aide par l'application d'eau fraîche sur le haut du nez et en tenant les bras élevés. Cependant certains saignements de nez demandent le secours du médecin qui pratique l'opération assez difficile du tamponnement des fosses nasales.

Dans les cas de blessure, l'hémorragie artérielle est à peu près seule dangereuse. On la distingue au jet saccadé plus qu'à la couleur du sang car, la plupart du temps, des vaisseaux des deux espèces ont été coupés, et il y a mélange du sang noir et du sang rouge.

L'hémorragie *capillaire* est plutôt un suintement de sang qu'un écoulement abondant; elle ne réclame d'autre soin qu'un lavage à l'eau froide de la partie blessée.

Les *crachements de sang rouge* viennent des poumons; les *vomissements de sang noir* de l'estomac. La première de ces hémorragies s'appelle *hémoptysie;* la seconde, *hématémèse*.

90ᵉ LECTURE. La pharmacie de Claude.

Claude s'est composé une pharmacie. Il l'a placée dans une armoire, qui se trouve dans *le coin le moins éclairé* de sa chambre (la lumière altère les subtances médicamenteuses) et sur la *plus haute étagère* de cette armoire (il ne faut pas que les enfants puissent fureter dans la pharmacie).

Du reste Claude retire toujours la clé de l'armoire; il n'y a que sa femme et lui qui en aient la disposition. Sur l'étagère sont rangées trois boîtes et quelques fioles. Que contiennent ces dernières ? Les plus grandes, de *l'alcool camphré,* de la *teinture d'arnica,* de *l'eau phéniquée,* solution au 100ᵉ; les moyennes, de la *glycérine phéniquée,* du *liniment oléo-calcaire;* enfin, de tout petits flacons contiennent une ou deux cuillerées de *laudanum* et de *perchlorure de fer.*

459. Ce n'est pas toujours d'une blessure que sort un flot de sang. On peut aussi avoir à arrêter des **crachements** ou des **vomissements de sang**.

Ici, le premier soin sera de *rassurer* le malade.

460. Vous le ferez asseoir sur un lit, soutenu par des coussins et les jambes pendantes; vous lui ferez avaler de *l'eau froide* par petites gorgées ou mieux encore de la *glace*... et vous ferez appeler le médecin au plus vite.

RÉSUMÉ (à réciter).

1. Dans les cas graves, qui demandent le secours du médecin, donnez, en l'attendant, les premiers soins avec prudence et présence d'esprit.

2. S'il s'agit d'une asphyxie hâtez-vous de rétablir la respiration.

3. S'il s'agit d'un empoisonnement, vite, faites *vomir*.

4. D'une entorse ou d'une luxation, couvrez le membre malade de compresses froides.

5. D'une fracture, déshabillez le blessé avec précaution et lavez délicatement la plaie.

6. D'une hémorrhagie, arrêtez le sang par un moyen quelconque.

III. — Pendant la visite du médecin.

461. Voici enfin le médecin !

Vous allez lui *rendre compte* de ce qui s'est passé avant son arrivée.

462 Faites-le *clairement* et *en peu de mots*.

463. Il examinera devant vous le malade. Soyez *attentive* pendant cet examen ; vous apprendrez quelles sont les choses les plus *importantes à observer*.

464. Maintenant le médecin écrit son *ordonnance*. Cette ordonnance indique quels remèdes il faut donner : cela regarde le pharmacien ; mais elle

LIVRE DU MAITRE.

QUESTIONNAIRE

459. Quel sera votre premier soin si vous vous trouvez avec un malade qui crache ou vomit du sang?
460. Que ferez-vous tout en le rassurant?
461. Qu'y a-t-il à faire à l'arrivée du médecin?
462. Lui donnerez-vous de longues explications?
463. Que ferez-vous pendant qu'il examinera le malade?

Ouvrons les boites. Dans l'une sont les fleurs et feuilles destinées aux infusions, tisanes, gargarismes : *tilleul, sureau, bourrache, camomille, feuilles d'oranger, lichen, feuilles de ronce,* etc.

La seconde boite a reçu les poudres que les pharmaciens délivrent par prises d'un poids déterminé; voici de l'*émétique* — quatre prises de cinq centigrammes; — du *sulfate de quinine* — deux prises de 50 centigrammes; — de la *magnésie,* du *sous-nitrate de bismuth,* de la *rhubarbe,* de la *mousse de Corse* en poudre et, à côté des prises, un petit rouleau de *papier de moutarde.*

La dernière boite est destinée aux objets de pansements : huit ou dix *compresses* de diverses grandeurs; des *bandes* de trois longueurs différentes, soigneusement roulées; quelques mètres de *tarlatane;* un paquet d'*ouate,* etc.

Pour être plus sûr de ne jamais faire d'erreur dans l'emploi des médicaments, Claude a mis sur chacun d'eux une petite note indiquant leur principal usage et quelquefois même la dose et le mode d'administration.

Voici ces notes :

Alcool camphré. — Contusions, entorses, douleurs.
Arnica (coupé d'eau). — Contusions, entorses, blessures.
Eau phéniquée. — Antiseptique. Lavage des plaies. Soins de toilette en temps d'épidémie, etc.
Glycérine phéniquée. — Pansements des petites blessures, écorchures, etc.
Liniment oléo-calcaire. — Brûlures.
Laudanum. — Calmant (sur cataplasme surtout).
Perchlorure de fer. — Arrête les hémorragies (en boisson, 8 à 10 gouttes dans un verre d'eau).

Mêmes indications pour les fleurs et les poudres :

Tilleul. — Calmant, provoque la transpiration.
Sureau. — Provoque la transpiration.
Bourrache. — Idem. —
Camomille. — Tonique. Contre maux d'estomac et mouvements de bile.

indique aussi **comment** il faut les donner et cela, c'est votre affaire. Si vous alliez ne pas comprendre les prescriptions du médecin et les exécuter de travers !

— Monsieur, permettez-vous que je lise l'ordonnance avant votre départ pour voir si je la comprends bien?

— Mais certainement, ma chère enfant !

Et vous demandez au docteur des explications sur les points qui vous embarrassent.

465. « Voilà qui est bien, dit le docteur. Au moins, vous n'êtes pas de ces gens qui se figurent que le médecin doit les guérir, sans qu'ils s'en mêlent.

« Nous autres, nous prescrivons le traitement, mais c'est à vous de le faire réussir en le suivant avec soin et intelligence. La bonne garde-malade est *l'aide indispensable du médecin.* »

RÉSUMÉ (à réciter).

1. Pendant la visite du médecin, la garde-malade est plus attentive que jamais.
2. Elle raconte clairement au médecin ce qui s'est passé avant son arrivée.
3. Elle observe comment il examine le malade.
4. Elle lit l'ordonnance et demande des instructions sur la manière de l'exécuter.

IV. — Après la visite.

466. Les petites fioles viennent d'être apportées de chez le pharmacien. Avant toutes choses, mettez-*en lieu sûr*, hors de la portée des enfants et des gens ignorants les médicaments portant l'**étiquette rouge**.

Cette étiquette indique qu'on risquerait de s'empoisonner en buvant le contenu de la fiole.

Tous les médicaments revêtus d'une étiquette

QUESTIONNAIRE

464. Est-il utile de lire l'ordonnance du médecin avant qu'il ne parte ?
465. Quel est le meilleur auxiliaire du médecin dans la guérison du malade ?

466. Comment faut-il placer les médicaments, particulièrement ceux qui portent l'étiquette rouge ?

Lichen. — Emollient; contre la toux.
Feuilles de ronce. — Astringent; gargarismes.
Borax. — Antiseptique. Lavages, gargarismes.
Emétique. — Vomitif.
Sulfate de quinine. — Contre les accès de fièvre.
Magnésie. — Purgatif.
Bismuth. — Contre la diarrhée.
Rhubarbe. — Purgatif léger; à faible dose : tonique.
Mousse de Corse. — Vermifuge.
Papier de moutarde. — En applications.

91ᵉ LECTURE. Les ordonnances.

Il est interdit aux pharmaciens, sous des peines sévères, de délivrer sans une ordonnance de médecin la plupart des médicaments. C'est que ces médicaments contiennent presque toujours des poisons; pour les prescrire, il est important d'en bien connaître les effets, de savoir *dans quel cas, à quelle dose* ils sont salutaires, toutes choses dont seul un médecin peut juger sûrement. Une personne ignorante qui pourrait se faire délivrer sans ordonnance une substance dangereuse serait exposée à tuer son malade au lieu de le guérir. De plus, sans cette sage précaution, les crimes par empoisonnement seraient plus faciles.

LEÇON

Régularité, indispensable dans l'administration des médicaments. Sauf avis contraire du médecin, ne pas donner de médicament dans l'heure qui précède le repas et dans les deux heures qui le suivent.

Se conformer très exactement à l'ordonnance quant à la dose à faire prendre; ne pas se figurer, comme certaines personnes peu éclairées, qu'on rendra le remède deux fois plus efficace en en doublant la dose. *Bien observer l'effet produit* par le médicament pour en rendre compte au médecin.

rouge sont « pour l'usage externe* », c'est-à-dire destinés à être employés à l'extérieur et non avalés.

467. Puis il faudra *faire prendre les médicaments aux malades.* Ce n'est pas toujours facile ; les drogues ont une mauvaise réputation, et il faut convenir que certaines la méritent bien.

« Quelle médecine ! » s'écrie-t-on, lorsqu'on vient à goûter quelque chose de très mauvais. »

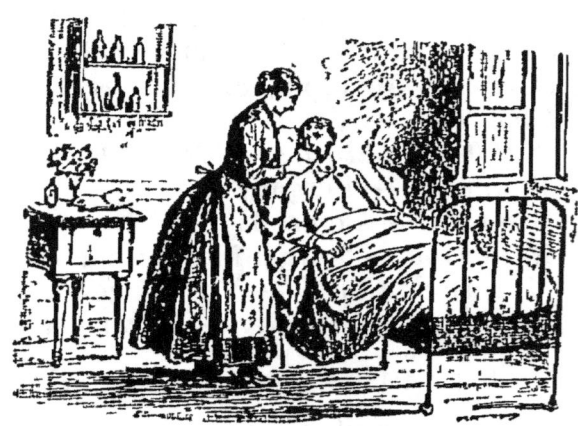

FIG. 55. — Mauvaise ou non, la médecine doit être avalée si l'on veut guérir.

468. Mauvaise ou non, la médecine doit être avalée, si l'on veut guérir (fig. 55). *Persuadez* cela à vos malades. Tous ne sont pas raisonnables

Mais avec de la *fermeté* et de la *douceur*, vous réussirez toujours à leur faire accepter les médicaments indispensables.

469. Donnez les remèdes avec **ponctualité***, aux heures et avec les intervalles prescrits.

470. Donnez **exactement** la quantité indiquée, ni plus, ni moins.

471. Que faut-il encore, outre les remèdes, à une personne qui souffre? De la *tranquillité*, du *silence*, autant que possible une chambre qu'elle ne partagera pas avec les autres membres de la famille.

Pas de bruit, pas de conversations autour du malade.

472. *Renouvelez souvent l'air* de la chambre; maintenez-y une *température égale*.

QUESTIONNAIRE

467. Est-il toujours facile d'administrer des médicaments ?
468. Comment la garde-malade réussit-elle à les faire accepter ?
469. Est-il essentiel de les donner aux heures et intervalles indiqués par le médecin ?
470. Peut-on se permettre d'en changer la dose ?
471. Le bruit, l'agitation, de longues conversations sont-ils à leur place dans une chambre de malade ?
472. Parlez de l'aération et de la température de cette chambre.

92ᵉ LECTURE. La chambre d'un malade.

Cette chambre doit être le moins encombrée possible. Il sera préférable de ne pas laisser le lit dans un angle, mais de le mettre plutôt au milieu de la chambre ou tout au moins *en flèche*, appuyé au mur du côté de la tête seulement. Cette disposition est plus commode pour aller et venir autour du lit et surtout au point de vue de l'aération. On causera peu dans la chambre du malade. On évitera surtout de chuchoter, de parler à voix basse, ce qui effraye le malade, toujours porté à croire qu'on parle de la gravité de son état et ce qui le fatigue dans tous les cas en le poussant à prêter l'oreille. Pour la même raison, la garde-malade se gardera de marcher sur la pointe des pieds en faisant craquer ses chaussures; elle ira et viendra d'un pas ferme et léger auquel le malade s'habituera si bien qu'il n'y fera pas attention; du reste, elle évitera les courses inutiles et s'appliquera à rassembler en une fois les choses qui doivent lui être nécessaires, surtout à l'entrée de la nuit. On ouvrira souvent la fenêtre pour aérer en ayant soin de bien couvrir le malade. Si le temps est trop froid pour ouvrir la fenêtre, on aérera la pièce communiquant avec la chambre et quand l'air sera un peu réchauffé, on ouvrira la porte de communication. Ce moyen d'aération pourra s'employer même si la chambre donne directement sur un corridor. Quoi qu'il en soit, on ne doit jamais perdre de vue qu'il est de toute nécessité de *renouveler au moins deux fois par jour l'air de la chambre*.

Les soins de toilette sont aussi indispensables, plus encore même, pendant la maladie que pendant la santé; mais il faut être très vigilant pour les donner sans exposer le malade aux refroidissements. Dans la fièvre typhoïde, la bouche réclame des soins particuliers; les dents se recouvrent quelquefois d'un *enduit fuligineux* qui incommode beaucoup les malades; on l'enlève en passant sur les dents un quartier de citron coupé dans le sens de la longueur du fruit; on

473. N'oubliez pas les soins de propreté ; **lavez** votre malade ; dans la fièvre typhoïde, ayez un soin particulier de la propreté de la bouche.

474. Est-ce tout ? Non.

A l'hôpital, votre malade, père, mère, frère, mari, enfant recevrait tous ces soins aussi bien et mieux que vous ne les lui donnerez vous-mêmes.

Ce qu'il n'aurait pas, c'est votre présence de chaque instant, vos caresses quand il souffre, vos paroles encourageantes et gaies quand il s'attriste. Ah ! ces remèdes-là ! ils valent bien les autres, allez. Comme ils manquent à celui qui *souffre loin de la maison !*

N'en faites pas petite dose. *Que votre patience et votre tendresse soient inépuisables.*

RÉSUMÉ (à réciter).

1. La garde-malade soigneuse donne ponctuellement les médicaments prescrits.
2. Elle administre exactement la dose indiquée, ni plus, ni moins.
3. Elle maintient dans la chambre du malade la tranquillité, le silence, un air fréquemment renouvelé et une température égale.
4. Elle donne au malade des soins de propreté.
5. Elle l'encourage, le console et le distrait par de bonnes paroles et par une humeur sereine et gaie.

V. — La convalescence.

475. La convalescence ! Le joli mot et la bonne chose ! Ne plus souffrir et se retrouver vivant au milieu des siens, après les longues journées de douleur et d'angoisse, c'est très doux (fig. 56).

476. Mais le cher malade est encore bien faible. *Une rechute est possible :* des **soins** infinis, une

QUESTIONNAIRE

473. Les soins de propreté devront-ils être négligés pendant la maladie ?
474. Les soins que vous venez d'énumérer sont-ils les seuls que vous donnerez à l'un des vôtres quand vous l'aurez malade à la maison ?
475. Qu'est-ce qu'la convalescence?
476. Que peut-on craindre pendant cette période ?

donne de l'eau de Vichy pour rincer la bouche plusieurs fois par jour. Ces petits soins, si faciles à prendre, procurent un peu de soulagement au pauvre patient.

Il va sans dire qu'on changera le linge aussi souvent qu'on pourra. Un changement de lit, s'il est possible, sera très utile pour bien aérer les matelas, coussins, couvertures.

On tiendra la chambre en ordre ; on s'efforcera de lui donner l'aspect le moins triste, le plus confortable possible.

LEÇON

Extrême faiblesse du convalescent. Se bien figurer qu'elle le rend sensible à des choses qui restent inaperçues des gens bien portants. *Son impressionnabilité* au moindre changement de température. Fatigue que lui cause le bruit. Redouter pour lui les émotions, les préoccupations tristes. Ne pas laisser le convalescent lire longtemps de suite. Éloigner les longues visites ; avoir soin que les visiteurs ne le fassent pas tenir debout. Craindre les imprudences que son grand appétit peut faire commettre au convalescent. Le modérer en tout.

93ᵉ LECTURE. **Repas des convalescents.**

Pendant la convalescence, les repas seront *rapprochés* et *légers*; il faut reconstituer les forces du malade, mais sans donner trop de travail aux organes de la digestion.

Servir les repas à des **heures régulières.**

Avoir soin que le convalescent *mange lentement* et que *rien ne l'agite* pendant qu'il prend son repas.

Bannir de son régime les aliments **indigestes**, ou trop excitants : les crudités, le poisson salé ou fumé, la viande de porc, le canard, le gibier, les fruits acides.

Donner de la viande rôtie ou grillée, des légumes verts

vigilance de chaque minute pourront seuls l'en préserver.

477. Il n'est pas toujours bien *prudent*, lui. Par exemple, il voudrait manger comme tout le monde, plus que tout le monde même ; il a très grand faim ; et puis ne faut-il pas refaire ses forces ?

FIG. 56. — La première sortie.

478. A vos refus, quelquefois il discute, il s'impatiente. Vos bouillons légers, vos minces côtelettes, votre œuf à la coque, il n'en veut plus.

Vous souriez, mais vous tenez bon.

— Tu sais bien que le médecin ne permet pas encore autre chose.

— Eh ! qu'il aille se promener, ton médecin.

— Comment ? lui si bon, si attentif pendant ta maladie... ?

— Allons, c'est vrai ; tu as raison. »

479. Et votre convalescent vous embrasse en promettant d'obéir « pour vous faire plaisir ».

RÉSUMÉ (a réciter).

1. La convalescence exige de grands soins ; il faut éviter les rechutes à force de prudence.

2. On doit se défier surtout de l'appétit du convalescent qui pourrait se préparer, en mangeant trop, une seconde maladie.

QUESTIONNAIRE

477. Quelle est l'imprudence que les convalescents sont le plus disposés à commettre ?
478. Faut-il céder au désir qu'a le convalescent de satisfaire son grand appétit ?
479. Pensez-vous que votre malade vous en voudra de lui résister ?

bien cuits, du bouillon, des fruits cuits, du lait surtout, s'il est bien supporté.

A la campagne, les ressources de tout genre manquent souvent pour composer l'ordinaire à la fois léger et fortifiant qui convient pendant la convalescence. Une femme industrieuse sait pourtant, *sans grande dépense*, tirer parti de ce qu'elle a sous la main : œufs, lait, fromage, légumes, et au besoin, volaille.

Elle donnera les œufs *très peu cuits* (l'albumine de l'œuf est plus difficile à digérer quand elle est coagulée). Les servir surtout *à la coque*. — *Pochés* : casser dans du bouillon ou du lait bouillant un œuf auquel on laisse à peine le temps de prendre consistance. — *Brouillés* : casser un ou deux œufs dans un peu de beurre chaud ; les saler, les *brouiller* vivement ; retirer dès que le blanc devient opaque.

Le lait sera bu chaud ou froid et pourra servir à apprêter les légumes et à faire les soupes du convalescent.

Le fromage, pourvu qu'il ne soit pas fait avec du lait cuit comme le gruyère, est un excellent aliment, nutritif et facile à digérer.

On variera les soupes. Voici quelques recettes :

Soupe à l'œuf. — Dans un demi-litre d'eau, mettez gros comme une demi-noix de beurre, un oignon, une pincée de cerfeuil coupé fin ; salez ; quand ce bouillon maigre a cuit dix minutes, cassez-y un œuf, remuez et retirez dès que le blanc commence à se coaguler.

Soupe à la purée de pommes de terre. — Dans du lait coupé d'eau et salé, faites bouillir et écrasez bien vos pommes de terre. Servez sur de petits croûtons de pain grillé.

Soupe au vin. — Sur quelques tranches de pain passé au four versez du vin rouge sucré mélangé d'eau que vous aurez fait bouillir un quart d'heure. (Très bonne à donner au convalescent qui rentre de ses premières sorties.)

Soupe à la reine. — Délayez un jaune d'œuf avec une cuillerée de sucre en poudre et trois cuillerées de lait froid ; versez dans du lait bouillant ; retirez du feu. Soupe très nourrissante. Y ajouter de l'eau de fleur d'oranger ou une feuille verte de laurier-cerise, si le convalescent dort difficilement.

DEVOIRS DE RÉDACTION. — 1. Comment soignerez-vous un *refroidissement?* (*Dév.* p. 148 *h.*)

2. Une femme s'est jeté sur les pieds une marmite d'eau bouillante. Comment la panserez-vous? (*Dév.* p. 148 *h.*)

3. Faites une liste des petits maux et des petits accidents mentionnés dans le chapitre « *sans le médecin.* » Placez en regard de chacun le nom du remède qui lui convient. (*Dév.* p. 148 *l.*)

4. Comment soignerez-vous, en attendant le médecin, une personne qui souffre, sans qu'on sache encore de quelle maladie? (P. 148 *l.*)

5. Indiquer les secours a donner :
En cas d'empoisonnement.
En cas d'hémorragie. (*Dév.* p. 148 *m.*)

6. Rôle de la garde-malade pendant la visite du médecin. (P.148 *n.*)

7. Où placerez-vous les médicaments envoyés par le pharmacien? (*Dév.* p. 148 *n.*)

8. Quels sont les soins à donner à un noyé? (*Dév.* p. 148 *o.*)

9. Décrivez la gravure de la page 142. (*Dev.* p. 148 *p.*)

RÉCIT V. — Le médecin du bourg d'Ajol.

I. UNE MISSION EN TEMPS DE CHOLÉRA.

Le Dr Gérard, jeune médecin qui venait de terminer ses études, reçut un matin d'un de ses professeurs le billet suivant :

« Mon cher Gérard,

« Le choléra sévit avec violence depuis quarante-huit heures au bourg d'Ajol. Cette malheureuse localité est dépourvue de médecin. Le comité de secours que je préside vient de décider qu'il était urgent de lui en envoyer un. Je vous ai désigné. Le poste est dangereux, mais je connais votre dévouement.

« Dr FABRE-DESGOUSSES. »

Une heure après, M. Gérard montait en diligence. A six heures du soir, il arrivait au bourg d'Ajol.

Pendant deux ou trois semaines, le soin des malades ne laissa guère de loisir au jeune médecin. Au bout de ce temps, le mal commença enfin à diminuer. M. Gérard en profita pour donner de ses nouvelles au Dr Fabre-Desgousses par la lettre que voici :

« Cher maître,

« Quand il vous plaira de voir le plus joli petit nid à épi-

DÉVELOPPEMENTS DES DEVOIRS DE RÉDACTION

Lettre sur l'hygiène.

1. *Dire ce qu'on entend par l'hygiène; en énoncer les principales règles.* (Élève, p. 136.)

Développement. — Mon cher frère, tu me demandes de te tenir au courant de ce que je fais à l'école.

Cette semaine, nous avons commencé une nouvelle étude : celle de l'*hygiène*. Rien qu'à son orthographe, nous avons d'abord pensé toutes que ce mot désignait quelque chose de très difficile. Quand la maîtresse a dit : « l'hygiène enseigne à se bien porter, » nous avons été surprises que ce ne fût que cela et quelques-unes se sont écriées : « mais c'est facile alors, l'hygiène. »

Ah! bien oui! pas si facile qu'on le croirait, et la maîtresse n'avait pas parlé cinq minutes que je me rappelais ce que tu m'as dit souvent : « il n'y a que les ignorants qui pensent que tout est simple. »

Il paraît que c'est au contraire très compliqué d'étudier les causes qui peuvent déranger ou maintenir en bon état la drôle de machine que nous sommes. Heureusement, cette machine s'entretient à peu près seule ; on n'a pas besoin d'être un savant pour la diriger et il suffit de n'en pas contrarier le fonctionnement en faisant ce qui pourrait lui être nuisible.

C'est à nous faire connaître les choses nuisibles au bon fonctionnement de nos organes que notre maîtresse s'est appliquée.

Ce qu'elle a dit de la nourriture ne m'a pas beaucoup étonnée : je savais déjà qu'une bonne alimentation doit se composer de mets variés : pain, soupes, légumes, viande ; que la régularité des heures de repas est favorable à une bonne digestion ; qu'il faut bien mâcher les aliments, etc. Je savais aussi par expérience combien l'exercice est salutaire ; rappelle-toi comme j'ai vite repris mes forces après ma fièvre dès que j'ai pu faire des promenades et recommencer les leçons de gymnastique. Quant au sommeil, si nécessaire, mais qu'il ne faut pas trop prolonger le matin, maman a eu soin de nous faire mettre en pratique les règles de l'hygiène en nous éveillant de bonne heure.

Ce qui m'a paru plus nouveau et un peu difficile à croire au début, c'est le grand rôle joué par l'air que nous respirons.

Comment une chose qu'on ne voit pas et qu'on ne sent guère peut-elle avoir tant d'importance pour la santé ? Eh bien ! il paraît cependant que le « bon air » est, avec la lumière, aussi nécessaire à la santé qu'une bonne nourriture et que si les campagnards sont plus robustes que les gens de la ville, ils le doivent à l'air dans lequel ils vivent. Tu penses si je prends soin à présent d'aérer notre maison ! Puisque l'air *neuf*, non encore respiré, a de si heureux effets, il serait bien niais de ne pas lui ouvrir à deux battants nos fenêtres et nos portes.

J'ai appris avec surprise que nous respirons, non seulement par les poumons, mais aussi par la peau ; je comprends parfaitement, d'après cela, que la propreté n'est pas seulement une affaire de convenance et d'agrément. Aussi je débarbouille chaque matin Annette et Lili avec une vigueur nouvelle et si elles protestent je leur déclare que c'est l'hygiène qui le veut.

Je m'aperçois que je t'ai parlé sans beaucoup d'ordre de nos leçons d'hygiène ; pour te prouver que j'ai cependant retenu les règles principales je vais t'en écrire ici de mémoire le résumé d'après notre manuel.

Il faut pour se bien porter :

1º Se préserver du froid et de l'humidité au moyen de vêtements bien appropriés et d'habitations saines.

2º Respirer un bon air et autant que possible l'air de la campagne.

3º Se nourrir d'aliments divers apprêtés simplement.

4º Ne pas négliger les soins journaliers de propreté et se baigner le plus souvent possible.

5º Faire de l'exercice.

6º Se coucher de bonne heure et se lever matin.

7º User de toutes choses avec modération.

8º Enfin fuir les mauvaises pensées, les mauvais sentiments aussi soigneusement que les mauvais aliments, le mauvais air, etc.

L'hygiène, nous a dit notre maîtresse en terminant, n'atteint pleinement son but que si elle vous enseigne à vous faire « une âme saine dans un corps sain. » J'ai noté cette maxime qui est, paraît-il, d'un « ancien », un Romain, je crois. Elle dit beaucoup en peu de mots et je pense qu'elle te plaira.

Ta sœur affectionnée,
PAULINE D.

La maison saine.

2. Vous faites construire une maison. Quelles conditions doit-elle remplir pour être saine ? (Élève, p. 136.)

Développement. — M. Fardel possède une petite propriété près du village d'Ars-sur-Dunières. Ses terres s'étendent dans la jolie vallée de la Dunières et sur un coteau.

M. Fardel veut faire construire une maison sur cette propriété.

Où la placera-t-il ?

Elle serait fort agréablement située dans la vallée, au milieu des prairies qui bordent la rivière. Mais M. Fardel redoute l'humidité des terrains bas. Il pense aussi que son domaine étant en aval d'Ars, les eaux de la rivière, employées au village à des teintureries, ne seraient pas d'un bon voisinage.

Il mettra donc sa maison à mi-coteau.

Sans doute la route pour y monter sera un peu raide ; mais mieux vaut donner du travail à ses jambes qu'attraper des rhumatismes dans la vallée. Une fois l'ascension faite, on aura un air sain et une belle vue.

Le sol du coteau, planté de vignes et de quelques bois taillis, est caillouteux, donc parfaitement sec : c'est ce qu'il faut.

M. Fardel détermine avec soin l'orientation de sa maison ; il en met la façade principale en plein midi ; on fera quelques ouvertures au levant et au couchant, et du côté du nord la disposition du terrain permet précisément d'adosser la construction à la montagne.

M. Fardel laisse toutefois un espace libre entre le mur et la colline de ce côté-là ; il ne veut pas recevoir comme une douche toutes les eaux de pluie et il a eu soin, avant de commencer la construction, de creuser des canaux qui les recueilleront et les mèneront à distance. Son emplacement bien asséché, il a fait déblayer à une profondeur de 3 mètres pour avoir des caves sous toute la maison ; ces caves bien voûtées, aérées par des soupiraux, assureront la salubrité du rez-de-chaussée, qui sera du reste élevé de quatre ou cinq marches au-dessus du sol de la cour.

Des fenêtres mesurant une hauteur de $1^m,75$ sur une largeur de $1^m,10$ ou $1^m,20$, laisseront entrer en abondance l'air et le soleil.

Le toit, à rebord saillant, préservera la façade d'une partie des eaux de pluie que des conduits de descente mèneront à une distance convenable des fondations.

M. Fardel ne compte pas habiter sa maison avant deux ans. La grosse bâtisse terminée, il lui donnera le temps de bien sécher, car il ne faut pas enfermer d'humidité sous les plâtres. Lorsque tout sera fini, on laissera prudemment passer quelques mois encore avant de s'installer.

Il est malsain de s'installer dans une habitation trop fraîchement bâtie.

L'aération des appartements.

3. *L'aération des appartements.* (Élève, p. 136.)

Développement. — Êtes-vous jamais entré dans une de ces demeures où vous accueille une fade odeur de renfermé ? On sent, en en franchissant le seuil, qu'on y respire un air vieux, non renouvelé, et l'on est tout oppressé au milieu de cette atmosphère molle.

Ce n'est pas seulement notre odorat qui est désagréablement impressionné ; nos poumons ne trouvent vraiment pas leur compte à s'emplir d'un air pareil et quand on fait visite dans une de ces maisons mal aérées, il faut penser à la rigueur des règles de la politesse pour résister à l'envie d'ouvrir une fenêtre comme on le ferait chez soi.

Ces maisons, si bien fermées, sont d'ordinaire habitées par des gens au teint pâle, à l'air dolent, qui redoutent le mouvement et restent volontiers au coin du feu. S'ils sortaient plus souvent, leur premier soin en revenant de respirer l'air pur du dehors serait d'en faire entrer un peu dans leur habitation.

N'imitons pas ces gens qui se résignent si volontiers à étouffer. Laissons pénétrer librement chez nous cet air qui ne coûte rien à notre bourse et qui a tant de valeur pour notre santé.

Il ne faut pas oublier que le sang élaboré par la digestion ne devient propre à entretenir la vie qu'après avoir été au contact de l'air ; inutile de se bien nourrir si l'on respire mal ; on le voit bien chez les pauvres malades dont la poitrine est attaquée ; on a beau chercher à soutenir leurs forces par des aliments réconfortants, elles s'épuisent, faute de cette revivification du sang par l'oxygène de l'air qui ne peut plus s'accomplir dans leurs organes malades.

Mais pour que l'air ait son action salutaire, il importe qu'il soit riche en oxygène ; celui dans lequel on a respiré longtemps n'en contenant plus assez, il faut de toute nécessité le remplacer par de l'air nouveau.

Dès le matin, on doit ouvrir les fenêtres des chambres à coucher et, lorsqu'on les quitte, y établir pendant quelques minutes un courant d'air.

Il est essentiel aussi, en faisant la chambre, d'aérer les diverses parties de la literie, de secouer les draps et les couvertures, de battre les matelas et coussins et d'exposer le tout au soleil, s'il y a moyen. On secoue aussi les rideaux du lit s'il en est garni ; dans la belle saison, mieux vaut s'en passer.

Les cheminées sont très favorables à l'aération ; grâce au *tirage* qui s'établit lorsque le feu y est allumé, elles ventilent fortement l'appartement ; même lorsqu'elles ne servent pas au chauffage, elles remplissent encore cet office, quoique à un moindre degré, et l'on fera bien de ne les fermer en aucun temps.

L'aération par l'ouverture des portes et fenêtres plusieurs fois par jour serait insuffisante dans les salles où se réunissent un grand nombre de personnes : salles d'école, d'hôpital, de théâtre, etc. On établit alors des ventilateurs qui renouvellent constamment l'air.

Manger et digérer.

4. *Expliquez le sens de cette phrase : on est nourri non par ce qu'on mange, mais par ce qu'on digère.* (Élève, p. 136.)

Développement. — Notre corps s'use continuellement ; pour le réparer nous sommes obligés de manger. Mais les aliments que nous prenons ont besoin, pour arriver à faire partie de nos organes, de subir de grands changements, de devenir *semblables* à ce qui se trouve déjà dans notre corps. Ces changements constituent la digestion ; c'est par la digestion que les aliments sont *assimilés*, c'est-à-dire rendus capables de faire partie de l'organisme. Si ce travail d'assimilation ne peut pas s'accomplir, les substances avalées ne nous servent de rien.

Un malade qui souffre d'une affection du tube digestif conserve quelquefois de l'appétit, fait ses deux ou trois repas tout comme un autre ; cependant il maigrit, il s'affaiblit ; c'est qu'il ne digère pas bien ; les aliments qu'il absorbe ne sont pas **assimilés** ; il mange, mais il n'est pas nourri. Se nourrir, en effet, c'est se refaire du sang avec les aliments.

Pour se nourrir, pour entretenir ses forces, il faudra donc observer les règles d'hygiène relatives à la digestion.

En voici quelques-unes :

Ne pas donner à l'estomac trop de besogne, c'est-à-dire ne manger ni trop, ni trop souvent.

S'abstenir des aliments qu'on digère mal ; l'expérience apprend à chacun ce que son estomac peut ou ne peut pas digérer.

Ne pas contrarier le travail de la digestion par des actes tels que : exercice très violent après le repas, bain froid pris moins de deux heures après avoir mangé, etc.

Manger sans précipitation afin que les dents aient le temps de faire leur office et que la partie de la digestion qui a lieu dans la bouche puisse s'effectuer.

En cas de maladie du tube digestif, manger peu, pour diminuer le travail de la digestion. Un organe malade a besoin de repos.

Les repas variés.

5. De quelle façon composerez-vous un repas pour qu'il forme une alimentation complète ? Le composerez-vous d'aliments qui se ressemblent ou qui diffèrent ? (Élève, p. 136.)

Développement. — Un repas composé de mets trop semblables entre eux ne plaît pas au goût ; il ne constitue pas non plus une bonne nourriture. Des éléments divers sont nécessaires à l'entretien de la vie ; une personne qui se nourrirait exclusivement d'une même chose, à moins que ce ne fût de lait, ne tarderait pas à dépérir. Il nous faut des aliments comme la viande, ou aliments *azotés*, des aliments *gras*, des aliments *farineux*. Le meilleur repas est celui où il y a des aliments de chaque espèce.

La ménagère doit y penser. Par exemple, si elle sert une

soupe de pommes de terre, il vaudra mieux ne pas la faire suivre d'un plat de haricots pour finir par des marrons; il y aurait trop de farineux ou *féculents* dans un pareil repas.

Au contraire, le plat de haricots accompagnera bien une soupe au bouillon ou aux herbes.

Les marrons seront les bienvenus à la fin d'un repas où l'on aura servi un morceau de viande ou du poisson.

La ménagère tâchera que le second repas n'ait pas la même composition que le premier.

Si elle a donné le matin un plat de macaroni ou un légume farineux, pommes de terre, haricots, lentilles, elle apprêtera le soir, pour changer, un légume frais, des herbes : épinards, oseille, choux, chicorée, etc.

Les légumes verts, la salade, les fruits, quoique moins nourrissants que la viande et les fécules, ont un rôle important dans le régime ; on ne négligera pas d'en servir au moins une fois par jour si l'on peut.

En variant ainsi l'alimentation, la ménagère saura la rendre à la fois plus agréable et plus hygiénique.

Histoire d'un filtre.

6. *Pour quelles raisons d'hygiène faut-il être très propre ?* (Elève, p. 136.)

Développement. — Il y avait une fois une cuisinière qui entretenait mal son filtre à café; elle négligeait d'en nettoyer la grille dont les petits trous s'obstruaient. Qu'en résultait-il ? Le café passait lentement ou ne passait pas du tout.

Nous sommes tous possesseurs d'une espèce de filtre : c'est notre peau. Beaucoup de choses doivent passer au travers : la sueur, le liquide chargé d'huiler les poils s'écoulent au dehors par les petits trous dont la peau est percée; ces trous ou pores donnent en retour entrée à l'air. Si ces échanges ne peuvent pas s'accomplir librement, des maux souvent graves en résultent.

Il ne faut donc pas oublier de tenir libres les trous de son filtre, c'est-à-dire de donner à la peau des soins journaliers de propreté ; faute de cette précaution, on empêche les choses nuisibles de sortir et l'on défend l'entrée à des choses salutaires : c'est double perte pour la santé.

Activité et repos.

7. *Dire ce que vous savez sur l'exercice et sur le sommeil.* (Elève, p 136.)

Développement. — On nous demande de dire ce que nous savons sur l'exercice et sur le sommeil.

Je crois que l'exercice est très utile pour entretenir la santé; mais dire cela, ce n'est pas faire une rédaction, n'est-ce pas? C'est trop court et puis, quoique ce soit vrai, ce n'est pas très frappant, énoncé ainsi tout sèchement. J'en étais là de mon travail, pas bien loin, vous voyez, et comme toutes les écolières dans l'embarras, je regardais.... autre chose que mon cahier. J'ai aperçu alors, dans la maison, de l'autre côté de la cour, deux de nos voisines que je connais bien et qui ne se ressemblent guère. Je crois qu'en faisant leur portrait je démontrerai comme quoi l'exercice est salutaire.

L'une de nos voisines est une très grosse dame. Elle passe la journée presque entière assise auprès de sa fenêtre; pour tout travail, elle tricote un peu, ne lit pas beaucoup : je crois que son esprit n'aime pas plus le mouvement que son corps. Elle peut rester ainsi sans se remuer des heures entières, appelant sa domestique quand le feu menace de s'éteindre plutôt que de l'arranger elle-même Quand la grosse dame sort, ce qui est rare, elle marche péniblement tant elle est lourde et déshabituée du mouvement; au retour, je l'entends qui gémit : « Dieu ! que c'est fatigant de faire une course ! » Elle monte l'escalier en soufflant très fort. Elle se plaint d'avoir mille maux, de manquer d'appétit, de dormir mal. Je crois bien ! Pour prendre sommeil, pour avoir faim, il faut s'être donné de la peine, avoir travaillé et Mme Darcey n'a d'autre occupation que de se reposer continuellement.

Bien différente est sa voisine, Mme Arnal. Quoique plus âgée que Mme Darcey, elle est autrement alerte. Elle va et vient dans sa maison, travaillant sans cesse. Deux ou trois fois par semaine, elle se rend au marché, qui est fort loin, et elle rapporte, sans avoir l'air de les trouver lourds, deux énormes paniers. Je l'entends souvent dire à sa voisine qu'elle n'est jamais malade, qu'elle s'endort aussitôt qu'elle met la tête sur l'oreiller après la journée bien remplie, que son dîner lui paraît toujours bon lorsqu'elle a bien trotté, frotté, brossé. Elle est leste comme une jeune fille, et je crois vraiment qu'elle rajeunit un peu tous les ans.

Qu'est-ce qui rajeunit Mme Arnal ? L'exercice, le mouvement, le travail.

Qu'est-ce qui alourdit et affaiblit Mme Darcey? L'immobilité, la paresse.

Ajoutez à cela que Mme Darcey fait la grasse matinée dans son lit. Or, si le sommeil est une bonne chose, absolument nécessaire pour réparer les forces, il devient funeste lorsqu'on en abuse. J'ai entendu dire à mon grand'père que six ou sept heures de sommeil, huit au plus, suffisent à un adulte. Il en faut un peu plus aux enfants; jusqu'à l'âge de neuf ans, maman nous a fait coucher entre huit et neuf et lever à sept. A présent, elle nous éveille à six et par la suite, si notre métier l'exige, nous devrons prendre l'habitude d'être debout plus tôt encore. Le lever matinal est toujours une bonne chose. J'oubliais de dire que Mme Darcey a un lit bourré de plume où l'on enfonce jusqu'à disparaître. Cela ne contribue sans doute pas peu à l'amollir et à l'affaiblir. Un lit plutôt dur que mou est meilleur pour la santé et je puis affirmer, pour en faire l'expérience toutes les nuits, qu'on y dort joliment bien lorsqu'on a tout le jour travaillé, couru et sauté comme nous le faisons à l'école et à la maison.

Une habitude tyrannique.

8. *Prouvez, au moyen d'une petite histoire que vous inventerez, combien il est difficile de résister à un penchant auquel on a pris l'habitude de se livrer.* (Élève, p. 136.)

Développement. — Il y avait à Bougival un vieil employé retraité.

Tous les jours, il fumait trois pipes et prenait après le dîner un verre de chartreuse.

Un jour, il se trouva menacé d'un accès de goutte. Son médecin lui interdit absolument les liqueurs. Cela parut très dur au vieil employé. Quand une heure approchait, il lui prenait une violente envie d'aller chercher la bouteille de chartreuse et de se verser un doigt de sa chère liqueur verte. Mais sa femme faisait bonne garde autour du flacon ; elle l'enfermait dans son armoire.

Une fois, cependant, elle l'en tira parce que son mari recevait la visite d'un ami. Mais elle eut soin de n'apporter qu'un verre. Vaine précaution! L'habitude était si forte que, l'ami parti, le vieil employé saisit la bouteille et se mit à boire à même.

Sa femme le surprenant dans cette occupation, le gronda très fort et il se promet de ne plus s'attirer pareille mercuriale.

Le surlendemain, sa femme étant dehors, le vieil employé alla, comme par hasard, rôder autour de l'armoire. Justement la clef avait été oubliée dans la serrure; il la tourna, pour voir seulement si la bouteille était en place. Elle y était. Le vieil employé ne put résister au désir de la regarder de près; il la sortit. Après l'avoir bien considérée, il se versa timidement un petit verre de chartreuse en se promettant que ce serait le dernier.

Sa femme ne s'étant pas aperçue du larcin, il rit beaucoup du bon tour et voulut le renouveler « pour voir, se disait-il à lui-même, s'il ne serait pas découvert. »

Au moment où il buvait un petit verre, ce devait toujours être le dernier. Mais l'habitude, parlant plus haut que la prudence, le poussa tous les jours vers l'armoire, à l'heure où sa femme persuadée que la bouteille dormait, sur le rayon, sans être dérangée, ne songeait pas à le surveiller.

Tant et si bien qu'un jour l'accès de goutte annoncé se déclara.

Au même moment, l'on découvrit par hasard dans l'armoire la bouteille presque vide.

Le vieil employé fut tancé par sa femme et par le médecin. Mais les douleurs de la goutte le punirent encore plus cruellement de n'avoir pas su résister à son penchant.

L'envie et le bonheur.

9. *Une personne envieuse est-elle heureuse? Pourquoi ne l'est-elle pas?* (Élève, p. 136.)

Développement. — Une personne envieuse ne peut pas être heureuse.

Qu'est-ce que l'envie? C'est le désir de posséder ce qu'on n'a pas. Ce désir non satisfait nous rend mécontents.

Quand nous sommes envieux, nous ne jouissons pas même de ce que nous avons, tant nous ressentons de regret d'être privés des choses que nous voudrions.

Heureux ceux qui ne connaissent pas l'envie! Ils vivent contents de leur sort et ils jouissent du bonheur des autres.

LIVRE DU MAITRE,

DEVELOPPEMENTS DES DEVOIRS DE RÉDACTION

Les refroidissements.

1. *Comment soignerez-vous un refroidissement ?* (Elève, p. 148.)

Développement. — Vous êtes en sueur. Vous vous mettez dans un courant d'air, vous restez immobile au froid ou bien vous vous étendez imprudemment sur la terre fraîche. La transpiration s'arrête et vous êtes pris de frisson.

Qu'y a-t-il à faire ? Activer la circulation, rappeler la chaleur et *rétablir l'écoulement de la sueur*. Une course au pas accéléré suffira si vous vous y prenez à temps.

Si vous ne pouvez pas recourir à ce moyen, ou s'il échoue, mettez-vous au lit, couvrez-vous beaucoup et prenez des boissons *sudorifiques* (qui favorisent la sueur) : vin chaud, infusions de tilleul, de bourrache, de sureau ou de chèvrefeuille, additionnées de quelques gouttes d'eau-de-vie.

La suppression de la sueur peut avoir des conséquences graves. Sans qu'il y paraisse, il s'échappe journellement par les pores de la peau une quantité de vapeur d'eau qui ne pèse guère moins d'un kilogramme. Quand nous nous mettons en sueur par un exercice violent cette quantité augmente beaucoup Il n'est donc pas indifférent que la transpiration soit arrêtée et il faut se hâter de la rappeler.

Pansement des brûlures.

2. *Une femme s'est jeté sur les pieds une marmite d'eau bouillante. Comment la panserez-vous ?* (Elève, p 148.)

Développement. — La première chose à faire est d'enlever rapidement les chaussures. Ce n'est pas facile ; la plupart du temps, on est obligé de les couper, pour ne pas risquer, en les tirant, d'arracher la peau ; on coupe aussi les bas si cela est nécessaire. Il est très essentiel d'*éviter tout ce qui peut entamer la peau*, la brûlure guérissant plus vite si celle-ci reste intacte. Sans perdre une minute, on recouvre alors le membre brûlé d'un *corps gras quelconque* : huile, beurre, graisse, liniment, etc., et on l'enveloppe d'ouate.

Ce pansement fait, la malade doit s'étendre, le pied un peu plus élevé que le reste du corps, pour que le sang n'y afflue pas, et garder un repos aussi complet que possible.

Petits maux et leurs remèdes.

3. Faites une liste des petits maux et des petits accidents mentionnés dans le chapitre « sans le médecin ». Placez en regard de chacun le nom du remède qui lui convient. (Élève, p. 148.)

Développement. — *Maux de gorge simples.* — Gargarismes de feuilles de ronce sucrés au miel.

Rhumes. — Tisanes de lichen, de jujubes et de dattes, de bourgeons de sapin.

Transpiration arrêtée. — Transpirer au lit; vin chaud, tilleul, sureau.

Crampe d'estomac. — Application de linges chauds.

Diarrhée. — Bismuth.

Coliques violentes. — Cataplasmes de farine de lin arrosés de quelques gouttes de laudanum.

Mouvements de bile. — Camomille, rhubarbe.

Mal blanc. — Bains d'eau de guimauve et cataplasmes.

Écorchures. — Glycérine phéniquée.

Contusions. — Compresses d'arnica et d'alcool camphré.

Brûlures. — Corps gras et ouate.

Qu'a notre malade?

4. Comment soignerez-vous, en attendant le médecin, une personne qui souffre, sans qu'on sache encore de quelle maladie? (Élève, p. 148.)

Développement. — Qu'a notre malade? Nous n'en savons rien encore. Il se plaint de lourdeur dans la tête et dans les membres, il a les mains chaudes, l'air abattu, pas d'appétit. Ne nous pressons pas de donner des remèdes puisque la nature du mal ne nous est pas connue. Mettons le malade au lit; le repos et une température égale ne peuvent lui être nuisibles en aucun cas; veillons à ce qu'il n'y ait pas d'agitation autour de lui.

Il n'a pas faim? *gardons-nous de le faire manger.* Une journée de diète ne l'expose à rien de grave; un repas pris à contre-sens au début d'une maladie pourrait avoir des conséquences fâcheuses. Si toutefois nous lui donnons quelque aliment, qu'il soit *extrêmement léger :* une soupe maigre par exemple, une *eau bouillie,* assaisonnée de beurre et de sel avec une tranche de pain grillé.

Souvent la soif tourmente le malade, qui a déjà de la fièvre. (Il y a fièvre dès que la température du corps dépasse sensiblement 37° 1/2). Il faut satisfaire cette soif; on peut donner en petite quantité de l'eau, pourvu qu'elle ne soit pas trop froide, quelques infusions inoffensives froides ou chaudes, au besoin un peu de limonade cuite si la soif est ardente. Cette limonade se prépare en jetant un demi-litre d'eau bouillante sur trois ou quatre tranches de citron et en sucrant à volonté.

Peut-être ces quelques soins et une bonne nuit remettront-ils le malade. Peut-être, au contraire, les symptômes iront s'aggravant. En ce cas, il ne faudra pas hésiter à appeler le médecin.

L'empoisonnement. L'hémorragie.

5. *Indiquer les secours à donner :* 1° *en cas d'empoisonnement;* 2° *en cas d'hémorragie.* (Élève, p. 148.)

Développement. — L'*empoisonnement* se manifeste le plus souvent par des symptômes violents : vomissements, diarrhée, douleur au creux de l'estomac, crampes; quelquefois la douleur est si violente qu'elle produit l'évanouissement.

La première chose à faire est de ne pas s'effrayer; la seconde, de *faire vomir le malade* en lui donnant 5 centigrammes d'émétique dans un verre d'eau et beaucoup d'eau tiède. Ce moyen s'applique quel que soit le poison, et doit être employé immédiatement. On donnera ensuite de l'eau albumineuse (un litre d'eau dans lequel on aura battu quatre ou cinq blancs d'œufs).

Chaque poison a son *antidote*, son contre-poison particulier qu'il sera bon d'administrer si l'on peut.

A un homme empoisonné par l'alcool (ivresse totale), on fera prendre 8 à 10 gouttes d'ammoniaque dans un grand verre d'eau sucrée. On mettra de l'eau froide sur la tête pour la dégager.

L'empoisonnement par le gaz des fosses d'aisance, des puisards et des égouts, fréquents chez les ouvriers, demandera de l'éther dans de l'eau sucrée; trois ou quatre gouttes toutes les cinq minutes dans une cuillerée à café d'eau; on fera respirer sur un linge de l'esprit de nitre ou du chlorure de chaux; on mettra le malade au grand air, on bassinera le visage avec de l'eau froide vinaigrée.

L'antidote de l'opium est le café noir; celui de l'éther est l'ammoniaque.

L'*hémorragie* réclame aussi de prompts secours.

On arrête le sang qui coule d'une blessure :

1° En appliquant sur cette blessure de la charpie, de l'amadou, un tampon de linge fin;

2° En serrant, en comprimant l'artère au-dessus de la plaie pour empêcher le passage du sang.

Si un malade crache ou vomit du sang, on lui fait garder un repos absolu jusqu'à l'arrivée du médecin, et on lui donne à sucer des morceaux de glace si l'on peut s'en procurer.

NOTA. Pour diviser la glace, y planter une grosse aiguille sur laquelle on frappe de petits coups; par ce moyen, on met la glace en morceaux de la grosseur qu'on désire sans l'émietter et en perdre. Pour conserver la glace, l'envelopper dans une couverture de laine.

Pendant la visite.

6. *Rôle de la garde-malade pendant la visite du médecin.* (Élève. p. 148.)

Développement. — La garde-malade assiste à la visite du médecin. Elle lui raconte brièvement ce qui s'est passé avant son arrivée.

Pendant l'examen du malade, elle se tient prête à aider au besoin, mais sans encombrer, *sans en avoir l'air*, pour ainsi dire.

Elle ne parle, ni ne marche dans la chambre pendant que le médecin tâte le pouls, ausculte le malade ou le palpe.

Elle garde le silence quand le médecin écrit son ordonnance, afin de ne pas l'exposer à quelque erreur qui pourrait se glisser dans ses prescriptions s'il était distrait. Elle lit l'ordonnance séance tenante pour s'assurer qu'elle comprend bien ce qui concerne l'administration des médicaments.

Si elle veut donner au médecin quelques détails dont il vaut mieux ne pas parler devant le malade, elle trouve moyen de mettre le docteur au courant en le reconduisant.

Lorsqu'on attend une nouvelle visite du médecin, elle a soin de tenir la chambre en ordre et bien aérée, et de faire un bout de toilette à son malade si son état le permet. Ces soins doivent être pris un peu à l'avance : il ne faut pas agiter le malade au moment de la visite.

La place des médicaments.

7. *Où placerez-vous les médicaments envoyés par le pharmacien ?* (Élève, p. 148.)

Développement. — Tous les médicaments seraient plus ou moins des poisons, s'ils étaient pris à haute dose. Il est donc imprudent de les laisser à la portée des enfants ou des gens ignorants qui peuvent se trouver dans la maison. Nous les placerons sur les plus hauts rayons d'une armoire qu'on tiendra fermée par surcroît de précaution.

Les médicaments les plus *toxiques* (les poisons les plus violents) ne doivent être livrés par le pharmacien qu'avec une étiquette rouge orange portant les mots : *médicament pour l'usage externe.* Cela n'empêche pas de les employer à l'intérieur quand le médecin le prescrit.

Mais l'étiquette avertit les imprudents du danger auquel ils s'exposeraient en avalant inconsidérément le contenu de la fiole ou du paquet.

Quand on veille un malade, il est prudent de n'avoir sur la table que les remèdes qu'on doit donner dans la nuit. La garde-malade la plus soigneuse peut se tromper, prendre une fiole pour une autre. Il faut se mettre à l'abri d'erreurs qui pourraient être fatales.

Le noyé.

8. *Quels sont les soins à donner à un noyé ?* (Élève, p. 148.)

Développement. — Je me promenais ce matin sur le bord du canal du Raincy, quand des cris de terreur se sont fait entendre : « Au secours ! au secours ! il se noie ! » Une troupe de gamins de huit à douze ans, qui se baignaient malgré les défenses de leurs parents, venaient de voir disparaître un des leurs sous l'eau.

Le patron d'une barque amarrée au port l'a détachée vivement et s'est dirigé, en faisant force de rames avec l'aide de son matelot, vers l'endroit où l'enfant s'était englouti.

En un clin d'œil, une foule s'était amassée sur le quai ; nous suivions tous avec angoisse les efforts du courageux sauveteur qui s'était jeté à l'eau. A deux reprises on l'avait vu plonger, puis revenir seul à la surface.

Nous comptions les secondes, tremblant qu'il ne retrouvât trop tard le malheureux enfant.

Enfin, un cri de joie retentit ! Le patron hisse dans la barque un petit corps qu'il se hâte de ramener au rivage.

Pendant que la barque s'avance et aborde, un homme avisé a étendu sur le quai un lit de paille ; on y dépose l'enfant.

— « Il faut le suspendre par les pieds pour qu'il puisse rendre l'eau, » crie une voix de femme.

— Gardez-vous en bien ! réplique un vieux monsieur, qui a un peu l'air d'un médecin.

Il s'approche de l'enfant, le couche sur le côté, dégage la bouche, les narines, de l'herbe et de la vase qui les obstruent. Puis il commence des frictions sur la poitrine.

— Faites-en autant sur les jambes, et vivement, dit-il à un des assistants.

Cependant la respiration tarde à se rétablir chez l'enfant. Alors, le vieux monsieur lui prend les deux bras, les élève au-dessus de la tête, puis les ramène le long du corps. Pendant qu'il fait à plusieurs reprises ce mouvement, une des personnes qui l'aident pèse alternativement, avec la main, sur le ventre, puis sur le haut de la poitrine.

Au bout de quelques minutes de cet exercice, l'enfant commence enfin à donner quelques signes de vie. Chacun est soulagé ! On lui avait enveloppé les jambes dans un manteau et l'on continuait les frictions.

Dès qu'il rouvrit les yeux :

— Voilà un garçon hors d'affaire, dit le vieux monsieur ; il ne reste plus qu'à le porter dans un lit bien bassiné et à lui donner à boire quelque chose de chaud et de réconfortant.

Pendant qu'on emportait l'enfant, je me disais que, sans les soins du vieux monsieur, il ne serait probablement pas revenu à lui et que le dévouement du patron aurait été inutile. Aussi, j'ai voulu écrire tout de suite le récit de cet accident pour bien fixer dans ma mémoire les secours à donner à un noyé.

Un pansement.

9. *Décrivez la gravure de la page 142.* (Élève, p. 148.)

Développement. — Je vois dans cette gravure un blessé étendu dans un lit. Une femme lui soutient le bras droit qui est découvert ; la manche de la chemise a été fendue pour faciliter les pansements.

Une autre femme s'approche, tenant une cuvette pleine d'eau dans laquelle elle plonge une éponge. Elle va sans doute laver la plaie du bras avec l'éponge.

Sur la table est une bande à demi déroulée ; on voit aussi un pot à eau et un petit flacon qui doit contenir une solution phéniquée à mêler à l'eau dans laquelle on trempera les compresses avant d'enrouler la bande autour du bras. Les deux femmes ont l'air d'agir avec précaution. La légende au bas de la gravure indique que le lavage d'une blessure doit être fait d'une main sûre et légère, et qu'il faut éviter de faire saigner la plaie.

démie* que l'on puisse rêver, je vous engage à venir visiter le bourg d'Ajol.

« Figurez-vous un assez gros tas de maisons qui pourraient s'étaler dans une vallée passablement large et qui se serrent comme à plaisir les unes contre les autres. Quand vous voulez pénétrer dans une de ces maisons, il vous faut invariablement traverser une mare de fumier, et de ce liquide produit dans les étables, qu'on appelle purin ; ce ne serait rien encore, mais à la surface de ce bourbier* nagent toutes les épluchures de ménage et toutes les ordures imaginables ; le tout se décompose pêle-mêle en exhalant des odeurs repoussantes. Cette mer fétide* une fois franchie, vous entrez dans des chambres basses, à ras du sol, à peine éclairées par de petites fenêtres qui, dans la pensée des habitants, ne sont point destinées à être ouvertes. Souvent, une même pièce réunit toute une famille ; j'ai trouvé jusqu'à une demi-douzaine de malades dans une seule chambre. Vous pouvez vous faire une idée de l'air qu'on respire dans de pareils taudis*. La malpropreté des personnes égale celle des habitations.

« J'ai beaucoup étonné une mère de famille en lui conseillant de laver tous les jours ses enfants de la tête aux pieds ; elle croyait fermement qu'en temps d'épidémie* il fallait user de l'eau le moins possible « pour ne pas contrarier le mal » m'a-t-elle dit.

« D'après la peinture que je vous fais du bourg d'Ajol, vous allez peut-être penser, mon cher maître, que je m'empresserai de le quitter aussitôt ma mission auprès des cholériques terminée. Eh bien, non. Ce pays, qui est très beau, du reste, me plaît malgré les défauts des habitants. Ces défauts proviennent tous de l'ignorance. Je me dis qu'on pourrait peut-être faire ici quelque bien, tenter d'habituer ces braves gens à vivre d'une façon un peu moins contraire aux règles de l'hygiène. Pour tout vous dire enfin, j'ai sérieusement envie de devenir le médecin du bourg d'Ajol, de m'y faire une vie remplie et tranquille, tout à la fois, une situation peu brillante, mais sûre, et qui me permettra de me rendre utile. Si arriérés qu'ils soient, j'aime déjà mes Ajolais et je crois qu'ils me le rendent un peu.

« Je n'attends que votre approbation, mon cher maître, pour prendre une résolution définitive.

« Dr GÉRARD. »

II. LA MAISON DU DOCTEUR.

Le Dr Fabre-Desgousses ne détourna pas de son projet M. Gérard.

Celui-ci s'établit donc au bourg d'Ajol.

Le difficile était de s'y loger. Le jeune docteur n'avait rien exagéré dans sa lettre à son professeur : il n'y avait dans le village que des masures* mal aérées et précédées de cours infectes*.

Le docteur se décida à construire, et il acheta un terrain à cinq cents mètres du village.

On se récria beaucoup sur ce choix. Pourquoi ne pas s'installer dans le village même ? Il faisait bon avoir des voisins ; les maisons isolées attiraient les malfaiteurs, etc., etc.

« Mes chers amis, dit le docteur, je vous aime beaucoup, mais j'aime moins vos fosses à fumier ; quand vous aurez fantaisie de reprendre le choléra, je ne serai pas fâché d'avoir mis un demi-kilomètre entre vos maisons et la mienne. Si vous habitiez chacun le coin de terre que vous avez dans la vallée, au lieu de vous serrer les uns contre les autres, j'aurais eu moins de peine à empêcher la maladie de vous visiter tous, plus ou moins, il y a un mois. »

Les Ajolais eurent bien d'autres sujets d'étonnement. Le Dr Gérard fit creuser une cave sur la totalité de l'emplacement de sa future habitation. Quelques marches, qu'il fallait gravir pour arriver au rez-de-chaussée, achevèrent de mettre la maison à l'abri de l'humidité.

Mais tout cela faisait en vérité bien de la dépense, disaient les habitants du bourg.

Le nombre et la grandeur des fenêtres mit le comble à leur ébahissement*.

« Eh bien, par ma foi, M. le docteur, dit un vieux qui regardait poser l'encadrement de la dernière, vous allez avoir une fameuse somme à payer pour les impositions !

— Bah ! répondit le docteur, si je parviens à me construire *une habitation saine*, ce sera de l'argent bien employé. Mieux vaut en donner à l'État qu'au pharmacien ou à mon collègue le médecin d'Estressoville.

Le soleil qui entrera par ces larges fenêtres va chasser de chez moi les rhumatismes* et autres maladies qui sont installées chez vous depuis longtemps, père Maucroix. »

En effet, quelques semaines auparavant, le Dr Gérard avait

HYGIÈNE ET SOINS AUX MALADES.

soigné le père Maucroix et un de ses enfants, le premier pour des douleurs, l'autre pour une tumeur* au genou, contractées par suite de l'humidité de leur maison.

Le père Maucroix s'en alla en branlant la tête et en vacillant* sur ses jambes malades, mais sans être converti.

Cependant, à quelque temps de là, le docteur eut des imitateurs. Un jeune paysan, Jacques Nérou, qui allait se mettre en ménage et avait quelque bien, voulut faire bâtir une maisonnette et vint demander conseil à M. Gérard. Celui-ci lui fit un plan de maison très modeste, mais commode (fig. 57) : au rez-de-chaussée, deux pièces, une grande cuisine et une petite salle ; au premier, trois chambres au-dessus desquelles, pour ne pas coucher tout à fait sous le toit, on élèverait un galetas*.

FIG. 57. — La maison ensoleillée de Jacques Nérou.

Le docteur, qui dessinait bien, fit aussi à Jacques Nérou un croquis de la façade principale, avec la porte bien au milieu et deux fenêtres à des distances parfaitement égales pour le rez-de-chaussée, trois fenêtres un peu moins larges pour le premier, des lucarnes pour le galetas et une toiture à rebord assez grands, pour préserver la façade de la pluie.

Nérou trouva le plan* et l'élévation* très jolis ; seulement il craignait un peu la dépense. M. Gérard lui fit un devis* et il se trouva que si Jacques Nérou utilisait comme matériaux de grosses pierres, qu'il venait d'extraire d'un terrain à défricher, et des planches toutes sciées qu'il tenait en réserve, il aurait pour un prix encore très raisonnable une fort jolie petite maison. Quand on la vit s'élever entre une petite cour très proprette et un jardinet que Jacques planta soigneusement d'arbres fruitiers, on se dit que le jeune docteur s'entendait aussi bien à la bâtisse qu'à la guérison des malades, et les trois maçons du pays prirent grande idée de son intelligence.

La maison finie, le docteur lui-même ne fut pas mécontent de son œuvre. Il prenait plaisir à la regarder, dorée par les rayons du soleil levant, en passant à cheval le matin pour aller faire ses courses. S'il apercevait sur le seuil Rosalie, la maîtresse de maison, il serrait un moment la bride à Soliman pour crier gaiement à la jeune femme :

Fig. 58. — Ouvrez bien les fenêtres, surtout!

— Bonjour, madame Nérou (fig. 58)! N'est-on pas bien, dites, dans ce petit palais ensoleillé*? Mais ouvrez-en bien les fenêtres, surtout! De l'air, de l'air, madame Nérou! L'air pur et le soleil, c'est la vie.

III. M. René, professeur d'hygiène.

Cependant, le Dr Gérard soupirait quelquefois et devenait songeur en repassant le soir devant la maison de Jacques Nérou, à l'heure où la lampe s'allume et où se prépare la table pour le repas du soir. C'est que cette demeure, quoique bien modeste, lui paraissait encore plus agréable que la sienne; elle était animée par la présence d'une gentille femme, tandis que le jeune médecin était seul à l'Aubade.

— L'*Aubade* était le nom qu'il avait donné à son habitation, dont la façade principale, tournée vers l'est, était éclairée dès « l'aube. »

Le Dr Gérard résolut de se marier. Un beau jour, on le vit ramener au bourg d'Ajol une jeune dame qui fit la conquête de tous par sa bonne grâce : c'était Mme Gérard. Quelques jours suffirent à la nouvelle venue pour connaître tous

HYGIÈNE ET SOINS AUX MALADES. 153

les habitants du pays, leur histoire, leurs petites misères, qu'elle soulageait sans bruit. Plus d'une fois, les médicaments ordonnés par son mari étaient préparés et administrés par elle.

— Ce n'est pas tout que de consulter le médecin, disait-elle, il faut encore bien exécuter ses ordonnances. Voyons, chère madame Vignaud, qu'est-ce que vous faites bouillir là, dans cette casserole toute découverte? De la tisane? Faites-la-moi plutôt dans ce bon pot de terre, que vous tiendrez bien fermé par son couvercle et qui conservera toute sa vertu à votre tisane.

— C'est un cataplasme * que vous préparez pour la jambe malade de votre fils? demandait-elle à une autre. Mais je crains que ces grumeaux * de farine mal délayée soient douloureux sur la partie blessée. Laissez-moi faire : en remuant un peu plus longtemps avec cette cuiller de bois, nous aurons une pâte bien liée et qui sera plus propre à adoucir la plaie. »

Ces petits conseils fort simples étaient reçus avec reconnaissance, et Mme Gérard fut bientôt aimée à l'égal de son mari. Mais les enfants surtout l'adoraient; il est vrai qu'avec eux, c'était elle qui avait commencé.

Un an ne s'était pas écoulé que le docteur était père d'un fils, robuste et vigoureux comme ses parents.

La jeune femme voulut nourrir elle-même le bébé. D'accord avec son mari, elle lui donna dès le début l'excellente habitude de ne teter qu'à des heures régulières, ce qui ne contribua pas peu à procurer au jeune René de bonnes digestions et un caractère facile.

Cette *invention* frappa d'étonnement les femmes du village.

— Il n'est pas comme les autres, votre petit, madame Gérard, disaient-elles à la jeune dame. Si nous refusions aux nôtres de teter à chaque instant, il ferait beau entendre leurs cris! Le vôtre reste tranquille et content, tant que ce n'est pas son heure, et nos mioches *, même rassasiés, ne font que s'agiter et pleurnicher; on est bien obligé de les allaiter pour les faire taire.

— Ce qui n'empêche pas qu'ils ne se remettent à crier aussitôt, n'est-ce pas? Et savez-vous pourquoi? C'est qu'ils ont toujours la colique, vos poupons; leur estomac, sans cesse gorgé de nourriture, ne peut pas suffire à la besogne;

il se fâche et le bébé, qu'il tracasse, en fait autant. Je laisse au mien le temps de digérer : aussi il a un bon estomac et pas de caprices.

— Vous croyez que ça viendrait de là, madame Gérard? Ce serait drôle. Mais pourtant, on ne peut pas régler les repas d'un enfant de trois mois comme ceux d'une grande personne?

— Parfaitement; il faut les lui donner plus rapprochés, voilà tout, mais à intervalles réguliers. Comment voulez-vous que la régularité, nécessaire à un estomac de grande personne, ne soit pas encore plus indispensable à l'organe délicat et facile à déranger d'un petit enfant? »

Comme pour la maison, les premiers à suivre le bon exemple furent les Nérou. Rosalie, dont la petite Juliette avait trois mois de plus que René, plia la fillette à se nourrir à heures fixes, et elle traversa très bien la période dangereuse de la dentition*.

Mme Gérard n'avait pas voulu confier non plus à une étrangère le soin de la toilette de son fils; elle avait à cœur de le changer de linge elle-même, de brosser sa petite tête, de le laver, de le baigner. Ce dernier article du chapitre « propreté » se déroulait ordinairement au jardin. On était alors dans la belle saison; dès le matin, Mion, la domestique du docteur, apportait dans la partie la moins ombragée du jardin un baquet de bois qu'elle remplissait d'eau bien claire : c'était la baignoire de maître René. L'eau s'échauffait au soleil; le moment venu de mettre au bain le jeune monsieur, on y ajoutait encore un ou deux pots d'eau chaude; pas plus, car le docteur estimait qu'il faut aux enfants de l'eau attiédie plutôt que chaude.

Alors arrivait Mme Gérard, serrant dans un pan de sa robe le petit tout déshabillé. Il était rare qu'à ce moment quelques jeunes mères du village ne vinssent pas voir par-dessus la haie ce qui se passait dans le jardin.

— Arrivez, mesdames! criait en riant la jeune Mme Gérard (fig 59); comme le roi Louis XIV, nous admettons des spectateurs à notre toilette.

Le petit bonhomme, saisi par la sensation de l'eau et prêt à pleurer, regardait les figures qui lui souriaient par-dessus la haie et oubliait de crier pour répondre à ces amitiés par de grands coups de poing dans l'eau, signes à la fois d'émotion et de joie chez les baigneurs de son âge.

— Pourtant, disait quelquefois d'un air soucieux une vieille commère, plonger comme cela ce pauvre chéri dans le bain tous les jours ! Bien sûr, madame, vous finirez par l'enrhumer ou même pis encore !

— Que non ! répondait la jeune maman. Il s'enrhumera d'autant moins que le sang circulera mieux sous sa petite peau bien nettoyée; Voyez comme elle devient rose en sortant de là !

FIG. 59. — Le bain en plein air.

Et tout en parlant, Mme Gérard, qui avait étendu l'enfant sur ses genoux, le frictionnait * vivement avec un linge un peu rude ou de la flanelle. Puis elle lui remettait ses vêtements chauffés au soleil pendant le bain : sa petite chemisette de flanelle, le linge de toile en forme de triangle dont on relève une pointe pour former une petite culotte, la ceinture qui maintient les reins, et par-dessus le tout, une robe à blouse en indienne laissant les mouvements bien libres. Une fois cette toilette terminée, M. René avait son déjeuner, puis il s'endormait d'un bon somme.

Cependant le robuste appétit du bébé commençait à ne plus se contenter uniquement du lait de sa nourrice; il était encore trop tôt pour lui donner des soupes; Mme Gérard eut recours au biberon.

Plusieurs mères, qu'elle avait détournées de « faire manger » leurs nourrissons, l'adoptèrent comme elle. Mais chose étrange ! le biberon, qui n'occasionna aucun malaise au petit René, ne réussit pas du tout aux autres enfants. Plusieurs prirent la dysentérie *.

Le docteur fut consulté.

— C'est à n'y rien comprendre, M. Gérard, lui dit Simone Audran, la femme du tonnelier. Mme Gérard et moi prenons du lait de la même vache. Ce lait fait prospérer votre garçon et il empoisonne le mien. Que croire !

— C'est curieux, en effet, répondit le docteur. Peut-être n'avez-vous pas soin de faire bouillir le lait pour l'empêcher de tourner.

— Si bien, monsieur, et même c'est Mion qui me l'a fait bouillir ces jours-ci en même temps que celui de M. René, parce que je suis en champs, pour mes lapins, à l'heure où on l'apporte.

— Tiens! tiens! dit le docteur, voilà qui est bizarre. Montrez-moi votre biberon, Simone.

Simone alla chercher l'appareil.

— Pouah! fit M. Gérard, après l'avoir flairé, je comprends tout à présent. Voilà un biberon qui sent l'aigre à vous retourner le cœur, et je m'étonne seulement que votre Simon n'ait pas refusé d'y toucher. Portez cela à ma femme; elle vous montrera mieux que moi comment on nettoie pareil objet.

Mme Gérard démonta devant Simone toutes les pièces de l'appareil, les lava plusieurs fois à grande eau, et passa même une mèche de coton dans le tube pour le bien sécher intérieurement.

— A présent, dit-elle, si vous avez soin d'en faire autant après chaque repas de Simon, je vous promets que vous ne vous attirerez plus de reproches de mon mari.

— Mais comme c'est minutieux! Mme Gérard, remarqua Simone.

— Dame! un peu. Mais ce n'est pas difficile et je n'ai guère mis plus de 3 ou 4 minutes à ce nettoyage qui en prendrait moins encore si l'instrument était mieux entretenu. D'ailleurs, la santé de nos enfants vaut bien que nous prenions un peu de peine. Vous voyez que lorsqu'on les allaite au biberon, cette santé est au prix d'une extrême propreté.

La recette de Mme Gérard fit le tour, d'abord des maisons où il y avait des enfants malades, puis de tout le village. Chaque maman tenait à honneur de pouvoir affirmer que le biberon de son nourrisson était « aussi propre que celui de M. René ».

On prit aussi l'habitude, tant le bon exemple a de force, de laver les bébés chaque jour « comme M. René ».

Toute une génération de jeunes Ajolais dut encore à l'imitation de M. René l'inappréciable jouissance de pouvoir agiter librement les jambes dès l'âge le plus tendre : l'étroit

HYGIÈNE ET SOINS AUX MALADES.

maillot d'autrefois céda la place au drap-culotte et à la petite robe flottante.

Et voilà comment M. René, avec ses joues roses et ses bras potelés* qui annonçaient à tous sa bonne santé, fut, après son père, le meilleur professeur d'hygiène du bourg d'Ajol.

IV. LA PUNITION DES ENTÊTÉS.

Il y a quinze ans que le Dr Fabre-Desgousses a envoyé son élève en mission auprès des cholériques.

Le Dr Gérard est devenu maire du bourg d'Ajol.

D'accord avec son conseil municipal, il a travaillé activement à l'assainissement* et à la transformation du village.

Le vieux bourg, où l'on vivait entassé, s'est éparpillé dans la vallée : on y compte à présent une cinquantaine de maisonnettes dans le genre de celle de Jacques Nérou, entourées de jardins bien cultivés. Dans la partie centrale, s'élèvent une fontaine et un lavoir ; à l'extrémité du village se dresse la maison d'école. Son préau*, qui sert de salle de gymnastique, reçoit chaque jour, le matin les filles, le soir les garçons.

Car le docteur veut que tout le monde fasse de la gymnastique ; lui-même donne souvent l'exemple, malgré ses quarante ans bien sonnés ; quant à René, il est toujours le premier aux exercices ainsi que ses frères et sa sœur.

Les habitants, aussi propres que leurs maisons, ont un air de santé et de bonne humeur. Seuls, les Maucroix et quelques-uns de leurs voisins n'ont voulu entendre à rien : ils ont précieusement conservé leurs demeures mal aérées, leurs ruelles obscures et leurs tas de fumier. Le docteur dit en riant qu'il n'est pas fâché de pouvoir montrer cet échantillon de l'ancien village à ceux qui ne l'ont pas connu ; rien ne rend plus sensible le progrès accompli.

Mais il y a quelques semaines, il a cessé de prendre la chose gaiement. La fièvre typhoïde*, terrible maladie que fait naître le plus souvent l'encombrement et la saleté, règne sur certains points de la contrée. Elle s'est tout à coup déclarée avec une violence incroyable au vieux bourg. Un moment, le Dr Gérard a tremblé qu'elle ne se propageât dans le village, qu'aucune épidémie n'avait visité depuis le choléra. Heureusement, les Ajolais sont si bien habitués à suivre de tous points les prescriptions de leur maire et médecin, que chacun s'est empressé de prendre contre l'invasion du fléau toutes les mesures qu'il a indiquées. Il n'y a eu aucun cas dans la partie nouvelle du bourg.

Mais les Maucroix et leurs imitateurs ont été décimés [a]; pas de maisons où il n'y ait eu plusieurs morts. Voilà des gens cruellement punis de leur entêtement à ne se point soucier des règles de l'hygiène.

VI

COUTURE ET COUPE.

I. — La Couture.

480. Il est un petit outil que les écolières ne manient guère plus d'une fois par semaine, mais qui leur tiendra fidèle compagnie par la suite.

Que de soirées, que de journées elles passeront, cet outil entre les doigts !

Vous devinez son nom : c'est l'*aiguille*, l'aiguille qui peut faire tant d'utiles et jolies choses, si la main qui la pousse est habile.

481. L'aiguille a bien des façons différentes de se promener à travers les tissus où on la pique et d'y laisser le fil qu'elle entraîne après elle.

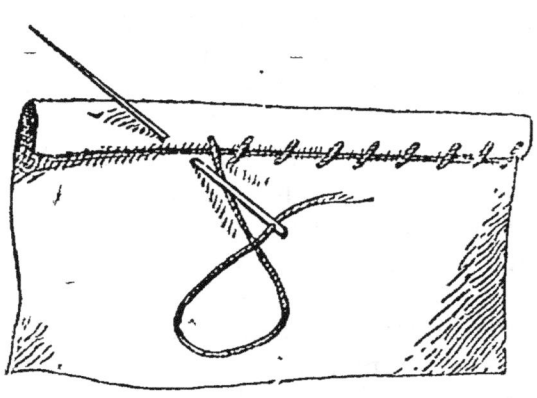

FIG. 60. — Ourlet.

Vous connaissez toutes l'*ourlet*, le *surjet*, le *point glissé*, l'*arrière-point*, le *point de boutonnière* même, terreur des petites couturières.

QUESTIONNAIRE

480. Quel est l'outil que toutes les femmes ont à manier ?

481. Dites le nom des différentes sortes de couture.

LEÇON PRATIQUE

Essai des aiguilles et du fil.

Faire choisir aux élèves des aiguilles dont la grosseur aurait été convenable pour coudre : leur tablier, leur robe, leur mouchoir, leur cravate, etc.

Faire choisir du fil assorti à la grosseur de l'aiguille.

Donner des bouts de fil ; faire distinguer ceux qui sont de lin et ceux qui sont de coton.

NOTA. Les leçons de couture devront être, de toute nécessité, l'objet d'un enseignement particulier ; les leçons pratiques qui accompagnent ici le texte ne rouleront que sur des notions générales. On trouvera plus loin (p. 180*) un programme complet d'exercices gradués de couture.

94e LECTURE. Les aiguilles et le fil.

Les bonnes aiguilles sont très lisses ; elles vont en s'effilant *graduellement* vers la pointe ; le chas en est bien uni pour ne pas couper le fil.

L'aiguille à coudre ne doit pas être trop courte.

Il faut approprier la grosseur de l'aiguille à celle des tissus que l'on coud. Les n°s 4 et 5 conviennent pour les toiles très grossières, les draps très épais, etc. Les numéros les plus usuels sont le 6, le 7 et le 8. Le 9 et le 10 servent pour la lingerie fine.

Le fil doit aussi être soigneusement assorti au genre d'ouvrage, quant à la grosseur. Trop gros pour l'aiguille, il s'éraillerait et *éprouverait* l'étoffe ; trop fin, il quitterait sans cesse le chas et ne ferait pas une couture solide.

On prendra du fil de lin pour les toiles et pour les choses qui demandent une grande solidité.

Le calicot, la cretonne, la percale, la mousseline, etc., se cousent avec du fil de coton, plus ou moins ciré. Le fil peu ciré risque moins d'éprouver le tissu et il convient pour les étoffes légères.

La soie s'emploie pour coudre les tissus de soie et les tissus de laine très fins ; elle doit être bien lisse.

482. Chacune de ces sortes de couture a ses règles,

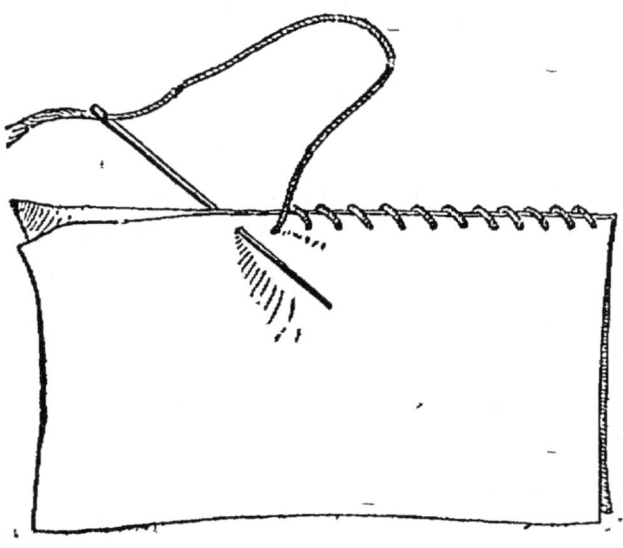

FIG. 61. — Surjet.

que vous apprendrez l'aiguille à la main, mieux que dans un livre.

483. Soyez *très attentives* aux leçons de couture de votre maîtresse. Tenez à honneur de réussir dans cette étude comme dans toutes les autres.

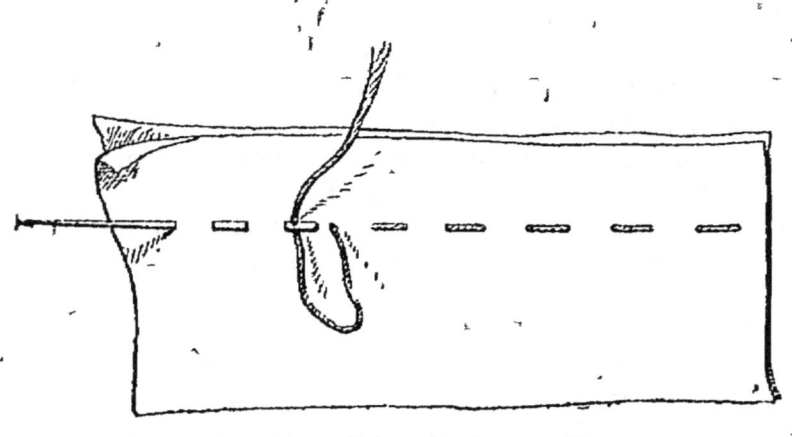

FIG. 62. — Point glissé ou coulé.

Ce point s'emploie pour coudre les lés de jupe, pour faire les ourlets dans les étoffes légères, pour *rabattre* les pièces sur la toile très usée, etc.

QUESTIONNAIRE

482. Est-il possible d'apprendre les règles de chaque couture en dehors de la pratique ?

483. Les écolières agissent-elles sagement en apportant de l'application à la leçon de couture ?

Préparation des diverses coutures.

Ourlet. — Sur une étoffe de fil ou de coton, former le premier pli avec le pouce et l'index de la main gauche, le marquer en le plissant à mesure avec la main droite.

Sur de la laine, le pli est plus difficile à marquer; le mieux est d'y passer une faufilure, à mesure qu'on le forme.

Le second pli se fait comme le premier si l'ourlet est étroit (mouchoirs, serviettes, torchons). Doit-il au contraire être large ? Pour être sûr de lui donner partout la même dimension, on taillera une bande de fort papier dont la longueur représentera exactement la largeur de l'ourlet et on reportera cette bande à mesure que l'on tracera et que l'on bâtira l'ourlet. Cette opération se fera sur une table ou sur une planchette que l'on aura sur les genoux.

Pour qu'un ourlet soit bien tracé et ne torde pas, il faut que les mêmes fils viennent toujours se rabattre sur eux-mêmes. Avec les commençantes, une étoffe rayée facilitera cette partie du travail ; si les raies coïncident exactement, l'ourlet sera bien fait.

Surjet. — Le surjet, quand il se fait sur lisières, ne demande pas de préparation. Toutefois pour éviter que l'un des bords tire plus que l'autre, on fixera les deux parties l'une à l'autre par des épingles. Fait sur le plein de l'étoffe, le surjet comportera sur chaque pièce un pli tracé comme le premier pli d'un ourlet.

Point glissé. — Faufiler à grands points pour fixer les deux pièces et indiquer la distance à ménager entre le bord et la couture.

484. Appliquez-vous surtout à donner à votre couture de la **solidité** et de la **régularité**.

485. Une couture est **solide** quand *les deux doubles d'étoffe sont bien percés de part en part et quand le fil est arrêté à la fin par un bon nœud.*

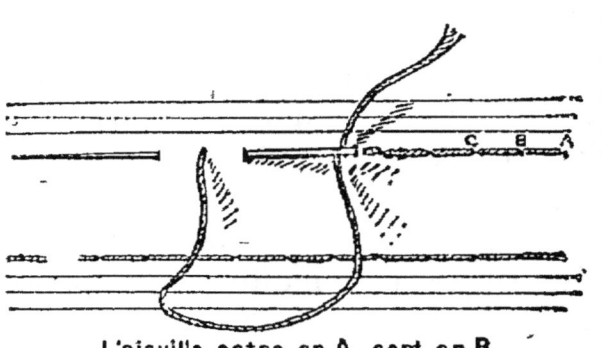

L'aiguille entre en A, sort en B, rentre en A, ressort en C. etc.

FIG. 63. — Point arrière.

486. Les mauvaises ouvrières se bornent à *couper* le fil au ras* de l'étoffe quand elles ont fini. Allez voir, au bout de quelques jours d'usage, un vêtement dont

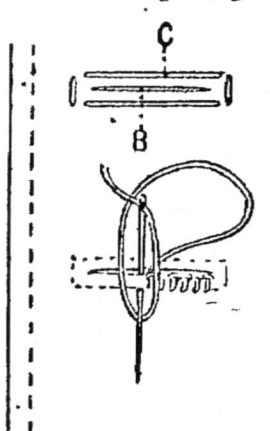

Boutonnière préparée. On a *fendu* en B d'un coup de ciseau, puis entouré la fente avec un fil C.

Piquons l'aiguille bien droit; passons le fil sous la pointe pour former le nœud.

Boutonnière terminée avec la petite bride A, A, des extrémités.

FIG. 64. — Point de boutonnière.

Pour être joli, ce point doit être très régulier: laisser des intervalles bien égaux entre les fils, ne pas « mordre » plus d'étoffe une fois que l'autre.

Les boutonnières ne sont solides que sur de l'étoffe à *double*.

les coutures ont été ainsi terminées ! Il se *découd* de toutes parts.

LIVRE DU MAITRE.

QUESTIONNAIRE

484. Quelles sont les deux qualités principales d'une couture bien faite ?

485. D'où dépend surtout la solidité ?

486. Parlez des inconvénients d'une couture mal terminée ?

Couture rabattue. — Former, sur la partie qui rabattra, un pli comme pour l'ourlet; appliquer la seconde pièce de façon à ce que la première la dépasse légèrement; faufiler pour indiquer la distance du bord, qui est ordinairement donnée par la largeur même du premier pli.

95ᵉ LECTURE. Point glissé. Couture rabattue. Couture anglaise.

Dans le *point glissé*, l'aiguille est tenue dans la direction même de la couture à exécuter, comme dans l'arrière-point (fig. 63). On pique et l'on ressort quatre ou cinq fois l'aiguille avant de tirer le fil, ce qui permet d'aller très vite. Néanmoins, cette couture est solide si l'on a soin de faire les points assez rapprochés ; on peut lui donner plus de résistance en faisant de temps à autre un arrière-point.

Le point glissé s'emploie surtout :

1º Pour les lés de robe ;

2º Pour certains ourlets sur les étoffes de laine ou de fantaisie et en général tous les tissus légers;

3º Pour le premier et même parfois pour le second point de la *couture rabattue* sur les étoffes de laine ou de coton ou sur du vieux linge (raccommodage).

Si l'on fait du linge neuf, on préférera, pour le premier point de la couture rabattue, le point de côté, analogue au point d'ourlet quant à la disposition, mais ne fixant que deux doubles d'étoffe.

Le second point de la couture rabattue est un ourlet.

La *couture anglaise* est, comme la couture rabattue, une couture double; mais elle a l'avantage de paraître simple du bon côté et d'être vite faite. Elle est fort commode pour des vêtements tels que camisoles, vareuses, vestes en indienne, etc. Pour l'exécuter, on fait à l'endroit une couture à point glissé ; puis, après avoir affranchi soigneusement les bords de l'étoffe aux ciseaux, on retourne l'ouvrage et l'on fait une seconde couture, à point glissé ou à arrière-point, à un demi-centimètre au plus de la première.

487. La **régularité** du point est une *affaire d'attention*. Une fillette qui tient les yeux fixés sur son ouvrage, au lieu de lever souvent le nez en l'air pour regarder voler les mouches, apprendra bien vite à faire de jolis petits points bien égaux et peu visibles du bon côté.

488. Il faut **bien** coudre, mais il faut aussi coudre *vite*. Voulez-vous, pour y parvenir, un petit secret très simple ?

489. Le voici : Piquez *lentement* votre aiguille dans l'étoffe, mais, aussitôt le point fait, *tirez promptement* l'aiguillée de fil et revenez faire un nouveau point sans perdre en l'air une seconde.

490. Ne coupez donc pas *trop longues* vos aiguillées de fil : longue aiguillée, long voyage de la main entre un point et un autre, et pas de couture rapide possible.

491. Faut-il vous dire de tenir vos aiguilles enfermées dans un étui ou piquées à une pelote pour les préserver de la rouille ? de ne pas les piquer à vos corsages ? de ne point les laisser rouler sur les meubles ou le plancher, où quelqu'un pourrait les rencontrer et se blesser ? Vous savez tout cela, n'est-ce pas ? et vous tenez **en ordre** vos objets de couture.

RÉSUMÉ (à réciter).

1. Avec l'aiguille, on fait toutes sortes de points. Les principaux sont : le point glissé, l'ourlet, le surjet, l'arrière-point, le point de boutonnière.

2. La bonne couturière coud avec solidité et régularité.

3. Elle arrête bien son fil ; elle coud vite ; elle ne coupe pas ses aiguillées trop longues ; elle tient en ordre tous ses objets de couture : dé, ciseaux, aiguilles, pelotons, etc.

LIVRE DU MAITRE.

QUESTIONNAIRE

487 Comment parvient-on à coudre avec célérité ?
488. La couturière doit-elle rechercher aussi une autre qualité ?
489 Comment faut-il faire pour coudre vite ?

490 Pourquoi ne faut-il pas couper trop longues les aiguillées de fil ?
491 Parlez de la façon de tenir en ordre les aiguilles et les objets de couture en général.

LEÇON ET EXERCICES PRATIQUES.

NOTA. *Cette leçon étant une revision du chapitre qui vient d'être lu prend naturellement ici la forme d'une interrogation.*

Combien de *doubles* fixe chaque point dans l'ourlet ? (P. 158, fig. 60.)

Qu'y a-t-il de particulier dans l'arrière-point ? (Fig. 63.) — (On passe deux fois dans chaque trou).

Indiquez d'après la figure 63 la position de l'aiguille dans ce genre de couture.

Expliquez comment on fait un surjet. (Fig. 61.)

Peut-on faire des surjets sur lisières seulement ?

(On peut aussi en faire en formant des plis sur les bords de l'étoffe; ce genre de surjet s'emploie souvent pour poser des pièces).

Que faut-il faire une fois le surjet fini ?

(L'ouvrir au dé ou au fer à repasser).

Citez un vêtement où il y ait des surjets ?

(La chemise).

Qu'est-ce que le point glissé ? (P. 159, fig. 62.)

Toutes les étoffes comportent-elles ce point ?

Dans quels cas l'emploie-t-on ?

N'y a-t-il qu'une seule couture dans la couture rabattue ?

Comment fait-on le premier point ? — Qu'est-ce que le second point de la couture rabattue ?

Qu'est-ce que la couture anglaise ?

Voici une chemise : Combien de sortes de coutures y distinguez-vous ?

Un tablier, un corsage de robe; même exercice.

II. — L'entretien des vêtements et du linge.

492. Savoir manier l'aiguille n'est pas tout; il est encore nécessaire de *l'employer à temps* pour le bon entretien des vêtements.

493. Une personne soigneuse ne passe guère de jours sans faire à ses habits quelque petite réparation.

Une fille négligente les laisse se détériorer, faute de soin et d'activité.

494. Certaine petite fille avait à son tablier une poche dont le coin était décousu; *elle a négligé de le recoudre* : la poche a emporté avec elle un morceau du tablier. Bon à mettre au rebut, ce tablier-là, *faute de trois points!*

495. Adèle porte une bonne robe de laine dont la bordure de jupe est usée. Il ne lui en coûterait que 30 centimes et 3/4 d'heure de travail, pour acheter et remettre une bordure neuve.

496. Adèle se promet chaque soir de le faire... « demain! »

497. Mais le lendemain, l'aiguille reste bien tranquille dans son étui, et Adèle continue de promener partout sa robe fripée. En attendant, l'étoffe de la jupe, mal préservée par la bordure, *s'use à son tour*. Quand l'aiguille interviendra, il sera trop tard.

498. Ayez donc grand soin de réparer **à mesure** vos vêtements; ils dureront bien davantage.

499. Raccommodez vos bas après chaque blanchissage.

« Comment? dites-vous, même s'il n'y a pas de trous? »

500. Il y en a toujours..... qui sont ouverts ou *qui vont s'ouvrir*. Quand le tissu du bas est « clair » au

QUESTIONNAIRE

492. Le bon entretien des vêtements s'accommode-t-il qu'on ne s'en occupe que de loin en loin ?
493. Est-ce de temps à autre ou journellement qu'il faut réparer les habits que l'on porte ?
494. Qu'arrive-t-il si on laisse sans les boucher un trou ou une fente ?
495. Est-il coûteux et long de réparer une bordure de jupe ?
496 et 497. Qu'advient-il de la jupe si, d'un jour à l'autre, on néglige de remplacer la bordure usée ?
498. Que gagne-t-on à réparer au contraire à mesure ?
499. Doit-on rentrer dans l'armoire sans les examiner des bas qui ont été lavés ?

96ᵉ LECTURE. Entretien d'une jupe de robe.

On borde ordinairement les jupes avec une *tresse* de laine alpaga qu'on choisit plus ou moins large. Quelques personnes mouillent cette tresse avant de l'employer pour qu'elle ne se *retire* pas à l'humidité.

Si l'étoffe de la robe est coupée inégalement par l'usage, on l'*affranchit* aux ciseaux, puis on passe, avant de border, un fil qui maintient les deux doubles d'étoffe. La bordure se pose soit à *cheval* au moyen d'une seule couture à point d'ourlet perçant de part en part, soit en deux fois par un point que l'on cache en retournant la bordure que l'on rabat en dessous, à point d'ourlet. Les vestes de drap ou de molleton que nous portons, les vêtements d'hommes et d'enfants se bordent aussi de la même façon. Si le bas de jupe est trop endommagé, trop *rongé* ou trop fané par l'usage, il est nécessaire d'enlever la bande d'étoffe défraîchie. Pour que la robe n'en soit pas raccourcie, il faut alors découdre la ceinture, dans laquelle on a soin, d'habitude, de laisser un peu d'étoffe, et reposer la ceinture plus haut. Les petites filles qui grandissent ont souvent à faire cette opération pour allonger leurs robes. Afin de n'être pas embarrassées quand il faudra *remonter la jupe*, elles auront soin de marquer au fil blanc, avant de découdre, sur la jupe et sur la ceinture quelques *points de repère*, par exemple le milieu de la ceinture par devant et par derrière, et deux points intermédiaires sur les côtés. Cette précaution leur facilitera, quand il faudra recoudre, la répartition de l'ampleur.

Retourner une jupe en mettant le bas en haut est encore un bon moyen de la renouveler, surtout si le bas est défraîchi plus qu'usé ; la partie fanée de la robe se trouve alors un peu dissimulée par les plis, le tablier, et elle est tout à fait cachée si le corsage a des basques. Mais cette réparation n'est possible que si les lés ne sont pas coupés à pointe.

talon ou à la pointe, il suffit de le renforcer par un **remaillage**, travail facile et même amusant.

Remettez au contraire le bas sans l'examiner et faites-lui subir un nouveau lavage, il vous reviendra avec des trous énormes, qui exigeront une **reprise** fort longue à faire.

501. Ce qui est vrai de l'entretien des jupes, robes, tabliers, bas, etc., l'est bien plus encore de l'entretien du linge. Ici la négligence entraînerait vite à de grosses dépenses.

502. Le linge coûte cher. Quand on se met en ménage, on en achète le plus qu'on peut, et *on a raison*. Plus tard, la mère de famille pourrait ne pas avoir à sa disposition la grosse somme nécessaire pour renouveler sa provision de draps de lit, de serviettes, de torchons, de chemises, etc.

503. Il faut qu'elle fasse *durer longtemps*, par un bon entretien, le linge de la maison.

504. Après chaque blanchissage, elle examine une à une et minutieusement toutes les pièces de linge; elle répare immédiatement les moins usées.

505. Elle met à part, dans sa corbeille à ouvrage, pour un jour où elle aura plus de temps, celles auxquelles il faudra faire de longues **reprises** ou poser des **pièces**.

506. Aussi n'a-t-on pas de surprise désagréable quand on puise dans l'armoire d'une bonne ménagère. En étalant une nappe propre sur la table, on n'y découvre pas un gros trou au beau milieu. Si l'on veut faire un lit pour un visiteur qui vient d'arriver sans s'annoncer, on peut déployer sans crainte les draps qu'on lui destine : on n'y trouvera ni trous, ni accrocs, ni surjets décousus.

507. *Tout est en bon état* dans l'armoire d'une bonne ménagère.

LIVRE DU MAITRE.

QUESTIONNAIRE

500. Quels procédés emploie-t-on pour raccommoder les bas ?
501. Le linge réclame-t-il comme les vêtements un entretien soigneux ?
502. Le linge a-t-il de la valeur ?
503. Quelle est l'ambition de la mère de famille ?
504. A quel moment passe-t-elle la revue de son linge ?
505. Pourquoi ne commence-t-elle pas par les réparations les plus longues ?
506. Parlez des mésaventures qui attendent une maîtresse de maison indifférente à l'entretien du linge.
507. Décrivez l'armoire à linge de la bonne ménagère.

LEÇON ET EXERCICES PRATIQUES

Montrer deux bas raccommodés, l'un avec des **reprises**, l'autre avec **remaillage**.

De quel côté se fait le remaillage ? (endroit); de quel côté se fait la reprise ? (envers).

Faire observer qu'on remaille ou reprise non seulement à l'endroit le plus éprouvé, mais dans les parties qui avoisinent cet endroit. (Est-ce du temps perdu?) Montrer qu'on a laissé, en reprisant, de petites boucles de laine chaque fois qu'on a tiré l'aiguille, au lieu de tirer la laine à fond. (Est-ce de la laine perdue?) Faire trouver pour quelle raison ce n'est ni du temps perdu, ni de la laine perdue ; déchirer, en étirant un morceau de tricot dans les doigts, les bords d'une reprise mal faite.

97ᵉ LECTURE. Entretien du linge.

Les reprises sur le linge se font avec du fil très peu tordu qu'on appelle fil plat; on l'emploie avec des aiguilles à chas allongé plus longues que les aiguilles à coudre. Sur les tissus de coton, on reprise avec du coton plat.

Les reprises sur le linge, plus encore que celles sur les bas, doivent couvrir plus d'espace qu'il n'y en a d'usé et on doit ménager avec soin des boucles de fil sur les bords.

Un accroc, un trou d'une certaine dimension, un large espace usé demandent une pièce.

Une pièce doit être :

1º Aussi semblable que possible, comme tissu et grosseur, à ce qu'on veut réparer;

Et quel ordre sur tous les rayons! Comme les piles de serviettes, de chemises, les petits tas de mouchoirs sont bien alignés!

Une bonne odeur de lessive réussie s'en échappe.

On aurait envie de dormir entre ces bons draps blancs qui ont séché au soleil et qu'un bouquet de lavande accroché intérieurement, à la porte de l'armoire, a imprégnés de son parfum.

RESUMÉ (a réciter).

1. Je réparerai mes vêtements aussitôt qu'ils en auront besoin.
2. Je ne laisserai pas s'agrandir les fentes et les trous. J'emploierai l'aiguille à temps.
3. *Un point du lundi en vaut dix du jeudi.*
4. Je remaillerai ou repriserai mes bas après chaque lavage.
5. Je donnerai un soin particulier à l'entretien du linge; je le repriserai et je le rapiécerai en temps utile.
6. Je tiendrai à honneur d'avoir une armoire à linge bien garnie et dans un ordre parfait.

III. — La coupe.

508. Voici quelques mètres d'indienne: en quelques coups de ciseaux il s'agit d'en faire sortir une mignonne robe de bébé.

509. Il faut d'abord prendre des *mesures* (fig. 65).

510. La longueur de la robe sera de 45 centimètres. Mais il faut songer à *l'ourlet* du bas et au *rentré* du haut. Ajoutons 5 centimètres pour l'ourlet et un centimètre pour le rentré. Total, 51 centimètres.

FIG. 65. — Attention, maître Jean, laissez maman vous mesurer, si vous voulez avoir une jolie robe neuve!

QUESTIONNAIRE

509. Que fait-on avant de couper ?
510. Donne-t-on aux pièces plus de longueur qu'elles n'en auront une fois assemblées ?

2° Solide, mais non entièrement neuve s'il est possible ;
3° Plus grande que l'espace usé à recouvrir ;
4° Coupée bien à droit fil ;
5° Posée dans le sens du tissu à réparer (trame sur trame, chaine sur chaine).

Sur le linge, les pièces se posent le plus souvent à couture rabattue, le premier point étant quelquefois remplacé par un surjet ; le surjet rend le passage des « coins » plus facile et la couture moins saillante.

On retarde le moment où il faudra repriser ou rapiécer les draps de lit en les *tournant*, c'est-à-dire en défaisant le surjet du milieu et en surjetant les deux lisières qui se trouvaient sur les bords. Comme les draps s'usent surtout au milieu, cette réparation permet de les faire durer beaucoup plus longtemps sans raccommodage.

LEÇON PRATIQUE DE COUPE

Faire lire le texte jusqu'au paragraphe 515 ; puis faire préparer le patron d'épaulette en procédant ainsi :

1. Prenez sur une de vos camarades les mesures nécessaires ;

2. Inscrivez-les au tableau ;

3. Tracez au tableau une ligne droite horizontale donnant la largeur de la poitrine ;

4. Combien faut-il de lignes pour tracer la pièce de poitrine de l'épaulette ?

5. Combien de lignes droites ?

6. Combien de courbes ?

7. La courbe de l'encolure est-elle un demi-cercle ?

8. Et celle de l'entournure ?

9. Dessinez le patron au tableau en proportionnant toutes les dimensions à la longueur de poitrine déjà indiquée.

Envoyer successivement au tableau, pendant cet exercice, les élèves qui ont le mieux compris le

511. Pour que la robe ait assez d'**ampleur***; portons trois fois cette hauteur de 51 centimètres *dans le sens de la longueur de l'étoffe* (fig. 66); coupons; nous aurons ainsi trois lés A, B, C (fig. 67), que nous coudrons ensemble.

512. Jusqu'ici aucun patron n'est nécessaire, les

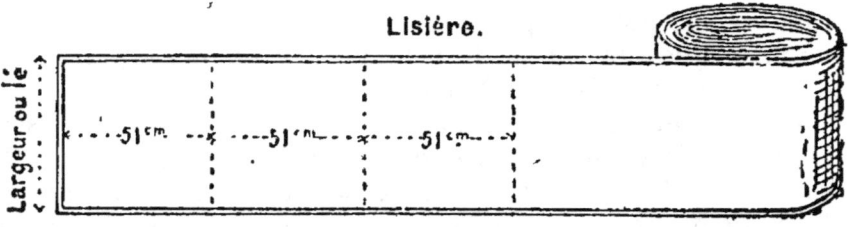

FIG. 66. — Longueur de l'étoffe.

jupes de grandes personnes, les corps de robe des enfants se coupent simplement *en déchirant l'étpffe en travers* à l'endroit que l'on a marqué d'une

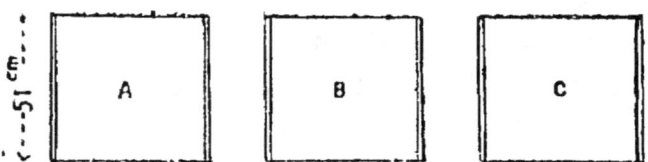

FIG. 67. — Les trois lés.

épingle, après avoir mesuré la longueur qu'aura chaque lé.

513. Il est bon de remarquer que certaines étoffes ne se « déchirent » pas (toile, batiste); que d'autres se tordent et festonnent le long de la déchirure. Il faut alors recourir aux ciseaux pour couper chaque lé, en ayant soin de suivre bien exactement le *droit fil*.

LIVRE DU MAITRE.

QUESTIONNAIRE

511. Expliquez comment vous mesurerez et couperez les lés d'une robe d'enfant.
512. Un patron est-il nécessaire pour les jupes de femme, les corps de robe d'enfant?
513. Toutes les étoffes peuvent-elles se déchirer en travers pour faire les lés?

texte et qui ont quelque habitude du dessin. Faire de cette leçon, au moyen des questions, un exercice collectif. La démonstration au tableau terminée, passer à l'exercice suivant:

1. Dessinez sur votre cahier le patron d'épaulette dans les dimensions que lui donne votre livre;

2. Découpez-le (exercice très utile pour apprendre à manier les ciseaux; le répéter souvent et pour des patrons divers).

Répétition de cette leçon pour le dos de l'épaulette.

98ᵉ LECTURE. Corsage de fillette à épaulette et à ceinture.

Ce corsage convient aux fillettes de 8 à 12 ans; il forme une sorte de blouse qui laisse les mouvements très libres et il est d'une exécution facile.

Pour faire le patron de l'épaulette en pointe (fig. II), plus gracieuse que la pièce droite, on trace un carré d'une longueur de côté égale à un peu plus de la moitié de la largeur de la poitrine (voir la fig. 65), pour la manière de prendre cette largeur. On marque les points A, B, C, P, O, d'après la figure II et l'on trace les cinq lignes qui les unissent. Copier les courbes le plus exactement que l'on pourra. La ligne O P peut être un peu raccourcie dans le cas où l'on voudrait une pointe moins accentuée.

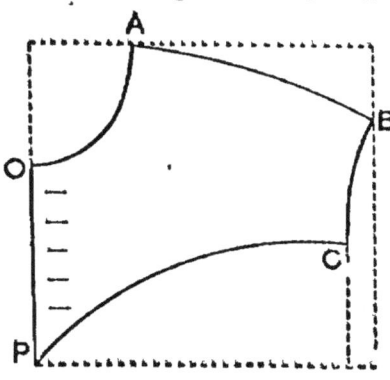

FIG. II. — Patron d'épaulette (devant).

514. L'épaulette (fig. 68) est un peu plus difficile à tailler; un petit patron est utile, mais notre jeune mère va le dessiner elle-même, après avoir pris sur

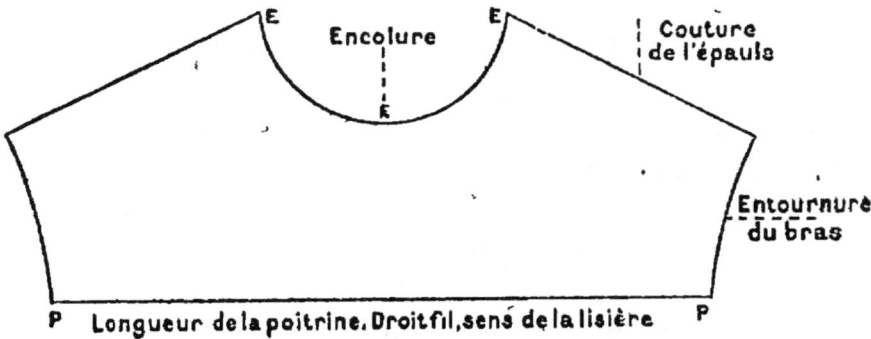

Fig. 68. — L'épaulette de la poitrine.

bébé, la largeur de la poitrine et celle du dos, d'un bras à l'autre.

515. Dans l'épaulette du dos (fig. 69), coupée en deux pièces, l'encolure E E sera **moins creusée** et l'on ménagera en E D assez d'étoffe pour pouvoir faire **chevaucher** l'une sur l'autre les deux pièces.

516. Notre patron coupé, appliquons-le sur l'étoffe

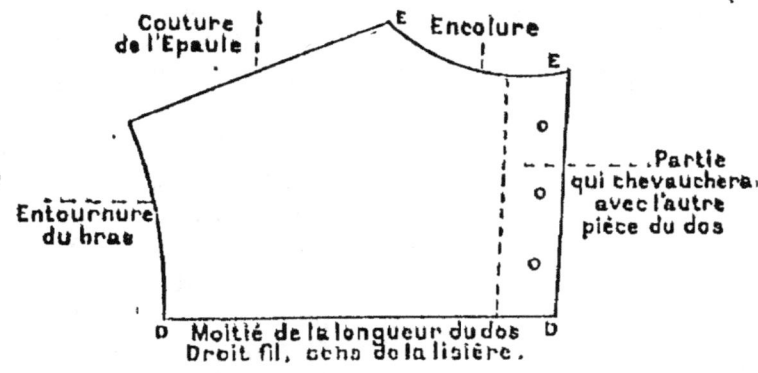

Fig. 69. — L'une des deux épaulettes du dos.

en mettant la ligne P P (fig. 68) D D (fig. 69) *dans le sens de la lisière. (Les pièces qui doivent être forte-*

LIVRE DU MAITRE.

QUESTIONNAIRE

514. Quelles mesures prend-on pour tracer un patron d'épaulette?
515. L'encolure est-elle également creusée au dos et à la poitrine?
516. Comment appliquez-vous le patron sur l'étoffe? — Pourquoi met-on la plus longue ligne de l'épaulette dans le sens de la lisière?

Le dos de l'épaulette (fig. III) se dessine dans un rectangle, dont le grand côté est égal à deux fois le plus petit.

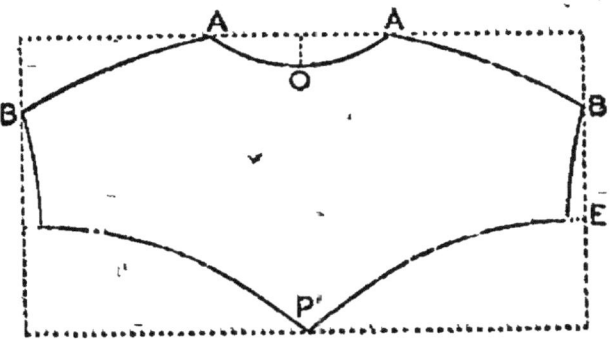

Fig. III. — Patron de l'épaulette (dos).

Pour le corps de taille, soit dans les deux pièces du

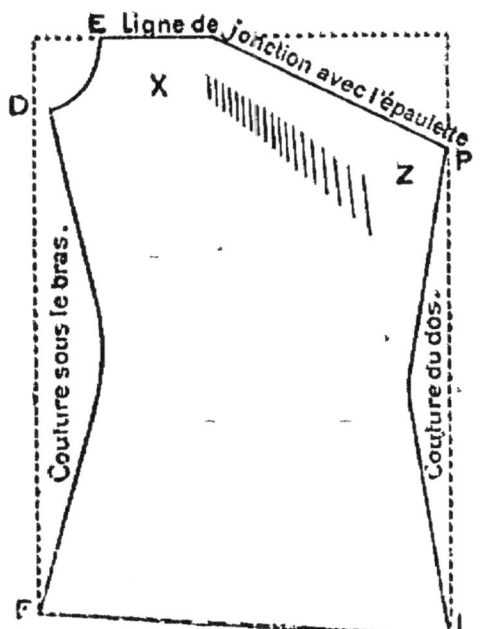

Fig. IV. — Patron d'une des pièces de la blouse (dos).

dos (fig. IV), soit dans les devants (fig. V), faire des fronces du point X au point Z si la robe est d'étoffe légère et doit se laver. Remplacer les fronces par deux ou trois plis pour une robe de molleton, drap, etc.

ment *tirées en travers sont toujours prises dans ce sens.*)

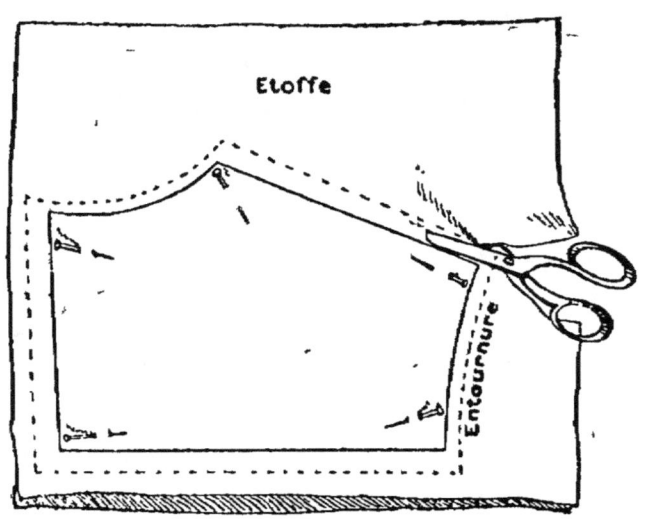

FIG. 70. — Patron en papier épinglé sur l'étoffe.

517. Laissons *un demi-centimètre* d'étoffe pour

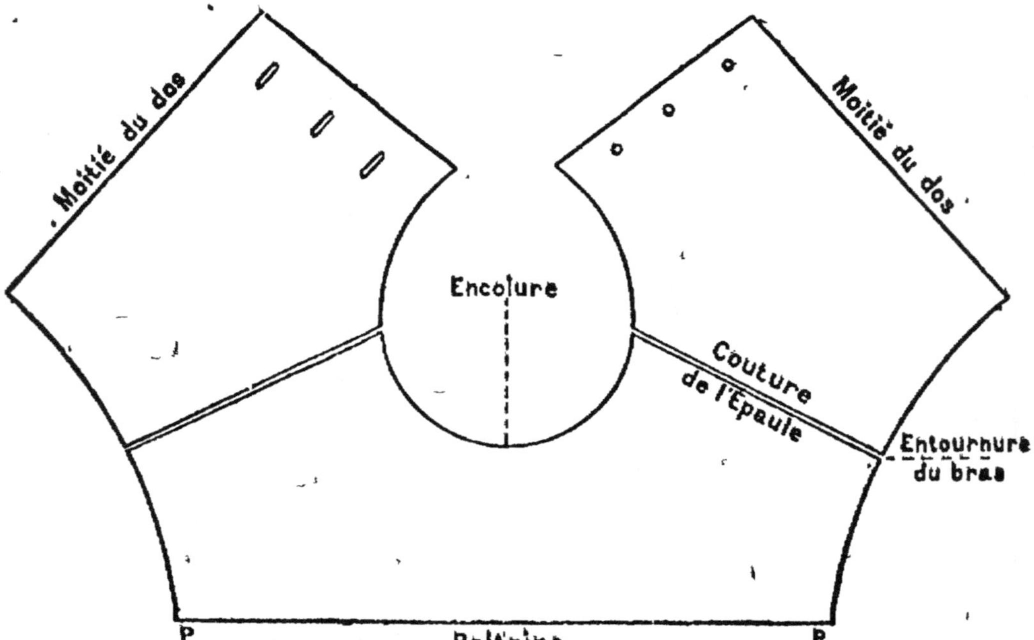

FIG. 71. — Épaulette complète.

LIVRE DU MAITRE,

QUESTIONNAIRE

517. Faut-il couper l'étoffe juste au contour du patron? Combien laissez-vous pour les différentes coutures de l'épaulette?

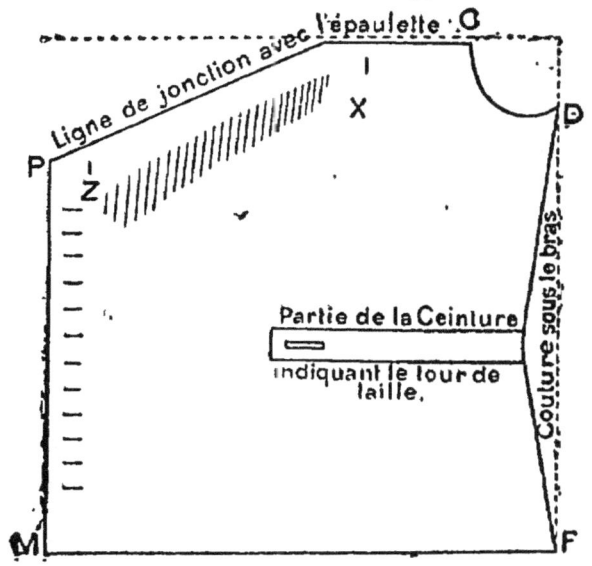

FIG. V. — Patron d'une des deux pièces de devant de la blouse.

LEÇON PRATIQUE

Malgré son titre, le chapitre précédent ne doit pas être lu. La maîtresse fera la démonstration de vive voix, en dessinant au tableau les quatre pièces du corsage à blouse.

Montrer aux élèves comment on peut dessiner un patron avec plus de précision en l'inscrivant dans une figure régulière telle qu'un carré ou un rectangle.

Faire copier sur l'ardoise, puis après correction, sur le papier, les patrons dessinés au tableau. Découpage des patrons.

l'entournure de bras * (fig. 70), *un centimètre au moins* pour la couture de l'épaule et pour celle de la poitrine.

518 Cette manière de faire est encore une *règle générale*. Pour un corsage de robe, on laisserait aussi un demi-centimètre à l'encolure et aux entournures, un centimètre ou davantage pour toutes les autres coutures.

519. Pour que l'épaulette soit complète, il ne reste plus qu'à assembler les trois pièces en faisant les deux coutures des épaules (fig. 71).

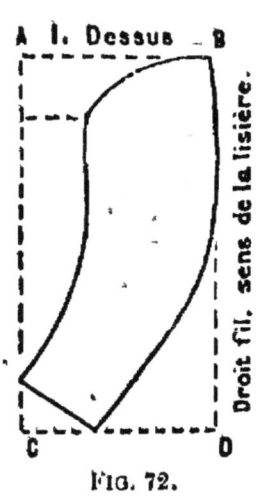

Fig. 72. Fig. 73.

520. Au tour de la manche à présent. La coupeuse en tracera le patron dans un rectangle A B C D (fig. 72).

521. Remarquez la partie de la manche qui se trouvera dessous (fig. 73) : elle est *plus étroite* que le dessus et *creusée* vers le haut, au lieu d'être bombée. Trop d'étoffe sous le bras gênerait; au contraire, il faut par-dessus recouvrir la rondeur de l'épaule.

522. Toutes les pièces de la petite robe sont taillées ; il reste à les réunir par la couture provisoire qu'on appelle **bâti** ou faufilage. Cette partie du travail exige le plus grand soin : *un ouvrage bien apprêté est plus qu'à moitié fait*.

523. Ensuite vient l'**essayage** : il réclame aussi beaucoup d'attention. La bonne couturière a toujours quelques modifications à faire alors.

QUESTIONNAIRE

518. Comment procéderez-vous pour les coutures d'un corsage de robe ?
519. Combien de coutures pour assembler les trois pièces de l'épaulette ?
520. Quelle figure tracerez-vous pour couper un patron de manche ?
521. Les deux parties de la manche sont-elles pareilles ?
522. Est-il utile d'*assembler*, de *faufiler* avec soin ?
523. Que fait la couturière pendant l'essayage ?

LEÇON PRATIQUE

Répéter pour la manche les exercices de **dessin** et de **coupe** accompagnés d'interrogations que l'on a faits pour les autres patrons.

Faire tailler des pièces dans de la lustrine commune et exercer les élèves à l'assemblage.

NOTA. Il n'est pas nécessaire que les pièces soient aussi grandes que s'il s'agissait de vêtements à finir.

99ᵉ LECTURE. L'essayage.

Il est difficile de donner des règles pour l'essayage, qui est surtout affaire d'observation et de pratique. Le point principal est de savoir bien *mettre en place*. Par exemple, quand un corsage ne va pas bien, il faut se garder de *tirer* pour faire disparaître les plis, surtout de tirer vers le bas ; on placera le corsage bien d'aplomb sous les bras et s'il plisse vers le haut, on *reprendra* la couture des épaules. Il est rare que les pièces ne gagnent pas à être ainsi *remontées* à l'essayage. Au contraire, en les descendant, on risque de tout détraquer.

Si le dos de la robe s'applique mal à la hauteur des épaules, forme bourse vers les bras, on fait chevaucher davantage la petite pièce sur la grande.

Quand la poitrine est trop large, on reprend de l'étoffe dans la couture sous le bras, mais à la partie de devant seulement. Si c'est le dos, on fait plus large la couture du milieu.

Le corsage bien en place en haut et sous les bras, on fait les retouches nécessaires pour mettre le tour de ceinture à la hauteur et à la mesure voulues.

Pour faciliter les retouches, il est commode d'essayer le corsage à l'envers. Quelques agrafes posées provisoirement à la place des boutons permettront de l'ajuster mieux que si l'on joint les devants par des épingles.

524. Le patron d'épaulette ne servira pas pour les robes d'enfant seulement. Avec quelques change-

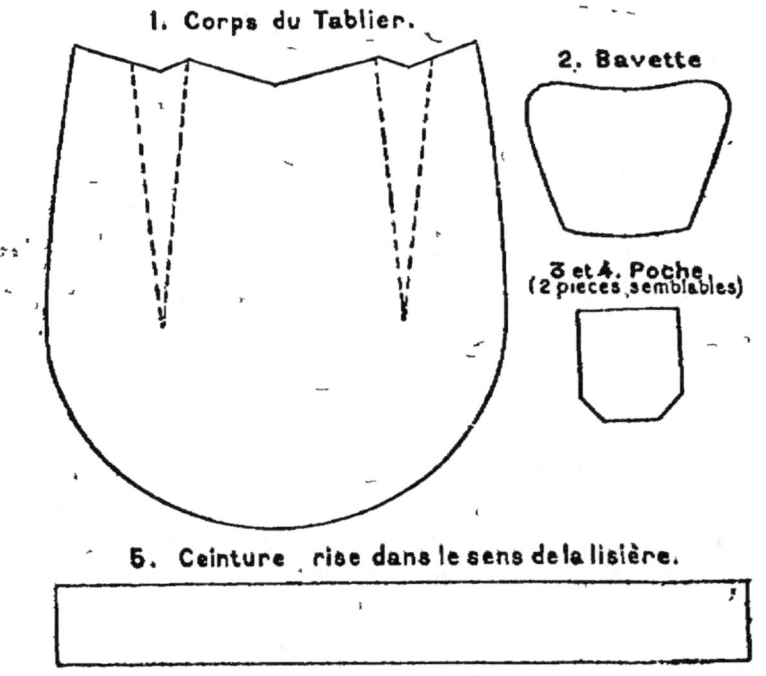

Fig. 74. — Patron du tablier à bavette.

ments, vous pourrez l'employer pour des chemises d'homme, des tabliers d'écolier, etc.

525. De même, le patron de manche à coude pourra

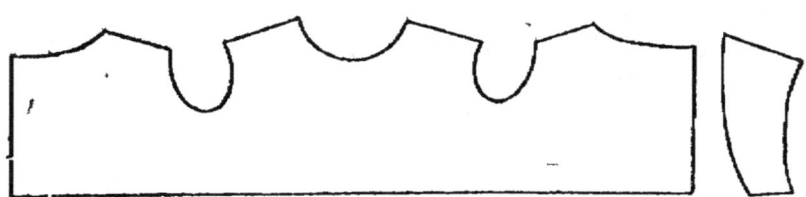

Fig. 75. — Chemisette ou brassière d'enfant.

s'adapter, en l'allongeant un peu, sans augmenter la largeur, à un corsage de grande personne.

526. Le corsage de robe, bien ajusté à la taille, serait fort intéressant à couper. Mais il est difficile;

LIVRE DU MAITRE.

QUESTIONNAIRE

524. Citez quelques vêtements qui se taillent comme la robe d'enfant, avec pièce d'épaule.

525. A quoi peut servir le patron de manche à coude de la page 168 ?

LEÇON PRATIQUE

Apprendre à **tailler** d'après un patron.

Voici des feuilles de papier de journal qui représentent pour nous une étoffe. Les lignes imprimées indiqueront le sens de la lisière. Epinglez sur une de ces feuilles un des patrons que vous avez découpés à la leçon précédente. Coupez maintenant l'épaulette, ou toute autre pièce, dans la feuille de papier de journal qui représente l'étoffe.

Suivrez-vous exactement les contours du patron avec vos ciseaux ?

Que laisserez-vous pour le rentré de l'encolure ? de l'entournure ? de la couture de l'épaule ? de la couture de la poitrine ?

NOTA. Toutes ces dimensions auront été d'abord apprises par cœur et auront fait l'objet d'une interrogation. Cette interrogation est ensuite répétée au fur et à mesure de l'exercice pratique fait simultanément par toutes les élèves.

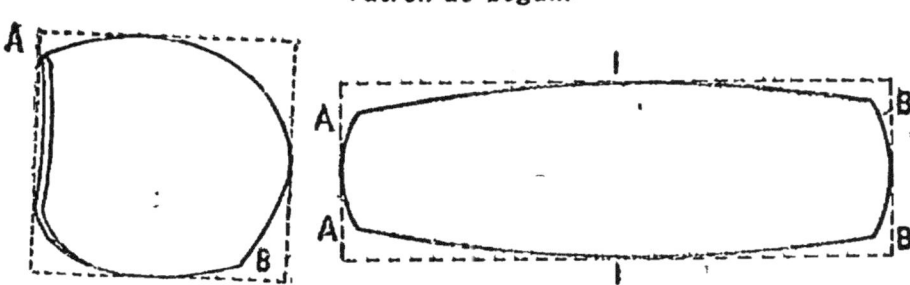

Patron de béguin.

FIG. VI. — L'une des joues du béguin.

FIG. VII. — Pièce du milieu du béguin.

On met souvent un peu de *fronçure* en I. Le tour du béguin doit avoir une coulisse, ce qui n'empêche pas de le garnir.

laissons-le pour une autre année, et contentons-nous pour le moment des trois patrons suivants : *tablier*

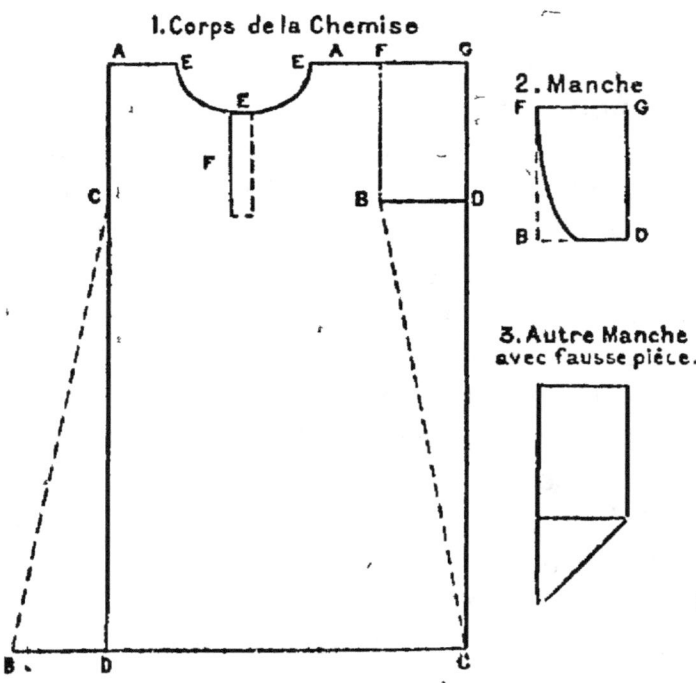

Fig. 76. — Chemise d'enfant.

à bavette (fig. 74), *chemisette* (fig. 75) et *chemise d'enfant* (fig. 76).

RÉSUMÉ (à réciter).

1. Avant de couper on prend des *mesures;*
Puis on dessine et on taille le *patron;*
On ajuste avec soin le patron sur l'étoffe ;
On coupe, en quelques coups de ciseaux droits et nets.

2. Dans un corsage, l'encolure est moins creusée dans la partie du dos que dans celle de la poitrine.

3. Dans une manche, la moitié qui est sous le bras est plus petite que l'autre.

4. Il est essentiel de bâtir et d'essayer avec soin.

100ᵉ LECTURE. Coupe d'une chemise.

On prend deux fois la hauteur de la chemise, plus les ourlets auxquels on donne une largeur de 3 centimètres

La pièce étant pliée en deux, on enlève à *double* la pointe BCD (fig. 76) que l'on reporte de l'autre côté, lisière contre lisière.

Le rectangle FGBD est enlevé et l'on peut y tailler la manche 2. Il faut creuser le corps de la chemise à l'emmanchure, si c'est la manche 2 qu'on choisit. La forme de manche 3 à fausse pièce est plus solide.

L'encolure doit être un peu moins creusée au dos que sur la poitrine. On la coupe carrément et on l'entoure d'une coulisse, ou bien on l'arrondit, on fait une fente sur le devant et l'on monte l'encolure, un peu froncée, sur une patte ou poignet.

On donne souvent aux chemises une forme plus élégante (fig. III). On rétrécit la partie qui doit être serrée à la taille pour qu'elle ne fasse pas autant de volume sous les vêtements ; on taille les manches très courtes et on laisse peu d'étoffe sur les épaules.

Voici un modèle de cette nouvelle coupe :

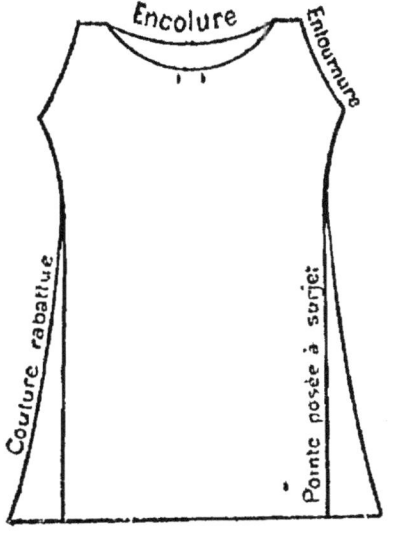

FIG. VIII. — Corps de la chemise.   Manche.

COUTURE ET COUPE.

IV. — Travaux divers.
(Marque, crochet, tricot.)
L'ŒUVRE DU TEMPS PERDU.

527. Quand vous saurez bien coudre et bien couper, vous pourrez apprendre à *marquer le linge* (fig. 77).

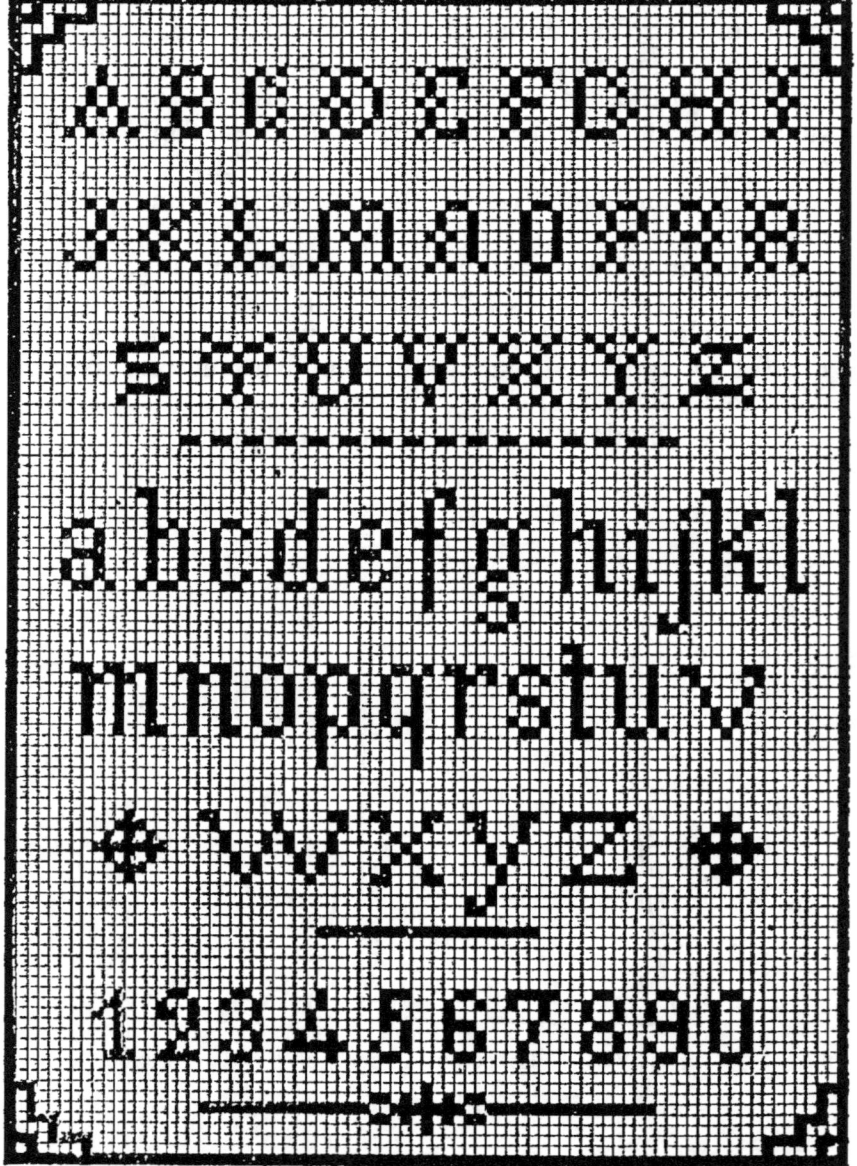

FIG. 77. — Il faut savoir marquer le linge.

LIVRE DU MAITRE.

LEÇON PRATIQUE

Combien a-t-on mis de points en hauteur pour chaque lettre? (Premier alphabet de la page 171.)

Toutes les lettres de cet alphabet sont-elles égales en largeur comme en hauteur? — Combien comptez-vous de points dans la largeur de la lettre M? — De la lettre I? — Décomposez à haute voix la lettre B comme si vous vouliez dicter cette lettre. — Même exercice pour les lettres V, S, D, G, etc. — Les lettres du second alphabet ont-elles les mêmes dimensions que celles du premier alphabet? — Diffèrent-elles encore par autre chose?

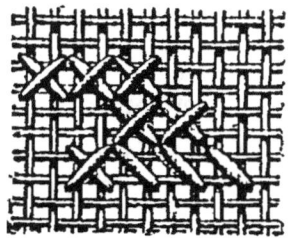

FIG. IX. — Point de marque.

On exécute le point de marque (fig. IX) en prenant deux fils dans les deux sens. Il faut avoir soin de croiser toujours du même côté.

Dans les mouchoirs, serviettes, torchons, etc., la marque se place dans l'angle de gauche en haut.

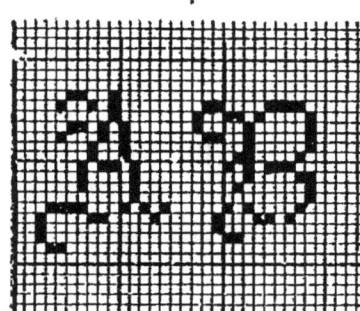
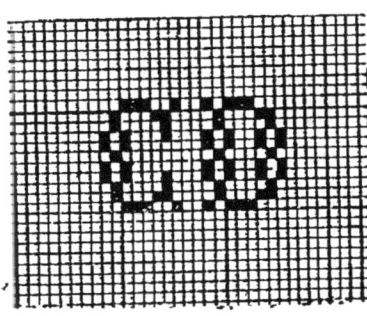

FIG. X. — Deux modèles de lettres initiales.

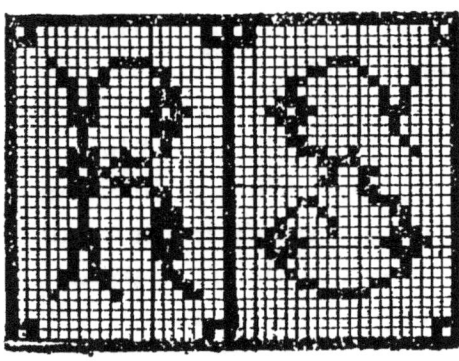

FIG. XI. — Grandes initiales.   FIG. XII. — Initiales enlacées.

528. Voici une jeune fille qui confectionne son trousseau. Au lieu de s'acheter beaucoup de robes, elle a préféré bien garnir son armoire à linge. Elle a déjà ourlé deux ou trois piles de serviettes écrues et de solides torchons, plusieurs paires de draps, et elle termine sa seconde douzaine de chemises. Tout cela est marqué avec du beau coton de Limoges rouge, aux initiales de la jeune fille. Elle a trouvé le modèle de ces initiales dans un joli alphabet sur canevas qu'elle avait fait à l'école.

529. On n'a pas besoin de recommander aux écolières d'apprendre à se servir du **crochet**. Toutes aiment à se confectionner des fichus de laine, des manchettes, des capuches, etc.

530. Ces petits ouvrages ne sont pas sans utilité, mais il ne faut pas pour eux négliger le **tricot**, beaucoup plus nécessaire.

531. Dès sa première année d'école, une petite fille doit savoir **conduire un bas,** comme on dit, *relever* elle-même ses mailles, si elle a la maladresse de les laisser couler, faire les *diminutions* à intervalles bien réguliers, *fermer* le talon et la pointe du pied.

532. Ce n'est pas un talent bien difficile ; encore faut-il être attentive pour l'acquérir. Il *rend la main très adroite*. La petite fille qui sait bien tricoter aura les doigts déliés pour beaucoup d'autres ouvrages.

533. Tricot, crochet, etc., ont un grand avantage : on peut les prendre et les laisser plus facilement que la couture. Une fille laborieuse a toujours un tricot commencé dont elle fait quelques *tours*, aussitôt qu'elle a un instant inoccupé.

534. On raconte qu'un magistrat célèbre n'avait pu obtenir que les repas fussent servis chez lui à l'heure

LIVRE DU MAITRE.

QUESTIONNAIRE

528. Avec quoi marque-t-on le plus souvent le linge ?
529. Énumérez les principaux ouvrages qu'on peut faire au crochet ?
530. Citez un travail plus utile que le crochet.
531. Que faut-il savoir pour être capable de conduire un bas ?
532. Quel avantage a le tricot ?
533. Est-ce le seul ?
534. Racontez une anecdote qui prouve le prix du *temps perdu*.
535. Comment pouvez-vous utiliser les *moments perdus* ?

101ᵉ LECTURE. Corsage ajusté.

Même si l'on remet à plus tard la coupe et l'assemblage du corsage ajusté quelques notions sur les mesures à prendre et le tracé du patron pourront être utiles comme étude préparatoire. Les mesures à prendre sont :

1º La longueur du dos, prise de la couture de l'épaule à la ceinture ;

2º La longueur du devant, prise de la couture de l'épaule à la ceinture ;

3º La largeur du dos, d'une épaule à l'autre ;

4º Le tour de poitrine, pris sous les bras ;

5º Le tour de ceinture ;

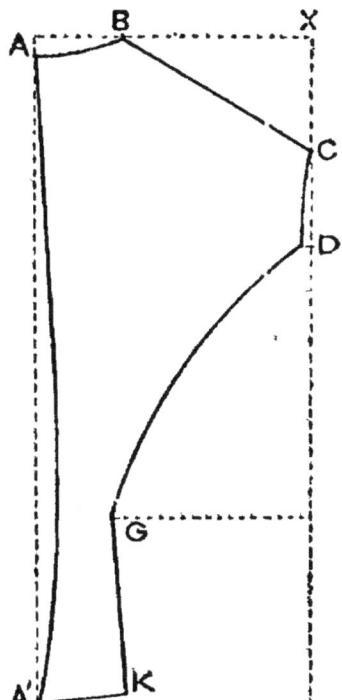

FIG. XIII. — Patron de la moitié du dos.

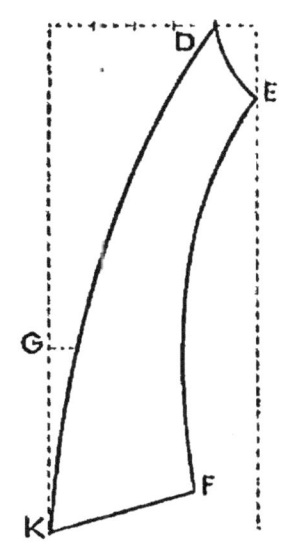

FIG. XIV. — Patron d'une des deux petites pièces du dos.

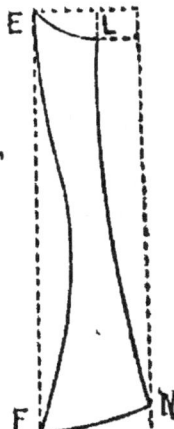

FIG. XV. — Patron d'une des deux petites pièces du devant.

exacte. Comme il n'aimait pas à rester oisif, il avait rempli les moments d'attente et trompé sa faim en écrivant un gros livre. Un jour que le dîner était encore plus en retard que de coutume, il présenta le livre à sa femme en lui disant d'un ton railleur : « Ma chère amie, voilà l'œuvre des avant-dîners ! »

535. Vous ne pouvez pas, comme le chancelier d'Aguesseau, écrire un gros volume à vos moments perdus. Mais si vous employez les moindres de ces moments, vous aurez appris, comme lui, à fuir l'oisiveté et vous aurez en outre... *quelques paires de bas de plus dans votre armoire.*

RÉSUMÉ (à réciter).

1. Je m'exercerai aux petits travaux de crochet, tricot, etc., mais je n'y consacrerai pas trop de temps. Je réserverai surtout ces ouvrages pour les moments de loisir.

2. Une fille laborieuse a toujours un tricot commencé dont elle fait quelques tours aussitôt qu'elle a un instant inoccupé. La paire de bas qu'elle confectionne ainsi sera « l'œuvre du temps perdu ».

INSTRUCTION CIVIQUE. — Lire : La loi. — Les Chambres (p. 181). — L'administration (page 182).

DEVOIRS DE RÉDACTION. — 1. Dites quels sont les différents points qu'on emploie pour coudre : 1° une robe; 2° une chemise d'homme. (*Dév.* p. 173 a.)

2. Expliquez le dicton : « Un point du lundi en vaut dix du jeudi. » (*Dév.* p. 173 a.)

3. Avez-vous posé ou vu poser des pièces? Comment s'y prend-on? (*Dév.* p. 173 b.)

4. Connaissez-vous les principales règles à suivre pour bien faire une reprise? (*Dév.* p. 173 b.)

5. Dites comment on coupe une chemise de femme. Accompagnez votre explication d'un dessin. (*Dev.* p. 173 c.)

6. Dites comment vous faites un bas. (*Dév.* p. 173 c.)

6° Le tour des hanches, si le corsage doit être à basques.

Il y a des coupes très diverses pour le corsage ajusté. Tantôt le dos se compose de trois pièces, tantôt de six, comme les robes de fillettes au-dessous de huit ans ; depuis quelques années, on le coupe généralement en quatre parties (fig. XIII, XIV, XV, XVI).

Quelques personnes ne font pas de couture au milieu du dos ce qui réduit à trois le nombre des pièces.

La *petite pièce* (fig. XIV) doit toujours être coupée très étroite. Le *biais* (l'obliquité) en est très accentué.

Il en est de même pour la partie de devant (fig. XVI) dont la couture placée sous le bras ne se taille plus du tout dans

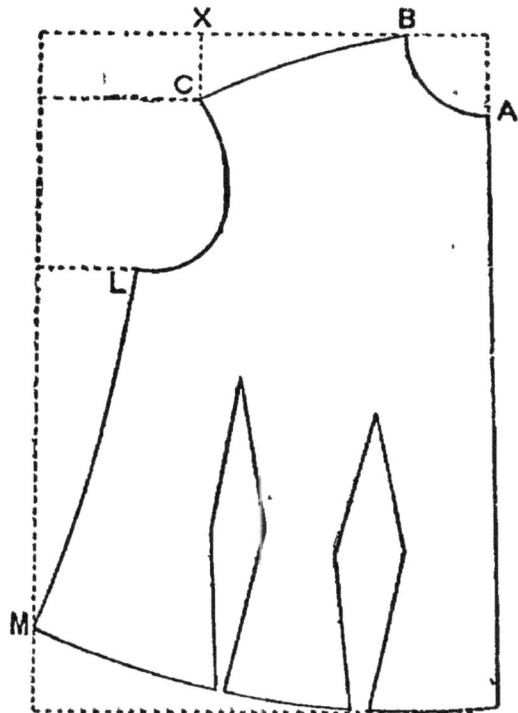

Fig. XVI. — Patron de devant de corsage.

le même sens qu'autrefois. Cette coupe dégage mieux le haut de la taille et elle est assez favorable à la durée du corsage. Ne pas manquer de faire X C plus petit dans le patron du devant (fig. XVI) que dans celui du dos comme l'indique la fig. XIII. La couture doit être placée tout à fait en arrière et c'est la partie de devant seule qui doit recouvrir la rondeur de l'épaule.

LIVRE DU MAITRE.

DÉVELOPPEMENTS DES DEVOIRS DE RÉDACTION

Points de couture.

1. *Dites quels sont les différents points qu'on emploie pour coudre :* 1° *une robe;* 2° *une chemise d'homme.* (Élève, p. 173.)

Développement. — Les lés d'une jupe de robe se réunissent par une couture à point *coulé* ou *glissé;* le même point s'emploie pour l'ourlet, qu'on ne fait que rarement à point de côté. Le haut de la jupe est fixé à la ceinture par un *surjet*.

On fait la poche à couture à ourlet et on la pose à point glissé.

Les coutures du corsage, qui doivent être solides, se font à *arrière-point* ainsi que les pinces; on les surfile par un point à cheval, ou, mieux, on les borde d'un étroit ruban.

Les manches peuvent aussi être cousues à arrière-point. La *brisure* de l'encolure se pique ordinairement à arrière-point rentré.

On fait les boutonnières en dernier lieu.

Les coutures du corps de chemise d'homme sont ordinairement sur lisière, c'est-à-dire à surjet; si l'on emploie une étoffe de *grande largeur* et qu'on enlève une bande d'étoffe, l'un des côtés aura une couture rabattue.

Les coutures de côté ne règnent pas jusqu'au bas; on laisse une ouverture de dix centimètres environ — un peu plus sur la partie de derrière, plus longue que celle de devant; — dans l'angle de cette ouverture, on fixe à surjet un petit carré d'étoffe plié en deux dans le sens de la diagonale et formant par conséquent triangle.

L'ourlet du bas est étroit : un demi-centimètre environ.

Les manches sont cousues à couture *rabattue* et posées de même. Le poignet est posé à arrière-point, rabattu à point d'ourlet et bordé tout autour d'une piqûre. Le plastron est aussi piqué.

Un bon dicton.

2. *Expliquez le dicton :* « *Un point du lundi en vaut dix du jeudi.* » (Élève, p. 173.)

Développement. — Ce dicton signifie qu'une avarie quelconque survenue à un vêtement devient plus grave si l'on néglige de la réparer. Avez-vous un trou à votre robe? Il risque fort de s'agrandir si vous ne vous hâtez pas de le boucher. La couture de votre jupe est un peu décousue? en la mettant et en l'ôtant elle va peu à peu se découdre jusqu'au bas, etc. Vous oubliez de consolider un bouton ébranlé? il se découd entièrement et on le perd.

On a donc raison de dire qu'il ne faut pas renvoyer d'un jour à l'autre les réparations à faire aux vêtements ou au linge; mieux vaut les faire tout de suite que quatre jours plus tard : « Un point du lundi en vaut dix du jeudi ».

Les pièces.

3. Avez-vous posé ou vu poser des pièces? Comment s'y prend-on? (Élève, p. 173.)

Développement. — On marque par quatre plis, tracés à la main, un carré ou un rectangle dans la partie mauvaise de l'étoffe. On coupe bien à la mesure la pièce qui le recouvrira, en ayant soin de laisser cette pièce un peu plus grande que le tracé pour avoir la largeur des coutures. Il faut, autant que possible, tailler la pièce dans le même sens que le morceau à remplacer. On la pose par un premier point, qui peut être soit un surjet, soit un point de côté. C'est alors le moment de couper sous la pièce la partie usée en ménageant la largeur nécessaire pour faire la *rabatture*. La pièce se rabat à point d'ourlet.

Si, au lieu de poser la pièce sur du linge uni, il s'agit d'en mettre une sur une étoffe à *dispositions*, il est essentiel de la couper de telle sorte que le dessin (fleurs, carreaux ou raies) ne soit pas interrompu.

La pièce posée est ensuite bien aplatie au fer à repasser.

Les reprises.

4. Connaissez-vous les principales règles à suivre pour bien faire une reprise? (Élève, p. 173.)

Développement. — Pour bien faire une reprise, il faut :
Aller à droit fil.
Laisser des intervalles égaux entre les fils passés.
Ménager, chaque fois que l'on tourne, un peu de fil pour faire boucle.
Couvrir par la reprise un espace plus grand que celui qui est tout à fait usé.
Si l'on observe ces règles et qu'on maintienne bien uni l'endroit raccommodé, la reprise se verra peu; elle aura du reste un aspect régulier et sera solide.

Il va sans dire que la reprise se fait toujours à l'envers et qu'elle doit être le moins apparente possible à l'endroit.

Coupe d'une chemise.

5. *Dites comment on coupe une chemise de femme. Accompagnez votre explication d'un dessin.* (Élève, p. 173.)

Développement. — Je prends sur la personne la longueur qu'il faut donner à la chemise (de l'épaule à une hauteur de 10 à 15 centimètres au-dessus de la cheville).

Je reporte deux fois cette longueur sur la pièce d'étoffe pour avoir le corps de chemise; je coupe (toile) ou je déchire (coton), puis je plie en deux.

Je coupe à droite deux pointes que je reporterai à gauche, en tournant le bas en haut (p. 170, fig. 76).

J'arrondis l'entournure du bras.

Je creuse l'encolure en laissant plus d'étoffe derrière que devant.

Je coupe la manche courte, à droit fil du côté libre; courbe du côté de l'emmanchure.

Le tricot.

6. *Dites comment vous faites un bas.* (Élève, p. 173.)

Développement. — Je commence d'abord par *monter* sur une aiguille un certain nombre de mailles, soit 25 par exemple. Si le bas doit avoir 100 mailles, j'en mets autant sur trois autres aiguilles. Je tricote la dernière maille avec la première pour faire cercle.

Pour ce premier tour, il est bon de *doubler* la laine ou le coton; le bas en sera plus solide. Je fais un tour ou deux à l'envers pour que mon bas se trouve bordé d'une sorte de cordon.

Puis je commence la *côte*, qui peut avoir des dispositions diverses : une maille à l'envers, une à l'endroit; deux à l'envers, deux à l'endroit; trois à l'envers, trois à l'endroit. Ou : deux, trois à l'endroit, une ou deux à l'envers, etc. On peut varier beaucoup la côte, mais la plus élastique est celle où sont en nombre égal les mailles à l'endroit et à l'envers.

J'ai soin de faire une *maille de couture* tout le long de la jambe.

Quand le bas est assez long pour couvrir la jambe jusqu'à l'endroit où le mollet s'amincit, je commence à faire des *diminutions* en tricotant deux mailles ensemble pour chaque diminution : deux diminutions par tour diminué, à 2 ou 3 mailles d'intervalle de la couture. Je cesse les diminutions à une distance du talon de 4 centimètres.

Pour former le talon, je mets sur une aiguille un peu moins de la moitié des mailles et, ne m'occupant plus des autres, je tricote cette aiguillée comme je ferais d'une jarretière.

Quand le talon me semble assez long, je le *ferme* par des diminutions que j'exécute d'après les indications que voici :

Dans l'aiguillée qui se fait à l'envers, tricoter jusqu'à la troisième maille après la couture.

Tricoter ensemble la quatrième et la cinquième maille.

Tricoter seule la sixième. Tourner.

Prendre sans la tricoter la première maille (sixième du tour précédent).

Tricoter jusqu'à la troisième maille après la couture.

Tricoter ensemble la quatrième et la cinquième.

Tricoter seule la sixième. Tourner.

Prendre sans la tricoter la première maille (sixième du tour précédent).

Tricoter jusqu'à l'avant-dernière maille du tour précédent.

Tricoter la dernière avec celle qui suit.

Tricoter seule la suivante. Tourner.

Tricoter seule la première maille, etc.

Quand il ne reste plus de mailles aux deux extrémités de l'aiguille, le talon est fermé. Il reste à relever les mailles qui forment des deux côtés le bord du talon pour n'avoir de nouveau, comme à la jambe, qu'un cercle de mailles.

Je tricote alors le pied en rond, comme j'ai fait de la jambe, en ayant soin de faire tous les trois tours une diminution sur les deux côtés.

Je cesse les diminutions quand le cou-de-pied est franchi.

Je ferme le bout du pied carrément en faisant tous les trois tours, puis tous les deux et enfin tous les tours deux diminutions séparées l'une de l'autre par quatre mailles des deux côtés, soit quatre diminutions par tour à diminuer.

Quand il ne me reste que seize ou vingt mailles de tour, je les tricote ensemble deux à deux et les fais sauter à mesure l'une sur l'autre, ce qui termine mon bas par une ligne conforme à la ligne des doigts de pied.

On peut aussi terminer le bas en pointe, mais cette forme ne répond pas à celle du pied.

CONCLUSION

536. Nous avons, dans les chapitres qui précèdent, passé en revue bien des choses. Ne nous en resterait-il pas encore à étudier ? Si, bien certainement.

537. L'année prochaine, nous reviendrons avec plus de détails sur les sujets d'économie domestique avec lesquels vous avez fait connaissance, et nous aborderons aussi des sujets nouveaux.

538. Cette année, nous ne sommes guère sorties, dans nos études, de la maison, du cercle de la famille. Il ne faut pas le regretter : *c'est là la vraie place des femmes.*

539. Cependant, quoiqu'elles n'aient que très rarement à sortir de la famille, il est bon que les femmes ne soient pas tout à fait ignorantes de ce qui se passe au dehors.

540. Elles entendent leur père, leurs frères, leur mari parler de travail, de salaire, de concurrence. *Il faut pouvoir comprendre;* il faut pouvoir, si l'on est consultée, dire parfois un mot qui soit *un conseil utile.*

541. Aussi avons-nous essayé, dans la seconde partie de cet ouvrage (pages 181 et suiv.), de vous donner quelques idées justes sur ces questions. En lisant avec soin cette seconde partie, vous remarquerez qu'une société qui travaille ne diffère guère d'une famille et qu'en fin de compte, *ce qui nuit aux uns profite rarement aux autres.*

542. Comme à vos frères, mais avec beaucoup moins de détails, on a voulu vous apprendre encore comment la France vit, se gouverne, paye ses dépenses, protège les intérêts de chacun de ses habitants, se défend contre l'étranger.

543. On vous a fait connaître à grands traits quelques-unes des lois de votre pays, auxquelles vous devez obéir aussi bien que vos frères.

544. Si vous étudiez avec attention cette partie de votre livre, vous en deviendrez plus capables d'être sœurs, femmes et mères de bons citoyens. Car, ne l'oublions pas, *on ne doit pas vivre et travailler seulement pour soi, ni même pour les siens.* Au delà de la famille de chacun de nous, il y a la grande famille de tous les Français, qui est la **patrie**.

545. Cette patrie, vous avez aussi des devoirs à remplir envers elle, *devoirs en temps de paix, devoirs en temps de guerre*, dont nous nous entretiendrons par la suite.

546. Là encore, nous nous apercevrons que la patrie ne diffère guère de la famille et que, dans l'une comme dans l'autre, pour bien faire il faut **aimer** et se **dévouer**.

547. « Doucès et humbles de cœur », suivant le mot de l'Évangile, commencez donc dès aujourd'hui parmi les vôtres, en toute simplicité, l'apprentissage de cette *religion de l'affection et du dévouement*, qui est « la seule chose nécessaire ».

548. Et maintenant, petites écolières, séparons-nous pour quelque temps. Quand vous aurez fermé ce livre, pensez quelquefois aux conseils qu'il vous a donnés. Bon courage pour les mettre en pratique! Dans la vie qui commence pour vous, choisissez la bonne part que rien ne vous ôtera : le **devoir**.

ÉCONOMIE POLITIQUE. — Lire : L'échange. — L'argent. — Le prix des choses. — La concurrence. — Le salaire. — L'épargne, le capital, la propriété (p. 212).

RÉCIT VI. — Les deux voies.

ALLÉGORIE.

Un enfant, une petite fille aux yeux bleus, cheminait dans une grande forêt.

Les oiseaux chantaient, les insectes bourdonnaient; de temps en temps, un vent léger agitait les hautes cimes des arbres, et leurs branches, en s'écartant, laissaient voir un pan de ciel d'un azur profond et donnaient passage à un rayon de soleil d'or qui venait jouer sur le tapis de mousse de la forêt.

La petite fille écoutait le chant des oiseaux et le bruissement du feuillage. Elle sautait gaiement, mettant ses petits pieds là où venaient tomber les beaux rayons dorés. « Comme

FIG. 78. — « Quelle est la meilleure des deux routes? » demanda l'enfant.

il fait bon ici, se disait-elle, et que je voudrais marcher toujours dans cette belle forêt! »

Elle allait droit devant elle, ne pensant pas à chercher son chemin. Parfois, elle s'arrêtait pour cueillir des fleurs de bruyère ou regarder voler un papillon. La petite fille était heureuse.

A force de marcher elle arriva à un endroit de la forêt où deux routes s'ouvrirent devant elle (fig. 78). L'une et l'autre étaient longues, longues et, même en mettant la main par-dessus ses yeux pour n'être pas éblouie par le soleil, la petite fille ne put parvenir à en voir le bout.

Elle restait là, incertaine, ne sachant quel chemin choisir, quand elle aperçut un grand vieillard appuyé au tronc d'un vieux chêne ; elle pensa qu'il devait être le gardien des deux routes et elle lui demanda timidement laquelle il fallait prendre.

— Celle que tu voudras, mon enfant, répondit le grand vieillard ; aie grand soin toutefois de choisir la meilleure, car une fois dans l'une des deux voies, il est difficile de la quitter pour suivre l'autre.

— Et comment saurai-je qu'elle est la meilleure? dit l'enfant qui commençait à être inquiète ; elles se ressemblent beaucoup, ces deux routes.

— Au départ, oui, mais pas à l'arrivée. Écoute, reprit-il au bout d'un instant, si je ne puis pas te dire quelle est la meilleure des routes, je puis du moins te montrer ceux qui cheminent bien loin là-bas sur toutes deux.

L'enfant ouvrit de grands yeux, mais elle n'aperçut rien sur les deux longs rubans qui se déroulaient à perte de vue.

— Attends, dit le vieillard. Je te ferai voir tout à l'heure ce que je vois très nettement moi-même. Mais écoute d'abord.

Il y a soixante ans, deux enfants comme toi se rencontrèrent un matin ici. On leur avait dit que les deux routes, semblables au commencement, étaient bien différentes par la suite et à la fin. Dans l'une, il était facile de marcher pendant la première partie du voyage ; chacun y pouvait faire ce qui lui plaisait, se dispenser de travailler, prendre pour soi toutes les choses agréables et laisser aux autres les choses ennuyeuses et pénibles ; enfin, c'était la route du plaisir. Quant à ce que l'on trouvait au bout, c'était une autre question... « Bah ! dit alors une des fillettes dont je te conte l'histoire, que me fait ce qu'il y a au bout ? Le chemin est long et, puisqu'on y trouve le plaisir, j'aurai le temps de m'amuser ! » Et vite elle enfila la première route sans même se soucier d'entendre ce qu'on lui dirait de la seconde. L'autre fillette, plus attentive, avait écouté la suite. « L'autre route n'était pas toujours unie et commode à suivre ; il fallait quelquefois faire de grands efforts pour surmonter les obstacles qu'on y rencontrait et résister à l'envie qu'on avait d'en sortir. Dans ce chemin, il n'était pas permis de jeter sur les épaules des autres les fardeaux qu'on avait à porter ; il fallait au contraire aider ses compagnons et renoncer souvent à son repos et à ses plaisirs pour les soutenir dans leur marche. Des plaisirs, on en goûtait aussi dans cette route, mais surtout de ces plaisirs qui viennent après le travail et la lutte. A la fin... » Mais je ne veux pas te dire ce qu'il y a à la fin. Mieux vaut te le montrer, qu'il te suffise de savoir que la seconde des fillettes ne prit pas la même route que sa compagne et que chacune a suivi un chemin différent depuis soixante ans. Et maintenant veux-tu voir où toutes deux sont arrivées ?

L'enfant, étonnée, fit signe de la tête que oui.

— Mets tes yeux là, dit le vieillard, en rapprochant ses deux pouces et ses deux index de façon à figurer une forme de lunettes. Regarde sur la première route dont nous avons parlé. Que vois-tu ?

— Oh! s'écria l'enfant, je ne vois plus la forêt, je ne vois plus la route ; rien qu'une petite chambre sombre.

— Y a-t-il quelqu'un dans la petite chambre sombre ? »

— Oui, dit la petite fille après avoir regardé attentivement. Il y a une vieille femme accroupie près d'un feu éteint. Qu'elle est vieille! qu'elle est laide! qu'elle a l'air malheureux! Dis, grand vieillard, ce n'est pas la petite fille qui a passé ici un jour de beau soleil et qui a choisi la route du plaisir ? »

— C'est elle-même, mon enfant. Tout alla bien pendant la première partie de la route. Mais, tu te le rappelles, cette route est celle où l'on ne travaille pas ; avec la paresse est venue un jour la pauvreté. »

— Oh! qu'elle a l'air misérable, en effet! s'écria l'enfant. Quels haillons elle porte! comme sa chambre est nue et en désordre! Est-ce que cette pauvre vieille est toute seule ? N'a-t-elle point d'enfants qui travaillent pour elle et lui donnent du pain ? »

— Elle est seule. Quand elle était jeune, elle n'a pensé qu'à elle, elle n'a pas voulu vivre pour les autres ; elle a cherché le plaisir et elle a fui la peine et le sacrifice. Personne aujourd'hui pour l'aimer. »

— Comme elle a les sourcils froncés ! dit encore l'enfant. Que de rides sur son visage ! Au coin de ses lèvres il y a un pli qui lui donne l'air malheureux et presque méchant. »

— C'est qu'en vérité elle est malheureuse et presque méchante aussi. Toujours mécontente d'elle-même, elle est aigrie contre les autres et les traits qui te choquent dans son visage ne font que dévoiler les tristes sentiments qu'elle a dans le cœur. Pauvre, abandonnée, l'amertume dans l'âme, elle achève péniblement l'existence qu'elle avait commencée avec tant d'insouciance. »

L'enfant détourna les yeux.

— C'est horrible ! dit-elle. Voilà donc où conduit la première route que tu m'as montrée ! Ah ! ne m'en fais pas voir davantage ; j'en sais trop à présent pour prendre ce chemin. »

— Si, dit le vieillard, je veux te montrer autre chose. Ceci suffit pour te dégoûter de la première voie, ce n'est pas assez pour t'aider à marcher joyeusement dans l'autre, souvent, je te l'ai dit, pénible et hérissée d'obstacles. Je veux te montrer au terme de son voyage l'enfant qui a choisi la seconde route. Tiens, reprends mes lunettes merveilleuses. »

La petite fille obéit, puis elle poussa un cri de surprise et de plaisir.

Le grand vieillard sourit.

— Que vois-tu cette fois ?

— Oh ! plus du tout la même chose ! Dans une grande salle propre et bien éclairée, j'aperçois une belle vieille femme avec une couronne de cheveux blancs. Autour d'elle, des hommes, des femmes, ses fils et ses filles, n'est-ce pas ? et beaucoup de petits enfants. Tous ont l'air de l'aimer. C'est le soir, et sans doute l'heure où tous viennent de rentrer ; ils se pressent autour de la grand'mère et chacun réclame un baiser. Qu'elle paraît heureuse et bonne !

— Oui, elle est heureuse, car elle voit le bonheur des siens et elle leur en a donné une grande part.

— Mais pourtant, dit l'enfant, elle aussi a des rides au front ; je les vois maintenant qu'elle ne sourit plus ; elle vient de passer sa main sur ses yeux, on dirait qu'il y avait une larme prête à couler sur sa joue ? elle n'est donc pas heureuse, elle non plus ?

Le vieillard hocha la tête et répondit :

— Des rides ? oui, elle aussi en a, car dans sa vie il y a eu, comme dans la vie de tous les hommes, des soucis, des peines, des chagrins. Tu as cru la voir essuyer à la dérobée une larme ? Tu ne t'es pas trompée. Ce bel enfant qui vient de sauter sur ses genoux lui rappelle un fils qu'elle a vu mourir. Elle ne s'est jamais consolée et pense toujours à l'absent, même au milieu de tous ceux qui lui restent. Mais elle n'attriste pas les autres de sa douleur. Vois comme elle sourit maintenant à son petit-fils en caressant ses boucles blondes ! Sans cesse la vaillante femme s'oublie elle-même pour rendre les autres heureux. Crois-moi, elle est heureuse aussi...

L'enfant était devenue grave et une religieuse émotion se lisait sur sa figure.

— Grand vieillard, dit-elle tout bas en étendant la main dans la direction où elle venait de voir la vieille femme en cheveux blancs, voilà la route que je veux suivre.

— Va, mon enfant, dit son guide. Tu as choisi la part dont parle l'Évangile, la bonne part que rien ne t'ôtera. Sais-tu lire ? Regarde ! La petite fille leva la tête et vit alors à l'entrée des deux routes deux écriteaux qu'elle n'avait pas encore aperçus.

Sur l'un, elle lut ces mots :

Paresse, égoïsme.

Sur l'autre :

Travail, devoir, amour.

— Je voudrais bien te demander encore une chose, dit-elle au vieillard. Comment s'appelle cette forêt où nous sommes ?

— Mon enfant, c'est *la vie*.

Vous avez sans doute compris que l'histoire du grand vieillard et de la petite fille dans la forêt est un conte.

Mais il est des contes qui disent au fond la vérité et peut-être, trouverez-vous, après avoir réfléchi, que celui-ci est de ce nombre.

EXERCICES PRATIQUES

On a réuni méthodiquement ici les exercices pratiques indiqués dans le courant de l'ouvrage et on les a complétés par un grand nombre d'autres. Les renvois ont été multipliés pour faciliter la recherche des exercices correspondant aux diverses leçons.

I. — Entretien de la maison, du mobilier, etc.

1. Apprendre à reconnaitre les principales substances employées pour les nettoyages : blanc d'Espagne, tripoli, mine de plomb ou plombagine, grès, eau de cuivre, essence de térébenthine, huile de lin cuite, paille de fer, etc.
2. Apprendre les principaux usages de chacune de ces substances. (Voir p. 9*.)
3. Laver des vitres.
4. Préparer une lessive de soude.
   (Faire dissoudre à chaud les cristaux de carbonate de soude.)
5. Laver une table en bois blanc. (Voir p. 9*.)
6. Frotter un meuble en bois ciré.
7. Nettoyer et passer à la mine de plomb le poêle en fonte de la classe.
   (Enlever les taches de rouille et autres en frottant avec de la paille de fer; étendre avec un chiffon une mince couche de plombagine délayée dans du lait ou de l'eau; laisser sécher; brosser ou frotter pour donner du brillant.)
8. Nettoyer une porte au blanc d'Espagne.
   (Avec un chiffon humide prendre un peu de blanc sec et frotter dans le sens perpendiculaire aux fibres du bois les traces laissées par les mains sur la porte au-dessus et au-dessous de la serrure.)
9. Laver une boiserie peinte : porte, chambranle, cadre de fenêtre, etc.
   (Eau de savon ou blanc d'Espagne délayé.)
10. Récurer des objets en cuivre ou en laiton : casseroles, bougeoirs, poignées de portes, tirants de sonnettes, etc.
    (Eau de cuivre et tripoli; en dernier lieu, frotter avec du tripoli sec pour faire reluire.)
11. Récurer des ustensiles en fer battu ou en fer blanc casseroles, couvercles, bouilloires, etc.

(Grès et vinaigre, puis blanc sec pour polir; si les ustensiles sont très gras, les dégraisser d'abord dans une lessive de soude.)

12. Mettre en état des objets en fonte rouillés ou ternis : pelles, pincettes, etc.

(Paille de fer; pour les objets fins, papier de verre.)

13. Laver un carrelage de faïence ou de briques. (Voir p. 9*.)

14. Nettoyer des carafes de verre ou de cristal.

15. Apprendre à reconnaître la benzine, l'ammoniaque, le bois de Panama... En dire l'usage pour le nettoyage des diverses étoffes.

16. Enlever des taches de bougie.

(Papier mou et fer chaud.)

17. Enlever des taches sucrées. (Voir p. 10*.)

18. Enlever des taches grasses. (Voir p. 10*.)

(Sur une étoffe noire en laine : ammoniaque. Sur une étoffe de couleur : benzine. Sur un tablier ou une robe de cotonnade : frotter avec de l'oignon avant de laver.)

19. Enlever des taches d'encre sur du linge blanc.

(Inutile d'essayer sur des étoffes de couleur avec du sel d'oseille; il les décolorerait.)

20. Nettoyer une descente de lit.

(Feuilles de thé ayant déjà servi, que l'on mouille et que l'on roule à plusieurs reprises sur le tapis avec la main ou avec une brosse.)

II. — Cuisine.

1re série de démonstrations et d'exercices pratiques pouvant se faire sans feu.

1. Parer un morceau de viande.

(Le dépouiller des peaux et tendons qui le feraient se « retirer » à la cuisson; le ficeler. A faire sur une planchette ou sur la table recouverte d'un papier, avec un couteau à lame étroite bien aiguisée.)

2. Désosser un morceau de viande (par exemple une épaule de mouton à rouler; utiliser les os pour pot-au-feu).

3. Préparer une volaille.

(Vider par une fente pratiquée de côté; enlever le gésier en faisant une incision au cou; avoir soin de ne rien crever; débarrasser de la vésicule du fiel le foie, que l'on peut remettre dans la volaille ou garder pour en faire un gâteau; *trousser* en relevant les ailerons croisés sur le dos et en appliquant les cuisses sur les côtés, de façon à bien *arrondir* la volaille.)

4. Battre la viande pour l'attendrir.

(A faire pour toute espèce de viande à rôtir, à griller ou à mettre à la casserole; battre *à plat* avec un hachon de cuisine ou une planchette, quelque temps avant la cuisson.)

5. Vider et écailler un poisson.

(Se vide par les ouies — qu'il faut arracher — ou par une fente que l'on fait sous le ventre; pour écailler, étendre le poisson sur l'évier, le tenir par la queue et râcler avec le plat du couteau de la queue à la tête; couper aux ciseaux le bout des nageoires.)

6. Casser des œufs et séparer le blanc du jaune.
7. Battre des blancs d'œufs en neige.
8. Peler des pommes de terre; les couper : en tranches plates (soupes, fritures, gratins); en filets (friture); en dés (soupes aux légumes secs, garniture pour un plat de viande, etc.)
9. Éplucher divers légumes.
10. Préparer des fruits pour confitures.

(Cerises, abricots, prunes : enlever les noyaux; groseilles : égrener; poires, coings, pommes pour compotes : peler, partager en quatre et mettre à mesure dans l'eau froide.)

2e série : à faire avec un fourneau.

1. Soupe aux légumes. (Voir p. 59*.)
2. Soupe aux pâtes d'Italie.
3. Cuisson d'un morceau de viande à la casserole; faire le jus.
4. Ragoût de veau, mouton ou agneau.

(Faire *sauter* les morceaux de viande à la graisse ou au beurre avec un oignon piqué; quand ils ont pris couleur, saler, ajouter de la farine, laisser roussir, mouiller et faire cuire à petit feu.)

5. Hachis de viande.

(Hacher des débris de viande; passer à la casserole

avec graisse ou beurre, saler, poivrer, mettre un peu de farine, mouiller de quelques cuillerées d'eau.

6. Pommes de terre frites.

7. Purée de pommes de terre.
(Ecraser toutes chaudes des pommes de terre bouillies; mettre à beurre chaud à la casserole; saler; éclaircir peu à peu avec du lait ou de l'eau, en remuant souvent.

8. Omelette.

9. Sauce brune piquante. (Voir p. 60*.)

10. Sauce blanche. (Voir p. 61*.)

III. — Jardinage.

1. Reconnaître des graines de laitue, de chicorée, de radis, de persil, de cerfeuil, de carottes, d'épinards, de concombres, de melons, de potirons, etc.

2. Recueillir des graines potagères, les mettre en sacs, indiquer sur l'étiquette :
    1° Le nom ;
    2° L'époque de semaille ;
    3° La façon de les semer (à la volée ou en raies) ;
    4° Le sol et l'exposition le plus favorables ;
    5° Le temps nécessaire pour que la plante sorte de terre.

3. Dans un carré du jardin dont la terre a été retournée, achever de briser finement la terre au râteau et l'égaliser pour recevoir un semis.

4. Tracer des raies au cordeau dans un carré.

5. Dans les raies tracées, marquer au piquet, à intervalles réguliers, les trous où l'on repiquera choux, salades, poireaux, etc.

6. Semer des graines à la volée. Recouvrir au râteau.

7. Semer en raies. Recouvrir.

8. Sarcler un carré.

9. Biner un carré.

10. Soigner une bordure de fraisiers.

11. Lier des salades pour les faire blanchir.

12. Ramer des pois.

13. Cueillir des haricots ou des pois (avoir soin de ne pas ébranler la plante en tirant).

14. Couper des épinards, ou de l'oseille.

15. Eclaircir une planche de carottes.

16. Reconnaître des graines de fleurs : capucines, belles-de-nuit, balsamines, pétunias, marguerites, réséda, etc.
17. Faire des boutures d'œillet, de géranium.
18. Dépoter et mettre en pleine terre des plantes semées en pot.
19. Tailler des rosiers.
20. Chercher les plantes utilisées en pharmacie qui croissent naturellement dans la contrée et en planter dans un coin réservé du jardin.

IV. — Soins des malades.

1. Faire reconnaître des fleurs fraîches et des fleurs sèches employées en pharmacie : sureau, tilleul, bourrache, guimauve, coquelicot, camomille, etc.; des feuilles fraîches et sèches de ronce, de mélisse, d'oranger, etc.
2. Cueillir et faire sécher des fleurs pour tisanes et infusions ; les enfermer dans des sacs de papier; étiqueter en indiquant la propriété.
3. Faire et passer une infusion.
4. Préparer une tisane.
5. Faire reconnaître à l'aspect et à l'odeur les médicaments usuels qu'on pourra se procurer : alcool camphré, arnica, huile de ricin, glycérine, eau phéniquée, laudanum, etc.; rhubarbe, quinine, bismuth, etc.
6. Compter des gouttes. (Quand on ne possède pas le petit instrument appelé *compte-gouttes*, pencher le flacon de façon à ne laisser tomber qu'une goutte à la fois. Si l'on n'a pas la vue et la main assez sûres, se servir d'une grosse paille de froment taillée en biseau : on plonge la paille dans le flacon, on aspire légèrement pour faire monter quelques gouttes du liquide, puis on les laisse retomber dans l'eau préparée pour les recevoir.)
7. Préparer un cataplasme de farine de lin. (Voir p. 137*.)
8. Appliquer un sinapisme.
   (On remplace généralement aujourd'hui le sinapisme par le *papier de moutarde* tout préparé, qu'il suffit de mouiller à l'eau tiède avant de l'appliquer sur la partie malade.)
9. Apprendre à chauffer des linges.
   (Tenir le linge bien étendu en écran à la hauteur du feu, le rouler lentement, le dérouler rapidement et le rouler une seconde fois pour que les deux faces

soient bien échauffées. On le porte tout roulé jusqu'au malade.)

10. Faire une friction à la main.
> (Poser la main bien à plat, la pointe des doigts plutôt un peu relevée, et frotter toujours *dans le même sens*; si l'on frictionne le bras, aller du poignet au coude, du coude à l'épaule et non inversement.)

11. Faire une friction avec un linge rude.
> (Rouler le linge en tampon et frotter avec force; cette friction se pratique surtout pour attirer vivement et rapidement le sang à la peau, et non, comme la précédente, pour soulager un membre malade.)

12. Faire faire le mouvement indiqué pour pratiquer la respiration artificielle. (Voir p. 48 p.)

13. S'exercer à ôter et à mettre un vêtement à manches à une personne dont le bras doit rester immobile et fléchi.

14. Mettre un bras en écharpe.
> (Plier un foulard ou une serviette en cravate large; la fixer sur l'épaule par une ou deux épingles.)

15. Dans un morceau de toile de coton écru de 1 mètre à $1^m,50$, déchirer des bandes pour panser :
> 1° Les doigts (bandes de 1 centimètre de largeur);
> 2° Le bras ou la jambe (bandes de 4 ou 6 centimètres).

16. Ajouter les bandes au point de chausson, de façon à leur donner une longueur de 3 mètres au plus.

17. Rouler les bandes en *globe* très serré.
> (On appelle improprement globe le cylindre formé par la bande roulée.)

18. S'exercer à entourer d'un bandage un ou plusieurs doigts.
> (Pour que ce pansement soit solide, il faudra que la bande vienne s'attacher autour du poignet.)

19. Même exercice pour l'avant-bras ou la jambe.
> (On commence par le poignet ou par la cheville; on *renverse* la bande dès qu'elle fait des *godets*, c'est-à-dire quand elle ne s'applique pas exactement. La forme conique du bras ou de la jambe demande de nombreux renversés.

20. Couper des compresses de diverses dimensions. (Voir p. 138*.) S'exercer à les maintenir par une bande sur **le** bras, la main, le pied, l'œil, le front, etc.

V. — Couture.

SOIXANTE EXERCICES GRADUÉS
formant un programme de cours complet

1. Ranger des aiguilles suivant la grosseur (numéros les plus usités, 5 à 8).
Couper — aux ciseaux — des aiguillées de fil et enfiler des aiguilles.
Faire un nœud à l'extrémité du fil.
2. Sur des carrés de papier quelconque, ayant 20 à 25 centimètres de côté, tracer un pli sur les bords.
Faire un second pli formant ourlet.
3. Tracer un ourlet étroit sur toile ou calicot.
4. Coudre l'ourlet avec du fil de couleur.
5. Continuer l'ourlet. Apprendre la manière d'ajouter le fil.
6. Continuer l'ourlet. En arrêter l'extrémité.
7. Répétition du même exercice avec fil blanc.
8. Point de côté avec fil de couleur.
9. Même exercice avec fil blanc.
10. Tracé et préparation d'une couture rabattue.
11. Premier point de la couture rabattue (point de côté).
12. Suite. Manière d'ajouter le fil.
13. Suite. Second point, rabattu à point d'ourlet.
14. Point devant ou point glissé.
15. Arrière-point non rentré.
16. Point glissé réunissant deux lés d'étoffe.
17. Même point sur étoffe plus épaisse. Entremêler les points glissés d'arrière-points non rentrés.
18. Premier point d'une couture anglaise : points allongés.
19. Second point de la couture anglaise : deux points glissés, un arrière-point.
20. Second point de la couture anglaise sur étoffe plus forte : arrière-points.
21. Couture à ourlet (peut remplacer la couture anglaise; s'emploie pour les poches de robe).
22. Arrière-points rentrés, ou piqûre, avec fil de couleur.
23. Deux rangées parallèles d'arrière-points.
24. Surjet sur lisières.
25. Continuation du surjet. Manière d'arrêter le fil.
26. Surjet sur plis.

27. Abattre avec l'ongle ou le dé un surjet terminé.

28. Border un morceau d'étoffe d'un ruban de fil posé à cheval (point d'ourlet).

29. Tracer, couper et commencer une boutonnière sur calicot.

30. Continuer la boutonnière. Passer les coins.

31. Même exercice sur un autre tissu.

32. Boutonnière en ganse.

33. Œillets.

34. Poser des boutons à trous. Poser des boutons à queue.

35. Poser des boutons plats à dessous de fils passés (habits d'hommes).

36. Poser des agrafes.

37. Confection d'un tablier. Tracer et coudre un ourlet de tablier.

38. Poser les poches par une piqûre.

39. Froncer à deux fils le haut du tablier ; égaliser l'ampleur.

40. Poser la ceinture : premier point à arrière-points. Rabattre à point d'ourlet.

Poser des attaches au tablier.

41. Confection d'une chemisette d'enfant : couture des épaules (rabattues).

42. Suite : Ourlet du bas, ourlets moins larges au dos.

43. Suite : Coulisse de l'encolure : poser par-dessous à point devant ou point de côté une tresse de coton ; passer un lacet.

44. Suite : Coutures des manches (rabattues). Ourlets du bas des manches.

45. Poser les manches à couture rabattue.

46. Confection d'une chemise de femme : surjets des pointes rapportées (voir la fig. 76).

47. Suite : Coutures rabattues du corps de la chemise.

48. Suite : Ourlet du bas.

49. Suite : Coulisse de l'encolure (la former au moyen d'un ourlet) : poser des coins de toile aux quatre angles, ourler.

50. Suite : Faire deux œillets sur le devant, passer un lacet.

51. Suite : Couture rabattue de la manche, pose de la fausse pièce.

52. Suite : Ourlets et pose des manches à couture rabattue.

53. Point de chausson sur flanelle.
54. Faire une reprise sur de la toile à un endroit où la trame et la chaîne sont *amincies* sans être coupées.
55. Reprise sur un endroit où l'un des deux fils — trame ou chaîne — a disparu.
56. Reprise sur un trou.
57. Poser une pièce à couture rabattue.
58. Poser une pièce à surjet ; rabattre au point d'ourlet.
59. Border une jupe de robe ou un jupon.
60. Faire un remmaillage sur un bas.
61. Repriser des bas.

Coupe et assemblage.

QUARANTE EXERCICES GRADUÉS

Résumé des exercices mentionnés dans le chapitre de la coupe. Autres exercices pratiques.

1. Prendre les mesures indiquées pour tracer un patron d'épaulette.
2. Dessiner le patron du devant au tableau, d'après ces mesures.
3. Le dessiner sur papier dans les dimensions du patron donné par le livre. (Voir p. 166, fig. 68.)
4. Découper ce patron avec les ciseaux.
5. Dessiner ce patron en donnant à la ligne PP une longueur double. Le découper.
6. Epingler ce patron sur du papier de journal. Couper, comme si le papier du journal était de l'étoffe. Même exercice sur la lustrine.
7. Dessiner au tableau le patron du dos de l'épaulette. (Voir p. 166 fig. 69.)
8. Le dessiner en plus petit sur papier.
9. Dessiner et découper ce patron en donnant à la ligne DD une longueur double.
10. Epingler le patron sur lustrine et couper.
11. Couper sur lustrine la seconde pièce du dos.
12. Assembler les trois pièces en bâtissant les deux coutures des épaules.
13. Dessiner un rectangle semblable à celui de la fig. 72, p. 168. Marquer sur les côtés du rectangle les points où aboutissent les lignes de la manche.
14. Dessiner la manche.

15. Découper le patron de dessus de manche que vous venez de dessiner.

16. Dessinez le patron du dessous de manche (p. 168, fig. 73). Découpez-le.

17. Epinglez les deux parties du patron de manche sur de la lustrine; coupez.

18. Assemblez les deux parties de la manche.

19. Dessiner dans les dimensions du modèle la chemisette d'enfant. (Voir p. 169, fig. 75.)

20. Même dessin, en donnant à la ligne du bas une longueur triple.
>(Ne pas oublier que pour grandir un patron, il faut augmenter toutes les dimensions. Ainsi, toutes les autres lignes auront une longueur triple.)

21. Découper ce patron.

22. Prendre le tour de taille d'un enfant, qui donnera la ligne du bas, et dessiner à sa mesure le patron de chemisette.

23. Epingler le patron sur de la toile de coton ou de l'indienne. Couper.

24. Bâtir les coutures d'épaules de la chemisette.

25. Dessiner les différentes pièces du patron de tablier à bavette. (Voir p 169, fig. 74.)

26. Les découper.

27. Tracer le patron de grandeur naturelle sur du papier de journal.

28. Le découper.

29. Couper un tablier d'après ce patron.

30. Poser les poches.
>(Se posent à arrière-point. Faire, avant de poser la poche, l'ourlet, et tout autour, un petit pli qu'on faufilera.)

31. Former les deux plis indiqués.

32. Préparer la ceinture en faisant un pli sur les côtés. Monter le tablier sur la ceinture.

33. Border la bavette ou l'ourler; la poser à la ceinture.

34. Dessiner le patron de chemise dans les dimensions du modèle. (Voir p. 170.)

35. Dessiner ce même patron quatre ou cinq fois plus grand.

36. Enlever aux ciseaux le rectangle F G B D. Enlever de même le triangle B C D, qu'on reportera du côté opposé. Creuser l'encolure et fendre selon la ligne E F.

37. Coupez le patron de manche dans le rectangle F G D B.

38. Couper une chemise dans de la toile d'après ce modèle. Prendre deux fois la longueur et replier l'étoffe aux épaules. Sur le devant, creuser l'encolure suivant la ligne E E E; dans le dos, l'encolure devra être moins creusée.

39. Reporter les deux pointes B C D du côté opposé, lisière contre lisière; réunir les lisières par des surjets; les biais par des coutures rabattues.

40. Poser les manches, en ayant soin de creuser l'entournure sur la chemise si l'on choisit le premier modèle de manche. Finir la chemise en ourlant le bas et en faisant une coulisse à l'encolure.

VINGT EXERCICES GRADUÉS DE MARQUE.

1. Dessinez sur le tableau quadrillé la lettre H en figurant chaque point par une croix oblique.
2. Faites sur canevas, avec du coton rouge, une ligne horizontale de quatre points de marque.
3. Une ligne verticale de six points.
4. Dessinez sur le tableau quadrillé la lettre L. Marquez cette lettre sur canevas.
5. Copiez sur papier quadrillé, à mesure que je la trace, la lettre que je dessine au tableau (choisir une lettre facile).
6. Marquez sur canevas la lettre que je dessine au tableau.
7. Copiez sur papier quadrillé — en figurant toujours chaque point par une croix oblique — les six premières lettres de l'alphabet n° 1.
8. Les lettres suivantes jusqu'à l'R.
9. La fin de l'alphabet.
10. Marquez sur canevas les premières lettres de cet alphabet.
11. Suite.
12. Suite.
13, 14, 15, 16, 17, 18. Mêmes exercices pour les deux autres alphabets.
19. Marquez un torchon de grosse toile.
20. Marquez de vos initiales, une chemise, un mouchoir, etc.

DEUXIÈME PARTIE

NOTIONS D'INSTRUCTION CIVIQUE ET DE DROIT USUEL

I. — La Loi.

1. Comment nomme-t-on la règle commune à laquelle tous les habitants d'un pays obéissent?

On nomme cette règle commune la *Loi*.

2. A quoi sert la loi?

La Loi fait connaître à chacun ses **droits** et ses **devoirs**. Elle assure la sécurité des personnes et le respect de la propriété.

3. Quel est le devoir de tout bon citoyen?

Le devoir de tout bon citoyen est *d'obéir à la loi*.

4. Savez-vous où se trouve contenue la plus grande partie de la Loi française?

Dans un gros livre qu'on appelle *code*.

Les Chambres.

5. Qui est-ce qui fait les lois en France?

Les Lois sont votées par le **Sénat** et la **Chambre des députés**, qui exercent le *pouvoir législatif* et s'occupent de toutes les questions qui intéressent le pays.

6. De combien de membres se compose le Sénat?

Le Sénat se compose de **300** membres, qui sont élus pour **neuf** ans.

7. Combien y a-t-il de députés?

Il y a **584** députés, répartis entre les 86 départements suivant leur population.

Le Code civil.

Il y a plusieurs codes. Un des plus importants est le **code civil**.

Il comprend 2281 articles et il est divisé en trois parties ou livres.

Le livre Ier (art. 7 à art. 515) traite des **personnes**; il indique les droits dont chacun de nous jouit dans la société. Ces droits sont appelés *droits civils*. Il est question dans ce livre des actes de naissance, de mariage et de décès; du mariage, de la puissance paternelle ou autorité exercée par le père sur ses enfants, de la minorité, de la majorité, etc.

Le livre IIe (art. 516 à 710) s'occupe des **biens**, c'est-à-dire de ce que l'on peut posséder. Les biens se divisent en *immeubles* et *meubles*. Les immeubles sont les terres, les maisons, les constructions de diverses sortes, toutes choses qui sont *immobiles*.

Les biens meubles sont ceux qu'on peut au contraire transporter d'un endroit à un autre. Ils comprennent non seulement les meubles dont nos maisons sont garnies, mais les bateaux, véhicules, outils, armes, etc., ainsi que l'argent ou les papiers représentant une valeur en argent; ces derniers sont souvent appelés *valeurs mobilières*.

Le livre IIIe et dernier (art. 711 à 2281) est intitulé : **Des différentes manières d'acquérir la propriété**. Il traite des successions, des donations, des contrats de vente et de louage. Cette partie du code est de beaucoup la plus longue. C'est qu'il importe de très bien régler la façon dont la propriété change de mains, car il n'est pas de question qui puisse donner lieu à plus de difficultés.

Les différentes lois que contient le code civil ont été réunies par une commission composée de Tronchet, Portalis, Bigot-Préameneu et Malleville. Le code civil a été mis en vigueur sous le Consulat. en 1804. Il avait été préparé par les Assemblées de la Révolution et il est basé sur les principes fondamentaux suivants :

1º Les Français sont égaux devant la loi;

2º Le droit civil ne peut dépendre des croyances religieuses;

3º La loi doit protéger la liberté individuelle et garantir l'inviolabilité de la propriété.

8. Par qui et pour combien de temps les députés sont-ils élus?

Les députés sont élus pour **quatre ans au suffrage universel**, c'est-à-dire par tous les citoyens.

II. — L'administration.

Président de la République. — Ministres.

9. Quand la Loi est faite, à qui revient le soin de l'appliquer, de la faire *exécuter?*

Le soin de faire exécuter la Loi est confié au **Président de la République** et à ses **ministres**, qui constituent le *pouvoir exécutif.*

10. Pour combien de temps et par qui le Président de la République est-il nommé?

Le *Président de la République* est élu pour sept ans par les deux Chambres (Sénat et Chambre des députés) constituées en *Assemblée nationale.*

11. Combien y a-t-il de ministres?

Il y a onze ministres.

Intérieur.

12. De qui le ministre de l'Intérieur est-il le chef?

Le ministre de l'**Intérieur** est le chef des *préfets*, des *sous-préfets* et des *maires.*

13. Par qui la commune est-elle administrée?

La **commune** est administrée par le *maire* assisté d'un ou de plusieurs adjoints et d'un *conseil municipal* élu pour quatre ans.

14. Quel nom donne-t-on à la réunion de plusieurs communes?

Plusieurs communes forment un **canton**.

15. Que savez-vous du chef-lieu de canton?

Une des communes du canton, généralement la plus importante, est le **chef-lieu** de ce canton.

Au chef-lieu résident : le *juge*[4] *de paix*, le *percepteur* des *contributions*[4] directes, le *receveur* de l'en-

Comment on fait une loi.

Il est souvent nécessaire de modifier les lois anciennes ou d'en faire de nouvelles.

Comment fait-on une loi?

Un projet est présenté à la Chambre des députés; on le *discute :* certains députés parlent en faveur du projet, d'autres le combattent.

Quand tout le projet a été soigneusement examiné et débattu, on va aux voix, on *vote :* chaque député fait connaître, soit en déposant un bulletin dans l'urne, soit en levant la main, s'il veut adopter la loi ou la rejeter.

Si le projet obtient la *majorité*, il est soumis au Sénat qui le discute à son tour, puis le renvoie à la Chambre. Ce n'est qu'après avoir été lu trois fois devant les Chambres que le projet devient une loi définitive. Cette loi, à laquelle tous les habitants du pays seront forcés d'obéir, ne doit pas être faite à la légère.

Le Président de la République *promulgue* alors la nouvelle loi au nom du peuple français et il donne ordre aux préfets, sous-préfets et maires de la faire connaître dans toute l'étendue du pays. Aussi *personne n'est censé ignorer la loi.* Si l'on cherchait à se justifier d'avoir désobéi à une loi en disant qu'on ne la connaissait pas, les juges n'accepteraient pas cette excuse.

Le suffrage universel.

Le **suffrage universel** a été établi en 1848.

Auparavant on n'était électeur que si l'on payait une certaine contribution foncière.

Par le suffrage universel, tout Français prend part au gouvernement de son pays. Tout Français doit donc s'instruire pour être capable de bien voter.

En votant, il ne doit songer qu'au bien du pays et choisir librement pour député l'homme qui lui paraît le plus intelligent et le plus honnête.

La loi a établi le *secret du vote* pour en assurer la liberté.

D'après la loi du 23 février 1889, l'élection des députés a lieu au *scrutin d'arrondissement*.

Les sénateurs sont nommés par un autre mode : l'élection *à deux degrés*.

registrement*. C'est au chef-lieu de canton que les jeunes conscrits tirent au **sort**.

16. Quel nom donne-t-on à la réunion de plusieurs cantons?

Plusieurs cantons forment un **arrondissement**.

17. Par qui un arrondissement est-il administré?

Un arrondissement est administré par un *sous-préfet*, assisté d'un *conseil d'arrondissement* élu.

18. Quel nom donne-t-on à la réunion de plusieurs arrondissements?

Plusieurs arrondissements forment un **département**.

19. Par qui le département est-il administré?

Le département est administré par un *préfet*, assisté d'un **conseil général**, qui se compose d'autant de membres qu'il y a de cantons dans le département.

Instruction publique.

20. De qui le ministre de l'Instruction publique et des Cultes est-il le chef?

Le ministre de l'**Instruction publique et des cultes** est le chef des recteurs, des inspecteurs d'Académie, des inspecteurs primaires et des instituteurs. Comme ministre des cultes, il est chargé des rapports de l'État avec les différents cultes (catholique, protestant, israélite).

Il y a trois degrés d'enseignement : l'enseignement **primaire** donné dans les écoles primaires et dans les écoles normales.

L'instruction primaire est indispensable à tous.

Une bonne élève ne doit pas quitter l'école sans avoir obtenu le **certificat d'études** dont elle pourra toujours se montrer fière.

Au-dessus du certificat d'études, est le *brevet élémentaire* et le *brevet supérieur*.

L'enseignement **secondaire** est donné dans les institutions secondaires, dans les collèges et dans les lycées. —

Instruction publique.

C'est à la Convention que revient l'honneur d'avoir voulu créer en France l'**enseignement primaire public**; le temps et les ressources lui manquèrent pour organiser cet enseignement, mais l'idée devait faire son chemin. En 1833, sous l'impulsion de M. Guizot, fut votée une loi assez complète pour le temps ; elle établissait les deux degrés d'instruction primaire auxquels correspondaient les deux brevets, *élémentaire* et *supérieur*.

La loi de 1850, ou loi Falloux, fut rédigée dans un esprit moins large et moins libéral. Cependant, l'établissement du suffrage universel, qui donne à chacun une part dans le gouvernement du pays, faisait peu à peu comprendre la pressante nécessité d'instruire tous les Français. Les lois de 1881 et de 1882 instituent l'enseignement *gratuit* et *obligatoire*. L'éducation des filles est l'objet de la même sollicitude que celle des garçons. Alors qu'il n'existait en France, avant 1870, que quelques rares écoles normales d'institutrices, il y en a maintenant dans chaque département.

Les premiers établissements d'**enseignement secondaire** de l'État furent institués par un décret de février 1795, sur le rapport de Lakanal, et portèrent d'abord le nom d'écoles centrales, puis celui de lycées.

Beaucoup plus récemment a été inauguré l'enseignement secondaire des jeunes filles; malgré l'identité de titre, il diffère notablement de l'enseignement secondaire classique des garçons, puisqu'il ne comprend pas l'étude des langues anciennes.

Les professeurs des lycées se préparent à *l'École normale supérieure*, à Paris.

L'École normale de Sèvres forme des institutrices pour les lycées et collèges de jeunes filles.

Les *Facultés*, qui donnent l'**enseignement supérieur**, ont été fondées à diverses époques.

Il y a des Facultés des *lettres*, des *sciences*, de *droit*, de *médecine*; elles délivrent des grades qui confèrent le droit d'enseigner dans les Facultés et d'exercer les professions d'avocat, de magistrat, de médecin.

Le ministre de l'instruction publique est aussi ministre des beaux-arts et s'occupe, comme tel, de *l'École des Beaux-Arts* et du *Conservatoire* national de musique et

Il y a aujourd'hui des collèges et des lycées de filles. — Le brevet de l'enseignement secondaire s'appelle *baccalauréat* pour les garçons; *certificat d'études secondaires* et *diplôme de fin d'études* pour les filles.

3° L'enseignement **supérieur** est donné dans les *facultés*. C'est là qu'étudient les médecins, les avocats, les pharmaciens, etc.

Il y a en outre de grandes écoles, comme *l'école polytechnique* pour les ingénieurs, les officiers du génie et de l'artillerie, — *l'école Saint-Cyr* pour les officiers; — *l'école des Beaux-Arts* pour les peintres, les sculpteurs et les architectes; — les *écoles normales supérieures* pour les professeurs, etc.

Justice.

21. De qui le ministre de la Justice est-il le chef?

Le ministre de la **Justice** est le chef des *juges de paix* (petites affaires), des *tribunaux civils* ou de *première instance* (toutes les autres affaires), des *cours d'appels* (révision des jugements de première instance), de la *cour de cassation* (annulation des jugements en dernier ressort et des arrêts en cour d'appel, lorsque ces jugements ou ces arrêts ont mal interprété la loi.

Les affaires sont portées devant les tribunaux par les **avoués**; les intérêts des plaideurs sont défendus par les **avocats**; les significations judiciaires et l'exécution forcée des actes publics se fait par l'intermédiaire des **huissiers**.

Les *avoués*, les huissiers se font payer chèrement leur ministère; les frais de justice eux-mêmes sont très élevés, si bien qu'on peut dire que celui qui gagne un procès dépense souvent autant d'argent que celui qui l'a perdu. Aussi vaut-il mieux, par de sages concessions, s'entendre à l'amiable avec son adversaire, ou, si on n'y parvient pas, accepter l'arbitrage du juge de paix, prononçant en *conciliation*.

Agriculture.

22. Quelles sont les attributions du ministre de l'Agriculture?

Le ministre de l'**Agriculture** organise les *concours*[3] *régionaux* et les *comices*[3] *agricoles*.

de déclamation. Il a encore sous sa dépendance les musées nationaux, précieuses collections, indispensables à l'éducation artistique du peuple. On sait par quelle foule avide d'admirer de belles choses, sont visités le dimanche surtout, les musées de Paris et en particulier le plus remarquable de tous, le *musée du Louvre* (ouvert en juillet 1793).

Les tribunaux.

Pourquoi y a-t-il tant de tribunaux divers et un si grand nombre de juges?

C'est que la justice est une chose tellement importante qu'on ne saurait entourer de trop de garanties la façon dont elle est rendue.

Le plaideur qui pense qu'un premier juge lui a donné tort par erreur est satisfait de pouvoir *en appeler* à un autre juge, qui examinera de nouveau son affaire.

Le **juge de paix** siège seul. Au tribunal de première instance, où les affaires sont plus importantes, chaque audience est tenue par trois **juges**, dont un *président*.

Les magistrats de la cour d'appel ou **conseillers** sont encore plus nombreux. Ils siègent en robe rouge dans les circonstances solennelles.

Les juges des tribunaux ont la robe noire ornée d'hermine, la toque noire et le rabat.

Le devoir d'un bon magistrat est d'être *impartial*. Avec le seul souci de la vérité, il doit juger amis et ennemis, grands et petits, riches et pauvres sans examiner autre chose que la cause même qui lui est soumise.

Grâce à la bonne organisation des tribunaux et à l'intégrité des magistats, il est bien rare qu'on puisse en France se plaindre avec quelque fondement de n'avoir pas obtenu justice.

Aussi le devoir de chacun est-il de se montrer en toute occasion *respectueux des décisions de la justice*.

Agriculture.

Le ministre de l'agriculture administre les forêts de l'État. Il a dans son département l'*École forestière*, les trois *Écoles d'agriculture* de Grignon, de Grand-Jouan, de Montpellier et d'autres écoles moins importantes de fondation récente; les *Écoles vétérinaires*, les *haras* dépendent également de son ministère, ainsi que l'*Institut*

Commerce et Industrie.

23. Quelles sont les attributions du ministre du Commerce et de l'Industrie?

Le ministre du **Commerce** et de l'**Industrie** donne ses soins aux choses qui intéressent les échanges (commerce) et à la production (industrie).

Travaux publics.

24. De quoi s'occupe le ministre des Travaux publics?

Le ministre des **Travaux publics** s'occupe des chemins de , des canaux, des ports, des routes, etc.

Postes et télégraphes.

25. Quelles sont les attributions du ministre des Postes et des Télégraphes?

Le ministre des **Postes** et des **Télégraphes** surveille la transmission des lettres et des télégrammes.

Nos lettres, une fois mises à la poste, sont emportées dans toutes les directions par les chemins de fer.

On peut envoyer de l'*argent* par la poste soit en insérant des billets de banque dans la lettre (lettre chargée). (Il y a une taxe de un pour cent à payer en sus de l'affranchissement); soit en remplaçant le billet de banque par un *mandat* que l'on demande au bureau de poste.

Beaucoup de communes sont aujourd'hui en relations par les *fils télégraphiques* avec toute la France. Par le télégraphe, les communications sont presque instantanées. Le prix des dépêches est fixé à cinq centimes par mot.

On peut aussi *parler* à grandes distances par les fils télégraphiques (téléphones).

Affaires étrangères.

26. Quelles sont les attributions du ministre des Affaires étrangères?

Le ministre des **Affaires étrangères** s'occupe des relations de la République française avec les autres nations.

agronomique de Paris. Ce dernier établissement représente, pour l'agriculture, l'enseignement supérieur.

Commerce et Industrie.

Le ministre du commerce et de l'industrie s'occupe des *Écoles d'Arts-et-Métiers* (Châlons-sur-Marne, Angers, Aix). Il organise les expositions (la France a eu en 1855, 1867, 1878, et en 1889 une exposition universelle internationale). Il conclut les traités de commerce, conventions par lesquelles la France règle avec une autre nation les conditions des échanges de marchandises entre les deux pays.

Travaux publics.

Ces travaux sont exécutés sous la surveillance des *ingénieurs*. Il y a dans chaque département un ingénieur *en chef* et des ingénieurs et conducteurs des ponts et chaussées qui s'entendent avec le Conseil général pour la construction et l'entretien des routes, si nécessaires à la prospérité du pays.

Service des postes et des télégraphes.

Ce service, qui constituait naguère un ministère, a été récemment rattaché au ministère du commerce.

Les postes et les télégraphes emploient un certain nombre de femmes. Les places sont obtenues à la suite d'un examen.

Le télégraphe électrique a été précédé du télégraphe aérien, inventé par Chappe en 1793. Les barres de bois destinées à faire les signaux étaient placées sur les lieux élevés, le plus souvent sur les tours des églises. « L'aigle volera de clocher en clocher jusqu'aux tours de Notre-Dame », disait Bonaparte haranguant ses soldats à la veille d'une bataille. Outre la lenteur de la transmission, cette façon de communiquer avait l'inconvénient de dépendre des accidents atmosphériques et la curiosité ne trouvait guère à se satisfaire par des dépêches plus d'une fois « interrompues par le brouillard ».

La première ligne de télégraphie électrique a été établie chez nous en 1845.

Affaires étrangères.

De ce ministère dépendent les *ambassadeurs*, les *diplomates* que le gouvernement français charge de le

Guerre.

27. A qui commande le ministre de la Guerre?

Le ministre de la **Guerre** commande à l'armée.

Tout Français qui n'est pas déclaré impropre au service militaire peut être appelé à faire partie de l'armée depuis l'âge de *vingt* ans jusqu'à l'âge de *quarante-cinq* ans, d'abord dans l'**armée active** (trois ans), puis dans la *réserve de l'armée active* (sept ans), ensuite dans l'**armée territoriale** (six ans), enfin dans la *réserve de l'armée territoriale* (neuf ans).

Sont **dispensés** du service au bout d'un an passé sous les drapeaux, en temps de paix : 1° l'aîné d'orphelins de père et de mère; 2° le fils unique ou l'aîné des fils d'une femme veuve, ou d'un père aveugle ou septuagénaire; 3° l'aîné des fils d'une famille de sept enfants au moins.

La France a besoin qu'on la défende contre ses ennemis du dehors : tout bon Français est bon soldat.

Marine et Colonies.

28. Quelles sont les attributions du ministre de la Marine et des Colonies?

Du ministre de la **Marine et des Colonies** dépend le personnel des navires de guerre (flotte).

Tous les individus qui se livrent à la navigation ou à la pêche maritime sont à la disposition du ministre de la marine depuis dix-huit ans jusqu'à cinquante ans (**inscription maritime**). — En temps de paix, le service actif est de trois ans. En temps de guerre, la levée se fait dans l'ordre suivant : 1° les célibataires; 2° les veufs sans enfants; 3° les hommes mariés sans enfants; 4° les pères de famille.

Finances.

29. De quoi s'occupe le ministre des Finances?

Le ministre des **Finances** perçoit les impôts.

Il y a deux sortes d'impôts ou contributions, les *contributions directes* et les *contributions indirectes*.

Les contributions directes comprennent principalement :
La **contribution foncière** (qui frappe les terres).
La **contribution personnelle** (qui frappe tout individu non indigent, homme, veuve ou célibataire possédant

représenter auprès des gouvernements étrangers. Les traités *d'alliance* et les traités *de paix* sont conclus par le soin des agents de ce ministère.

Guerre.

Notre **armée** comprend :
L'*infanterie* : soldats de ligne, chasseurs à pied, zouaves, tirailleurs algériens ou turcos, infanterie de marine.

La *cavalerie* : grosse cavalerie ou cuirassiers; cavalerie légère : chasseurs, hussards (service d'éclaireurs); dragons, chasseurs d'Afrique, spahis.

L'*artillerie* (artilleurs et pontonniers).

Les *soldats du génie*.

L'armée est commandée par des sous-officiers et des officiers portant le titre de : caporal, sergent, sergent-major, adjudant, sous-lieutenant, lieutenant, capitaine, lieutenant-colonel, colonel, général de brigade, général de division. Ces officiers forment une *hiérarchie*, chacun devant obéir à ceux qui ont un grade supérieur au sien et commander à ceux qui ont un grade inférieur. La discipline est rigoureuse dans l'armée; aussi est-elle une excellente école pour tous les jeunes Français que les lois nouvelles appellent à y passer un temps plus ou moins long. Ils apprennent au régiment l'obéissance, la subordination.

Marine.

La **flotte** se compose de tous les navires de guerre : grands cuirassés, croiseurs (plus légers et plus rapides que les précédents), avisos, canonnières, garde-côtes, torpilleurs. En temps de paix, ces navires, formés en escadres, évoluent non loin des côtes, ou *mouillent* dans les rades de nos cinq grands ports militaires : Cherbourg, Brest, Lorient, Rochefort, Toulon. Il y a dans ces ports des *arsenaux* pourvus d'armes et de munitions, et des *chantiers* pour la construction et la réparation des bâtiments.

A la tête de chaque préfecture maritime est un *amiral*.
Le grade d'amiral est le plus élevé de l'armée de mer.

Les finances.

Pour entretenir l'armée, la flotte, les écoles publiques ; pour payer les magistrats, les préfets, etc.; pour faire

des biens en propres) et *mobilière* (qui dépend du prix qu'on retirerait de la location de la maison) (valeur locative).

La **contribution des portes et fenêtres**.

La contribution des **patentes** qui est payée par tout individu exerçant un commerce, une industrie, etc.

Aux contributions directes, il faut ajouter les *prestations* (valeur de trois journées, soit en travail, soit en argent) qui sont dues par tout homme valide âgé de dix-huit ans au moins et de soixante ans au plus, ainsi que par chaque voiture attelée et par chaque bête de somme.

Les contributions directes sont payées chaque année au *percepteur*.

Les principales **contributions indirectes** sont celles qui frappent certains objets de consommation (vins, eaux-de-vie, sucre, sel), le tabac, les allumettes, les cartes à jouer, la poudre, etc.

On paye aussi un droit sur les maisons, sur les terres qu'on achète, sur les héritages qu'on fait, etc. (droit d'enregistrement); — pour les papiers destinés à la rédaction de certains actes (papiers timbrés); — sur les marchandises ou denrées qu'on introduit en France ou qu'on en fait sortir (douane); — sur les marchandises qu'on introduit dans les communes qui ont plus de 4,000 habitants (octroi).

30. A quoi servent les impôts?

Les *impôts* servent à payer les **dépenses** qui intéressent tout le pays : armée, administration, travaux publics tels que routes, canaux, écoles, etc.

31. Qui est-ce qui profite de l'impôt?

Tous les habitants du pays profitent de l'impôt.

32. S'il en est ainsi, payer l'impôt est-ce, comme on le dit quelquefois, « donner de l'argent au gouvernement »?

Non. Payer l'impôt, c'est mettre de l'argent à la masse commune *en chargeant l'État de l'employer* dans notre intérêt et dans celui de nos concitoyens.

33. A qui nuiraient ceux qui chercheraient à se soustraire à l'obligation de payer l'impôt?

A eux-mêmes et à leurs concitoyens.

faire les travaux publics, il faut à l'État de l'argent. Il s'en procure principalement en en demandant aux habitants du pays, au bénéfice commun desquels sont faites toutes les dépenses de l'État. La sécurité de chacun de nous est assurée par l'armée : il est juste que chacun *contribue* à l'entretien de l'armée; chacun de nous peut envoyer ses enfants s'instruire gratuitement à l'école : il est juste que chacun *contribue* à l'entretien des écoles ; chacun de nous se sert des routes, des chemins pour ses voyages ou pour le transport de ses marchandises : il est juste que chacun *contribue* à l'entretien des routes, etc.

L'argent que nous donnons au gouvernement pour toutes ces dépenses porte le nom de **contributions**. Autrefois, on lui donnait celui d'*impôt*, qui indiquait qu'il s'agissait d'une charge *imposée* aux sujets sans leur consentement. Aujourd'hui, on se sert encore souvent de ce mot, mais l'impôt est librement voté par les Chambres représentant tous les habitants de la France, chaque année les Chambres discutent le *budget* de l'année suivante. Le budget est un grand compte où figurent toutes les dépenses et toutes les recettes.

Chaque ministère calcule les dépenses qu'il aura à faire et l'on totalise les chiffres indiqués par les ministres.

Le chiffre des dépenses étant connu, on décide combien il faudra retirer des diverses contributions pour y faire face. Rien de tout cela ne se fait au hasard ; tout est étudié avec un soin minutieux et une grande recherche de l'équité. On se figure malaisément la complication de toutes ces questions et les études auxquelles il faut se livrer pour établir d'une façon juste et sensée les comptes d'un pays comme la France.

Les contributions, une fois votées et réparties, sont reçues ou, comme l'on dit, *perçues* par des fonctionnaires spéciaux. Le percepteur envoie à chaque habitant, à époque fixe, la note de toutes ses contributions. Si le contribuable oublie de venir payer, on lui adresse un avertissement sur papier vert, sans frais, puis sur papier rose avec frais. Ce n'est qu'après ces trois avertissements successifs et séparés par des intervalles de temps déterminés qu'on dirige des poursuites contre le contribuable oublieux ou récalcitrant.

Tout contribuable qui croit être imposé à tort, ou sur

34. Qui est-ce qui vote les impôts?

Les impôts et leur emploi sont votés par les *Chambres* pour la France entière, par le *conseil général* pour le département, par le *conseil municipal* pour la commune.

III. — Désobéissance à la loi.

35. Qu'arrive-t-il si l'on refuse d'obéir à la loi ou si l'on fait ce qu'elle défend?

Si l'on refuse d'obéir à la loi ou si l'on fait ce qu'elle défend, on est forcé à l'obéissance ou puni par les magistrats qui composent les tribunaux.

Les magistrats ont le pouvoir de juger ou *pouvoir judiciaire*.

36. Quel est le rôle des tribunaux dans les procès entre particuliers?

Dans les procès entre particuliers ou *affaires civiles*, le tribunal décide quel est celui des plaideurs qui a raison d'après la loi et il lui fait *rendre justice*.

37. Devant quels juges sont portés les procès entre commerçants, les contestations entre ouvriers et patrons?

Les procès entre commerçants sont portés devant le *Tribunal de commerce*, dont les juges sont des commerçants élus par les autres commerçants.

Les contestations entre ouvriers et patrons sont déférées au *Conseil des prud'hommes*, qui se compose d'un nombre égal d'ouvriers et de patrons élus par des catégories déterminées d'ouvriers, de contremaîtres et de patrons.

Contraventions, délits, crimes.

38. Quels sont les divers degrés de désobéissance à la loi?

La désobéissance à la loi s'appelle, suivant son degré de gravité, **contravention, délit, crime**.

taxé, adresse une réclamation à la mairie du lieu de l'imposition, dans le mois qui suit la publication des rôles.

Si à la suite d'un premier examen, la réclamation est rejetée, le contribuable peut en adresser une nouvelle au Sous-Préfet ou au Préfet.

Cette dernière réclamation doit être faite sur timbre (0ᶠ,60) si la cote est de 30 fr. ou au-dessus. Elle doit être accompagnée de la quittance des termes échus.

Les percepteurs versent les sommes reçues pour les quatre contributions directes entre les mains du receveur particulier de l'arrondissement, lequel les remet à son tour au trésorier-payeur général du département.

La *Cour des comptes*, qui siège à Paris, revoit tous les comptes des agents des finances qui sont du reste surveillés par des inspecteurs.

Un procès civil.

Michel a mis à l'arrosage une de ses prairies, près de laquelle s'étendent les bois de Séverin. Séverin affirme que la source utilisée pour cet arrosage vient de son terrain et lui appartient. Il conteste à Michel le droit de se servir des eaux. Michel, enchanté par avance de la belle récolte de foin que va lui donner sa prairie arrosée, ne veut pas renoncer à l'eau qui alimente ses canaux. Séverin *coupe* la source en commençant des travaux qui la détournent d'un autre côté. Michel ne veut pas céder; il fait un procès à Séverin. C'est un **procès civil**; *il n'y a point d'accusé, mais seulement deux plaideurs qui croient être tous les deux dans leur droit.*

Chacun confie la défense de ses intérêts à un avocat. Le tribunal va voir les lieux ou s'en fait remettre le plan; il écoute les plaidoiries des avocats, puis il prononce entre les deux *parties* (plaideurs) en citant les textes de loi qui donnent raison, soit à Michel, soit à Séverin.

Quoiqu'on se soit appliqué, en faisant la loi, à la rendre le plus claire possible, on n'a pas pu prévoir tous les cas qui pourraient se présenter, toutes les difficultés qui pourraient surgir.

Aussi est-il quelquefois très malaisé de voir de quel côté est le bon droit dans un procès civil. Il faut, pour bien juger, une connaissance approfondie des lois et une grande habitude des affaires.

39. Par qui sont jugées les contraventions?

Les *contraventions* sont jugées par le tribunal de **simple police** (juge de paix et, dans certains cas, maire) et punies d'une amende qui varie de 1 à 15 francs et d'un emprisonnement dont la durée ne peut pas dépasser 5 jours.

40. Par qui sont jugés les délits?

Les *délits* amènent ceux qui les commettent devant le tribunal civil qui tient alors une audience de **police correctionnelle**.

41. Devant quel tribunal les crimes conduisent-ils?

Les *crimes* conduisent devant la **Cour d'assises**, qui se compose de trois magistrats et de douze **jurés**, choisis parmi les électeurs du département.

Complicité. — Recel.

42. Comment se rend-on coupable de complicité?

Une personne n'a pas commis elle-même un crime, mais elle a *aidé* à le commettre; par exemple, elle a fourni au malfaiteur, en sachant l'usage coupable qu'il allait en faire, des armes ou du poison : cette personne aura à répondre devant la justice du crime de **complicité**.

43. Comment se rend-on coupable de recel?

On se rend complice du vol en cachant, en **recélant** les objets volés alors qu'on connaît leur provenance. En ce cas, on encourt une condamnation pour **recel**.

Abus de confiance.

44. En quoi consiste l'abus de confiance?

L'abus de confiance consiste à *détourner* à *son profit* des objets ou de l'argent qui ne vous avaient été remis qu'à titre de *dépôt* ou de *louage* ou encore pour un travail déterminé.

Une affaire correctionnelle.

Un homme vole un pain à l'étalage d'un boulanger. Ce vol est un *délit*. L'homme est arrêté et passe en **police correctionnelle**; il comparait, comme *prévenu* de vol, devant le tribunal siégeant en audience correctionnelle.

A la sortie du cabaret, une rixe s'engage entre buveurs; l'un d'eux reçoit des *coups* et *blessures* qui le rendent incapable de travailler pendant un temps plus ou moins long.

Donner des coups et faire des blessures est un *délit*; les buveurs passent en police correctionnelle. Ceux que le tribunal reconnaît innocents sont *acquittés*, c'est-à-dire renvoyés sans condamnation; ceux qu'il reconnaît coupables encourent *une peine*.

Les peines que peut prononcer le tribunal en correctionnelle sont de deux sortes :

1° L'amende, qui peut varier de 16 à 500 fr.;
2° L'emprisonnement, de six jours à cinq ans.

Les condamnations à un an de prison et au-dessous sont subies dans la prison départementale. Pour un emprisonnement plus long (un an et un jour à cinq ans), on est envoyé dans une maison centrale.

Il y a en France vingt et une maisons centrales réparties dans les diverses régions.

La cour d'assises.

Un vol a été commis chez la veuve Jean, qui habite un village aux environs de Romorantin.

Pendant *la nuit*, le mur du petit jardin a été *escaladé*, la porte de la maison *forcée*, ainsi qu'un tiroir de secrétaire, où l'on a dérobé 4 000 fr. Personne n'a vu le malfaiteur; on a seulement retrouvé dans la maison un mouchoir aux initiales P M et dans le jardin une *arme*, un couteau-poignard.

Un vol commis dans ces circonstances (dans une *maison habitée*, la *nuit*, avec *escalade*, *effraction* et à *main armée*) est qualifié **crime** par la loi.

Il importe que ce crime ne reste pas impuni, comme cela arriverait probablement si la veuve Jean devait rechercher elle-même le coupable. Il y a auprès du tribunal de Romorantin un magistrat chargé de diriger les poursuites : c'est le **procureur de la République**.

45. Donnez un exemple.

Exemple. — Jean a reçu de son ami Pierre, matelot, une somme de 300 francs que Pierre l'a prié de garder pendant une de ses traversées. Pierre meurt en mer. Jean garde les 300 francs au lieu de les rendre aux héritiers de Pierre : *abus de confiance*.

46. Donnez un second exemple.

Autre exemple. — Sylvie, ouvrière repasseuse, charrie les paniers de linge sur une petite voiture à bras pour le compte de sa maîtresse, qui est propriétaire des paniers et de la voiture. Le dimanche, Sylvie se sert de la voiture et des paniers, à l'insu de sa patronne, pour faire à son propre bénéfice un commerce de fruits et de légumes : *abus de confiance*.

47. Comment l'abus de confiance est-il puni ?

L'abus de confiance est puni d'un emprisonnement qui ne dure jamais moins de deux mois.

48. Dans quel cas la peine est-elle plus sévère ?

La peine est plus sévère quand le coupable était employé à un titre quelconque dans la maison de celui dont la confiance a été trompée.

Vol domestique.

49. Qu'appelle-t-on vol domestique ?

On appelle **vol domestique** le vol commis *au préjudice de ceux chez lesquels on vit* à titre de domestique, employé, élève, etc. Ce vol est puni de peines particulièrement sévères.

Discernement. — Jeunes détenues.

50. Qu'arrive-t-il quand le coupable est âgé de moins de 16 ans ?

Quand la personne qui a commis un crime ou un

La police se met à la recherche du voleur. Divers indices font tomber les soupçons sur un certain Paul Marc, fort mal famé dans le pays. Le procureur de la République décerne contre lui un *mandat d'arrêt*, c'est-à-dire donne à la gendarmerie l'ordre écrit de l'arrêter. On met la main sur Paul Marc, on l'amène à Romorantin, on le met en prison préventive.

Il s'agit maintenant d'éclaircir l'affaire, de l'*instruire*, comme on dit. Paul Marc n'est encore que soupçonné ; le *juge d'instruction* cherche à démêler s'il est oui ou non le coupable, en l'interrogeant, en interrogeant des personnes du pays, etc. S'il ne trouve pas de preuves sérieuses de la culpabilité de Paul Marc, celui-ci sera relâché.

Mais il y a décidément des raisons assez fortes de croire Marc coupable ; il comparaîtra comme *accusé* devant la **cour d'assises**, qui se réunit tous les trois mois à Blois, chef-lieu du département.

Un *conseiller* en robe rouge préside la cour d'assises, assisté de deux autres magistrats.

L'affaire sera jugée par le **jury**. Les jurés ne sont pas des magistrats, mais de simples citoyens désignés par le tirage au sort pour assister aux débats et dire ensuite s'ils croient l'accusé *coupable* ou *non ;* ils se prononcent en consultant leur bon sens et leur sentiment de la justice, et n'ont pas besoin, pour juger cette question de fait, d'une connaissance particulière des lois.

Au fond de la salle où se tient l'audience est une sorte d'estrade où le président et ses assesseurs siègent derrière une grande table. A leur droite, devant une autre table, le procureur de la République ; puis, d'un côté les membres du jury, de l'autre les avocats et, derrière eux, l'accusé entre deux gendarmes. Le public remplit le fond de la salle. Des bancs spéciaux sont réservés aux témoins. Personne, dans ce cas, n'a assisté au vol de Marc. Mais on a cité comme témoins des gens qui peuvent dire ce qu'est Paul Marc, où on l'a vu peu de temps avant le crime, à quel endroit voisin il a été rencontré le lendemain, etc., toutes choses qui peuvent éclairer le jury.

Avant d'écouter la déposition d'un témoin, le président lui demande s'il jure de parler « sans haine et sans crainte » et de dire « la vérité, toute la vérité, rien que

délit est âgée de moins de 16 ans, les juges examinent si elle a agi *avec* ou *sans* **discernement.** Suivant les cas, *ils renvoient le coupable à sa famille* ou décident qu'il passera un temps déterminé dans une **maison de correction.**

51. Quels sont les droits du père de famille à l'égard d'un enfant coupable?

Le père de famille peut aussi *demander la détention de son enfant dans une maison de correction* sans que celui-ci ait commis des fautes tombant sous le coup de la loi, si sa conduite donne lieu à des plaintes graves et s'il refuse d'accepter les corrections de ses parents. Les enfants insoumis sont obligés de se plier dans ces maisons à une discipline sévère; ils en ressortent souvent corrigés par la bonne éducation qu'ils y ont reçue.

52. A quels travaux sont exercées les jeunes détenues.

Les jeunes détenues sont exercées, dans les maisons de correction, à divers travaux, surtout aux travaux de couture; elles peuvent y devenir de bonnes ouvrières en même temps que d'honnêtes personnes.

IV. — Actes de l'état civil.

Acte de naissance. — Acte de décès.

53. Quand il naît un enfant dans une famille, quelle formalité faut-il aller remplir à la mairie?

Pierre et Rose Charron viennent d'avoir une fille. Pierre se rend dans les trois jours à la mairie avec deux de ses amis ou voisins, âgés de plus de 21 ans, qui lui serviront de témoins, et il **déclare** la naissance de sa fille Rose-Geneviève.

L'acte de naissance est aussitôt rédigé; il sera conservé sur les registres de la mairie.

la vérité ». Le témoin, homme ou femme, prête ce serment en levant la main droite.

Quelques témoins citent des faits qui ne sont pas défavorables à Paul Marc; ce sont des témoins à *décharge;* mais les témoins à *charge* sont plus nombreux.

L'interrogatoire de l'accusé a paru aussi tourner contre lui. Aussi le procureur de la République se montre-t-il sévère dans son *réquisitoire*, par lequel il cherche à convaincre le jury et de la culpabilité de l'accusé et de la gravité de son crime.

L'avocat qui répond au *ministère public* (procureur de la République ou son substitut) a un rôle tout autre : il est le *défenseur* de l'accusé.

La loi ordonne que tout accusé ait un défenseur; elle ne veut pas qu'on puisse juger, fût-ce le dernier des misérables sans qu'une voix se soit fait entendre pour tenter, sinon de le justifier, au moins d'appeler sur lui l'indulgence du jury.

L'avocat de Paul Marc reconnaît la culpabilité de son client; mais il plaide les *circonstances atténuantes*. Marc a été déplorablement élevé : son père était un braconnier, sa mère une voleuse; il n'a eu que de mauvais exemples sous les yeux. Il a commis le crime, mais d'autres l'y ont poussé; la preuve, c'est que l'argent volé a été partagé avec des camarades, etc., etc.

.... Les débats sont clos.

Le jury, qui s'était retiré dans une salle à part pour délibérer, rentre en séance. Le président des jurés fait connaître le *verdict* du jury en ces termes :

« Sur mon honneur et sur ma conscience, devant Dieu et devant les hommes, la déclaration du jury est *oui*, l'accusé est coupable.... » Sur la seconde question : « Y a-t-il des circonstances atténuantes? la déclaration du jury est : *oui.* »

La loi a indiqué de quelle peine devait être puni le vol qualifié crime quand il y a des circonstances atténuantes. C'est le procureur de la République qui *requiert* contre Paul Marc la peine des *travaux forcés*.

(Les peines prononcées par la justice criminelle sont : 1° la mort; 2° la déportation; 3° les travaux forcés à perpétuité ou à temps : cinq à vingt ans; 4° la détention; 5° la réclusion : emprisonnement de cinq à dix ans.)

54. Son acte de naissance sera-t-il utile à Geneviève par la suite ?

On lui demandera un **extrait** de cet acte quand elle voudra passer un examen, se marier, etc. Cet extrait ou copie, sur papier timbré*, est délivré à la mairie moyennant le payement d'une somme de 2 fr. 35 cent. (1).

55 Dresse-t-on dans les mairies d'autres actes que des actes de naissance ?

On dresse aussi dans les mairies les **actes de décès** et les **actes de mariage**.

56. Quand il meurt quelqu'un dans une famille, quelle formalité faut-il remplir ?

Quand il meurt quelqu'un dans une famille, on doit aller immédiatement en faire la déclaration à la mairie. L'acte de décès est dressé en présence de deux témoins majeurs, parents, voisins ou amis du décédé.

Mariage. — Publications.

57. Quelles formalités faut-il remplir avant le mariage ?

Geneviève a 22 ans ; elle habite avec son père la commune d'Aigueperse. Elle va épouser Jean Bernard, lequel a son domicile dans la commune de Combefleurie. A la porte des deux mairies *on appose une affiche* annonçant qu'il y a entre eux **promesse de mariage**. Cette affiche restera en place d'un dimanche à l'autre ; Geneviève et Jean pourront se marier le troisième jour après le second dimanche.

Consentement des parents.

58. Quelles pièces devra produire Geneviève le jour du mariage ?

Un extrait de son *acte de naissance*. — L'acte de

---

(1) Feuille de papier timbré, 1 fr. 80 ; extrait, 30 c. ; légalisation de la signature, 25 c.

Assistance judiciaire.

L'État prend à sa charge, dans certains cas, les frais de justice en accordant ce que l'on nomme *l'assistance judiciaire*. Une personne indigente qui ne pourrait soutenir, à cause des frais, un procès nécessaire à ses intérêts, doit adresser *sur papier libre* une demande d'assistance au procureur de la République du tribunal de son domicile. L'indigence est prouvée par un *extrait* du rôle des contributions ou par un certificat du maire.

L'assistance judiciaire rend de grands services. Elle est utile notamment aux veuves pauvres et elle est tout à fait dans l'esprit de nos lois, qui veut que justice puisse être également rendue à tous, et que la pauvreté n'empêche pas l'exercice d'un droit.

Actes de l'état civil.

C'est au XVIe siècle, par ordre de François Ier et d'Henri III, que l'on commença à tenir note d'abord des naissances, puis des mariages et des décès. Ce soin était abandonné aux curés. Il en résultait que les Français non catholiques n'avaient pas d'état civil. Une loi fit cesser, en 1792, cette inégalité en confiant aux municipalités la mission de tenir les registres de l'état civil.

Il y a dans chaque mairie trois registres pour les actes de l'état civil.

Ces registres sont tenus avec un soin minutieux que justifie leur importance.

Chaque feuille en est numérotée et parafée par le président du tribunal, afin qu'il soit impossible d'ajouter ou d'enlever des feuillets.

On a prévu les accidents (incendie de la mairie, par exemple) qui pourraient amener la disparition des registres; ils sont tenus en double, et l'un des exemplaires est déposé chaque année au greffe du tribunal de première instance.

L'extrait de l'acte de naissance, de décès, etc., qu'on délivre aux intéressés est une copie, sur une feuille de papier timbré à 1 fr. 80, de l'acte consigné sur les registres. Cette copie est certifiée conforme à l'original par le maire qui y appose, avec sa signature, le sceau de la mairie. La signature du maire est *légalisée* par le juge

décès de sa mère morte il y a quelques mois. — *Le consentement* de son père par acte notarié *s'il ne peut pas assister au mariage.* S'il y assiste et signe sur le registre de la mairie, cette dernière pièce sera inutile.

59. Geneviève aurait-elle pu se passer du consentement de son père s'il le lui avait refusé?

Elle aurait pu se passer de ce consentement, car elle a plus de vingt et un ans; mais elle aurait dû signifier à son père ce qu'on appelle des **actes respectueux**.

Célébration du mariage.

60. Le temps exigé par la loi après les publications est écoulé. Comment se célèbre le mariage?

Le mariage se célèbre **publiquement**, c'est-à-dire toutes portes ouvertes, dans la Maison Commune, *en présence de quatre témoins*, parents ou non parents, âgés de plus de vingt et un ans. Le maire donne lecture d'un chapitre du Code civil, puis il demande successivement à Jean Bernard et à Geneviève de déclarer s'ils veulent se prendre pour mari et femme. Sur leur réponse affirmative, il les déclare unis par le mariage. L'acte de mariage est dressé sur-le-champ; il est signé par les quatre témoins et les nouveaux époux.

61. Quels seront dorénavant les droits et les devoirs de Jean et de Geneviève à l'égard l'un de l'autre?

Ils se doivent mutuellement **fidélité, secours, assistance**; Jean doit **protection** à sa femme, Geneviève **obéissance** à son mari.

62. Quelle est la situation de la femme mariée?

Geneviève, comme femme mariée, *n'a pas d'autre domicile* que celui de son mari.

de paix ou le président du tribunal civil, qui signe à son tour et revêt la pièce du sceau du tribunal.

Mariage. — Consentement des parents.

La loi fixe à quinze ans l'âge auquel une jeune fille peut se marier.

Une fille mineure ne peut pas se passer du consentement : 1º de ses parents, s'ils sont vivants ; 2º de ses aïeuls et aïeules, s'ils remplacent les parents morts ; 3º du conseil de famille, si elle n'a plus de parents.

Dans le cas où la mère refuse seule son consentement, celui du père suffit ; de même pour l'aïeul et l'aïeule.

A partir de la majorité, une fille peut se marier sans le consentement de ses parents, après le leur avoir demandé trois fois par *acte respectueux* (les sommations respectueuses sont séparées par un intervalle d'un mois) ; au-dessus de l'âge de vingt-cinq ans, un seul acte respectueux suffit. Il est heureusement assez rare qu'on recoure à ces formalités ; elles sont en tous cas très sagement calculées pour donner aux parents et aux enfants le temps de la réflexion.

Une noce grecque.

Tous les peuples ont entouré l'acte grave du mariage de cérémonies qui en marquent la solennité.

Chez les Grecs, la première partie des noces avait lieu chez le père de la jeune fille. En présence du prétendant, le père de famille, entouré des siens, offrait sur l'autel domestique un sacrifice aux ancêtres. Puis il déclarait à haute voix qu'il donnait sa fille au jeune homme ; cette déclaration était indispensable au mariage.

La jeune fille, en robe blanche, le front paré d'une couronne et voilée, était alors placée sur un char et l'on s'acheminait en cortège vers la maison du mari.

Devant le char, on portait un flambeau, le *flambeau nuptial*, et l'on chantait pendant la route un hymne appelé *hyménée*.

Arrivé devant la maison, le char s'arrêtait. Le marié enlevait la jeune fille dans ses bras et lui faisait franchir la porte en ayant soin de ne pas laisser ses pieds toucher le seuil. Alors venait la partie la plus importante de la

Elle ne peut être marchande publique sans l'autorisation de son mari

Elle ne peut faire aucun acte de vente, donation, etc., sans l'autorisation de son mari.

Toutefois, elle peut faire son testament sans le consulter.

Aliments dus aux beaux-parents.

63. Geneviève contracte-t-elle par son mariage des obligations envers les parents de son mari?

Oui, elle leur devra *des aliments* (logement, nourriture, vêtements) *s'ils sont dans le besoin*, comme elle en doit à ses propres parents. Les mêmes devoirs incombent à son mari.

Régime de la communauté pour les biens.

64. Les biens que possède Geneviève restent-ils sa propriété après son mariage?

S'il n'y a pas de contrat passé devant un notaire, les biens de Jean et de Geneviève sont sous *le régime de la communauté*.

65. Cette expression veut-elle dire que tous leurs biens sont mis en commun?

Pas tout à fait. Jean avait une maison et un jardin; ils continuent de lui appartenir. Geneviève a quelques hectares de champs et de prairies; elle en reste propriétaire. Mais les **revenus** de ces deux propriétés appartiennent *en commun* à Jean et à Geneviève.

Sont aussi communs à Jean et à Geneviève:

1° Les biens meubles, c'est-à-dire l'argent, les valeurs de diverses espèces, le mobilier, le linge, etc., que chacun possédait au moment du mariage.

2° Tous les biens, de quelque nature qu'ils soient, qu'ils pourront acquérir pendant le mariage, excepté les biens fonds ou immeubles dont l'un ou l'autre

cérémonie. Le mari conduisait la jeune femme devant le foyer, l'autel domestique où il avait coutume d'offrir avec les siens le repas funèbre à ses ancêtres.

Là, les deux époux, après avoir prononcé une invocation, se partageaient un gâteau de fleur de farine et des fruits.

Par ce premier repas pris en commun devant le foyer qui allait devenir le sien, la jeune femme entrait réellement dans sa nouvelle famille; elle reconnaissait pour siens les ancêtres de son mari et, en s'associant à lui dans le culte qu'il leur rendait, elle adoptait ses souvenirs et ses croyances. Désormais cette union était une union sainte; elle revêtait un caractère religieux. (D'après Fustel de Coulanges, *Cité antique*.)

Aliments dus aux beaux-parents.

L'obligation de fournir des aliments à une belle-mère cesse si celle-ci se remarie.

Elle prend fin également à l'égard des beaux-parents quand leur belle-fille a perdu son mari et n'a pas d'enfants ou a perdu les enfants qu'elle avait eus de ce mari. La mort du mari rompt, aux yeux de la loi, le lien qui rattachait la femme à la famille de celui-ci.

Toutefois, si la veuve sans enfants ne doit plus rien *légalement* aux parents de son mari, les souvenirs communs lui font un devoir de ne pas devenir pour eux une étrangère.

Il n'est heureusement pas rare de voir en pareil cas une femme soutenir ou recueillir le père ou la mère de son mari et les entourer, en mémoire de lui, de soins aussi dévoués que s'ils étaient ses propres parents.

Au delà de l'obligation stricte imposée par la loi, il y a toujours des devoirs pour les gens de cœur et les consciences délicates.

La communauté.

On voit, d'après les paragraphes 64 à 67 (*Livre de l'élève*), que la communauté n'est pas tout à fait ce que l'on pourrait supposer d'après son nom. Tout n'est pas mis en commun entre les deux époux; certains biens restent la propriété distincte de chacun d'eux.

deviendra propriétaire par héritage ou par donation.

Ainsi trois sortes de choses : les revenus des biens de toute espèce, les biens meubles, les biens acquis pendant le mariage forment ce qu'on appelle les **biens de la communauté**.

66. Qui est-ce qui administre ces biens?

C'est le mari qui les administre seul, et il peut les vendre, louer, etc., sans l'avis de sa femme.

Jean administre aussi les quelques hectares de terre qui sont restés le bien propre de sa femme; mais il ne pourrait pas les vendre ou emprunter de l'argent en donnant sur eux une hypothèque sans le consentement de Geneviève.

67. Peut-on aussi établir la communauté par un contrat?

Oui. Mais c'est presque toujours alors pour la modifier. Ainsi, dans quelques cas *on réduit la communauté aux acquêts*, c'est-à-dire que les époux ne mettent en commun que les **revenus** de leurs biens, les **acquisitions** *faites pendant le mariage* et les **économies** qu'ils pourront réaliser. La dot en argent, le mobilier, le linge, etc., que possédait chacun d'eux avant le mariage, reste sa propriété.

Régime dotal.

68. Geneviève ne s'est pas mariée sous le régime de la communauté, mais sous le *régime dotal*. Que signifie cette expression?

Elle signifie que les biens de Geneviève constituent, d'après son contrat de mariage, une **dot** qui est **inaliénable**, c'est-à-dire qui ne peut être ni donnée, ni vendue, quand bien même Geneviève et son mari y consentiraient.

Pour bien comprendre ce régime, il faut se figurer la communauté comme une troisième personne qui possède ce qui n'appartient *en propre* ni à l'un, ni à l'autre des deux *conjoints*.

Le mari et la femme n'ont pas des droits égaux sur les biens de la communauté, puisque le mari, non seulement les administre seul, comme il fait du reste des biens propres de sa femme, mais peut encore les vendre et les louer à son gré.

La dot.

Sous le régime dotal, le bien de la femme est mieux garanti que sous le régime de la communauté. Toutefois, si la dot se compose de valeurs mobilières (argent, meubles, valeurs au porteur, etc.), elle peut être compromise par un mari dissipateur. Ce qu'il y a de très particulier dans ce régime, qui nous vient des Romains, c'est l'impossibilité pour la femme de disposer de son bien de son vivant, sauf dans les circonstances que précise la loi. La femme ne jouit de son bien que comme d'une sorte de dépôt dont il lui est interdit de se dessaisir.

Les hypothèques.

Avoir une hypothèque sur les biens d'une personne à qui l'on a prêté, c'est avoir le droit de se faire payer sur le prix des propriétés de cette personne.

Ce droit est constaté par l'inscription sur un registre au bureau de *Conservation des hypothèques*.

Un créancier acquiert ce droit soit par une convention passée devant un notaire avec l'emprunteur, soit à la suite d'un jugement du tribunal qui condamne le débiteur à donner cette garantie au créancier.

Il y a aussi une troisième sorte d'hypothèque qu'on nomme *légale* : c'est celle de la femme sur les biens de son mari. La femme a toujours le droit d'être payée avant tous les créanciers *hypothécaires*. Ces créanciers sont payés dans l'ordre de leur inscription.

L'inscription, pour être valable, doit être renouvelée tous les dix ans.

L'hypothèque donne droit au payement du capital de la dette, de deux années d'intérêt et des intérêts de l'année courante.

69. Qui est-ce qui administre la dot de Geneviève et en touche les revenus?

C'est son mari; ces revenus appartiennent au mari comme sa chose propre.

70. Si Geneviève, lorsqu'elle aura des enfants en âge de se marier, voulait les doter à son tour, serait-elle libre de *disposer pour cela de sa dot*?

Oui, si son mari y consent. On fait, pour ce cas et pour quelques autres, une exception à la règle qui veut que la dot soit inaliénable. Mais dans un cas autre que celui qui vient d'être précisé, il faut, outre l'autorisation du mari, celle du tribunal civil.

71. Qu'adviendrait-il de la dot de Geneviève si elle venait à mourir sans faire de testament et qu'elle n'eût pas d'enfants?

Jean serait obligé de *restituer* la dot à la famille de sa femme.

V. — Les biens. — Contrats. — Testaments. Donations. — Vente. — Louage.

72. De qui Geneviève tenait-elle les biens qui lui ont été reconnus par son contrat de mariage?

De ses parents. Sa mère en mourant lui a laissé par **testament** 6 hectares de champs cultivés; son père lui a fait **donation**, au moment de son mariage, d'une prairie de 3 hectares et de 2 000 francs en argent.

Testaments.

73. La mère de Geneviève a-t-elle recouru à un notaire pour faire son testament?

Non, elle a fait un **testament olographe**, c'est-à-dire *écrit en entier et signé de sa main*. Ce testament a la même valeur qu'un **testament par acte notarié** dicté par le testateur à un notaire en présence de quatre témoins.

La séparation de biens.

Si l'administration du mari compromet la fortune de la femme, celle-ci peut obtenir la *séparation de biens*, sans que cela entraîne du reste sa séparation d'avec son mari.

Elle adresse, à cet effet, une requête au tribunal. Si la mauvaise gestion du mari est prouvée, il est rendu un jugement qui donne à la femme l'administration de ses biens.

V. Les biens. — Contrats. — Testaments. Donations. — Vente. — Louage.

Testaments et successions.

Un testament *mal fait*, dans lequel les formalités prescrites par la loi n'ont pas été observées, peut être l'origine d'une foule de difficultés.

Aussi est-il utile, malgré l'aridité de ces notions, de connaître ces formalités. Ainsi un testament olographe n'est valable que s'il est non seulement *signé* (ce qu'on n'oublie guère), mais exactement *daté*. La date est importante, parce que de deux testaments écrits par la même personne, le dernier en date annule le premier.

Les personnes qui ne savent ni lire ni écrire ne peuvent tester que par acte public.

Les témoins de l'acte notarié doivent être *majeurs, Français, en possession de leurs droits civils;* il ne faut pas qu'ils soient gratifiés par le testament, ni parents ou alliés du testateur jusqu'au quatrième degré.

Si l'on veut faire une addition ou une modification au testament qu'on a précédemment écrit ou dicté, on y ajoute un *codicille*.

Une déclaration verbale faite devant témoins n'a aucune valeur s'il existe un testament fait antérieurement dans un autre sens.

Une déclaration verbale n'empêche pas non plus la succession d'aller toujours aux héritiers naturels en l'absence de testament.

Un vieillard qui avait fait quelques legs à ses serviteurs trouvant, à la réflexion, ces legs insuffisants, déchira son testament en annonçant l'intention d'en faire un nouveau où ses gens seraient mieux partagés.

Partages.

74. Marianne, la mère de Geneviève, ayant trois enfants, comment aurait été partagée sa succession * si elle n'avait pas laissé de testament?

La succession aurait été partagée **également** entre ses trois enfants.

75. Mais un des trois enfants de Marianne, sa fille Adèle, est morte avant elle, laissant deux enfants, Pierre et Julie. Ces enfants ont-ils droit à une partie de l'héritage de leur grand'mère?

Ils ont droit *à la part qu'aurait eue leur mère si elle vivait encore.* A eux deux, ils recevraient donc un tiers de la fortune de Marianne, et l'héritage se répartirait ainsi :

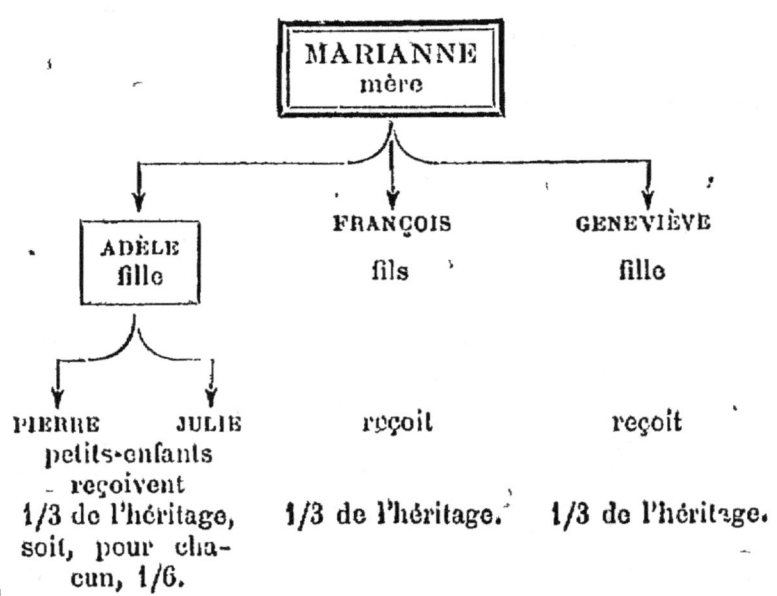

Quotité disponible.

76. Marianne, la grand'mère, aurait pu partager ainsi ses biens par testament. Mais elle a une sœur infirme à laquelle elle a légué quelques milliers de francs. En avait-elle le droit?

Oui. Elle pouvait disposer librement, en faveur de personnes autres que ses enfants, du quart de sa fortune; ce *quart* est appelé **quotité disponible.**

Cette quotité aurait été du *tiers* si Marianne avait

Mais il mourut subitement le lendemain même, et ses domestiques n'eurent rien du tout, car sa fortune fut recueillie par des parents éloignés, ses héritiers naturels.

Le paragraphe 76 (*Livre de l'élève*) indique ce que l'on entend par **quotité disponible**.

La loi accorde au père de famille le droit de faire un avantage à l'un de ses enfants en ajoutant à sa part la quotité disponible.

Laisse-t-il deux enfants? Il peut faire par testament trois parts de son bien et donner deux parts à l'un de ses enfants. S'il a trois enfants ou davantage, il peut ajouter un quart seulement à la part de l'un d'eux.

Si les legs faits par le testateur dépassent la quotité disponible, on les réduit à la quotité sans que cela entraîne la nullité des autres dispositions du testament.

Le testateur sans enfants peut disposer librement de la totalité de ses biens, à l'exception d'une réserve d'un quart pour ses père et mère encore vivants (un quart pour le père, un quart pour la mère).

On peut léguer par testament son bien à une personne et en laisser l'**usufruit**, c'est-à-dire la jouissance et les revenus à une autre personne pour sa vie durant. Par exemple, Victor Dussaud meurt laissant une veuve et deux neveux. Il lègue à ses neveux son domaine des Sauges, comprenant deux fermes et sa maison d'habitation ; mais il en laisse l'usufruit à sa femme. La veuve Dussaud pourra continuer d'habiter sa maison des Sauges, elle touchera les fermages, elle emploiera à son gré tous les revenus de la propriété. Elle l'administrera à sa guise, à la charge toutefois de la bien entretenir.

Victor Dussaud aurait pu également léguer ses biens à ses neveux, en les chargeant de servir à leur tante une **rente viagère**.

Un mineur peut faire son testament à partir de l'âge de seize ans; mais il ne peut disposer que de la moitié de ses biens.

Quand il n'y a pas de testament, la succession va aux héritiers naturels.

Quels sont ces héritiers? On peut dire, d'une manière générale, que ce sont *les plus proches parents* du défunt. Mais il y a beaucoup de cas différents prévus par la loi. Voici les principaux :

eu deux enfants seulement; de la *moitié* si elle n'en avait eu qu'un.

D'après le testament de Marianne, disposant du quart de son bien en faveur de sa sœur Marthe, l'héritage sera ainsi partagé :

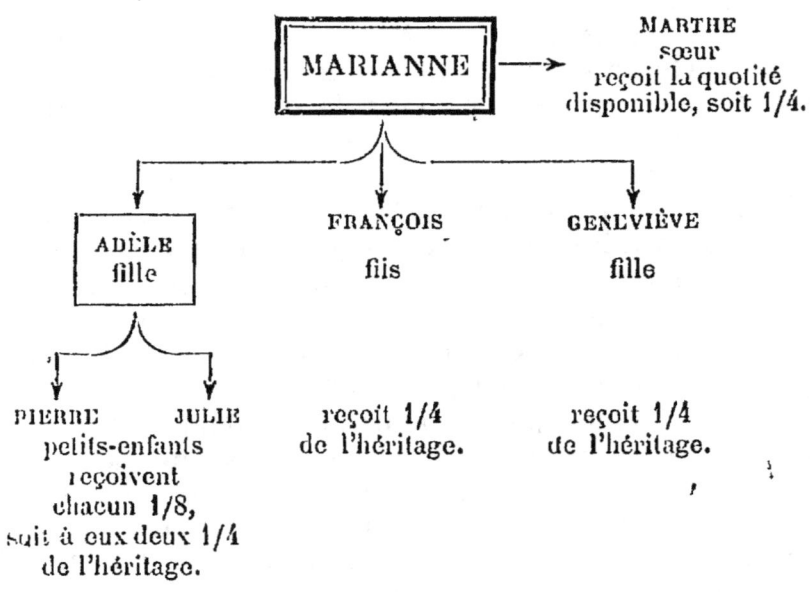

Scellés.

77. Les orphelins d'Adèle étant des *enfants mineurs*, quelle formalité a-t-il fallu remplir chez Marianne avant l'ouverture de la succession?

Il a fallu mettre les **scellés**, c'est-à-dire poser chez elle, après son décès, des bandes de papier sur les meubles et les portes, et les marquer du **sceau** de la justice de paix.

Droits de mutation.

78. Geneviève a-t-elle eu quelque chose à payer pour pouvoir toucher sa part de l'héritage?

Elle a payé au bureau de l'enregistrement des **droits de mutation**, c'est-à-dire qu'elle a versé une somme pour avoir le droit de recueillir l'héritage. Cette somme est de 1 pour 100 pour les héri-

1er cas. Marianne meurt laissant des enfants (voir les paragraphes 74 et 75, p. 197).

2e cas. Pierre meurt sans enfants, laissant deux frères, une sœur et des descendants d'une autre sœur décédée avant lui.

Son héritage se répartit ainsi :

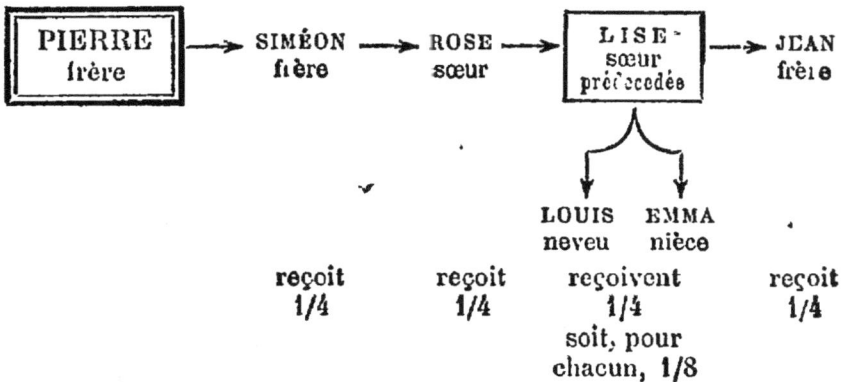

3e cas. Madeleine meurt sans enfants, laissant son père, sa mère et un frère. Son héritage se répartit ainsi :

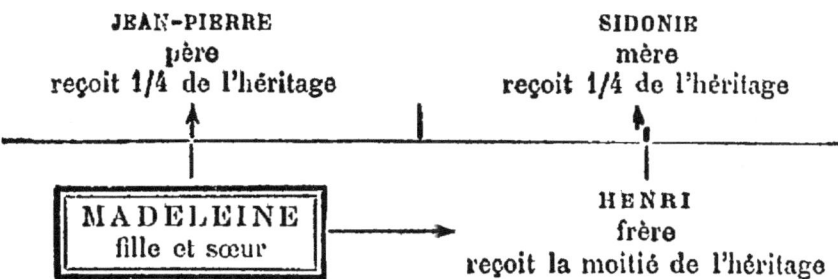

Si Madeleine avait eu plusieurs frères et sœurs, cette moitié aurait été partagée également entre eux.

4e cas. Raymond meurt sans postérité et n'ayant ni frères ni sœurs. Il avait sa mère et son grand-père paternel. L'héritage se partage également entre la mère et le grand-père, représentant les deux lignes : maternelle et paternelle. Cette égalité entre les deux lignes est la règle de tous les partages qui rentrent dans ce cas.

A défaut d'enfants, d'ascendants et de frères et sœurs, l'héritage est recueilli par les cousins les plus rapprochés; s'il y en a du côté paternel et du côté maternel, chaque ligne a une part égale.

tiers en ligne directe. Plus le degré de parenté est éloigné, plus les droits sont élevés. Ainsi, Geneviève a recueilli dernièrement d'un de ses oncles un legs de 1 500 fr. Elle a dû payer à raison de 6 fr. 50 pour 100, soit, pour 1 500 fr., 97 fr. 50.

79. Si Jean venait à mourir avant sa femme, celle-ci hériterait-elle de sa fortune?

Non, un époux n'hérite de l'autre que si ce dernier n'a point de parents ou n'a que des parents très éloignés.

80. Jean, qui n'a plus, en fait de parents, que quelques cousins éloignés, voudrait assurer son bien à Geneviève pour le cas où il mourrait le premier. Que doit-il faire?

Il peut : 1° déclarer son intention de faire sa femme héritière de ses biens dans le contrat de mariage; 2° faire un testament en sa faveur; 3° lui faire une donation après son mariage.

81. Geneviève peut-elle procéder de même à l'égard de Jean?

Oui, il n'est pas rare que les époux se donnent mutuellement leurs biens « au dernier vivant » dans leur contrat de mariage.

Donations entre vifs.

82. Y a-t-il des formalités particulières à remplir pour les *donations entre vifs* (vivants)?

Ces donations doivent être faites par **acte notarié***. Les donations d'immeubles, terres, maisons, etc., sont *transcrites aux bureaux des hypothèques de l'arrondissement* où ils sont situés.

83. Les biens peuvent-ils changer de mains autrement que par suite de testament ou de donation?

Oui; les biens peuvent être *vendus* par celui qui les possède. Les conditions de la vente sont ordinairement réglées par un **contrat** rédigé par un notaire et signé par le vendeur et par l'acquéreur.

Comment on renonce à une succession.

Les héritiers peuvent *accepter* la succession ou *y renoncer*.

Quel motif, dira-t-on, pourrait engager qui que ce soit à refuser un héritage? Un motif d'intérêt facile à comprendre. Hériter d'une personne, ce n'est pas, en effet, recueillir seulement *ses biens*, mais c'est aussi prendre à sa charge *ses dettes*. S'il y a plus de dettes que de biens, si le passif dépasse l'actif, l'acceptation de la succession devient onéreuse au lieu de constituer un avantage pour les héritiers.

Pour renoncer à une succession, on fait une déclaration qui est reçue par le greffier du tribunal de l'arrondissement dans lequel s'ouvre la succession.

Quand les héritiers sont dans le doute sur l'état de la succession, ils peuvent l'accepter *sous bénéfice d'inventaire;* ils en font la déclaration de la même manière que pour la renonciation.

L'inventaire, qui donne l'état exact du passif et de l'actif de la succession, est fait par un notaire.

La renonciation, l'acceptation sous bénéfice d'inventaire sont possibles lorsqu'il s'agit d'un parent éloigné; elles sont *peu honorables* à l'égard de l'héritage d'un père. A moins d'impossibilité absolue, des enfants doivent tenir à honneur de payer les dettes de leur père et de mettre à l'abri de tout reproche la mémoire de celui dont ils portent le nom.

Donations entre vifs.

Les donations entre vifs sont immédiatement exécutoires, c'est-à-dire que le donataire devient immédiatement propriétaire des choses données. Les donations entre vifs ne sont pas *révocables*.

Quand la donation consiste en objets mobiliers, il faut en faire dresser par le notaire un état détaillé qui est annexé à l'acte.

Les baux.

Le contrat de louage, quand il s'agit de terres, de maisons, est appelé **bail**, du vieux mot *bailler* que beaucoup de nos patois emploient encore dans le sens de *donner*.

Les biens peuvent aussi être *loués* pour un temps et à des conditions déterminées par un *bail*.

En donnant leur signature, les deux parties *contractent des obligations mutuelles*. Si l'un des signataires vient à ne pas remplir ses engagements, il n'est pas en droit d'exiger que l'autre signataire tienne les siens.

VI. — Commerce.

Consentement du mari.

84. Geneviève veut devenir *marchande*. Peut-elle faire le commerce sans l'*autorisation* de Jean ?

Non. Jean n'a du reste aucune formalité à remplir pour donner son consentement aux projets de sa femme ; il suffit qu'il la laisse les réaliser sans y mettre d'opposition.

85. Si c'est un débit de boissons que Geneviève se propose d'ouvrir, n'a-t-elle pas une formalité à remplir ?

Oui, elle est tenue de faire une déclaration à la mairie, quinze jours au moins à l'avance et par écrit. A Paris, la déclaration est faite à la préfecture de Police.

86. A quoi s'exposerait-on en ouvrant un cabaret sans en faire la déclaration ?

En ouvrant un cabaret sans en faire la déclaration, on s'exposerait à une amende de 16 à 100 francs.

87. Quelles seront les obligations de Geneviève quand elle sera commerçante ?

Elle devra : 1° payer une patente ; 2° rendre public son contrat de mariage ; 3° avoir des livres de commerce régulièrement tenus, etc.

Livres de commerce.

88. En quoi consistent les livres de commerce obligatoires ?

Ils sont au nombre de trois :

Le propriétaire de la chose louée est le *bailleur*; celui qui la loue est le *preneur*.

Le bail écrit est ordinairement un acte *sous seing privé* (seing privé ou signature privée, sans caractère de publicité. L'acte sous seing privé est le contraire de l'acte notarié). Il est fait en *double* sur papier timbré et signé par les parties, qui en conservent chacune un exemplaire.

Le preneur doit faire *enregistrer* le bail à ses frais dans les trois mois.

Le bail énumère les obligations du bailleur et du preneur, indique les conditions de la location.

L'inexécution des clauses du bail par une des parties contractantes peut entraîner la *résiliation*. La mort d'un des contractants n'est pas une cause de résiliation; les héritiers qui recueillent une succession prennent la suite des baux.

Le preneur ou son héritier a toujours la faculté de sous-louer, à moins que le contraire n'ait été stipulé dans le bail.

La durée du bail est à la volonté des contractants.

A Paris, les baux sont ordinairement de neuf ans, avec faculté de donner congé après chaque période de trois ans, en avertissant six mois d'avance.

Les baux de ferme sont assez souvent faits verbalement et ils sont réglés par la coutume des lieux S'il n'a rien été stipulé pour le temps, la durée du bail, toujours renouvelable, est celle de l'assolement s'il y en a un en usage dans la contrée.

VI. — Commerce.

Faillite. — Concordat. — Liquidation.

Par le **concordat**, les créanciers de la personne qui a fait faillite la tiennent le plus souvent quitte d'une partie de ses dettes ou lui accordent des délais pour payer.

Voici, par exemple, Mme Baudouin, qui a pris à la mort de son mari la direction d'une maison de commerce qu'il avait fondée. Elle a dû cesser ses payements. La faillite a été déclarée.

Le passif dépasse notablement l'actif, et les créanciers perdraient beaucoup si l'on procédait à la liquidation. Au

1° Le **livre-journal**, où Geneviève inscrira jour par jour ce qu'elle recevra ou payera. Elle y inscrira aussi à la fin de chaque mois la *somme des dépenses de son ménage*;

2° Le livre de **copie de lettres** où elle fera le relevé de toutes les lettres qu'elle aura à écrire pour son commerce. Elle mettra en liasse et *conservera les lettres qu'elle recevra*;

3° Le **livre d'inventaire**, sur lequel elle notera à la fin de l'année l'état de ses affaires : d'une part la valeur des marchandises qu'elle a en magasin, l'argent qu'elle a en caisse, les sommes qu'on lui doit, — ces choses représentent son **actif**; — d'autre part, les sommes qu'elle doit ou son **passif**.

Faillite

89. A quoi sert l'inventaire?

L'inventaire est très utile au commerçant pour lui permettre de se rendre compte de l'état de ses affaires. Si l'actif l'emporte de beaucoup sur le passif, le commerce est prospère ; on peut continuer, étendre même ses opérations. Si la différence est faible, Geneviève continuera, mais avec prudence. Si le passif dépasse l'actif, Geneviève, devant plus qu'elle n'a, sera forcée de cesser ses payements et on la déclarera en **faillite**.

Dans les trois jours de la cessation des payements, tout commerçant doit en faire la déclaration au greffe* du tribunal de commerce, ou, s'il n'y a pas de tribunal de commerce, au greffe* du tribunal de première instance.

Le commerçant déclaré en faillite *ne peut plus administrer ses biens*. Cette administration passe à un *syndic provisoire* désigné par le tribunal et surveillé par un *juge commissaire*.

Quelquefois les créanciers replacent le commerçant à la tête de ses affaires, en lui faisant remise d'une partie de ses dettes. Cet accord s'appelle **concordat**.

contraire, avec du temps, Mme Baudouin peut rétablir ses affaires dans une certaine mesure.

Les créanciers ne se montrent pas impitoyables, et ils consultent en même temps leur intérêt bien entendu pour accorder un concordat à Mme Baudouin. Ils se contenteront de retirer 75 pour 100 de leurs créances, et ils donnent à la commerçante du temps pour payer. Quant au quart restant, ils en font remise à Mme Baudouin. Lorsqu'elle aura payé à chacun 75 pour 100 de sa dette elle ne devra *légalement* plus rien.

Mais la conscience est plus exigeante que la loi, Mme Baudouin sait que l'honnêteté lui fera un devoir de rembourser *intégralement* ses créanciers dès qu'elle en aura les moyens. Elle se remet au travail avec courage, parvient à relever ses affaires, prospère, s'enrichit et se trouve bien heureuse le jour où elle a enfin payé tout le monde et effacé les souvenirs de sa faillite. Elle aime cent fois mieux laisser à ses fils moins d'argent et remettre entre leurs mains une maison dont le renom soit irréprochable.

Obtenir un concordat est un grand avantage pour le commerçant en *déconfiture*. Il y a bien des chances pour qu'on ne le refuse pas à une personne qui jouit d'une bonne réputation et qui a donné antérieurement des preuves de son esprit de conduite, de sa prudence et de son amour du travail.

Au contraire, les créanciers hésiteront beaucoup à faire des sacrifices pour assurer le bénéfice d'un concordat à une personne qui se sera montrée inconsidérée ou paresseuse, ou dont l'honorabilité paraîtra douteuse.

Quand il n'y a pas de concordat, le syndic de la faillite fait la liquidation : il vend marchandises, propriétés, mobilier, etc., en un mot, tout ce qui appartient au failli, et paye les créanciers avec l'actif ainsi réalisé. Chaque créancier ordinaire perd plus ou moins, suivant la différence qui existe entre cet actif et le passif ; si cette différence est de moitié, il ne recevra que la moitié de ce qui lui est dû ; si elle est des quatre cinquièmes, il ne recevra qu'un cinquième, etc. ; mais les créanciers qui ont une **hypothèque** (voir p. 195*), un gage ou un privilège sont payés avant les autres et touchent la totalité de leur créance.

Le failli est privé de ses *droits politiques**. — Lorsqu'un failli ou lorsque la famille du failli a réussi, dans les années qui suivent la déclaration de faillite, à rembourser aux créanciers tout ce qui leur était dû, les effets de la faillite sont effacés (*réhabilitation*).

Un failli doit tenir à honneur d'obtenir sa réhabilitation. — Un failli peut être réhabilité, même après sa *mort*.

Banqueroute.

90. Qu'arriverait-il si Geneviève avait négligé de tenir régulièrement ses livres?

Elle pourrait être condamnée pour **banqueroute**. La banqueroute simple est punie d'un emprisonnement d'un mois à deux ans.

Tromperie sur la marchandise. — La punition.

91. A quoi la loi, d'accord avec l'honnêteté, oblige-t-elle encore Geneviève en qualité de commerçante?

Geneviève ne doit pas tromper ses clients sur la *nature* de la marchandise vendue (par exemple, elle ne vendra pas de la chicorée pour du café, si elle est épicière).

Elle ne doit pas les tromper sur la *quantité*, soit en se servant de faux poids ou de fausses mesures, soit en pesant ou mesurant inexactement, soit en ajoutant à la marchandise une substance étrangère qui en augmente le poids ou le volume.

92. A quoi s'exposerait-on en commettant ces fraudes?

A un emprisonnement de trois mois à un an et à une amende de 50 francs et au-dessus.

La peine est plus sévère si la marchandise falsifiée contient des substances nuisibles à la santé.

Le tribunal qui condamne la personne convaincue de tromperie sur la marchandise peut en outre ordonner l'*affichage du jugement* et la publication dans les journaux.

La banqueroute et la tenue du ménage.

Plusieurs causes peuvent faire déclarer un failli banqueroutier simple, entre autres les *dépenses excessives de sa maison*.

La femme d'un commerçant doit donc s'appliquer à tenir sa maison sur un pied modeste, plutôt au-dessous qu'au-dessus de ce que permettrait la fortune présumée. L'honneur de son mari, le bon renom de toute la famille peuvent dépendre de sa prudence et de sa sagesse.

Dans les procès de banqueroute, on entend souvent le ministère public faire un grief au commerçant de tel achat inutile de meuble ou de vêtement fait par sa femme à la veille de la faillite. La satisfaction d'une fantaisie, assez innocente en temps ordinaire, devient une faute alors qu'on n'est pas sûr de pouvoir faire face à ses affaires.

La banqueroute simple est passible de la police correctionnelle.

La banqueroute frauduleuse est jugée par la cour d'assises et punissable des travaux forcés à temps. Elle est déclarée lorsque le failli a soustrait ses livres ou commis d'autres actes de mauvaise foi.

Le banqueroutier frauduleux n'est jamais admis à se faire réhabiliter.

De quelque nature qu'elle soit, la banqueroute porte toujours une atteinte grave à la réputation. Autrefois, on *rompait* le comptoir, la *banque* des commerçants qui faisaient perdre aux créanciers leur argent; de là le mot de *banqueroute*.

La vente sur échantillons.

Les achats se font souvent sur échantillons (commerce des vins, des liqueurs, farines, étoffes, etc.).

Un commerçant soigneux et honnête livre toujours de la marchandise conforme à l'échantillon envoyé par lui et d'après lequel la commande a été faite. Jamais il n'adresse à l'acheteur le même article en qualité inférieure. S'il ne lui reste plus de marchandise de la qualité qui a été choisie, il en avertit le client pour que celui-ci puisse à volonté faire un nouveau choix ou se décider à attendre le moment où l'approvisionnement sera complété.

93. Que fait-on des objets sur lesquels il y a eu tromperie?

Ils sont confisqués. Les faux poids et les fausses mesures sont saisis et brisés. Le lait falsifié est répandu ou envoyé aux hôpitaux s'il ne contient pas de substance nuisible ; de même pour les autres denrées alimentaires sur lesquelles il y aurait eu fraude.

VII. — Tutelle. — Majorité. — Émancipation.

Tutelle.

94. Jean vient à mourir ; Geneviève est veuve ; ses enfants sont mineurs. Son rôle à l'égard de ceux-ci change-t-il?

Geneviève devient la **tutrice** de ses enfants ; elle va exercer l'autorité qui appartenait au père durant sa vie et administrer à sa place les biens de ses enfants.

95. Geneviève est-elle forcée d'accepter la tutelle?

Non, Geneviève peut refuser la tutelle si elle trouve cette tâche trop difficile ; mais elle doit remplir les fonctions de tutrice jusqu'à ce qu'un tuteur ait été nommé.

96. Si Geneviève voulait contracter un second mariage, conserverait-elle la tutelle?

Avant de se remarier, elle devrait convoquer le **conseil de famille**. Ce conseil déciderait si la tutelle *doit ou non lui être conservée.*

Conseil de famille.

97. Qu'est-ce que le *conseil de famille?*

Le conseil de famille se compose du juge de paix et de six parents ou alliés* pris, moitié du côté paternel, moitié du côté maternel. L'autorisation de ce conseil est nécessaire à la tutrice pour certains actes.

Cette parfaite exactitude dans l'exécution des commandes est une des qualités les plus appréciées par les clients d'une maison de commerce ; elle attire la *confiance*. On s'adresse volontiers à la maison dont on peut dire : « Je serai aussi bien servi en écrivant que si j'y allais moi-même. »

VII. Tutelle. — Majorité. — Émancipation.

Puissance paternelle.

Le Code civil contient un chapitre sur la *puissance paternelle* ou autorité des parents sur leurs enfants. Ce chapitre débute ainsi :

« L'enfant, à tout âge, doit honneur et respect à ses père et mère.

« Il reste sous leur autorité jusqu'à sa majorité ou son émancipation. »

On le voit, la loi est absolument formelle ; elle impose aux enfants l'obéissance envers leurs parents ; bien plus, elle leur ordonne de *les honorer et de les respecter en tout temps.*

Les mauvais fils et les mauvaises filles qui se montrent désobéissants et irrespectueux violent donc la loi de leur pays, et ne peuvent s'attirer que le blâme et le mépris de tous les honnêtes gens.

La loi ne souffre pas qu'on la viole impunément ; quand elle a dit : « Tu feras ceci, » elle ajoute : « Si tu ne le fais pas, voici le châtiment qu'on t'infligera. » Aussi donne-t-elle aux parents assez malheureux pour avoir de mauvais enfants le droit de les faire punir comme les autres coupables, par la prison.

Ce droit, exercé par le père pendant sa vie, appartient après la mort du père à la mère tutrice ; elle l'exerce avec le concours des deux plus proches parents paternels de l'enfant.

La tutrice.

C'est une lourde charge pour Geneviève que la *tutelle* de ses quatre enfants.

Elle hésite à l'accepter.

Toute à son chagrin dans les premiers moments qui suivent la mort de Jean, il lui semble qu'elle a perdu

Subrogé-tuteur.

98. Le conseil de famille nomme *subrogé-tuteur* le frère aîné de Jean, Isidore. En quoi consisteront ses fonctions?

Le subrogé-tuteur surveillera l'administration de Geneviève.

Inventaire des biens des mineurs.

99. Geneviève accepte la tutelle. Quel est son premier soin?

Dans les dix jours qui suivent la mort de Jean, elle fait faire l'**inventaire** des biens de ses enfants mineurs, en présence de l'oncle Isidore, subrogé-tuteur.

100. Comment la loi définit-elle les obligations du tuteur ou de la tutrice?

Le tuteur, dit la loi, prendra soin de la personne du mineur et le représentera dans tous les actes civils. Il administrera ses biens.

101. Geneviève a-t-elle la *jouissance* des biens de ses enfants?

Oui, jusqu'au moment où *ils auront 18 ans révolus*. Elle touche les revenus, sans avoir à en rendre compte, à la condition bien entendu de pourvoir à tous les besoins de ses enfants.

102. Quelles sont les choses que Geneviève ne peut faire qu'avec *l'autorisation du conseil de famille*?

Elle ne peut pas, sans cette autorisation, **emprunter** par exemple pour ses enfants ou **vendre** les immeubles qui leur appartiennent. Elle ne peut pas, non plus, **accepter** pour eux des biens. Ainsi, l'oncle François veut faire une donation à Victor. Avant de l'accepter ou de la refuser au nom de son fils, Geneviève doit consulter le conseil de famille. Louise a reçu par testament un legs de sa grand' tante Marthe : Geneviève consulte encore le conseil. Du reste, en aucun cas, la succession advenue au

son énergie d'autrefois et qu'il lui sera impossible de veiller aux intérêts matériels de ses enfants en même temps qu'à leur éducation.

Cependant, elle se rappelle les recommandations que Jean lui a faites quand il a compris la gravité de sa maladie.

« Lui parti, disait-il, elle devait être à la fois le père et la mère de ses enfants; il fallait qu'elle prît en mains la direction complète de la famille. »

Geneviève avait fait des objections.

« Un tuteur ne s'acquitterait-il pas mieux de cette tâche? Une femme ignore tant de choses nécessaires pour gérer des biens! Il y a des déterminations graves à prendre. Si elle allait manquer de décision, ne risquerait-elle pas de compromettre les intérêts de ses enfants? »

Geneviève n'avait rien promis à Jean. Mais à présent qu'il n'est plus là, elle sent que refuser la tutelle serait mal se conformer à ses volontés et peut-être se dérober pour une part à ses devoirs de mère.

Geneviève sera donc tutrice.

Mais, dès le début, elle s'aperçoit qu'elle avait bien quelques raisons de se défier d'elle-même. Elle ne sait que trop vaguement, pour se servir utilement de ses connaissances, bien des choses dont elle a pourtant maintes fois entendu parler.

La minutie des formalités à remplir la déroute. Les termes qu'emploient les hommes d'affaires avec lesquels elle doit s'entretenir ne sont pas clairs pour elle. Tout lui semble compliqué. Elle regrette qu'on ne lui ait pas appris, lorsqu'elle était jeune, à comprendre tous ces rouages de la vie pratique au milieu desquels elle a vécu sans se rendre compte de leur marche.

Heureusement, Geneviève est intelligente et courageuse. Elle se met à étudier ce qu'elle voudrait bien savoir depuis longtemps. De braves gens lui facilitent le nouvel apprentissage qu'elle entreprend. Le juge de paix, qui fait partie du conseil de famille, lui prête quelques manuels très simples et lui commente les passages difficiles. Bientôt, Geneviève voit plus clair dans ses affaires. Elle constate qu'une foule de mots, à l'aspect hérissé, ne désignent en définitive que des choses bien

mineur ne peut être acceptée autrement que sous *bénéfice d'inventaire*, c'est-à-dire que Louise ne pourra avoir à payer aux créanciers de sa tante, si elle en avait, plus qu'elle ne trouve dans sa succession.

Majorité. — Comptes de tutelle.

103. A quel moment Geneviève aura-t-elle à rendre ses *comptes de tutelle?*

A la majorité de ses enfants, c'est-à-dire au moment où ils auront 21 ans; ou lors de leur mariage s'ils se marient avant d'avoir atteint leur majorité.

Émancipation.

104. Un enfant reste-t-il toujours en tutelle jusqu'à sa majorité accomplie?

Il cesse d'être en tutelle si on l'**émancipe**. Comme mineur émancipé il administre ses biens, mais il ne peut faire seul des actes plus importants que ceux qui sont appelés de « simple administration; » il ne peut par exemple vendre ses biens, emprunter de l'argent en donnant hypothèque* sur eux, faire des baux* de plus de neuf ans, etc.

VIII. — Protection des enfants. — Instruction obligatoire.

Carnet de nourrice.

105. Geneviève veut prendre un nourrisson. Quelles démarches doit-elle faire?

Elle va trouver le maire de Combefleurie et lui demande un **certificat** qui contiendra les indications suivantes :

1° Nom, prénoms, signalement, domicile et profession de Geneviève, date et lieu de sa naissance;

2° Son état civil, les nom, prénoms et profession de son mari. Le consentement de ce dernier;

connues d'elle. Elle s'aperçoit en même temps que plus d'une formalité qu'elle avait, dans son ignorance, jugée inutile et vexatoire, avait sa raison d'être et sauvegardait les intérêts de ses enfants. La loi, qu'elle commence à connaître, lui apparait sous son vrai jour : comme un ensemble de mesures destinées à assurer le respect des droits de chacun.

Geneviève trouve sa charge moins lourde depuis qu'elle comprend mieux la protection que la loi étend sur elle et sur ses enfants mineurs. Rassurée et enhardie, elle devient habile à la pratique des affaires, car elle a, comme presque toutes les femmes, des aptitudes à bien administrer ; il ne lui manquait que de *savoir*.

Geneviève se propose de faire donner quelques notions de droit à ses trois fils et même à sa fille.

VIII. Protection des enfants. — Instruction obligatoire.

L'enfant d'adoption.

Le nourrisson est souvent confié directement par la famille à la nourrice munie de ses certificats et recommandée soit par une personne de connaissance, soit par un bureau de placement.

Quelquefois aussi la nourrice va chercher le nourrisson dans un hospice, et l'enfant qu'on lui confie est considéré comme orphelin ; elle ne lui doit que plus de soins encore, s'il est possible. Un inspecteur spécial (inspecteur des enfants assistés) est chargé de s'assurer que la nourrice s'acquitte bien de sa tâche.

Du reste, il est heureusement rare qu'elle la néglige. L'enfant abandonné devient souvent l'enfant de la famille qui l'a élevé moyennant une faible rétribution. Dans nos campagnes, que de fois ne voit-on pas au milieu d'une nombreuse troupe de frères et sœurs, un frère adoptif, un « enfant de l'hospice », que l'on distingue à peine au milieu des autres, tant sa *mère nourrice* a bien su lui faire sa part d'affection ! Presque toujours ces enfants font honneur, par leur bonne conduite, à la maison qui les a nourris et plus d'un devient le soutien de ses parents adoptifs dans leur vieillesse.

3° La date de la naissance du dernier enfant de Geneviève et s'il est vivant;

4° Des renseignements sur la conduite et les ressources de Geneviève, la salubrité* et la propreté de sa maison, l'existence chez elle d'un garde-feu* et d'un berceau, etc., etc.

Ce certificat est écrit sur le **carnet de nourrice** que le maire remet à Geneviève.

106. Est-ce tout?

Non, il faut encore à Geneviève un certificat de médecin constatant qu'elle est bien portante et vaccinée.

107. L'enfant arrivé chez Geneviève, qu'a-t-elle à faire?

Elle *déclare à la mairie* de sa commune l'arrivée du nourrisson et remet un bulletin contenant un extrait de l'acte de naissance de l'enfant. Si l'enfant venait à mourir ou à être retiré par ses parents, *elle en ferait également la déclaration* à la mairie.

108. Quel est le but de toutes ces formalités?

Le but de ces formalités est de **protéger** l'enfant, qui est placé sous *la surveillance de l'autorité publique.*

Inspection des enfants en nourrice.

109. Comment s'exerce cette surveillance?

Par les visites d'un médecin inspecteur, du maire ou des personnes déléguées par lui.

110. Geneviève peut-elle se refuser à recevoir ces visites?

Non, elle doit les recevoir sous peine d'une amende de 5 à 15 francs. Le médecin inscrit ses observations sur le carnet de nourrice après sa visite. Il donne à Geneviève les instructions pour les précautions à

Vaccination et revaccination.

Le certificat de vaccine étant maintenant exigé de tout enfant qui entre à l'école, le nombre des individus non vaccinés ira en décroissant rapidement. Mais il est encore beaucoup trop élevé parmi les adultes ayant atteint un certain âge pour qu'on puisse avoir une sécurité complète.

Il ne faut pas oublier que les épidémies de variole sont fréquentes et redoutables. En 1870. le chiffre des morts pour Paris seulement atteignit 10 319. C'est surtout parmi les ouvriers arrivant non vaccinés des départements que la maladie fait des victimes.

Du reste, une première vaccination ne suffit pas à préserver pour toute la vie; la revaccination est nécessaire et devrait, au dire des hygiénistes, être pratiquée tous les dix ans. En Angleterre, où elle est obligatoire, les épidémies de variole sont beaucoup plus rares et moins meurtrières que chez nous.

On vaccine gratuitement à Paris un jour par semaine dans les hôpitaux et à l'Académie de médecine. L'Assistance publique, pour encourager la population à ne pas négliger cette mesure de prudence, donne même des primes de vaccination.

Dans les départements, il y a des médecins spécialement désignés par l'administration pour ce service.

Les crèches.

Avez-vous jamais visité une *crèche?*

Dans une grande salle, de petits berceaux sont rangés le long des murs; la plupart contiennent un poupon dormant à poings fermés. Quelques-uns sont vides; leurs habitants, s'ennuyant d'être au repos, ont si bien vagi, crié, remué, qu'on vient de les lever.

Une des braves femmes qui surveillent la crèche en promène un sur chaque bras.

D'autres gardiennes, devant une grande table rembourrée, sont occupées à changer les langes de plusieurs de leurs petits pensionnaires et à les emmailloter.

Une autre prépare les biberons pour les impatients, les gros mangeurs qui ne voudront pas attendre pour leur second déjeuner la visite de leur nourrice.

prendre dans l'intérêt de la santé et de la vie de l'enfant.

111. Quelles sont les plus essentielles de ces instructions?

1° Tenir le nourrisson avec la plus grande propreté;

2° Ne pas le coucher avec soi dans son lit;

3° Ne pas laisser s'approcher du berceau des animaux tels que chiens, chats, porcs, etc;

4° Mettre le berceau à l'abri du jour.

112. Faute de ces précautions, quel risque courrait la nourrice si l'enfant venait à mourir?

La nourrice pourrait être poursuivie pour **homicide* par imprudence** et condamnée à la prison et à une amende de 50 à 600 francs.

Loi sur l'obligation de l'instruction primaire.

113. Les enfants de Geneviève sont en âge de fréquenter l'école. Est-elle obligée de les y envoyer?

Oui, *l'instruction est obligatoire en France* Les enfants de 6 à 13 ans doivent fréquenter une école publique ou libre, ou recevoir l'instruction primaire dans la maison de leurs parents.

114. Comment s'assure-t-on que l'enfant ne fréquentant aucune école reçoit l'instruction dans la famille?

En lui faisant passer un examen.

115. Richard, un voisin de Jean et de Geneviève, néglige d'envoyer ses enfants à l'école et ne les fait pas instruire chez lui; à quoi s'expose-t-il?

A être mandé devant la **commission scolaire** qui lui donnera d'abord des avertissements et pourra le faire condamner ensuite, s'il persiste à enfreindre la loi, à l'amende et même à la prison.

Travail des enfants et des filles mineures dans les manufactures.

116. Geneviève a une fille de dix ans et quelques mois, Rosine,

Mais onze heures approchent et tout le petit monde s'agite : il faut entendre le beau vacarme! Les bébés ont faim et le plaisir de sucer leur doigt commence à leur paraître insuffisant.

Heureusement, voici les mamans qui arrivent; dès que la cloche a sonné à la manufacture où elles travaillent, elles se sont dirigées vers la crèche. Chacune cherche son bébé. Les gardiennes recommandent en riant de ne pas les confondre. « Il n'y a pas de risque, crie une des mères. Le mien est bien trop beau pour que je prenne un des autres. Pas vrai? ma mie. Voyez-moi ces joues quand il rit!

— Et les mollets du mien, donc! dit une autre en tapotant les jambes grassouillettes du petit, qui tette avidement. Ce que je lui donne lui profite, allez!

— Ne dirait-on pas qu'il n'y a que votre petit de joli, madame Letort! dit aigrement une autre femme. Ma petite me fait assez d'honneur, je pense.

— Allons, allons, Mesdames, dit une des gardiennes, pas de querelles! Il est convenu que chacun des enfants est le plus beau de tous ici.

Mais les langues continuent d'aller leur train, et les bonnes gardiennes commencent à désirer ardemment le départ des mères. Elles reviendront à quatre heures, puis le soir, et chacune alors emportera son enfant pour la nuit.

Certes, mieux vaudrait que la mère pût le garder le jour aussi. Mais dans les grands centres industriels, pour les femmes occupées dans les ateliers, la crèche est une précieuse ressource. Beaucoup lui doivent de pouvoir élever au moins en partie leur enfant au lieu de l'envoyer au loin.

Quand la crèche est bien située et bien tenue, elle est pour les jeunes enfants un séjour plutôt meilleur que celui d'une étroite chambre. Il laisserait peu à désirer si toutes les crèches étaient pourvues d'un jardin.

Paris compte 30 crèches, recevant chacune de 20 à 80 enfants âgés de plus de quinze jours et de moins de trois ans. La rétribution journalière est de 20 centimes pour un enfant, de 30 centimes pour deux enfants appartenant à la même mère.

qu'elle voudrait envoyer travailler dans une fabrique. La loi le lui permet-elle?

La loi dit : pour être admis dans un atelier, il faut avoir au moins l'âge de *douze ans révolus*.

— 117. La loi n'admet-elle aucune exception?

La loi autorise l'emploi des enfants âgés de *dix ans révolus* dans les industries suivantes : dévidage des cocons, filature de bourre* de soie, filature de coton, filature de laine, filature de lin, filature de soie, impression à la main des tissus, moulinage* de la soie, papeterie (à l'exception du triage des chiffons), retordage du coton, fabrication mécanique des tulles et dentelles, verrerie.

Il y a précisément un moulinage de soie à Combefleurie : la petite Rosine ne pourra y entrer sans certaines conditions.

118. Quelles sont ces conditions?

1° La petite Rosine ne travaillera que 6 heures par jour coupées par un temps de repos;

2° Elle **fréquentera l'école** pendant le reste de la journée; elle sera munie d'un petit carnet qui recevra chaque semaine la signature de la directrice de son école et qui restera entre les mains du patron.

119. La sœur aînée de Rosine, Louise, qui a plus de douze ans et moins de vingt et un, est aussi employée dans une usine. Combien d'heures de travail peut-elle y faire?

12 heures, coupées par un temps de repos.

Travail de nuit. — Travail des dimanches.

120. Peut-elle être employée à un travail de nuit?

Non, *le travail de nuit est interdit aux filles mineures*.

121. Qu'est-ce qui est désigné dans la loi par les mots « travail de nuit »?

On appelle *travail de nuit* tout travail fait entre 9 heures du soir et 5 heures du matin.

Tous les jours, visite du médecin, d'inspectrices et de dames patronnesses.

La première crèche a été fondée en 1844, à Chaillot, par M. Marbeau. D'autres s'ouvrirent bientôt après, et l'État ne tarda guère à prendre ces asiles sous sa protection. Ils sont actuellement entretenus par l'État, les municipalités, les dons de personnes charitables et la rétribution payée par les mères, laquelle couvre environ un sixième des dépenses.

Travail des enfants.

Beaucoup d'efforts ont été faits depuis quarante ou cinquante ans en vue de préserver les enfants des conséquences fâcheuses d'un travail forcé et prématuré.

On a voté les lois qui limitent la durée de la journée de travail et ne permettent plus l'admission des enfants dans les manufactures avant un âge déterminé. (Lois de 1841 et de 1874 ; décrets de 1882.)

Le but de ceux qui ont fait ces lois n'a pas été de favoriser la paresse des enfants en les dispensant d'apprendre de bonne heure un métier, mais tout au contraire, en ménageant leurs forces pendant la croissance, de les rendre plus capables de devenir bientôt après de robustes travailleurs et travailleuses, utiles à eux-mêmes et à la société.

Ces lois de protection marquent bien les progrès accomplis dans notre époque, où l'on se préoccupe de plus en plus du sort des petits et des faibles.

Les manufacturiers se sont attachés aussi à diminuer les dangers de certains travaux pour les enfants qu'ils occupent. C'est ainsi que les terribles accidents causés par les engrenages ont été rendus plus rares dans les usines où l'on munit les machines d'un appareil qui en permet l'arrêt immédiat en cas d'accident.

Industries insalubres.

Certains établissements industriels sont insalubres, par les émanations et l'altération des eaux, pour tout leur voisinage (par exemple, les fabriques de produits chimiques).

La loi soumet à une autorisation préalable l'établissement dans une localité d'une industrie insalubre ou

122. Louise peut-elle travailler à l'usine les *dimanches et jours de fêtes?*

Non, le travail des dimanches et jours de fêtes est également interdit aux filles mineures.

123. Si Louise, qui est entrée à douze ans révolus à l'usine, n'avait pas reçu jusqu'alors l'instruction primaire, aurait-elle pu travailler douze heures par jour?

Non, la loi exige que les enfants âgés de 12 ans révolus, qui n'ont pas le certificat d'études primaires, ne travaillent que 6 heures par jour.

124. Louise et Rosine pourraient-elles travailler dans une mine comme leur frère Victor?

Non, *le travail dans les souterrains est interdit aux filles.*

La loi leur interdit aussi, comme aux garçons du reste, le travail dans les industries dites **insalubres** ou **dangereuses.**

125. La loi donne-t-elle aux patrons le droit de surveiller la conduite de leurs ouvrières?

La loi enjoint aux patrons de veiller à la bonne conduite de leurs ouvrières et de *maintenir le bon ordre dans les ateliers.*

IX. — Prévoyance. — Assistance

Caisses d'épargne.

126. Quel est le but des caisses d'épargne?

La **caisse d'épargne** reçoit les sommes d'argent *depuis un franc jusqu'à deux mille.* En échange de l'argent déposé, elle délivre un **livret**, et elle sert une rente de 3 fr. 50 pour 100 environ.

Caisses d'épargne scolaires.

127. Où trouve-t-on des caisses d'épargne?

On trouve des caisses d'épargne dans les **mairies**

dangereuse et elle fixe les conditions d'établissement (distance des habitations, etc.).

D'autres industries ne sont nuisibles que pour les ouvriers qu'elles occupent directement.

Les travaux dans lesquels se détachent beaucoup de parcelles de la matière employée sont généralement défavorables à la santé. Citons entre autres le battage et le cardage du coton, l'aiguisage, le moulage dans des moules enduits de poncif (fine poussière de charbon) la préparation d'un papier métallique avec une poudre ferrugineuse appelée rouge anglais, préparation souvent réservée aux femmes.

Les filaments de matières textiles, les poussières du charbon, de silex, de minerai de fer, etc., qui ne sont du reste pas des poisons, occasionnent, en pénétrant dans l'appareil respiratoire, une irritation qui devient le point de départ de diverses maladies.

C'est au contraire comme poison qu'agissent d'autres substances. Le plomb est une des plus dangereuses à manipuler. La présence du plomb dans les caractères d'imprimerie expose à des maux spéciaux les polisseurs et les polisseuses de caractères. On voit souvent aussi se produire des accidents parmi les dévideuses de laine colorée en *orange* par des sels de plomb. Aussi cherche-t-on, partout où on le peut, à substituer d'autres matières à cette substance dangereuse et à ses composés. Pour les papiers peints et les peintures des plâtriers, on remplace à présent le blanc de céruse (carbonate de plomb) par le blanc de zinc. Dans l'émail brun des poteries, c'est la chaux qui a chassé le plomb. Les travaux des chimistes, les découvertes scientifiques permettent de diminuer de jour en jour, par d'ingénieuses applications, les inconvénients de certains métiers manuels. C'est ainsi que toutes les branches du travail humain se prêtent un appui et concourent au progrès. Au savant qui expérimente et calcule dans son laboratoire, des milliers d'ouvriers devront peut-être la vie et la santé.

IX. Prévoyance. — Assistance.

Les caisses d'épargne scolaires.

Il est utile de s'habituer de bonne heure à l'épargne, et les *caisses d'épargne scolaires* peuvent en ce sens

des principales communes et dans tous les bureaux de poste.

128. Qu'appelle-t-on caisses d'épargne scolaires?

Dans les **caisses d'épargne scolaires**, tenues par l'instituteur ou l'institutrice, les élèves d'une école peuvent déposer *sou* par *sou* leurs petites économies. Quand la somme dépasse *un franc*, l'instituteur la dépose à la caisse d'épargne et fait délivrer un livret au déposant.

Il y a d'autres placements que ceux de la Caisse d'épargne.

On peut prêter de l'argent à quelqu'un, moyennant un intérêt de 5 0/0 en prenant un champ ou une maison en *garantie* (placement sur hypothèques).

Lorsque l'État a besoin d'argent, il fait un emprunt pour lequel il donne un intérêt d'environ 4 0/0. (C'est ce qu'on appelle la *Rente*). — On peut aussi acheter des *Obligations* du Crédit foncier, des grandes Compagnies de Chemins de fer, etc.

Monts-de-piété.

129. Qu'est-ce que les monts-de-piété?

Les **monts-de-piété** sont des établissements qui font un prêt en argent aux personnes qui déposent en garantie un objet qui leur appartient, meuble, vêtement, bijou, etc. On remet au déposant une *reconnaissance* qu'il doit présenter pour retirer l'objet mis en gage lorsqu'il opère le remboursement de la somme empruntée; il acquitte en outre une redevance pour les frais de service.

Sociétés de secours mutuels.

130. Qu'est-ce que les sociétés de secours mutuels?

Les **sociétés de secours mutuels** sont des associations dont les membres mettent en commun quelque argent pour se prêter aide les uns aux autres, particulièrement en cas de maladie.

rendre des services. L'enfant qui apporte à l'instituteur quelques sous, dont il était tenté de disposer pour acheter un objet superflu, s'exerce à résister aux tentations de dépense; cela peut le préparer à être par la suite économe et raisonnable.

Mais il ne faut pas oublier que si l'économie est une excellente chose, digne d'être encouragée, elle est susceptible de dégénérer en avarice, c'est-à-dire de devenir un véritable vice, et le plus laid de tous peut-être. L'avarice est choquante à tous les âges; elle l'est d'une façon plus particulière encore dans la jeunesse. On est étrangement surpris lorsque, chez un enfant, chez un jeune homme ou une jeune fille, que l'on s'attendait à trouver tout débordant de générosité, on découvre un petit être racorni qui calcule, qui thésaurise, *qui aime l'argent*. Que les enfants s'accoutument donc à l'épargne, rien de mieux, mais qu'ils apprennent en même temps et surtout à estimer toute chose à sa valeur. L'épargne est un moyen, non un but; elle sera le garant de leur indépendance dans leur vie de travailleurs. Mais s'ils contractaient, en épargnant, le goût d'entasser qui tourmente l'avare, ils n'échapperaient à la servitude de la misère que pour tomber dans un esclavage cent fois pire. *L'argent est un bon serviteur, mais un mauvais maître.*

Les monts-de-piété.

Le **mont-de-piété** est une institution originaire d'Italie qui avait au début, comme son nom l'indique, un caractère purement charitable. Le mont-de-piété n'est guère la ressource que de l'extrême misère.

Les hôpitaux.

Il n'est guère de ville qui n'ait son hôpital; les conditions d'admission sont à peu près les mêmes partout.

A Paris, les personnes admises à l'hôpital doivent *habiter Paris depuis un an au moins et être sans ressources*. L'hôpital est avant tout une œuvre d'**assistance publique** pour les indigents et pour ceux qui vivent au jour le jour de leur travail. Cependant, il y a dans quelques hôpitaux des services payants, où le prix de la journée varie de 2 fr. 65 à 5 francs.

131. Par qui est fixé le taux de la cotisation mensuelle?

Le taux de la *cotisation mensuelle* est fixé par les associés au moment de la fondation.

132. A quoi servent les sociétés de secours mutuels?

Elles servent :

1° A payer les *visites du médecin* et les *médicaments*;

2° A donner chaque jour, pendant la durée de la maladie, une somme équivalant à peu près au salaire gagné en état de santé;

3° A faire les frais des funérailles.

133. Quels avantages présentent les sociétés de secours mutuels?

Les sociétés de secours mutuels sont une excellente chose qui épargne souvent à ceux qui en font partie le recours à la charité publique.

Hôpitaux. — Hospices.

134. A quoi servent les hôpitaux?

Les **hôpitaux** sont des établissements où les malades sont reçus et traités soit gratuitement, soit moyennant une rétribution.

135. A quoi sont destinés les hospices?

Les **hospices** sont spécialement destinés aux vieillards, aux invalides, aux incurables[1].

136. Les hôpitaux et les hospices sont-ils bien tenus?

Les *hôpitaux* et les *hospices* sont en général très bien tenus; les salles sont propres et bien aérées; le linge des malades est changé fréquemment; la nourriture est suffisante.

137. Par qui les soins sont-ils donnés?

Les soins sont donnés par les meilleurs médecins et chirurgiens qui tiennent à honneur, particulièrement à Paris, de faire partie du service de ces maisons hospitalières.

Les demandes sont adressées au *bureau central*, comité de médecins et de chirurgiens qui est renseigné journellement par des bulletins sur le nombre de lits vacants dans chaque hôpital. On abrège le plus qu'on peut les formalités d'entrée, toujours trop longues pour les malades; dans certains cas, les malades ou blessés apportés à l'hôpital sont admis d'urgence.

Le malade, arrivé à l'hôpital, est inscrit au bureau des entrées et aussitôt dirigé sur la salle où un lit lui a été réservé. On inscrit sur une carte suspendue au pied de son lit son nom, son âge, son lieu d'origine et sa profession, et l'on y porte aussi, après la visite du médecin, la maladie dont il est atteint.

L'entrée est publique le dimanche et le jeudi, de une heure à trois heures, pour les parents et amis des malades; en dehors de ces heures, les familles désireuses de voir leur malade doivent demander une autorisation au directeur de l'hôpital.

Il est interdit d'apporter aux malades des aliments, et cela dans leur intérêt même; toutefois, on permet l'introduction de petites friandises inoffensives, telles que les oranges.

Les nombreux hôpitaux de Paris sont dispersés dans les divers quartiers, de façon à être à la portée de toutes les parties de la population. Quelques-uns ont de vastes cours et des jardins où peuvent se promener les convalescents. On peut citer, parmi les plus anciens, l'Hôtel-Dieu, le doyen des hôpitaux parisiens, dont les bâtiments ont été d'ailleurs entièrement reconstruits; la Charité, fondé par Marie de Médicis; la Pitié, ouvert en 1665. Les plus modernes sont Bichat et Tenon (ouvert en 1878).

On se fera une idée de l'importance des établissements hospitaliers de Paris par le nombre de leurs lits, qui ne s'élève pas à moins de 5,407 pour les hôpitaux généraux seulement, c'est-à-dire sans compter les hôpitaux spéciaux, tels que Saint-Louis pour le traitement des maladies de peau, etc., les hôpitaux militaires et les hôpitaux d'enfants. Plus de 100,000 malades passent annuellement par les établissements de l'Assistance publique.

L'Assistance publique s'est occupée avec une solli-

138. Quelle est la proportion de la mortalité?

La mortalité dans les hôpitaux n'est à Paris que d'un malade sur dix.

Malgré tout, les familles redoutent toujours de remettre un des leurs entre les mains d'étrangers, si dévoués et si éclairés qu'ils soient. Toutefois la raison commande le transport à l'hôpital dans certains cas : maladie contagieuse, opération grave.

139. Sans entrer à l'hôpital, ne peut-on pas aller consulter les médecins des hôpitaux?

Des consultations gratuites sont données à des heures déterminées par les médecins des hôpitaux aux personnes du dehors; on est admis à ces consultations sur la présentation d'une carte que l'on demande à l'entrée.

X. — Économie politique.

L'échange.

140. Chacun de nous peut-il récolter ou fabriquer toutes les choses nécessaires à sa vie?

Non. Nous nous procurons par **l'échange** une grande partie des choses dont nous nous servons.

141. Donnez un exemple.

Mme Martel, propriétaire à la campagne, a porté ce matin à la ville du beurre, des œufs, des fromages. Elle a **vendu** tout cela et elle a **acheté** des objets qu'elle ne peut pas fabriquer elle-même : une bonne paire de souliers, une terrine pour tenir le lait, etc.

142. Mme Martel a-t-elle gagné à agir ainsi?

Certainement; Mme Martel avait trop de beurre, trop d'œufs, trop de fromages pour elle et sa famille; elle est satisfaite d'avoir vendu ces choses pour en acheter d'autres dont elle avait besoin.

tude particulière de secourir les enfants. Il y a 224 berceaux dans les hôpitaux généraux et plus d'un millier de lits dans les hôpitaux Trousseau et des Enfants-Malades, où l'on soigne les enfants de deux à quinze ans. Mais on a pensé que ce qu'il fallait surtout aux petits malades et aux convalescents, c'était un bon air pur. On a donc établi une succursale des hôpitaux d'enfants à Forges-les-Bains (Seine-et-Oise) et une autre à Berk-sur-Mer. Dans cette dernière station, les enfants jouent sur la plage une partie de la journée, et plus d'un que la mère, le cœur serré, avait vu partir pâle et défait, revient à Paris fortifié par le bon régime de l'hôpital maritime.

X. Economie politique.

Effets de l'échange et de la division du travail.

« Prenons un homme appartenant à une classe modeste de la société, un menuisier de village, par exemple, et observons tous les services qu'il rend à la société et tous ceux qu'il en reçoit... Cet homme passe sa journée à raboter des planches, à fabriquer des tables et des armoires; il se plaint parfois peut-être de sa condition, et cependant que reçoit-il en réalité de la société en échange de son travail?

« D'abord, tous les jours, en se levant, il s'habille, et il n'a personnellement fait aucune des nombreuses pièces de son vêtement. Or, pour que ces vêtements, tout simples qu'ils sont, soient à sa disposition, il faut qu'une énorme quantité de travail, d'industrie, de transports, d'inventions ingénieuses, ait été accomplie. Il faut que des Américains aient produit du coton, des Indiens de l'indigo, des Français de la laine et du lin, des Brésiliens du cuir; que tous ces matériaux aient été transportés en des villes diverses, qu'ils aient été ouvrés, filés, tissés, teints, etc.

« Ensuite il déjeune; pour que le pain qu'il mange lui arrive tous les matins, il faut que les terres aient été défrichées, labourées, fumées, ensemencées; il faut que le froment ait été récolté, broyé, pétri et préparé; il faut que le fer, l'acier, le bois, la pierre aient été convertis par le travail en instruments de travail.

« On peut dire hardiment que dans une seule journée

143. Qui est-ce qui a encore gagné à cet échange?

Les marchands de la ville, qui avaient besoin des provisions de Mme Martel et qui sont satisfaits de les avoir en échange de ce qu'ils vendent.

144. Que pensez-vous alors de cet échange?

Cet échange est un des plus grands avantages qu'il y a à vivre en société.

Mme Martel aurait été incapable de fabriquer une paire de souliers. Le cordonnier, de son côté, serait assez embarrassé pour soigner les vaches, pour les traire et pour battre le beurre. Chacun des deux, en faisant un seul métier, le fait mieux, et il y a *profit pour tous les deux* à échanger les produits de leur travail.

L'argent.

145. Mme Martel a-t-elle *directement* échangé du beurre et des œufs contre une paire de souliers et une terrine à lait?

Non. Elle a reçu de **l'argent** en vendant sa marchandise; cet argent lui a servi à **payer** ses achats.

146. Que représente donc l'argent?

L'argent représente la **valeur des choses**.

Le prix des choses.

147. Mme Martel a payé sa terrine à lait dix sous. Aurait-elle donné autant des quelques poignées d'argile qui ont servi à la fabriquer si elle les avait trouvées dans un champ?

Non, car ces quelques poignées d'argile n'auraient pu lui servir à rien. Mais, façonnée par la main du potier et cuite dans son four, l'argile a pris de la **valeur** puisqu'elle s'est transformée en un objet utile.

Le travail *ajoute de la valeur aux choses* en les rendant plus propres à nous être utiles.

notre menuisier consomme des choses qu'il ne pourrait produire lui-même en dix siècles.

« Et tous les autres hommes sont dans le même cas que lui. Chacun de ceux qui composent la société a absorbé des millions de fois plus qu'il ne pourrait produire, et cependant ils ne se sont rien dérobé mutuellement. »

(D'après Bastiat.)

La monnaie.

La monnaie était battue à Rome dans le temple de la déesse Junon Moneta (ou Junon *donneuse de conseils*); de là son nom.

La **monnaie** est une sorte de marchandise intermédiaire; celui qui la reçoit en échange d'un produit ou d'un service s'en sert à son tour pour acheter un autre produit, un autre service.

A l'origine, on échangeait directement une marchandise contre une autre : c'était le *troc*, bien connu des enfants qui le pratiquent entre eux, échangeant, par exemple, une balle élastique contre une corde à sauter, un ruban contre un couteau, etc.

Ce système primitif avait beaucoup d'inconvénients faciles à deviner. L'un des plus graves était la difficulté de fixer exactement la valeur des choses. Bientôt on chercha une unité à laquelle on pût rapporter cette valeur. Chez les peuples pasteurs, ce fut la tête de bétail; on ne disait pas comme nous : « Telle chose vaut tant de francs », mais : « Telle chose vaut tant de têtes de mouton. »

Les premières pièces de monnaie métallique fabriquées par les Romains avaient, dit-on, la valeur d'un mouton, et cet animal était figuré par une empreinte sur les pièces (d'où *pecunia*, monnaie, de *pecus*, troupeau, d'où nous avons tiré nos mots *pécule* et *pécuniaire*). Les pièces romaines ont porté aussi l'empreinte de la louve.

Ces premières monnaies étaient en cuivre, en fer, métaux rares alors.

Les peuples modernes ont choisi pour leur monnaie l'or et l'argent, auxquels leur rareté donne du prix et qui se recommandaient aussi par d'autres qualités (ils se travaillent aisément, s'altèrent peu, l'or surtout, etc.).

Le cuivre et l'étain, qui servent à fabriquer la petite

148. Pourquoi le prix de la terrine à lait de Mme Martel n'est-il pas élevé?

1° Parce que l'argile n'est pas une matière coûteuse; 2° parce que le potier n'a pas mis beaucoup de temps à fabriquer la terrine. Le **prix** des objets varie suivant la valeur de la **matière première** et suivant la **main d'œuvre**, c'est-à-dire le travail exigé par leur fabrication.

149. Les prix ne dépendent-ils pas encore d'autre chose?

Ils dépendent aussi de ce qu'on appelle *l'offre et la demande*.

150. Donnez un exemple de ce qu'on entend par ces mots.

Il y avait l'autre jour sur le champ de foire de Saint-Michel-le-Haut beaucoup de sacs de blé et peu d'acheteurs; on **offrait** beaucoup de marchandise et on en **demandait** peu : les blés se sont vendus *bon marché*.

Mais, depuis, on a reçu de mauvaises nouvelles de la récolte des blés dans les départements voisins. Au dernier marché de Saint-Michel, des meuniers sont venus de loin acheter des grains; autour de chaque sac, il y avait bien cinq ou six acheteurs : le blé s'est vendu **cher**.

La concurrence.

151. D'après cela, quelle doit être sur les prix l'influence de la concurrence?

La **concurrence** abaisse les prix.

152. A qui la concurrence profite-t-elle?

A celui qui achète.

153. Nuit-elle à l'ouvrier qui produit?

Non, car cet ouvrier est toujours acheteur en même temps que producteur.

monnaie, ont une valeur de convention (réduits, par exemple, en ustensiles de ménage, les gros sous auraient une valeur bien inférieure à celle qui leur est attribuée comme monnaie; il n'en est pas de même de l'or et de l'argent : ils ont une valeur *intrinsèque;* fondez en lingots, transformez en objet quelconque vos pièces d'or et d'argent; vous ne subirez pas de perte).

D'autres substances auraient pu servir à représenter la valeur des choses. C'est ainsi qu'on a vu employer comme monnaie le sel et le poivre en Abyssinie, la morue sèche à Terre-Neuve, les fourrures dans le nord de l'Europe et de l'Amérique, le cuir en Russie jusqu'à Pierre Ier, etc. Nous employons, outre la monnaie métallique, une monnaie dont la valeur est purement conventionnelle : c'est le *billet de banque.*

On se sert aussi pour les payements de *bons,* de *mandats,* de *chèques,* etc.

La concurrence.

La **concurrence** est la conséquence de la liberté du travail. Cette liberté n'existait pas autrefois.

Chacun ne pouvait pas choisir à sa guise l'état qu'il voulait exercer, car des corporations avaient dans presque toutes les villes, le *monopole* des divers métiers. (Monopole vient de deux mots grecs qui signifient *je vends seul.*)

On sait par quelles épreuves, longues et coûteuses, devait passer un ouvrier pour acquérir le droit de *maîtrise;* que de temps et d'argent il fallait dépenser alors « pour obtenir la permission de travailler. »

Encore ne l'obtenait-on pas toujours; ainsi les femmes étaient souvent exclues des métiers mêmes qui leur convenaient le mieux, tels que la broderie, par exemple.

Les règlements minutieux des corporations, prescrivant la manière dont le travail devait être exécuté, mettaient obstacle aux perfectionnements, aux inventions nouvelles, aux tentatives pour produire à meilleur marché.

Une corporation pouvait maintenir très élevé le prix de ses produits; elle était sûre que l'acheteur, dans l'impossibilité de s'adresser ailleurs, se verrait contraint de les payer cher plutôt que de s'en passer.

154. Donnez un exemple.

Le voiturier Guillaume se plaint que Jean-Paul lui fasse concurrence en établissant un service de voiture entre Noisy et Clérieu. Une fois sur ce chapitre, il ne tarit* pas en récriminations* amères. — Où achetez-vous vos harnais, Guillaume? lui dit un jour un voyageur pour détourner la conversation.

— A Clérieu, parbleu! Il n'y a qu'un seul bourrelier à Noisy; il en profite pour faire payer cher ses brides et ses colliers. Tandis qu'à Clérieu, où ils sont quatre, on a les harnais à bien meilleur compte et mieux faits encore!

Ami Guillaume, vous y voilà pris à dire du bien de la concurrence dont vous profitez tout comme un autre.

155. La concurrence ne profite-t-elle pas aussi d'une autre façon à l'ouvrier?

Elle le stimule au travail; elle l'excite à se perfectionner sans cesse pour lutter avec avantage contre ses concurrents.

Le salaire.

156. Le prix du travail ou *salaire* est-il *égal* pour toute espèce de travail?

Non, car plus le travail est *difficile*, plus il est payé.

157. La journée d'Emma, laveuse de lessive, vaut-elle autant que celle de Zélia, ouvrière fleuriste?

La journée d'Emma ne vaut pas celle de Zélia, qui a passé *dix-huit mois en apprentissage* avant de faire la première fleur qu'on lui a payée.

158. Pourquoi le Dr Thuilier gagne-t-il autant en faisant à un malade une visite d'une demi-heure que Zélia en travaillant onze heures par jour?

Parce que l'apprentissage du Dr Thuilier a été encore plus long que celui de Zélia; il a duré *huit ou*

Pour la même raison, le client était généralement servi avec lenteur. La marchandise livrée était souvent de qualité inférieure, car les ouvriers de la corporation n'étaient point stimulés par la pensée qu'on pourrait comparer leur travail à celui de rivaux plus ingénieux et plus habiles, et donner à ceux-ci la préférence.

De nos jours, le régime du travail est tout autre. En France, la liberté en est la règle générale. Cette règle a quelques exceptions. Ainsi l'Etat se réserve, pour des raisons financières, le monopole des tabacs, de la poudre, des cartes à jouer, etc.; c'est pour lui une façon commode de percevoir un impôt. Il ne laisse pas à l'industrie des particuliers le soin de faire certains grands travaux ayant un caractère d'utilité publique; il les exécute lui-même ou en donne la concession à des compagnies. Néanmoins, l'expérience prouve que l'industrie privée n'est pas impuissante aujourd'hui à mener à bien de vastes entreprises; c'est cette industrie qui, pour ne citer qu'un exemple, a percé l'isthme de Suez.

Quelques professions ne peuvent être exercées qu'à la suite de l'obtention d'un grade, conféré par l'Etat. Ainsi n'est pas qui veut avocat, médecin, pharmacien, instituteur... Pour être admis à défendre les intérêts et l'honneur d'un client, à soigner sa santé, à lui délivrer des médicaments d'un maniement délicat, à instruire et à élever ses enfants, il faut d'abord justifier du savoir nécessaire pour s'acquitter de si importantes fonctions. Mais la profession d'avocat, de médecin est libre en ce sens que le nombre des avocats, des médecins n'est pas limité. Une fois muni de son grade, l'avocat, le médecin rentre dans la règle générale; il se fait sa place, à ses risques et périls, au milieu de la foule des concurrents. Là comme ailleurs le succès appartient à qui fait le mieux.

Apparence et réalité.

Le *taux du salaire* ou prix du travail dépend d'une foule de causes diverses.

Il varie, comme le prix des choses, suivant l'offre et la demande. « Quand deux ouvriers courent après un patron, dit l'Anglais Cobden, les salaires baissent; quand deux patrons courent après un ouvrier, les salaires haussent. » Le salaire n'a pas toujours en réalité

dix ans, sans compter les années de collège. On paye par le salaire non seulement l'ouvrage exécuté, mais encore le travail qu'il a fallu faire pour s'y préparer. Il est donc **juste** que les salaires d'Emma, de Zélia et du D¹ Thuilier soient *différents*.

L'épargne. — Le capital. — La propriété.

159. Mme Martel n'a pas dépensé tout l'argent qu'elle a reçu à la ville; comment appelez-vous l'argent qu'elle *met de côté*?

L'argent mis de côté par Mme Martel constitue son **épargne**.

160. Que constituent à la longue de petites épargnes ajoutées les unes aux autres?

De petites épargnes ajoutées les unes aux autres finissent par en faire une grosse, par former un **capital**.

161. Sylvain, l'ouvrier cordonnier qui a eu du travail parce que Mme Martel a eu besoin de souliers, met aussi en réserve quelques sous chaque jour sur la journée payée par son patron. Pourra-t-il avoir, avec le temps, un capital?

Sylvain pourra un jour posséder un capital.

162. S'il achète avec ce capital un petit *fonds de terre*, sur lequel il fera bâtir une maisonnette, quelle sorte de propriété aura-t-il?

Il aura une propriété **foncière** ou immobilière.

163. Comment appelle-t-on la propriété qui ne consiste pas en terres ou en bâtiments?

On appelle cette propriété **mobilière** parce qu'elle est *mobile* et que l'on peut la transporter d'un endroit à un autre. Ainsi, Mme Martel qui a acheté avec son épargne des rentes sur l'État, peut emporter partout avec elle les titres qui constituent une propriété mobilière.

164. Quel service leur épargne rendra-t-elle à Sylvain et à Mme Martel dans l'avenir?

Sylvain, devenu vieux et incapable de travailler,

la même valeur qu'en apparence. Ainsi une journée d'un prix élevé ne constituera pas nécessairement un fort salaire s'il s'agit d'un métier sujet à de fréquents chômages ou à une morte-saison prolongée. Dans tel atelier, on gagne 4 fr., mais il y a une morte-saison de trois mois. En réalité, la journée n'est que de 3 fr., puisqu'il faut prélever un quart sur cette journée pour pouvoir vivre pendant le quart de l'année où l'on ne gagnera rien.

Un travail qui use rapidement la santé se trouve être moins payé à salaire égal qu'un autre travail que l'on pourra faire pendant des années sans une dépense de force excessive. Le chauffeur, obligé d'abandonner son métier au bout de quinze à vingt ans, aurait un salaire insuffisant s'il ne gagnait pas plus que le journalier qui pourra piocher la terre pendant trente à quarante ans.

Les salaires sont généralement plus élevés dans les villes que dans les campagnes; toutefois, la différence est plus apparente que réelle. Pierre gagne 3 fr. 50 en ville et Jean 2 fr. à la campagne; mais Pierre dépense 3 fr. 25 par jour et Jean vit dans son hameau pour 25 sous. Lequel a le salaire le plus avantageux? C'est Jean, le campagnard, auquel il reste, tous frais payés, un surplus de 15 sous par jour, tandis que Pierre n'a plus que 5 sous dans sa poche lorsqu'il s'est logé, vêtu, nourri.

La terre de France.

Il est peu de pays où la propriété foncière soit aussi divisée qu'en France. On peut dire avec vérité que la plus grande partie de la terre appartient chez nous à ceux qui la cultivent.

Il n'en était pas de même autrefois.

Il n'en est pas de même, de nos jours encore, chez tous nos voisins, par exemple en Angleterre. Là, quelques grands propriétaires détiennent le sol, et le nombre de ceux qui vivent d'un salaire en travaillant « chez les autres », sans espoir de cultiver un jour leur propre bien, est infiniment plus considérable qu'en France.

L'ambition du travailleur français, au contraire, est presque toujours de parvenir à être « chez lui ». Cette répartition de la terre, telle qu'elle existe dans notre pays, entre un grand nombre de propriétaires a beaucoup de conséquences très diverses. Quelques-unes de

habitera sa maisonnette et récoltera sur sa terre de quoi subsister. Mme Martel tirera de son épargne ce qu'il faudra pour payer ses dépenses quand elle n'aura plus la force de traire les vaches et de battre le beurre.

Par ce moyen, *l'un et l'autre vivront encore de leur travail*, du travail qu'ils auront fait étant jeunes.

165. Quels sont les avantages de l'épargne?

L'épargne, qui enrichit celui qui l'amasse, l'empêche d'être à la charge de la société dans sa vieillesse; *elle enrichit donc du même coup la société tout entière.*

ces conséquences peuvent être fâcheuses (difficulté d'application de certains procédés de culture, éloignement de la population pour l'expatriation, etc.); mais la plupart sont excellentes.

Stimulés par les jouissances du propriétaire, aiguillonnés par l'intérêt, les petits cultivateurs réalisent des miracles d'industrie; dans les régions les plus ingrates même, il n'est si chétif coin de terre qui ne soit défriché, conquis sur le rocher ou sur les ronces, protégé contre l'éboulement par des murs patiemment élevés. Le travailleur s'attache à ce champ créé par son labeur; il économise, il épargne, pour l'améliorer, pour l'agrandir et le laisser à ses enfants avec la maison où ils sont nés et où naîtront à leur tour ses petits-enfants. En demandant à la terre tout ce qu'elle peut produire pour assurer son existence et celle des siens, il fait en même temps la richesse de son pays. Aussi, le temps n'est plus où « la moitié de la nation vivait des aumônes de l'autre. »

Et pourtant, l'enfant qui apprend à l'école un peu d'histoire se convaincra que ce temps-là n'est pas encore bien loin dans le passé, et, entrevoyant le chemin parcouru, il pourra pressentir tout ce que nous devons à ceux qui nous ont précédés.

Quand on reporte ses regards en arrière, on bénit les progrès accomplis, on a foi dans ceux qui s'accompliront encore et l'on aime plus que jamais notre patrie, cette bonne terre de France, qui se donne sans distinction à tous ses enfants et sur laquelle chaque famille peut, par son libre travail, asseoir un foyer.

LEXIQUE

[Ce lexique ne contient que les mots marqués d'un astérisque (*) dans le cours de l'ouvrage, et ne donne que le sens dans lequel ils sont employés.]

Acte. Convention entre deux personnes ou davantage pour une vente, un partage, etc. — Écrit qui constate cette convention.

Acte notarié. Acte rédigé par un notaire et signé en sa présence par les parties intéressées. Quand ces dernières rédigent et signent l'acte sans le concours d'un notaire, l'acte est dit *sous seing privé*.

Affairé, très occupé, qui a beaucoup d'affaires

Affubler. Habiller d'une façon ridicule.

Aguesseau (chancelier d'). Magistrat très éclairé et très honnête qui fut ministre de la justice (chancelier) au XVIIIe siècle.

Ahuri, très étonné, troublé.

Alcool camphré, liquide transparent et incolore, consistant en esprit-de-vin dans lequel on a fait dissoudre du camphre.

Alerte. Vif, rapide dans ses mouvements.

Aliment. Tout ce qui nourrit

Alimentaire. (Voir *Pension*.)

Alliés. Personnes avec lesquelles nous n'avons pas de parenté, mais qui nous sont alliées par mariage.

Ambassadeur. Envoyé d'un pays auprès d'une autre puissance.

Angine. Maladie de la gorge.

Anxiété. Inquiétude pendant l'attente

Approprier (s'). Prendre pour soi, voler.

Argan. Nom du malade imaginaire dans la comédie de Molière.

Arnica (teinture d') Liquide transparent, brun-clair, obtenu en faisant infuser les feuilles d'une plante qui croît sur les montagnes. La teinture d'arnica est un *vulnéraire*, c'est-à-dire un médicament qui s'applique sur les blessures.

Artistique. Fait par un artiste, digne d'un artiste.

Aspergère. Partie de champ ou de jardin planté d'asperges.

Assainissement. Action de rendre plus sain.

Astreindre (s'). Se forcer volontairement à une chose.

Atours. Objets de parure, ornements

Atre. Pierre du foyer, partie de la cheminée où l'on fait du feu.

Avilir. Rendre vil, bas, dégrader.

Avisé. Qui agit avec intelligence.

Avorter. Cesser de se développer.

Bail. Contrat par lequel on loue pour un temps plus ou moins long une terre, une maison, etc.

Bain-marie. Bain d'eau bouillante dans lequel on plonge le vase — bouteille, tasse, casserole, etc. — contenant ce que l'on veut chauffer.

Balance. Comparaison entre les recettes et les dépenses.

Balle d'avoine. Enveloppe des grains dans l'épi de l'avoine.

Benzine. Liquide extrait de la houille et qui sert à enlever les taches sur les étoffes.

Bismuth. Poudre blanche sans odeur qui est en grande partie composée du métal de ce nom.

Bourbier. Amas de boue.

Bourre de soie. Soie de qualité inférieure qu'on enlève aux écheveaux de soie filée

Brassière. Petit vêtement couvrant le haut du corps et les bras

Brocart. Riche étoffe de soie à fleurs, mêlée d'or et d'argent

Bronchite. Maladie des canaux de la respiration ou *bronches*.

Budget. Compte fait par avance, des recettes et des dépenses d'un mois, d'une année, etc

Camomille. Petite fleur jaune pâle, de la famille des composées, qui donne une infusion amère.

Caractère. Force de volonté, énergie pour prendre une résolution et y persister.

Carnet. Livret

Cataplasme. Emplâtre fait avec de la farine (amidon, farine de lin, fécule, etc) que l'on délaie dans l'eau bouillante et que l'on étend en couche plus ou moins épaisse entre deux linges.

Chagrin, chagrine. Triste, sombre, porté à voir en tout le mauvais côté des choses et des gens.

Client. Acheteur. Malade, en parlant d'un médecin.

Clientèle. Clientèle d'un commerçant : tous ceux qui achètent chez lui. Clientèle d'un médecin : tous ceux qui se font soigner par lui.

Colifichet. Petit objet de fantaisie sans aucune utilité.

Combustible. Bois, charbon, tout ce qui peut être brûlé.

Comices agricoles. Réunions où l'on s'occupe des intérêts de l'agriculture.

Compatissant. Qui prend pitié, qui est ému des souffrances dont il est témoin.

Comprimer. Serrer, presser.

Conclure. Achever, terminer.

Concours régionaux. Exposition par les agriculteurs d'une région (plusieurs départements) d'animaux, d'instruments agricoles, de denrées, suivie d'une distribution de récompenses

Concurrence. Rivalité entre les personnes courant au même but, exerçant la même profession ou se livrant à la même branche de commerce.

Conférence. Sorte de leçon, discours familier prononcé devant une réunion de personnes venues librement pour s'instruire ou se distraire

Conférencier. Celui qui fait une conférence

Conjurer. Conjurer un danger, un malheur : l'écarter, l'éloigner, l'empêcher avant qu'il n'ait eu le temps de se produire

Constance. Qualité qui consiste à n'être pas changeant

Contributions. Impôts, impositions.

Contusion. Blessure n'entamant pas la peau et provenant soit d'une chute, soit de coups donnés avec des objets non tranchants et non pointus, tels qu'une pierre, un bâton.

Convalescence. État d'une personne

LEXIQUE. 219

qui n'est plus malade, mais qui n'a pas encore recouvré toutes ses forces.

Convalescent. Qui relève de maladie.

Convulsions. Maladie violente qui se déclare quelquefois brusquement pendant la dentition et dont les principaux symptômes sont : les mouvements désordonnés de l'enfant, la respiration bruyante, enfin la perte de connaissance.

Coupé. Voiture fermée à deux places.

Créances. Sommes dues.

Crédit. Vendre à crédit, sans faire payer comptant.

Cristal. Verre incolore, très transparent, plus pesant que le verre ordinaire et dans la composition duquel il entre du plomb.

Croupissant. Qui ne se renouvelle pas, qui ne court pas.

Datte. Fruit très sucré du palmier-dattier, arbre d'Afrique.

Débiter. Ici, dire, raconter.

Décimer. Mot à mot : enlever un habitant sur dix ; faire périr beaucoup de monde.

Déconcerté. Attrapé, troublé, embarrassé.

Déconfit. Désappointé, déçu.

Dédaigneusement. D'un air de dédain, de mépris.

Déférence. Disposition à écouter respectueusement et à suivre les avis de ceux qui nous sont supérieurs.

Défricher. Travailler pour l'ensemencer ou la planter une terre jusqu'alors inculte.

Démodé. Passé de mode.

Dénonciation. Révélation des fautes des autres à ceux qui peuvent les punir.

Dentition. Moment où les dents poussent chez le petit enfant.

Dépit. Chagrin mêlé de colère que l'on ressent principalement quand on ne réussit pas.

Dépourvu. Pris au dépourvu : surpris au moment où l'on n'est pas pourvu de ce qu'il faudrait.

Dérider (se). Se mettre à rire, prendre un air joyeux qui efface les rides du visage.

Dévidage des cocons. Opération qui consiste à mettre sur des bobines la soie sortie de la filature en écheveaux.

Devis. Calcul fait par avance de ce que coûtera une construction.

Diarrhée. Flux de ventre.

Diligence. Rapidité dans tout ce que l'on fait.

Divulguer. Découvrir, raconter une chose à ceux qui devaient l'ignorer.

Domaine. Propriété consistant en terres.

Dot. Argent ou biens donnés à une fille par ses parents au moment de son mariage.

Dorénavant. À partir de ce moment.

Douleurs. Rhumatismes. (Voir ce mot.)

Droits politiques. Droits de vote, etc.

Dysenterie. Maladie des intestins dans laquelle les selles contiennent du sang.

Eau blanche. Liquide contenant un sel de plomb.

Eaux ménagères. Toutes les eaux dont on s'est servi pour les divers usages du ménage.

Ébahi, très surpris, qui reste la bouche ouverte d'étonnement.

Ébahissement. Grand étonnement.

Effronté, hardi, sans modestie.

Égoïste. Qui ne pense qu'à soi, qui ne vit que pour soi.

Égouttoir. Planche à claire-voie où l'on place la vaisselle après l'avoir lavée pour laisser l'eau s'égoutter.

Élévation. Dessin représentant la façade de la maison telle que l'architecte se propose de l'élever.

Élixir. Mélange d'un sirop et d'alcool dans lequel on a fait infuser certaines plantes.

Émétique. Sel blanc, composé de substances métalliques, qui a la propriété de faire vomir.

Énerver. Fatiguer, enlever les forces.

Enfreindre. Enfreindre une loi, une règle, une défense : lui désobéir.

Enjoindre. Commander, ordonner.

Enregistrement. Inscriptions sur les registres d'une administration chargée de conserver certains actes (administration de l'enregistrement et des domaines).

Entremets. Petit plat, ordinairement sucré, qu'on sert avant le dessert.

Énumérer. Nommer à la suite les unes des autres un certain nombre de choses.

Épidémie. Toute maladie qui se déclare à la fois dans une contrée chez un grand nombre de personnes.

Équilibrer. Faire que les dépenses ne dépassent pas les recettes, que les unes fassent équilibre aux autres.

Escompte. Remise faite à celui qui paye comptant.

Exceller. Faire le mieux qu'il est possible, d'une façon excellente.

Exécrable. Très mauvais.

Exécuter (s'). Se décider à faire une chose dont on n'a pas envie.

Exhorter. Engager.

Externe. Extérieur.

Falsifier. Rendre faux par le mélange de choses étrangères.

Fanfreluches. Objets de toilette qui ont de l'apparence et aucune valeur, et qui donnent mauvaise opinion du jugement et du goût de celles qui les portent.

Fée. Être imaginaire, qui n'existe pas, et auquel on attribue le pouvoir de faire des choses extraordinaires avec sa baguette.

Fétide. Qui a une odeur très désagréable.

Fermage. Somme d'argent payée chaque année au propriétaire d'une terre par celui qui la loue.

Frictionner. Frotter avec la main nue ou recouverte d'un linge ou d'une flanelle pour sécher complètement, pour ramener la chaleur ou pour calmer une douleur.

Frivolité. Goût fâcheux pour les choses qui ne servent à rien, pour les occupations inutiles, les conversations insignifiantes, etc.

Funeste. Mauvais, dangereux.

Galetas. Pièce ordinairement basse sous le toit d'une maison.

Garde-feu. Grille dont on entoure le foyer pour empêcher les enfants de s'en approcher.

Gargarisme. Liquide qui sert à se gargariser, à se laver la gorge en promenant et agitant l'eau dans la bouche, la tête un peu renversée en arrière.

Gaspiller. Employer, dépenser sans profit, ne pas tirer parti des choses par insouciance et par négligence.

Génie. Petit être imaginaire — qu'on imagine, qui n'existe pas réellement — auquel on attribue une puissance merveilleuse pour le bien ou pour le mal.

Glycérine phéniquée. Liquide transparent, d'un aspect huileux, auquel on a mélangé de l'acide phénique.

Gourmander. Gronder.

Gousse. Enveloppe verte des graines dans les plantes de la famille des légumineuses.
Greffe. Salle du tribunal où sont conservés tous les écrits, tous les papiers.
Grésillement. Bruit semblable à celui que fait le grésil.
Grief. Sujet de plaintes
Grumeaux. Noyaux, grains à demi-solides, qui restent dans une pâte, dans une sauce, si elle n'a pas été bien délayée.
Guimauve. Plante dont les feuilles, les fleurs, la racine sont utilisées en médecine pour ramollir les tissus.
Haillon. Vieux morceau d'étoffe.
Havresac. Sorte de grande sacoche dans laquelle les ouvriers portent leurs outils et quelquefois leurs provisions de bouche
Hémorragie. Écoulement abondant du sang
Hivernage. Action de passer l'hiver.
Homicide. Action qui consiste à donner la mort à son semblable, volontairement ou non La loi punit l'homicide volontaire sous le nom de *meurtre*; l'homicide involontaire est aussi puni quelquefois comme *homicide par imprudence*.
Humeur (égalité d'). Qualité qui consiste à être toujours bien disposé, à ne pas changer brusquement de manière d'être, à n'être point sujet à l'impatience, à la colère.
Hygiéniste. Celui qui connaît l'hygiène, qui en fait une étude spéciale.
Hypothèque. Droit que l'on donne sur ses biens immeubles (voir p. 205) à une personne qui vous prête de l'argent Ce droit, qui est la garantie de la dette, est prouvé par l'inscription au *bureau des hypothèques*.
Incessant. Qui ne cesse pas, continuel.
Incurable. Qui ne peut être guéri.
Infect. Qui répand une odeur mauvaise et malfaisante.
Infusion. Boisson que l'on prépare en faisant *infuser*, tremper dans l'eau bouillante des feuilles ou des fleurs ayant une vertu médicinale.
Ingrédients. Choses diverses qui entrent dans la composition d'un mets, d'une boisson, d'un médicament — Le vinaigre est un des principaux ingrédients de la sauce piquante. La limonade se compose de divers ingrédients (sucre, jus de citron, eau)
Irritation. En ce sens, colère.
Intermédiaires. Personnes qui achètent aux fabricants et revendent aux marchands de détail. Ces derniers sont naturellement obligés de payer les bénéfices de l'intermédiaire et achètent par conséquent plus cher que s'ils s'adressaient directement au fabricant.
Interrogatoire. Suite de questions qu'on adresse à quelqu'un pour savoir la vérité sur un point
Intérieur. Ici, la maison, le foyer domestique, le cercle de famille.
Juge. Celui qui rend la justice.
Jujube. Petit fruit rouge un peu allongé de la grandeur d'une cerise de belle espèce, qui croît sur un arbre des pays chauds.
Laudanum. Liqueur brune composée principalement d'opium. Poison dangereux
Laverie. Petite pièce près de la cuisine, où l'on lave la vaisselle
Libérer (se). Payer ses dettes
Lichen. Plante des pays froids qui a des propriétés adoucissantes Le lichen de nos pays n'est pas employé en pharmacie.
Liniment. Médicament qu'on emploie à l'extérieur en applications ou en frictions

Loucher. Avoir un œil qui regarde de travers, de côté.
Luxation. Déplacement des extrémités des os dans une articulation
Malingre. Faible, mal venu
Malveillant. Qui voit le mal.
Manuel. Qui se fait avec la main.
Masure. Petite maison mal construite.
Maraîcher. Jardinier qui cultive spécialement des légumes
Mendicité. Action de passer son temps à mendier au lieu de travailler.
Météorisé. L'estomac et les intestins gonflés par les gaz qui se développent pendant la digestion de la luzerne fraîche
Mijoter. Cuire lentement.
Minutieux. Qui exige beaucoup d'attention et prend du temps
Mioche Mot familier pour enfant
Modiste. Qui fait des « modes », des chapeaux, des coiffures.
Mollement. Ici, sans ardeur, sans activité, à regret.
Molleton. Tissu de laine épais et souple
Morue (huile de foie de) Médicament que l'on donne aux enfants faibles.
Moulinage. Fabrique où l'on fait subir à la soie filée des opérations qui la préparent à être tissée.
Muscles. Organes du mouvement.
Mutation. Changement, passage d'une propriété entre des mains nouvelles.
Mystérieusement. Avec l'air de quelqu'un qui a un secret, qui veut faire une surprise.
Négociations. Entretiens ou correspondance en vue de conclure une affaire.
Niaisement. Sottement.
Nonchalamment. Paresseusement, d'un air de mollesse et de fainéantise.
Notaire. Le notaire reçoit et rédige les actes de vente, de partage, les testaments, etc.
Nuisible. Qui fait du mal.
Obstruer. Boucher.
Ordinaire. La manière dont on se nourrit habituellement, ordinairement
Organisme. L'ensemble de tous les organes dont notre corps est formé.
Orientation. Position d'une maison par rapport à l'*orient* ou est, et par conséquent aux autres points cardinaux
Panser. En ce sens; étriller un cheval, lui faire sa toilette.
Pâquerette. Petite fleur de la famille des composées, qui s'épanouit dans les prés aux environs de Pâques.
Pension alimentaire. Somme d'argent que les enfants sont obligés, d'après la loi, de servir chaque année à leurs parents dans le besoin pour leur entretien
Percepteur. Fonctionnaire qui reçoit, qui *perçoit* les impôts
Persévérant. Qui ne se décourage pas, qui poursuit sa chose entreprise malgré les difficultés.
Phtisie. Maladie grave des poumons.
Plan. Dessin d'un bâtiment représentant sa distribution intérieure
Pleurésie. Maladie des enveloppes des poumons ou *plèvres*
Ponctualité. Exactitude, habitude de faire de *point en point* les choses indiquées.
Ponctuellement. Avec ponctualité.
Potelé. Gras et arrondi
Poupon. Petit enfant.
Pratique. Qui tient aux choses utiles et se soucie peu des autres

Préalable. S'applique aux choses qui doivent en précéder et en préparer une autre. Avant de coudre une robe, il y a un travail *préalable* à faire : la couper, la bâtir, l'essayer.
Préau. Salle ou cour en partie couverte où les élèves d'une école prennent leurs récréations.
Prestement. Vite, avec vivacité et promptitude.
Prévenant, e. Qui *prévient* les désirs des autres, qui cherche à les satisfaire avant même qu'ils soient exprimés
Prévoyance. Qualité qui consiste à prévoir les choses, à songer à l'avenir.
Primeurs. Fruits et légumes précoces.
Probité. Honnêteté.
Purée. Bouillie faite avec des pois, pommes de terre ou autres légumes.
Questions d'intérêt. Affaires d'argent.
Quinquina (Vin de). Vin fortifiant que l'on prépare avec l'écorce d'un arbre de l'Amérique du Sud.
Raisiné. Confiture faite avec du moût de raisin.
Rassasier. Satisfaire la faim.
Rebouteur ou **rebouteux.** Charlatan qui a la prétention de *remettre* les membres cassés ou foulés. (Vieux français : *bouter — mettre*, que l'on retrouve encore dans *boute-feu, boute-selle, boute-en-train*, etc.)
Rebuter. Décourager par les difficultés, les obstacles.
Rechigner. Montrer de la mauvaise grâce à faire une chose.
Réconforter. Ranimer, rendre des forces et du courage.
Récriminations. Plaintes, reproches
Répartir. Fixer les parts qui reviennent à chacun.
Repiquer. Transplanter dans les trous creusés au *piquet* des plants de semis.
Réprimander. Reprendre quelqu'un avec autorité.
Restaurer (se). Renouveler ses forces.
Restituer. Rendre ce qui a été pris
Restreindre. Diminuer.
Revêche. Peu gracieux, d'un abord difficile, désagréable.
Rhubarbe. Poudre brun-clair préparée avec de la racine de rhubarbe et ayant une odeur et une saveur amères
Rhumatisme. Maladie qui atteint les articulations et les muscles.
Rudoyer. Traiter rudement
Salubrité. Qualité d'une contrée, d'une habitation saine.
Sarcler. Ôter les mauvaises herbes.
Sarrau. Grand tablier à manches en toile ou en cotonnade.
Savoureux. Qui a du goût, de la saveur.

Scrupuleux. Consciencieux, honnête jusque dans *les plus petites choses*. Chez les Romains, le *scrupule* était le nom de la fraction représentant la 24ᵉ partie d'un entier.
Sevrer. Cesser d'allaiter un enfant
Sinapisme. Petit emplâtre de farine de moutarde.
Spéculation. Opération qui consiste à courir un certain risque en vue d'obtenir un bénéfice.
Strictement. Étroitement, sans aller au delà de ce qui est absolument nécessaire
Sublime. Qui excite par sa grandeur, par sa beauté, une admiration profonde et émue.
Subordonnés. Ceux que l'on a sous ses ordres.
Substance. Chose, matière Le pain se compose de plusieurs substances : eau, sel, farine, etc.
Succession. Biens qu'une personne laisse en mourant
Superflu. Ce qui n'est pas indispensable, ce dont on peut se passer.
Tablée. Tous ceux qui s'asseoient autour de la table
Talus. Surface en pente d'une chaussée, d'une digue, etc.
Tarir. Cesser de couler.
Taudis. Habitation sale et misérable.
Ténacité. Persistance dans les efforts que l'on fait.
Testateur. Celui qui fait un testament.
Timbré (papier). Papier portant le sceau de l'État et que seul il a le droit de vendre
Tracasser. Tourmenter, harceler à propos de détails sans importance.
Trahir. Tromper.
Transformé. Complètement changé.
Trousser. Relever et fixer les membres d'une volaille avant de la faire cuire.
Tumeur. Grosseur due à une maladie.
Typhoïde (fièvre). Maladie grave et contagieuse dont le siège principal est dans les intestins
Ustensile. Casserole, plat, poêle, etc., servant à faire la cuisine
Vacillant. Tremblant, chancelant
Variole. Maladie grave et contagieuse dans laquelle la peau se couvre de gros boutons
Vicié. Corrompu, devenu impropre à la vie.
Vigilance. Qualité qui consiste à veiller avec soin sur une personne ou une chose.
Vigueur. Force pour agir.
Vol domestique. Vol commis au préjudice de ceux dont on partage l'habitation, la maison
Voleter. Voler d'ici et de là sans s'élever beaucoup.
Volontaire. Qui ne veut faire que sa propre volonté.

TABLE ALPHABÉTIQUE

Abeilles (élève des)		86	Choix d'un métier	34	34*
Abus de confiance		189	Code	181	181*
Acide phénique		138*	Colonies		186
Actes de l'état civil.	191	192*	Communauté (régime de la)	194	194*
— notariés		196	Commune		182
— respectueux	193	193*	Commerce (ministère du)	185	
Actif d'un commerçant		201		et	18.*
Aération. 11, 126, 126*, 148d,		152	Commerçante	200	200*
Affaires étrangères (ministère des)	185	185*	Compassion	105	105*
Affection		19*	Complaisance		7*
Agrément du logis	52*	53	Complicité		189
Agriculture (ministère de l')	184	184*	Comptes de ménage.	64	64*
Aiguillées de fil.	158*,	161	Concordat		201
Aiguilles		158*, 161	Concurrence 37, 87*, 214		214*
Alcool (danger de l')	134	134*	Conscience	43, 105	137
Alimentation. 61, 128		128*	Conseils (bons)	16, 37*	74
— des petits enfants		97*	— (mauvais)		35
Aliments complets.	61*,	128	— de famille.	203	204*
		128*	— général		183
— dus aux parents.	194	194*	— municipal		182
	et		— (vieux)		12*
Alphabet		171	Constance		37
Apprentissage	35	35*	Consultations gratuites		212
Argent		213	Contrats		194
Armée		186	Contraventions		188
Arrière-point		160	Contrepoisons	140	140*
Asphyxiés (soins aux).	140	140*	Contributions	186	187*
Assises (cour d').	189	189*	Contusion		138
Assistance		209	Convalescence. 140		140*
		209*	Copie de lettres		201
— judiciaire		192*	Coquetterie	13,	11*
Athrepsie		95*	Correctionnelle (police)		189
Attention		5			189*
Bains		130	Coupe 161 et s		164*
Bail		200	Coupe et assemblage		160f
Balayage	11	11*	Courage		18*
Banqueroute	202	202*	Coutures diverses, 158 et		
Bas		172	suiv. 160*, 160g		
Bas (métier à)		34*	Crèches		206*
Basse-cour.	69, 69*,	87	Crimes	188	190*
Bavardage		54	Cuisine (propreté de la). 29, 59		
Bétail		69, 69*		et 180b	
Berceau		94*	— (recettes). 59, 59* et s.		
Biberon	100, 100*,	156	Déférence	17	43
Biens meubles et immeubles		194	Dettes	188	189*
Bienveillance		55	Dentelle	34*,	208
Bismuth		137	Dentition	98*,	99
Bonne grâce		44*	Dents (soin des)	11,	11*
Bouillon		60*	Dépense (sagesse dans la).		41*
Boutonnière		160	Détenues (jeunes)		190
Broderie		34*	Dévouement	18	175
Brosse		34*	Dignité (souci de sa)		36
Brûlure	138	148b	Discernement		190
Budget		64*	Discrétion		55
Caisse d'épargne. 40, 40*, 209, 209*, 210 et 210*			Docilité	16	16*
			Domestique (vol)	42*,	190
Canton		182	Domestiques (devoirs des)		
Capital		216		42 et s.	
Caractère (douceur et agrément du) 20*		41	— (devoirs envers les) 73 et s.		73*
Douceur. 51, 51*, 74, 74*		108	Donations		199
Carnet de nourrice		206		199*	
Carreau (maladie du)		109e	Dotal (régime)	195	195*
Cataplasme. 137, 137*		153	Échange		212
Chambre de malade	145	145*	Écolière (devoirs de l'). 5		5*
— des députés. 181		182*	Économie politique (notions d')		212*
			Éducation des enfants,		92
Effort (condition de progrès)		39*
Émancipation	203*	205
Empoisonnement (secours en cas d')	140	140*
Entorse	141	141*
Entretien du linge. 102		163*
Épargne	40, 216	209*
Épicerie		58*
Essayage	168	168*
Exactitude	6, 59, 67,	67*
Exercice (influence de l').		13)
		131*
Faillite	201	201*
Falsification		129*
Fracture		141
Fraudes		202
Finances (minist. des), 186,		186*
Foncière (propriété) 216,		216*
Fourneaux	59	59*
Frères et sœurs (devoirs des)	19 et s.	19*
Frivolité		14*
Gaieté		53
Garde-malade	144	145*
Gargarismes		136
Glycérine	138	138*
Grands-parents (devoirs envers les)	108	108
Guerre (minist. de la), 186,		186*
Habitation (hygiène de l').		123
	148c et suiv.	
Hémorragie	142	142*
Hôpital	210*	211
Hospice	210*	211
Humeur (égalité d'), 20*,		41
Hygiène	120 et s.	120*
Hypothèques	195	195*
Industries insalubres		208*
Infusion	137	137*
Inspection des enfants		205*
	et	206
Instruction publique, 183		183*
Inventaire		201
— (livre d')		201
— des biens des mineurs		204
Jalousie		19*
Jardinage. 71, 71* et s., 88 et s.		
Laitage		70 et s.
Laudanum	137	137*
Layette		94*
Liquidation		200*
Livres de commerce		200
Louage	196	196*
Luxation	141	141*
Main-d'œuvre		214
Maire	182	182*
Maison (entretien de la)		180a
Majorité	203*	205*
Malveillance		55*
Marché	57	57*
Mariage	50	193*
— (acte de)		192
— (publications de)		192
Marine (ministère de la)		186
		186*
Marque du linge	171	171*
Matières premières		214

TABLE DES MATIÈRES.

223

Médicaments (administration des)	145	Pesées des nourrissons. 97*, 98	Semis	72*
		Puces	138j	Sénat	181 182*
Médicaments pour l'usage externe	145	Pharmacie de maison	142*	Simplicité	14 14*
Médisance	55*	Pitié	5*	Snapisme	139 139*
Ménage (travaux du)	9*	Plantations	72*	Sincérité	17*
Ménagère	8, 50	Point glissé ou coulé, 159, 159*	Sobriété	128
— à la campagne	68, 68*	Police correctionnelle. 189, 189*	Soieries (tissage des)	34*
Mensonge	17 17*	Politesse	43, 44*	Soins aux malades	180e
Mesures (manière de prendre des)	164 164*	Ponctualité	44*	Solidité de la couture	160
		Pot-au-feu	59 59*	Soupes (recettes de), 59 et s., 59*
Métiers	34* 49 a	Postes	185 185*	— des petits enfants	98
Mini-tres	182	Préfets et sous-préfets, 182, 182*	Successions	197 197*
Modestie	15 15*	Président de la République	182 182*	Suffrage universel	182*
Monnaies	213*	Prestation (journées de)	187	Surjet	159 159*
Monts-de-piété	210 210*		187*	Symétrie	62*
Muguet	98*	Prévoyance	39	Syncope	139 139*
Noyés (soins à donner aux)	139*, 140 140*	Probité	42 43*	Table (bon arrangement de la)	62
Obéissance, 16, 16*, 43, 43*, 105		Procureur de la République	189*	Taches (guerre aux)	10*
— à la loi	181	Propreté, 10, 10*, 95, 95*, 129	Télégraphes	185 185*
Obligatoire (instruction)	207		129*	Testaments	190 190*
Observation (esprit d'). 104, 104*		Propriété foncière	216 216*	Tisanes	137 139*
Offre et demande	214	Protection	19*	Toilette (soins de la)	10
Ordonnance de médecin	144	Provisions (choix des), 57a, 91g	— des bébés. 94 et s, 94*
	144*	Prudence	55		et 155
Ordre	10, 10*, 53 161	Puissance paternelle	203*	Travail (amour du)	38 38*
Orientation	123* et s. 124	Quotité disponible	197 197*	— (dignité du)	37 37*
Ourlet	158 159*	Raccommodage	162 162*	— des enfants dans les manufactures	207 208*
Pansements (petits)	135*	Rachitisme	109e	
Parents (devoirs envers les)	16 et s. 16*	Recel	189	Travaux publics (ministère des)	185 185*
		Reconnaissance	7, 17 107	Travail de nuit	208 208*
Parents âgés	107 et s. 107*	Régime lacté	97*	Tribunaux	184 184*
Partages	197 197*	Remaillage	163 163*	Tricot	172
Parure (goût excessif pour la)	13 et s. 13*	Reprises	163 163*	Tromperie sur la marchandise vendue	202 202*
		Réputation (soin de la)	15	
Patentes	187	Réserve	15*	Tutelle (compte de)	205 205*
Patrie	175	Résiliation d'un bail	200*	Tulisse	203 203*
Patron de robe d'enfant	164	Respect	17, 43, 74	Vaccination et revaccination	206 206*
	et s., 165* et s.	Rhume	136 136*	
— de manche à coude	168	Salaires (inégalité des), 215, 215*	Vanité	13 et s. 13*
— de tablier à bavette	169	Sauce blanche	61 61*	Vente	110 196*
— de brassière	169	Sauces diverses	61*	Ventilation	126*
— de chemise	170	Scellés	198	Véracité	17*
Pauvreté	41	Secours mutuels	210 210*		

TABLE DES MATIÈRES

Aux élèves.
Aux maîtres.

PREMIÈRE PARTIE

MORALE. — SOINS DU MÉNAGE. — HYGIÈNE. — JARDINAGE. — TRAVAUX MANUELS.

I. — La jeune fille.

I. L'écolière		5
L'attention		5*
Tout sans peine!		6*
La complaisance		7*
II. La jeune fille à la maison.		
Son apprentissage de ménagère		8
L'aide-cuisinière		8*
L'entretien de la maison		9*
III. L'ordre et la propreté. La toilette		10
Guerre aux taches		10*
La sœur bien mise		11*
Soin des dents		11*
Vieux conseils		12*
IV. L'amour de la parure et du plaisir		13
Franklin et la toilette		13*
Modestie et réserve		15*
V. Vos devoirs envers votre famille (véracité, sincérité, horreur du mensonge)		16
Les deux arbres		16*

# TABLE DES MATIÈRES.

J'ai fait cela avec ma petite hache 17*
La jalousie. 19*
La maison heureuse . 20*
Devoirs de rédaction. . . 21
Récit. Comment Jeannette apprit son métier. . . 21
Développements des devoirs et des leçons de rédaction. . . . . . . 33 *a* à 33 *h*

II. — Le métier.

I. Choix d'un métier . . . 34
Le métier à la maison. . 34*
II. L'apprentie. 35
Le départ des apprenties 35*
III. Le travail 36
Une poignée de conseils. 37*
La légende du travailleur 38*
La chanson de la lampe. 39*
IV. La prévoyance, l'économie 39
La sagesse dans la dépense 41*
Le nouvel an de trois petites filles 42*
V. La conduite de l'ouvrière. 42
Petites vertus 44*
La lutte 44*
Devoirs de rédaction. . . 44
Récit. La promenade du nain Mautravail 44
Développements des devoirs et des leçons de rédaction. . . . . . 49 *a* à 49 *g*

III. — Le ménage.

I. La jeune femme 50
L'union fait la force. . . 50*
II. La tenue de la jeune femme. — Le foyer. . 52
Chut. 51*
A la sortie de l'atelier. . 53*
III. La place de la jeune femme. — Rapports avec le dehors. . . 54
Au foyer. 54*
La pitié 55*
IV. La ménagère. 56
Portrait de la ménagère par Olivier de Serres. 56*
V. Au marché. 57
Choix des provisions. . 57*
L'épicerie 58*
VI. Devant le fourneau . . 59
La bonne soupe . . . 59*
Les sauces. 61*
VII. La table de famille. . 62
La maison hollandaise. 62*
Le plat du dimanche. 63*

VIII. La veillée de la ménagère. — Les comptes. 64
Les moyennes. — Calculs. 64*
Le recueillement. . . . 65*
IX. La ménagère commerçante. 66
Pour un sou de bonne grâce. 67*
Trop lente! 67*
L'esprit d'entreprise. . 68*
X. La ménagère à la campagne 68
Une bonne aide 69*
Le bétail. 69*
Les dindonneaux. . . . 70*
Le jardinage. 71*
Semis et plantations. . 72*
XI. Les auxiliaires de la maîtresse de maison. . . 73
Madame de Chantal. . 74*
Bonté 74*
Le savant et la coccinelle. 75*
Devoirs de rédaction. . . . 75
Récit. Les tribulations de Pierre et de Pauline. . 76
Développements des devoirs et des leçons de rédaction . . . . . 91 *a* à 91 *v*

IV. — La mère de famille.

I. L'éducation des enfants. 92
La mère absente. . . . 92*
II. Le vêtement et le coucher du petit enfant. . 94
La layette d'Eva . . . 94*
La coiffure du bébé. 96*
Comment il faut tenir et porter un petit enfant. 96*
III. L'alimentation du petit enfant 97
Les pesées. 97*
Un mal redoutable. . . 98*
La dentition. 98*
Mortalité des enfants. . 99*
Grand air et santé. . . 99*
Indispositions des petits enfants. 100*
L'allaitement au biberon 100*
IV. Jeux et promenades . . 101
Jeux tranquilles . . . 101*
Jean qui pleure et Jean qui rit. 102*
V. La mère institutrice . . 103
Causerie avec Lili . . . 104*
La mort du faon 106*
VI. Les vieux parents. . . 107*
Les vieux parents . . . 107
Devoirs de rédaction. . . 109
Récit. — Triste histoire. Une vie manquée. 110
Développements des devoirs de rédaction. . . 109 *a* à 109 *h*

TABLE DES MATIÈRES.

V. — Hygiène et soins aux malades.

1° *Hygiène* 120
  I. Comment on conserve la santé. 120
    Les ennemis de notre santé. 120*
  II. Se préserver du froid. . 122
    Les effets du froid. . . 122*
    Étoffes et chaleur . . . 123*
    Valeur hygiénique de la lumière. 124
    Maison humide et maison saine. 125
  III. Respirer un bon air. . . 126
    Dangers de l'air impur. 126*
    Salubrité de la maison. 127*
  IV. Se nourrir convenablement. 128
    Quantité des aliments. . 128*
    Qualité des aliments. . 129*
  V. Il faut être très propre. 129
    Lavage et santé 130*
  VI. Faire de l'exercice . . 130
    Jeux et vigueur. 131*
    Travail et santé 131*
  VII. Dormir suffisamment. . 132
    Le bon lit. 152*
  VIII. Ne pas faire d'excès. . 133
    Grain par grain. 133*
    L'alcoolisme 134*
  IX. Vivre en paix et en joie. 135
    Hygiène et morale. . . 135*
Devoirs de rédaction. 136

2° *Hygiène*. — Comment on soigne les malades et les blessés 136
  I. Sans le médecin. — Petits maux et petits accidents. 136
    Rhumes et tisanes. . . 136*
    Cataplasmes. — Laudanum. 137*
    Petits pansements . . . 138*
  II. En attendant le médecin. 139
    Traitement des brûlures. 139*
    Frictions, linges chauds. 139*
    Empoisonnements. Contrepoisons 140*
    Entorse et luxation . . 141*
    Recette utile 141*
    Hémorragies 142*
    La pharmacie de Claude. 142*
  III. Pendant la visite du médecin. 143
  IV. Après la visite du médecin. 144
    Les ordonnances. . . . 144*
    La chambre d'un malade 145*
  V. La convalescence. . . . 146
    Repas des convalescents. 146*

Devoirs de rédaction. 148
Récit. — Le médecin du bourg d'Ajol. 148
Développements des devoirs de rédaction. . . 148*a* à 148*p*

VI. — Couture et coupe.

  I. La couture. 158
    Les aiguilles et le fil. . 158*
    Préparation des diverses coutures. 159*
    Point glissé, coutures rabattues, couture anglaise. 160*
  II. L'entretien des vêtements et du linge. . . 162
    Entretien d'une jupe de robe. 162*
    Entretien du linge. . . 163*
  III. La coupe. 164
    Corsage de fillette à épaulettes et à ceinture . 165*
    L'essayage. 168*
    Coupe d'une chemise . 170*
    Corsage ajusté 172*
  IV. Travaux divers. 171
Devoirs de rédaction. 173
Développements des devoirs de rédaction. . . 173*a* à 173*d*
  Conclusion. 174
Récit. — Les deux voies. . . 176
Exercices pratiques. . . . 180*a*
  I. Entretien de la maison, du mobilier, etc. . . 180*a*
  II. Cuisine 180*b*
  III. Jardinage 180*d*
  IV. Soins des malades . . . 180*e*
  V. Couture 180*g*
  VI. Coupe et assemblage. . 180*i*
  VII. Marque 180*k*

DEUXIÈME PARTIE
NOTIONS D'INSTRUCTION CIVIQUE ET DE DROIT USUEL

  I. *La loi.* 181
    Le code civil. 181*
    Les Chambres. 181
    Comment se fait une loi. 182*
    Le suffrage universel. . 182*
  II. *L'administration.* . . . 182
    Intérieur. 182
    Instruction publique. 183 183*
    Justice. 184 184*
    Agriculture. . . . 184 184*
    Commerce et industrie. 185
      et 185*
    Travaux publics . . 185 185*
    Postes et télégraphes. . 185
      et 185*
    Affaires étrangères. 185 185
    Guerre. 186 186*

Marine et colonies . 186 186*
Finances 186 186*
III. *Désobéissance à la loi.* 188
Contraventions, délits, crimes 188
Un procès civil 188*
Une affaire correctionnelle 189*
La cour d'assises . . . 189*
Complicité. — Recel . . 189
Abus de confiance . . . 189
Vol domestique 190
Discernement. — Jeunes détenues 190
Assistance judiciaire . . 192*

IV *Actes de l'état civil.* 191 192
Mariage. Publications. 193 192*
Consentement des parents 192 193*
Une noce grecque . . . 193*
Célébration du mariage. 193
Aliments dus aux beaux-parents 194 194*
Régime de la communauté 194 194
Régime dotal . . . 195 195*
Les hypothèques . . . 195*
La séparation de biens. 196*

V. *Les biens.* — *Contrats.* — *Testaments.* — *Donations.* — *Vente.* — *Louage.* 196 196*
Testaments 196 196*
Partages 197
Quotité disponible . . . 197
Scellés 198
Droits de mutation . . 198
Comment on renonce à une succession . . . 199*
Donations entre vifs. 199 199*
Les baux 199*

VI. *Commerce* 200
Consentement du mari . 200
Livres de commerce . . 206
Faillite 200* 201
Concordat, liquidation . 200*
Banqueroute 202
La banqueroute et la tenue du ménage . . 202*
Tromperie sur la marchandise. Punition . . 202

Vente sur échantillons . 202*

VII. *Tutelle.* — *Majorité.* — *Émancipation* 203
Tutelle 203 203*
Puissance paternelle . . 203*
La tutrice 203*
Conseil de famille . . 203 203*
Subrogé-tuteur 204
Inventaire des biens de mineurs 204
Majorité. — Comptes de tutelle 205
Émancipation 205

VIII. *Protection des enfants.* — *Instruction obligatoire* 205 205*
Carnet de nourrice . . . 205
L'enfant d'adoption . . . 205*
Inspection des enfants en nourrice 206
Vaccination et revaccination 206*
Les crèches 206*
Loi sur l'obligation de l'instruction primaire. 207
Travail des enfants dans les manufactures . . 207 208.
Travail de nuit. — Travail des dimanches . . 208.
Industries insalubres . . 208

IX. *Prévoyance.* — *Assistance* 209 209*
Caisses d'épargne . . . 209
Caisses d'épargne scolaires 209 209*
Monts-de-piété . . . 210 210*
Sociétés de secours mutuels 210
Hôpitaux, hospices . 211 210*

X. *Économie politique* . . 212
L'échange 212
Effets de l'échange et de la division du travail. 212*
L'argent 213
La monnaie 213*
Le prix des choses . . . 213
La concurrence . . . 214 214*
Le salaire 215
Apparence et réalité . . 215*
L'épargne. — Le capital. — La propriété . . . 216
La terre de France . . . 216

Paris. — Imp. L. CAPIOMONT et Cie, rue des Poitevins, 6.

A la même Librairie

« Le Volume »

Journal in-12
DES INSTITUTEURS, DES INSTITUTRICES
ET DE LEUR FAMILLE

Chaque numéro (de 44 pages) est composé de 4 cahiers renfermés dans une couverture.

4 volumes par an. — 2 300 pages.

Le journal scolaire « **Le Volume** » est à la fois :

Un Recueil **littéraire**

(chroniques, nouvelles, actualités, grands écrivains);

Un Journal **pédagogique**

(documents administratifs, préparation aux examens, travaux scolaires);

Un Journal de **Modes**

(confections pour dames, coupes, travaux à l'aiguille).

Un an : **6** fr. — Abonnement d'essai d'un mois : **30** cent.

PARAIT LE SAMEDI

www.ingramcontent.com/pod-product-compliance
Lightning Source LLC
Chambersburg PA
CBHW050238230426
43664CB00012B/1747